U0624646

现代渔业经济发展与管理研究

张 宁 柯 可 李海州 姜作真 主编

中国海洋大学出版社
·青岛·

图书在版编目（CIP）数据

现代渔业经济发展与管理研究／张宁等主编 . -- 青岛：中国海洋大学出版社，2024. 4

ISBN 978-7-5670-3790-8

Ⅰ. ①现… Ⅱ. ①张… Ⅲ. ①渔业经济－研究 Ⅳ. ①F307.4

中国国家版本馆 CIP 数据核字（2024）第 035647 号

现代渔业经济发展与管理研究

XIANDAI YUYE JINGJI FAZHAN YU GUANLI YANJIU

出版发行	中国海洋大学出版社
社　　址	青岛市香港东路 23 号　　　　邮政编码　266071
出 版 人	刘文菁
网　　址	http://pub.ouc.edu.cn
订购电话	0532 - 82032573（传真）
责任编辑	矫恒鹏　　　　　　　　　电　　话　0532 - 85902349
电子信箱	2586345806.qq.com
印　　制	青岛中苑金融安全印刷有限公司
版　　次	2024 年 4 月第 1 版
印　　次	2024 年 4 月第 1 次印刷
成品尺寸	185 mm ×260 mm
印　　张	22. 75
字　　数	511 千
印　　数	1—1 000 册
定　　价	168. 00 元

发现印装质量问题，请致电 0532 - 85662115，由印刷厂负责调换。

编 委 会

主　　编：张　宁　柯　可　李海州　姜作真
副 主 编：李　峰　王田田　王　鹤　徐荣静
参编人员：张金浩　曹亚男　黄　华　杨　涛
　　　　　鹿　媛　赵运星
主　　审：姜作真

序　言

近年来,随着经济的快速增长,渔业经济获得了稳步快速发展。渔业在经济发展、国际贸易、食品安全以及人类健康等方面都占据了十分重要地位,发挥了巨大作用,具有显著的经济效益和社会效益。渔业经济作为推动国家发展的要素之一,其发展成果将会给我国经济的发展带来不可忽视的影响和作用。

伴随着渔业产业的快速发展,行业不断细化,大量从业人员加入其中,但受技术开发创新性不够、养殖工艺粗糙、从业人员培训滞后等因素影响,出现了渔业技术参差不齐、行业发展信息缺乏、渔业系统管理不够科学和规范等现象,对现代渔业经济的健康可持续发展带来了不利影响。因此,尽快普及现代渔业发展技术,拓宽渔业经济发展研究范围,推广科学规范的渔业管理模式将成为现代渔业产业健康发展的必然选择。

烟台是农业农村部确定的全国重点渔区和优势水产品重要产区,渔业发展历史十分悠久,渔业资源优势和区域优势明显,造就了烟台重渔、兴渔的渔业底蕴,为烟台现代渔业发展奠定了坚实根基。2022年全市渔业总产值达到1 219亿元,对全市GDP的贡献越来越大,在发展中积累了丰富的技术和管理成果。

为了满足广大渔业生产者和管理者的技术需要,编者吸收了国内外最新的研究成果,结合烟台渔业发展实际,立足渔业经济发展、现代渔业发展技术与特点、现代渔业管理等方面,总结和凝练最新研究成果,编辑出版了《现代渔业经济发展与管理研究》一书,以期为现代渔业面临的经济发展和管理问题提供技术支撑,实现现代渔业从追求产量向提高质量转变,从扩张规模向提高效益转变,从资源消耗向资源节约和环境友好转变。

本书的内容引进了经济管理学概念,结合现代渔业发展的规律和特点,将经济管理概念融入水产种业、资源修复、水产养殖、捕捞、加工、市场流通等渔业生产全过程,形成了现代渔业持续发展对策研究、海洋牧场发展与管理、人工鱼礁建设与管理、渔业资源修复与管理、水产品市场流通与管理、渔业科技与管理、水产苗种生产与管理、渔业生产监督管理、水产品质量安全管理、海洋渔业法规和制度等主要内容,旨在以现代科学技术为支撑,运用先进的生产方式和管理手段,不断提高新型现代渔业的发展水平,实现经济、生态和社会效益和谐共赢的渔业产业形态,提高整个渔业产业链的效能。

本书的出版,概括了现代渔业技术研究、发展特点和宏观管理应用的成果,注重内容的科学性、实用性和指导性,为海洋渔业结构调整,提升管理水平等提供理论支撑,对推进区域渔业经济的健康可持续发展具有重大指导意义。

山东省海洋资源与环境研究院党委专职副书记、执行理事、正高级工程师　马元庆

2023 年 5 月

前　　言

我国水域辽阔,生物资源丰富,是世界上渔业资源最丰富的国家之一。近年来,我国渔业经济呈现出持续、稳定、健康的发展势头,渔业综合生产能力大幅度提高、产业规模讯速扩大,渔业经济获得了稳步发展。渔业在经济结构调整中的地位不断提升,在经济发展、国际贸易、食品安全以及人类健康等方面都占据着重要地位。

烟台是国内拥有海洋资源最丰富的地区之一,渔业经济在山东乃至全国都有其鲜明特色和领先优势。近年来,烟台以高质量建设海洋经济示范区为目标,加快构建现代渔业产业体系,启动实施海洋牧场"4带、20群、百箱计划",建成省级以上海洋牧场46处,海洋牧场总面积突破140万亩,产业链产值突破550亿元,形成了海洋牧场建设"全国看山东、山东看烟台"发展格局。全市建成31处省级以上水产原良种场,其中国家级水产原良种场6处,数量居全国地级市首位;养殖大西洋鲑、许氏平鲉、绿鳍马面鲀、各类石斑鱼、大菱鲆、半滑舌鳎等各类名贵海水鱼近二十种。2022年全市海水养殖产量达138万吨,产值233.7亿元,在现代渔业经济发展和管理方面取得显著成效,积累了丰富经验和成果。

本书内容立足于烟台市渔业经济发展和管理实际,辐射总结了山东省及其他省市现代渔业发展的技术成果以及科学管理的方式和方法,可为我国现代渔业高质量发展和未来转型升级提供技术支撑。

本书由姜作真同志结合多年来一线科研生产和渔业管理经验,提出了编写提纲、编写部分章节并审阅,由编委会全体成员分工编写,最后由张宁、柯可、李海州、姜作真完成审稿、修改和统稿等系列工作。编著者既有从事海洋渔业技术研究的科研工作者,也有从事渔业管理的工作人员,还有从事渔业生产活动的大型企业技术负责人,技术研究成熟,行业管理经验丰富,本书也是所有编著者多年工作的积累、总结和升华。

本书在编写过程中,引用或参考了同行的文献资料,因篇幅所限,在参考文献部分未能全部列出,在此向所有文献的作者致以真诚的感谢。因水平限制,书中不足之处在所难免,衷心希望广大读者给予批评指正,以便今后修改,使之日臻完善。

本书形成的研究成果既有理论价值,又能更好地指导现代渔业生产和管理,不断推进现代渔业经济健康可持续发展。本书主要面向广大从事渔业生产的技术人员和渔业管理工作人员,也可为渔业经济学及相关专业的大专院校师生、科技工作者以及从事渔业技术研究和推广的管理人员提供技术参考。

《现代渔业经济发展与管理研究》编委会

2023 年 5 月

目　　录

第一篇

渔业经济发展概论

第一章　渔业与渔业经济管理概念

第一节　渔业概述

一、渔业定义

渔业有狭义和广义之分。

狭义渔业,又称水产业,是指人们以水域为依托,利用水产动植物机体本身的生命力繁衍生成的生物资源,通过劳动(采集、捕捞与人工养殖、增殖)获得水产品的物质生产活动。

广义渔业,既包括了为渔业生产的产前、产中、产后服务的多种基础设施建设,也包括了渔港、码头、船舶、网具、渔用仪器设备和其他生产资料制造、供应以及水产品保鲜、贮藏、加工、运销和综合利用,还包含了渔业科研、技术教育、示范推广和监督管理等服务体系的建设。

二、渔业分类

按照我国渔业生产习惯和行政管理的结构划分,渔业可分为水产增养殖业、水产捕捞业和水产加工业;按照作业水域划分,渔业可分为海洋渔业和内陆水域渔业。

（一）水产增养殖业

1. 水产养殖业

水产养殖业是指利用水域水生动植物进行人工培有而获取产品的产业。水产养殖业是渔业的重要组成部分,分为海水养殖和淡水养殖 2 部分。

（1）海水养殖,是指利用浅海、滩涂、港湾等水域进行养殖,养殖对象主要为贝类、藻类、鱼类、甲壳类和棘皮动物等。

（2）淡水养殖,是指利用内陆区域的池塘、水库、湖泊、江河进行养殖,养殖对象主要是鱼类,其次是贝类和爬行动物等。

2. 水产增殖业

水产增殖业是指利用人工和自然措施使水域内经济生物种群资源数量得到恢复补充和增加的全生产过程。水产增殖业分为自然增殖和人工增殖 2 部分。

（1）自然增殖主要采取措施:一是设立保护区,使水域内生物种群充分得到休养生息、繁衍种群;二是控制捕捞强度,主要是控制捕捞渔船数量和捕捞能力;三是限制捕捞工具和方法,禁止毒鱼、炸鱼、电鱼等有害的捕捞作业方式,禁止在禁渔区、禁渔期进行捕捞,禁止使用小于最小网目尺寸的网具进行捕捞,捕捞的渔获物中幼鱼不得超过规定比例。

（2）人工增殖主要采取措施:一是增殖放流,用人工方法直接向海洋、滩涂、江河、湖泊、水库等天然水域投放或移入渔业生物的卵子、幼体或成体,以恢复或增加种群的数量,改善和优化水域的群落结构;二是投放人工鱼礁,鱼礁是在海底形成隆起物或堆积物,使海流形成上升流,将海底的有机物和近底层的营养盐带到海水中上层,促进各种饵料生物大量繁殖生长,为鱼类等提供繁殖、生长、索饵和庇护的场所,达到保护、增殖和提高渔获量的目的;三是人工移殖,移殖是将某一品种从一水域引入到另一个无此品种的水域,从而进行繁衍生息的过程。

（二）水产捕捞业

水产捕捞业是指在海洋或内陆水域中捕获天然鱼类和其他水产经济动物的生产过程。捕捞业是渔业的主要组成部分,分为海洋捕捞业和内陆捕捞业。

1. 海洋捕捞业

海洋捕捞业是指使用渔船、渔具获取海洋经济动植物的产业。按照捕捞使用的网具不同,主要分为拖网、围网、刺网、钓具和定置张网等。

2. 内陆捕捞业

内陆捕捞业是指从内陆水域中捕捞经济动植物的生产活动。主要捕捞鱼类、虾类、蟹类、贝类等。

（三）水产加工业

水产加工业是指为延长水产经济动物、植物的保藏时间和提高利用价值,采用物理、化学或微生物方法处理的全过程。主要包括以下几个方面。

1. 防止腐败变质的加工

防止腐败变质的加工主要是抑制细菌的繁殖,以利于产品的贮存和运输,如低温保藏、盐藏、化学保鲜、气调保鲜、辐射保鲜、加热杀菌罐制、干燥或其他冷冻脱水等。

2. 半成品加工

半成品加工主要为深加工提供原料或方便消费,如生鱼糜、切片、切块、三去产品等。

3. 调味加工

调味加工主要是增进风味和便于保藏,如腌渍品、熏制品、鱼松、烤鱼片等。

4. 综合加工利用

综合加工利用是指把鱼、虾、蟹等产品的不可食部分加工成鱼粉、鱼油、鱼胶、甲壳素等。

5. 特殊成分加工

特殊成分加工,如在海藻中提取琼胶、卡拉修、褐藻胶、碘、甘露醇、氯化钾等。

（四）海洋渔业

海洋渔业是指从事海洋的捕捞和增养殖水产经济动植物,以获得水产品的产业。海洋渔业是人类最古老的生产活动,也是当代人类从自然界获得蛋白食物的重要来源。按照生产区域,可分为沿岸渔业、近海渔业、远洋渔业等。

1. 沿岸渔业

沿岸渔业一般是指在本国领海内从事的渔业生产活动。

2. 近海渔业

近海渔业一般是指在本国领海外专属经济区从事的渔业生产活动。

3. 远洋渔业

远洋渔业是指在远离本国海岸或渔业基地的海域,利用公海或他国资源的渔业生产活动。

（五）内陆水域渔业

内陆水域渔业是指在内陆水域（江河、湖泊、水库、池塘）从事捕捞和养殖的渔业生产活动。按照生产方式,可分为捕捞业和增养殖业。捕捞业指从内陆水域中捕捞经济动植物的活动。增养殖业可分为池塘渔业、湖泊渔业、江河渔业、水库渔业、稻田养鱼以及网箱、围栏、网围养鱼等。尽管内陆水域不完全是淡水,有许多湖泊是咸水,但内陆渔业常被俗称淡水渔业。

三、渔业产业结构

产业结构的概念始于 20 世纪 40 年代,一般用来解释产业间的关系。产业结构专指研究产业间关系的理论,是指在社会再生产过程中,一个国家或地区的产业组成,即资源在产业间的配置状态;各产业所占比重以及产业间的技术经济联系,即产业间相互依存和相互制约的方式。

渔业作为一个产业部门,是一个集生态、经济和技术为一体的复杂系统,组成该系统的各部分在内容和形式上存在着必然的联系。渔业生产过程实质上就是各种要素合理组合的过程,而合理的生产组合是实现资源利用效益最大化,充分满足社会需求和推动渔业产业发展的前提和保障。

渔业产业结构是指渔业产业内部各个部门的构成及各部门之间的联系和比例关系。渔业经济各产业部门的构成及相互之间的联系、比例关系不尽相同,对渔业经济增长的贡献大小也不同。因此,把包括渔业产业的构成、各产业之间相互关系在内的结构特征概括为渔业产业结构。

（一）第一产业

第一产业是指狭义上的渔业,主要包括海洋捕捞、海水养殖、淡水捕捞、淡水养殖和水产种苗等。其中,海洋捕捞按照捕捞品种不同可分为鱼类、甲壳类、贝类、藻类和其他类;按照捕捞海域不同可分为渤海、黄海、东海、南海;按照捕捞渔具不同可分为围网、拖网、刺网、张网、钓具和其他渔具。海水养殖按养殖品种不同可分为鱼类、甲壳类、贝类、藻类和其他类;按养殖水域不同可分为海上养殖、滩涂养殖和陆基养殖;按养殖方式不同可分为池塘养殖、网箱养殖、筏式养殖、底播增殖和工厂化养殖;按集约化养殖方式不同可分为深水网箱养殖、普通网箱养殖和工厂化养殖。淡水养殖按养殖品种不同可分为鱼类、甲壳类、贝类和其他类;

按养殖水域类型不同可分为池塘、湖泊、水库、河沟、稻田和其他;按集约化养殖方式可分为围栏养殖、网箱养殖和工厂化养殖。水产种苗可分为海水鱼育苗〔如大黄鱼和鲽鲆(鱼)类等〕、虾类育苗(如南美白对虾等)、贝类育苗(如扇贝等)和海带、紫菜、海参等。

（二）第二产业

第二产业是指渔业工业和建筑业,主要包括水产品加工、渔用机具制造、渔用饲料、渔用药物等。其中渔用机具制造包括渔船渔机修造和渔用网具制造等。水产品加工主要从水产加工企业、水产冷库、水产品加工总量和用于加工的水产品总量四个方面来衡量。其中,水产品加工企业包括企业的个数和企业的水产品加工能力。水产冷库包括冷库的冻结能力、冷藏能力、制冰能力、冷藏总量等。水产品加工总量包括冷冻水产品、藻类加工、鱼糜制品及干腌制品、罐制品、水产饲料和鱼油制品等。

（三）第三产业

第三产业是指渔业流通和服务业,主要包括水产流通、水产(仓储)运输和休闲渔业等。

渔业产业结构随着渔业生产的发展和社会分工的不断细化,产业划分也越来越细,新的产业部门也会不断产生。渔业产业结构的合理性直接影响到渔业资源的利用效率和渔业生产的可持续发展。因此,研究渔业产业结构,及时调整渔业产业结构并使之合理化显得尤为重要,见图1-1。

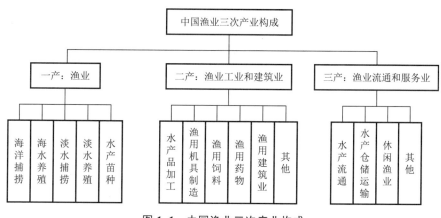

图1-1 中国渔业三次产业构成

四、渔业产业特点

（一）因自然特征具有的特点

1. 季节性

渔业生产的对象是水中的生物,所以具有明显的季节性。对生产组织最具有影响的因素是较长的生产周期和集中而短暂的收获期或鱼汛。这种显著的季节性特点,加上水产品的易腐性,就要求生产者具有较大的水产品集中加工能力和储藏能力,以便于及时处理,确保产品均衡上市。但是,市场均衡供应与需求和鱼类集中收获之间存在矛盾,旺汛期间会造成短期内供应过剩、市场价格偏低、渔获物浪费的现象。因此,水产品的季节性对水产品加工储藏能力、产业的组合和功能都提出了特殊的要求,如何优化组织提高整体效益和效率,是水产品产业链所面临的挑战。

2. 地域性

地域性是生物物种共有的特点。不同的水域、不同的水层栖息了不同的物种,即使是同一物种,也会因水域环境的不同而具有不同的品质和风味,形成以地域为标记的特产。水产品的地域性特点明显,与其他农产品相比,消费者对水产品品种的需求多样化,并且对水产品的产地和品种尤为关注。产地往往与水产品的品牌密切相关,使产品具有地理标志,如烟台海参、烟台鲍鱼、阳澄湖大闸蟹等。因此,水产品的地域性和人们对产地的关注,是渔业产业发展和管理中需要注意的方面。此外,从资源保护和养护管理的角度,为了对某水域的渔业资源进行保护和加强监督管理,国际渔业管理组织提出了水产品需要附带产地证书和有关生物标签的要求。

3. 共享性

鱼类等水生生物资源在水域中活动和洄游,甚至跨越大洋和国界,这种流动性造成了渔业资源具有公共资源的特点。由于它的流动或跨界,对该资源所有权难以明晰,容易造成掠夺性捕捞。因此,在渔业资源管理上,为了实现渔业资源的可持续利用和渔业的可持续发展,要求利用该资源的各方进行合作,包括国家之间的合作和协调。如位于东海的中日共管水域的渔业,也就是目前国际上提倡的负责任渔业。但共享性和所有权的不明晰会使开发者对资源谋求优先占有从而争夺资源,因此,该产业具有强烈的排他性,同时对渔业资源信息的掌握和对资源的控制成为其核心竞争力。

4. 产品易腐性

水产品具有易腐性的特点,如果渔获物腐败变质,就会完全失去利用的效用和使用价值,即使没有腐败变质,若渔获物的鲜度下降,则水产品利用效果也会大幅度降低。因此,在无保鲜措施的时代,作业海域和水产品流通范围受到了很大的限制,捕捞生产只能局限在沿岸海域,水产品的消费也局限在沿海地区。随着冷冻技术的发展,促进了作业渔场的远洋化、流通的广域化以及加工原料的大量贮藏,为海洋渔业的大发展创造了条件,从而促进了近海和远洋渔业资源的大规模开发和利用。

水产品的质量与所采取的保存手段和技术有密切关系。与其他产品相比,渔业产品对生产技术、储存和物流管理都提出了特殊的要求。水产品主要作为食品消费,产品的安全性需要得到保证。该安全性表现在:不能采用传统的产品质量抽样检查的管理办法,而是要求所有的产品都可靠,符合质量安全标准。因此,要求对产业链的所有环节进行质量监督管理,建立完整的记录,实现具有可追溯性的生产管理体制,所以又称为档案渔业。从原料、渔获,直到消费者终端的整个产业链,每个环节都需要采用必要的保鲜、保活或冷冻冷藏等技术措施。然而,鱼、虾等水生生物的多样性使水产品的加工保存要求等因品种而异,对技术措施提出差异很大的需求。如供生食的金枪鱼就需要一旦被捕获,立即在船上进行处理,并迅速冷冻到 $-60\ ℃$。有些产品却要求保持鲜活状态。此外,水产品的易腐性也影响了水产品的销售方式。如在批发拍卖水产品时,采用反向的、由高价向低价的降价竞拍方式,以保证水产品较快销售,避免流拍。

（二）其他产业特点

1. 渔业是与"资源、环境、食品安全"密切相关的产业

"资源、环境、食品安全"是当今世界热点问题,备受到了各国领导的关注和重视。许多高峰会议和国际性讨论会对社会发展提出了可持续发展的指导原则。可持续发展,资源、环境协调发展,以及保证人类食品安全等议题,均是渔业发展的关键性问题。因此,国际渔业界,包括政府、科学家和企业,通过协商,制定了一系列渔业管理国际协定,并通过加强区域性国际渔业组织的作用来落实对渔业的管理。在我国,虽然渔业在人们的心目中地位不高,但由于渔业与资源、环境、食品安全密切相关,渔业的任何活动都受到全社会的密切关注和监督。

2. 效益综合性

渔业的效益需用经济效益、生态效益和社会效益来综合衡量。除了与其他产业相同的要追求经济效益以外,渔业还必须注重生态效益和社会效益。渔业生产的对象是一种可再生的生物资源,如果注意渔业资源的养护,则可以实现可持续发展。如果一味强调经济效益,竭泽而渔,必将导致渔业资源加速衰竭,以产业崩溃告终。因此,注重生态效益是符合渔业可再生生物学特点的实践,当然,这也需要以一定的经济效益为代价。

鱼类等水生生物是人类重要食物之一,是优质蛋白质的主要来源。在有些地区,水产品是民众的重要食品和生活来源。渔业还提供了就业岗位,渔村和渔港往往是经济活动的聚集地。渔业发展关系到民生问题,渔业发展的社会效益是需要关注的重要问题。通过实行捕捞的准入制度和保障养殖水域的使用权,促进渔业地区协调发展,以及保护渔民的生产专属权利。从产业管理来看,渔业的产业链很长,从对自然资源的直接收获、人工养育,一直到加工利用、储藏运销等,所有环节都对综合效益有直接影响,要特别注意产业链各环节之间的配合和优化,不断提高综合效益。

3. 产业后发性

渔业涉及的产业和技术类型非常广,如捕捞生产,它与工程、环境、气象、生物、造船、电子仪器、通信信息、机械装备、合成纤维材料、加工利用、冷冻冷藏等密切相关,对这些领域的技术发展有很大的依赖性。如果没有造船工业、机械工程和电子工业的支持,就不可能发展远洋渔业。又如超声波探测仪、船舶、液压机械、人造合成纤维等大大提高了捕捞作业的效率。渔业的发展紧密依靠其他行业的发展而发展的特点被称为"后发性"。针对渔业产业的后发性特点,需要特别注意将新的科技成果主动地应用到渔业中,这是渔业发展的重要推动力。

4. 产业外部性

外部性是指一个人或一群人的行动和决策使另一个人或一群人受损或受益的情况,可分为正外部性(positive externality)和负外部性(negative externality)。在渔业资源开发利用过程中,通常表现为负外部性。人类在开发利用渔业资源时,由于没有支付自然资源的成本或资源租金,生产成本相对降低,往往"占有就是所有",因此,往往是形成对渔业资源进行掠夺式开发,这些掠夺性的开发对渔业资源产生了极大的负外部性,导致渔业资源衰退甚至枯竭。我国的水产养殖业对农民致富发挥了重要作用,成为实现小康的重要途径,因此,近几十年发展速度非常快,取得了良好的经济效益和社会效益。但是,水产养殖业的过度发展也给环境和生态带来了沉重的压力,产生了外部性,对自身的健康可持续发展问题提出了挑战。

5. 产业不稳定性

渔业生产的对象是鱼类等水生生物,它们自身的变化和数量上的波动会造成产业的不稳定。环境气候的变化也会导致栖息地变迁和资源的波动,生产状况有很大差异。迄今为止,渔业对自然界的依赖度仍然很大,该产业在生产规模、计划和经济效益等方面具有较大的不稳定性和较大的风险性,同时渔业投资具有较大的风险,规避风险和降低投机性成为渔业企业需要特别关注的事项。

6. 综合管理系统性

渔业生产的产业链长,渔业活动涉及的部门多,在行政管理上,除了渔业主管部门以外,还涉及管理资源、环境、湿地、海洋湖沼、食品、船舶、海港、市场、贸易、外交等部门,近海渔业还涉及水利、港湾、渔业、海洋、军事等部门,所以政府部门间的协调和配合就成为重要的环节。此外,渔业的效益应考虑经济、资源、社会等方面的协调作用。渔业的外部性使渔业成为一种"进入容易、退出难"的行业,往往聚集了弱势群体,加上历史和社会原因,渔业从业者受教育程度不高,文化和生活习惯具有特殊性,在进行渔业产业结构调整时,劳动力的转移空间较小、调整难度较大。因此,对渔业的调整不能仅仅依靠渔业自身的力量,还需要全社会支持。渔业不能单纯地作为一个产业而受到管理,政府各部门也需要对其进行相关协调,渔业得到综合管理,才能实现可持续发展。

7. 消费者对水产品需求多样性和习惯性

我国人民具有消费鲜活水产品的习惯,相比于其他农畜产品,消费者更关注水产品的品种、产地、生产的季节等,具有强烈的地域特征。另外,消费习惯随时代改变,新一代的消费趋势会有较大改变。可以预料人类对水产加工成品、半成品和预制菜的需求将会不断上升,逐步成为日常消费的主流。

五、渔业在社会国民经济中的地位和作用

从产业分类的角度看,渔业与农业、林业、矿业、工业、商业和运输业等一样,是国民经济重要的产业部门之一。当陆地食物生产从捕猎、采集活动转变为农业活动之后,水生食物生产也已从主要依赖野生水产品捕捞转变为养殖不断增多的水产品种,渔业成为全世界几十亿人重要的食品和蛋白质来源,维持着十分之一以上人口的生计。因此,渔业在国民经济发展中具有重要的地位和作用,主要表现在经济发展、食物安全、社会就业、外汇收入和社会稳定等多个方面。

（一）渔业提供丰富的蛋白质

渔业对国民经济所起的作用,主要是向国民提供食物,特别是动物性蛋白质。在畜牧业尚不发达时期,动物性蛋白质的供给大部分依赖于水产品。水产品是保障人体均衡营养和维持良好健康状况所需蛋白质和必需微量元素的极宝贵来源。根据联合国粮食及农业组织（FAO）的统计,50 年来食用水产品的全球供应量增速已超过人口增速。除产量增长以外,促成消费量增长的其他因素还包括浪费量减少、利用率提高、销售渠道改良、人口增长带来的需求增长、收入提高和城市化进程以及国际贸易。水产品消费数量的大幅增长为全世界人民提供了多样化、营养更加丰富的食物,从而提高了人民的膳食质量。即便是食用少量的水产品,也能显著加强以植物为主的膳食结构的营养效果,很多低收入缺粮国和最不发达国家均属于此类情况。

（二）渔业对国民经济发展做出的直接贡献

我国 1978 年渔业总产值占大农业的比例约为 1.6%,1997 年已达 10.6%。渔民人均收入也从 1978 年的 93 元增加到 1997 年的 3 974 元,比农民人均收入高出 90%;2021 年全国渔民人均纯收入更是达到 23 442.13 元。渔业已成为促进中国农村经济繁荣发展的重要产业,尤其是发展水产养殖业,是农民脱贫致富、奔小康的有效途径之一。据统计,按当年的价格计算,2021 年全社会渔业经济总产值为 29 689.73 亿元。其中渔业产值为 15 158.63 亿元,渔业工业和建筑业产值为 6 155.16 亿元,渔业流通和服务业产值为 8 375.93 亿元。渔业产值中,海洋捕捞产值为 2 303.72 亿元,海水养殖产值为 4 301.70 亿元,淡水捕捞产值为 336.56 亿元,淡水养殖产值为 7 473.75 亿元,水产苗种产值为 742.90 亿元。

（三）渔业为国家增加财政和外汇收入

国际贸易在渔业中发挥着重要作用,能创造就业机会、供应食物、促进创收、推动经济增长与发展,以及保障粮食与营养安全。水产品是世界食品贸易中的最大宗商品之一,估计海产品中约 78% 参与国际贸易竞争。对于很多国家和无数沿海沿河地区而言,水产品出口是经济命脉,在一些岛国可占商品贸易总值的 40% 以上,占全球农产品出口总值的 9% 以上,占全球商品贸易总值的 1%。近几十年,在水产品产量增长和需求增加的推动下,水产品贸易量已大幅增长,而渔业部门也面临着一个不断一体化的全球环境。此外,与渔业相关的服务贸易也是一项重要活动。

中国是水产品生产和出口大国,同时也是水产品进口大国（为其他国家提供水产品加工外包服务）,而国内对非国产品种的消费量也在不断增长。挪威为第二大出口国,越南为第三大出口国。1976 年发展中国家的水产品出口量仅占世界贸易总量的 37%,但 2018 年其出口额所占比例已升至 54%,出口量（活重）所占比例已升至 60%。水产品贸易已成为很多发展中国家的重要创汇来源。2018 年发展中国家的水产品出口额为 880 亿美元,水产品净出口收入(出口减去进口)达到380亿美元,超过其他农产品(如肉类、烟草、稻米和糖类)的总和。

（四）渔业提供就业岗位有利于安排农村劳动力

据统计,2020年共有5 850万人在捕捞渔业和水产养殖业初级部门就业,其中36%为全职,23%为兼职,其余为临时性就业或情况不明。在经历了较长时间的上升趋势后,就业人数自2010年以来一直保持相对稳定,而在水产养殖业就业的人数比例则从1990年的17%上升为2020年的35%。2020年全球在捕捞渔业和水产养殖业就业的人口中,84%位于亚洲,随后是非洲(10%)和美洲(4%)。在从事水产养殖活动的2 060万人中,93%位于亚洲。2020年,女性在直接从事初级生产的人数中占比21%,但如果将二级产业(如加工、贸易)考虑在内,女性在劳动力总量中则约占半数。

除初级生产部门以外,捕捞渔业及水产养殖业还为很多人提供了在附属活动中就业的机会,如加工、包装、销售、水产品加工设备制造、网具及渔具生产、制冰生产及供应、船只建造及维修、科研和行政管理等。所有这些就业机会,加上就业者供养的家属,估计养活了6.6亿~8.2亿人,占世界总人口的10%~12%。此外,全世界90%以上的捕捞渔民从事小型渔业,小型渔业在粮食安全、减轻及防止贫困等方面发挥着重要作用。在我国,2021年渔业人口为1 634.24万人,渔业人口中的传统渔民有517.16万人,渔业从业人员有1 184.63万人。

（五）渔业为全球可持续发展和水域生态系统做出贡献

渔业资源不仅为人类提供了物质性功能,更为重要的是,还为人类提供了生态性功能,具有保水和维护生态系统平衡的作用。海洋和内陆水域(湖泊、江河和水库)如果能恢复并保持自身的健康和生产状态,就能为人类带来巨大的效益。要确保捕捞渔业和水产养殖业的可持续性,就必须对海洋、沿海和内陆水生态系统开展管理,包括对生境和生物资源的管理。FAO推出了"蓝色转型"计划,旨在推动全球水产食品系统的可持续转型,通过维护水生生态系统健康、减少污染、保护生物多样性和促进社会平等,使可持续水产食品系统成为加强粮食和营养安全以及增进环境和社会福祉的公认解决方案。"当前,我们面临着诸多全球挑战,渔业发挥着越来越重要的作用,为全世界民众提供食物、营养和就业机遇。地球的健康,以及我们自身的健康和未来的粮食安全都将取决于我们如何对待这个蓝色的世界",FAO总干事屈冬玉说,"我们必须推动农业粮食体系转型,保证水产食品的可持续生产,保障生计,保护水生生境和生物多样性。为此,FAO正在致力于推动'蓝色转型'计划,在现有最佳科学成果的指引下,以负责任态度可持续管理并利用宝贵的水生生物资源。"

（六）渔业为其他相关产业发展做出贡献

水产品生产属于第一产业,与第二产业、第三产业有着紧密的联系。水产品生产必须依赖于其他产业的支持,同样,水产品生产又为其他产业提供了原料和材料。例如,食品、医药、饲料、轻工、农业等需要使用渔业产品的行业,同时,渔业本身又得到了饲料、化纤、制冷、建筑、机械、造船等行业提供的产品。

更为重要的是,首先,水产业是食品供给产业,而食品的稳定供给是稳定国民生活、使社会安定的重要基础条件,因而其比单纯的经济活动有着更为重要的意义。如果考虑到将来世界人口增长与粮食生产增加之间的差距会进一步扩大,那么人们对水产业在国民经济中的重要性就会有进一步的认识;其次,目前的经济活动是以大城市为中心的,而水产业则以沿海的中小城市、村庄、岛屿等为据点,因此,水产业在特定的地区经济中所处的地位是相当重要的。如果考虑到各地区国民经济的均衡发展,那么水产业的重要性就超出它在全国经济中所占比重的意义。同时,渔业有利于调整农村经济结构,合理开发利用国土资源,推动新材料、新技术、新工艺、新设备等高新技术的发展。

第二节　渔业经济学产生和发展

一、我国古代渔业经济思想

中国渔业发展历史悠久,历代的一些思想家和政治家对渔业经济问题都有过论述。如管仲在齐国做宰相时,主张"兴渔盐之利,齐以富强"。在当时鱼类不仅广泛作为人们的食物而且还作为贸易、馈赠和祭祀之用。孟轲有"鱼我所欲也,熊掌亦我所欲也"的说法。这充分说明渔业活动在当时经济生活中占有重要地位。关于对动物自然资源保护和维持生态平衡的认识,我国远在2 000多年前的春秋战国时期已有不少论述并形成了法制。春秋末期范蠡在其著的《养鱼经》开头中写道:"治生之法有五,水畜第一。水畜,鱼也。"《吕氏春秋》中写道:"竭泽而渔,岂不得鱼,而明年无鱼。"孔丘说:"夸弓胎杀夭,则麒麟不至郊;竭泽涸鱼,则蛟龙不合阴阳,渡集取卵,则凤凰不翔。"《国语》说:"鱼禁鲲鲕。"鲲是鱼卵,鲕是幼鱼,就是禁止捕捞受精卵的鱼和幼鱼。孟轲也说:"数罟不入洿池,鱼鳖不可胜食也。"意思是细密之网把小鱼都捕上来,要禁止使用。我国先秦法家荀况所撰写的《王制》一文中写道:"鼋鼍、鱼鳖、鳅鳝孕别之时,罔罟毒药不入泽,不夭其生,不绝其长也。"从这可看到荀子从国家和百姓的长远利益出发提出保护水产资源的正确主张。周代开始对捕鱼实行管理,渔官称渔人。据《周礼》记载,渔人有"中士四人、下士四人、府二人、史四人、胥三十人、徒三百人",这在当时可算一支较庞大的渔政队伍了。渔人的职责除了捕获供王室需用鱼类外,还执掌政令并征收渔税。《国语》中,古代国家设有专职官员叫水虞的,"掌川泽之禁令"。说的是水虞的职责是"掌握时禁和限制密网"。不到时节,严禁捕捞,一年之中,春季、秋季和冬季为捕鱼季节,夏季鱼类繁殖,禁止捕捞。这有些类似我们现在的禁渔期。对破坏水产资源的渔具和渔法,同样也做了限制。这些有关渔业方面的经济思想和管理措施,对我国现代渔业经济的发展和借鉴仍然具有重要的参考价值。

二、渔业经济学产生和发展

渔业经济学作为一门科学,是随着资本主义商品经济在渔业中的发展形成的。1776年英国古典经济学家亚当·斯密在其巨著《国民财富的性质和原因的研究》中,详尽地分析了海洋、江河和湖泊的地理条件、渔业投资问题、渔业成本等对水产品价格的影响。亚当·斯密列举了1724年英国某渔业公司开始经营捕鲸业的生产,用8次航海捕捞活动中只有一次获利来说明发展渔业的风险,认为发展渔业要有承担风险的精神,同时也要考虑经济效益。19世纪中叶,马克思主义经济学对渔业经济活动也有论述。马克思高度评价了水产品对人脑的作用,把捕鱼业归类于采掘工业,把渔业劳动看作能创造剩余价值的劳动等都是对渔业经济学发展的贡献。20世纪初期,人类展开了对渔业经济学的系统研究,早期的渔业经济学专著是1933年日本学者蜷川虎三撰写的《水产经济学》。1961年日本学者冈村清造编著《水产经济学》,该书到1972年先后再版7次。另外,比较有影响的渔业经济学著作还有日本学者近藤康男1979年编写的《水产经济论》。清光照夫等1982年合著了《水产经济学》,该书在详细论述渔业生产、水产品流通、消费等过程的基础上,运用经济学理论对生产资料的均衡、市场机制、收入分配、渔业经济结构等进行了经济学分析。

美国、加拿大、俄罗斯等渔业经济较为发达的国家,常常将渔业经济作为采掘业或工业的一个部门经济进行研究。例如,苏联渔业经济学家琴索耶夫的《苏联渔业经济学》中把渔业经济作为工业经济的一部分进行研究,并就渔业在国民经济中地位和作用、水产资源的经济评价、渔业科技进步、渔业经济管理等理论和方法进行了探讨。北欧的挪威等国着重从渔业资源经济问题方面对渔业经济进行了深入的研究,并在此基础上对捕捞的经济效果进行了评价,提出了对该国的渔船生产实行限制的重大技术经济措施,等等。

三、我国渔业经济学发展历程

由于我国历史上长期处于封建社会,后来又遭受帝国主义国家的侵略而沦为半殖民地半封建社会,工农业发展缓慢,渔业发展更加落后。我国真正把渔业经济作为一门独立学科来研究,是在中华人民共和国成立以后,经历了4个发展阶段,不同时期的基本任务和主要内容不尽相同,有待于不断发展和完善。

(一)初建阶段

从20世纪50年代起,我国部分高等水产院校就参照苏联的农业经济学和工业经济学体系,结合我国渔业的具体情况开始讲授渔业经济学,主要研究计划经济体制下的渔业发展状况,侧重于研究海洋渔业,侧重于对计划体制下的政策进行解释。渔业管理侧重于渔业的国民经济计划,或水产企业的生产作业计划,科学规范的渔业经济学概念和系统的学科体系尚未形成。

(二)起步阶段

改革开放初期,水产品市场率先开放,渔业经济体制改革亟须理论支撑,渔业经济学研究由此空前活跃。1978年全国渔业经济科学规划会议明确提出要编写《社会主义渔业经济学》，一年之后中国水产科学研究院和沿海主要海区及内陆重点淡水水域的水产研究所相继设立了渔业经济研究机构，全国各地先后成立了渔业经济研究会。20世纪80年代中期，上海水产大学首先成立经贸学院并设置了渔业经济管理专业，其他水产院校和一些农业院校也都先后开设了相关专业。渔业经济学、渔业企业管理学相关教材也相继出版，如胡笑波的《渔业经济学》、毕定邦的《渔业经济学》和夏世福的《渔业生态经济学》等。相关课程结构尽管仍受《苏联渔业经济学》影响，但已开始以渔业生产力规律为思路，构建具有内在逻辑和部门产业特色的渔业经济学体系。这一时期，从生产力、生产关系及其相互关系的角度，将渔业经济学的学科体系界定为渔业生产关系经济学、渔业生产力经济学和渔业经济管理学3个层次。

（三）转型阶段

20世纪90年代，随着社会主义市场经济理论的提出和制度的建立，开始大量引入西方渔业经济学专著和教材。其中，挪威学者Hannesson的《渔业生物经济分析》和日本学者清光照夫、岩崎寿男合著的《水产经济学》，系统、科学地介绍了国外渔业发展的研究成果，对中国渔业经济学研究产生了重大影响。渔业经济研究开始吸收和运用现代经济学的理论和研究方法，在整合苏联渔业经济学和西方经济理论的过程中创新发展。由我国专家和学者编著的《渔业经济学》《当代中国的水产业》等多种渔业经济教材和专著相继出版。

（四）发展阶段

在2004年青岛举办的渔业学科建设研讨会上，渔业经济作为水产专业7+2学科设置的二级学科，建立了以马克思主义经济理论和社会主义市场经济为指导的渔业经济学科框架。在以上海海洋大学、中国海洋大学、大连海洋大学、浙江海洋大学、广东海洋大学等为主体的水产大学和一些综合性农业高校及个别综合性大学的水产系（学院）中，渔业经济学已是水产类专业的重要基础课程，在综合国内外理论和实践的基础上不断创新发展。

四、改革开放以来国家渔业经济学研究进展

改革开放促进了渔业发展诸多领域的研究不断深入，成效显著。以下将从渔业增长的经济分析、渔业产业发展与结构调整、水产品贸易与补贴、行业协会与合作组织、渔业保险、渔业现代化、渔业资源可持续利用等7个方面对研究进展进行综述。

（一）渔业增长经济分析

我国渔业经济增长的研究进展主要表现在以下3个方面。

1. 定量分析判断影响渔业经济增长因素

通过建立生产函数或模型，国内一些学者用增长速度方程测算天津渔业技术进步的贡献率；通过CES模型计算海南省渔业增长要素贡献率和粗放度；构建捕捞业和养殖业生产函数模型；用C-D生产函数分析山东渔业产量的主要影响因素；运用广义最小二乘法、分位数回归法和似不相关估计法研究我国沿海地区的渔业经济增长方式等。结果显示,2010 年之前渔业发展的主要贡献是劳动和自然资源,经营相对粗放。但近 10 年已经出现劳动力过剩和自然资源影响递减的发展趋势。

2. 分析渔业制度对经济增长作用

国内一些学者分析了新中国成立 50 年渔业总要素生产率的变化中制度因素所起的作用,分析了我国渔业发展各阶段经济增长率的变化特点,证明了我国渔业制度变革对渔业经济增长率具有明显的贡献。

3. 探讨渔业增长方式变化

我国渔业已由传统简单的养殖方法向复杂化、多样化、模式化方向发展。一些先进的科学技术手段、养殖方式和生态养鱼理论的介入,为发展渔业提供了更广阔的空间和选择余地。研究表明,先进的生产工具和技术进步对渔业经济发展具有长期的推动作用。

(二)渔业产业发展与结构调整

1. 捕捞渔业管理与控制

由于近海渔业资源衰退加剧,我国加强了捕捞强度控制,提出了捕捞产量零增长的政策目标,并实行了包括捕捞许可证制度、捕捞渔船渔具准入控制、禁渔休渔制度等多种管控措施。相关的制度研究也成为渔业经济学讨论的热点问题。

(1)准入制度研究。国内一些学者研究认为,渔业资源的自由准入制度是捕捞能力过剩的根源。现有的税收和资源租金措施难以贯彻执行,捕捞许可证制度和渔船回购制度不能从根本上解决捕捞能力过剩问题。也有研究认为,现阶段我国渔业捕捞中存在的问题与渔业捕捞行政许可制度不完善有直接的关系,我国渔业捕捞行政许可的主体、内容、程序和许可证的效力都存在一定的问题。对此,有学者认为,应该从准入制度内容、方式和基础条件 3 个方面,从顶层设计建立捕捞准入制度体系,并提出了具体思路。

(2)配额制度(TAC)和个人可转让配额制度(ITQ)研究。有限入渔权和"海洋自由"原则的长期对立促进了配额制度和个人可转让配额制度理论的起源与发展。21 世纪初一批学者就在探讨中国引入 TAC、ITQ 的必要性。TAC 需要解决总量确定、配额分配与交易、海上渔获量的监管和统计等诸多问题,我国目前还不具备相关统计和监管条件。ITQ 的本质是在国家管辖权范围内对海洋的共有资源进一步实施"圈海运动"和"私有化运动"。有学者认为,中国应该实行个别渔村配额、个别休闲渔业俱乐部配额和个别商业可转让配额三位一体的管理模式;为了降低交易成本,首先应当在大渔区实施 ITQ,并通过转产转业来降低捕捞渔民的数量。

2. 养殖渔业健康发展

我国水产养殖业的发展速度非常快,海水养殖业也充满了活力。因此,有大量的研究关注特定水产品的市场前景。从增长方式看,养殖渔业已由追求面积和产量转向注重品种结构和产品质量,工厂化、规模化、集约化程度正在逐步提高,这是促进我国渔业可持续发展、水产养殖现代化和渔民增收的要求和必然选择。产业化是实现这种转变的重要方式。常见的养殖产业化模式被归纳为专业合作经济组织带动型、渔业企业带动型和专业养殖大户带动型3种，也可以从内在关联上归纳为产权结合的产供销一体化的综合性企业模式和契约性联合体2种。

养殖水产品的质量安全得到了日益增长的关注。有专家学者认为，养殖业存在突出问题主要表现在：水产养殖病害频发、水产品质量安全存在隐患、资源环境日益衰竭和养殖渔民权益保障不力等。因此，专家学者提出了树立科学发展观，发展资源节约型、环境友好型水产养殖业的建议对策。更为具体的建议强调应合理调整养殖水域的布局和品种结构，依靠科技、人才和制度改造传统渔业。例如，完善水产养殖业的相关标准和法律体系、加强生产基地质量监管体系、无公害水产品生产保障、市场体系和推广体系建设等。

3. 水产品加工业、远洋渔业和休闲渔业发展前景广阔

水产品加工业、远洋渔业和休闲渔业的发展是渔业产业结构调整的重要内容。我国水产品加工业占水产品总产量的比例不足 1/3，精深加工滞后，尤其是对低值鱼虾的综合利用程度低。研究普遍认为这是由水产品加工企业规模小，生产设备老化，保鲜、加工技术落后等因素造成的，有必要通过引入先进技术提升水产品加工业转型升级。

由于近海渔业资源枯竭，不得不发展远洋渔业。由于投入高、风险高、国际关系和政策复杂，远洋渔业发展遇到了很大的阻力，产量远不及近海渔业。我国远洋渔业研究主要从规划、国际渔业关系、管理和观念等方面探讨，研究认为，作为后来者，中国要与俄罗斯、日本等捕捞渔业强国竞争，资金、人才和技术是关键，提出要加强远洋渔业装备、人才、技术和海外基地建设。

休闲渔业在我国拥有良好的发展前景，观赏渔业是都市型水产业的新增长点。通常可将休闲渔业分为生产经营型、休闲垂钓型、观光疗养型和展示教育型4种类型，提出了休闲渔业应增加经营种类、选择合适品种、政府鼓励及协调和规范服务等建议，一些研究还提出了要发展负责任休闲渔业的建议。

（三）水产品贸易与补贴

中国是世界水产品出口大国，由出口顺差带来的贸易摩擦和技术壁垒是水产品贸易面临的巨大挑战，有以下4个方面关注点。

1. 如何在贸易中利用 WTO 规则

一些研究强调应充分发挥政府在其中的导向作用。

2. 技术性贸易壁垒和反倾销的影响和应对

中国水产品出口国基本上都对进口水产品制定了严格的技术性标准，我国的水产品不可避免地要受到这些国家的技术性贸易壁垒的限制和不利影响。

3. 水产品贸易顺差的影响和应对

市场多元化、外贸增长方式转变、企业做大做强、产业政策调整等被认为可以降低巨额贸易顺差带来的短期冲击。

4. 补贴制度与 WTO 制度的相容性

一些研究对比国内外渔业补贴后认为,中国与贸易有关的水产品政府补贴符合 WTO 的要求,没有扭曲水产品国际贸易。有学者认为韩国的援助制度虽然对企业的援助效果不明显,但对人的援助力度突出,或可为中国所借鉴。

(四)渔业保险

中国的渔业保险分为商业性渔业保险和渔船船东互保两种。始于 1982 年的商业性渔业保险的发展自市场经济改革后就停滞不前,甚至萎缩退出,而始于 1994 年的渔船船东互保则逐步壮大。自农业政策性保险实施后,渔业政策性保险的必要性和如何推行成为讨论的热点问题。2008 年在各地开展政策性渔业保险试点工作的基础上,农业部启动了渔业互助保险中央财政保费补贴试点工作。2012 年农业部印发了《全国渔业互助保险"十二五"规划》,提出继续完善和巩固全国一盘棋的渔业互保格局,区分国家协会和地方协会的职能定位,强化中国渔业互保协会行业指导地位的意见。研究结果表明,政策性渔业保险是发展的主要趋势,渔业保险需要"政府和市场"双驱动,但是,中国当前渔业保险的法律基础、管理体制、政策性扶持、市场均衡水平和发展模式的顶层设计尚有待于完善和深入探索。

(五)行业协会与合作组织

中国渔业协会成立于 1954 年,经历不同的发展时期,对维护中国海洋渔业权益、执行政府间渔业协定、推动渔业行业发展起到了主要作用。其中渔业协会的作用和组织体系建设获得了较多关注。有的是从政府、市场和行业协会之间的关系阐释,有的是从交易成本的视角进行分析和验证,有的通过对国外行业协会定位、作用的分析进行对比论述。有学者通过对比海峡两岸的渔业协会制度,提出大陆的渔业协会应有选择地借鉴台湾渔业协会的经验,建立健全渔业协会法律体系、组织机构,扩展渔业协会的职能。在合作组织研究上,有学者探讨了国家技术推广机构与合作组织合作的途径。

(六)渔业现代化和技术创新

渔业现代化对于保障粮食安全、拓展就业路径和推进渔业可持续发展都有重要意义。它是一个动态的和区域性的发展概念,在不同国家和地区的不同时间点,其含义是不同的,但是都强调科学的管理方法、先进的生产方式和技术手段。现在的现代渔业概念不仅强调发达的渔业,也强调富裕的渔村和良好的渔业生态环境,强调可持续的现代化。在评价指标方面,以前更多强调的是经济发展能力的现代化,如资源配置、物质装备、生产技术、产品流通和经营管理等方面。现在的研究则纳入了更多的社会和生态因素,经济指标更为丰富。例如,有学者将渔业发展组织化水平和休闲渔业的发展纳入对渔业生产能力现代化的衡量中,将渔民的生活状况(收入消费水平、社保和综合素质)和渔村的生态环境纳入评价体系中。

科技进步促使人类社会进入了工业化和信息化时代,传统产业的现代化发展必须与工业化和信息化并举。作为渔业现代化的重要组成部分和支撑条件,渔业信息化被认为将主导一定时期内渔业现代化的发展方向。今后渔业的发展主要依靠技术和人才。产学研合作是渔业技术创新的主要方式。一些研究认为,我国渔业的这种联盟存在重复建设、运行机制不完善、组织管理体系不健全,以及政府管理不规范等问题,需要加强宏观调控和管理水平。为了评价各种技术成果的转化效率,很多研究也试图构建综合评价指标体系。此外,地理信息系统(GIS)在 21 世纪开始在渔业领域得到应用,并获得了关注。如有的专家学者对其在渔业制图、鱼类栖息地评价、渔业资源分布、水产养殖选点和基础数据库方面的应用进行了概述。

（七）渔业资源可持续利用

渔业资源可持续利用是渔业资源和环境压力下的必然选择。酷渔滥捕、环境污染和气候变化是影响渔业资源可持续利用的主要因素。研究认为,渔业可持续发展需要小到渔具渔法控制、大到各国合作的共同努力。在国家间、地区间和机构间建立有效对话与沟通机制有助于保障渔业资源可持续发展。一些学者提出了缓解资源和经济发展压力的"海洋牧场"的概念。国内学者则从博弈论的视角提出了合作博弈、产权安排、配额流转、税收与管制、制度与监督 5 点应对策略。在渔业资源可持续利用评价理论和方法上,有学者运用系统论、灰色相对关联进行分析,构建了以 BP 模型为基础,包括经济、社会和资源环境 3 个方面的渔业资源可持续利用预警系统,提出了渔业资源可持续利用综合评价方法和步骤。有学者运用非线性理论建立了海洋渔业资源二次非线性捕捞的动力模式,研究了渔业资源生物量增长、增长率与捕捞强度的关系。也有学者提出了南海渔业资源可持续利用的评价指标体系,包括渔业资源环境子系统、社会子系统和经济子系统 3 个层次,共 23 个指标。

另外,还有关于海洋循环经济的研究,理论层面关注海洋循环经济的基本含义、循环经济原则,传统经济、循环经济与渔业可持续发展的关系。有学者从粮食安全保障角度出发,阐述了发展渔业循环经济是"紧缺资源替代"战略的一个重要组成部分,并提出了我国水产业实施"循环经济"的"社会大循环""企业间循环"和"企业内循环"3 个可供选择的基本模式。目前提到的海洋环境经济则是期望通过减量化、再利用和资源化探索"低资源能源投入、高经济产出、低污染物排放"的海洋经济增长模式。已经在天津等地开展了"海洋主要产业循环经济发展模式与滨海电厂示范区研究"。除此之外,还有低碳渔业与碳汇渔业的经济学问题。"发展碳汇渔业"是 2010 年全国渔业专家论坛主题,低碳渔业主要讨论渔业生产节能减排,渔业生态养殖节水、节能、节人力、低排放、可循环、可追溯。"碳贸易"也是研究和发展方向。在我国土地、水资源紧缺情况下,远洋渔业、公海渔业捕捞的产品是国内无碳经济产品,应该提倡。

第三节 渔业经济学研究范畴

一、渔业经济学概念

渔业经济学是指以渔业生产活动为研究对象,是研究渔业生产关系及其发展规律的应用经济学。渔业产业活动可以分为生态系统、渔业技术系统、渔业经济系统和渔业社会系统。

渔业生态系统和技术系统反映渔业生产的自然属性。渔业经济系统和社会系统反映渔业生产的经济社会属性。渔业经济学研究一般经济规律在渔业生产部门中的特殊表现形式。

二、渔业经济学特点

（一）各分支学科之间的交叉渗透不断加强、分化或细化加快

渔业生产的基本特点是经济再生产与渔业自然资源再生产相互交织和紧密结合，以渔业经济活动过程中的渔业、渔村、渔民问题及其运行规律为研究对象的渔业经济学。因此，涉及水产科学、经济学、资源经济学、管理学等多个学科的交叉，它们之间的相互联系不断深化。

（二）渔业经济学研究日益呈现多层面性和多角度性

微观与宏观分析、规范与实证分析、定性与定量分析技术等的结合越来越紧密，研究方法也不断日新月异。

（三）渔业经济研究范围不断扩展

新的理论和实践要求渔业经济学不断创新，更加全面、系统地研究渔业发展，已对渔业经济学学科的设置、传授和研究构成了挑战。

总体上看，渔业经济学已经形成了基本的学科体系和完整的研究团队，但是仍存在渔业经济专职研究人员偏少、研究力量较为薄弱且参差不齐等问题。相对于快速发展的渔业经济，渔业经济学理论和方法的运用、系统性和连续性的研究有待于加强。

三、渔业经济学研究内容

渔业经济学研究主要涉及以下 6 个方面。

（一）渔业资源经济研究

研究内容包括：鱼类资源经济的理论研究；鱼类资源管理，特别是 200 海里专属经济区的管理问题；入渔成本与国际渔业合作问题研究；渔产品国际竞争力与国际贸易研究。

（二）渔业产业经营研究

研究内容包括：各种类别的渔捞经营与发展；各种类别的养殖渔业的经营与发展；渔业作业经济效率的改进。

（三）渔业投入产出研究

研究内容包括：渔业生产力；渔业劳动生产率与所得；渔业投资及资本报酬率问题；渔业生产要素，特别是船员劳动、作业渔船、渔场土地供求与管理。

（四）渔业生产行为研究

研究内容包括：价格与收益不确定下的投资选择；渔获量不确定性因素及渔业行为研究。

（五）渔产品市场经济研究

研究内容包括：渔产品消费需求；渔产品的价格分析、预测和政策措施；渔产品的运输、销售；渔产品贸易问题研究，特别是关于药物残留问题、出口市场依然过于集中问题、加工技术薄弱，出口品种单一问题、水产品季节性生产和国际市场均衡需求的矛盾问题、行业组织化程度低，恶性竞争没有得到有效遏制问题等；个别渔产品的产销问题。

（六）渔业与宏观经济体系之间互动性研究

研究内容包括以下 4 个方面：

（1）渔业在经济成长中的地位：生产要素的竞争使用问题、生产要素的成本与价格问题。

（2）养殖渔场的土地问题：社会成本与外部性的问题。

（3）能源问题：能源价格变动对渔业经营的影响。

（4）劳动力问题：经济增长与渔业劳动力供需问题。

四、渔业经济学学科体系构成

渔业经济学不仅要研究渔业生产过程中的生产关系，必要研究生产过程中的渔业生产力发展规律，因此，它与许多学科有着密切的联系，如渔业资源经济学、渔业生态经济学、渔业技术经济学、国际渔业合作、渔业国际贸易规则等分支学科。分支学科的发展具有明显的层次性，按照国内渔业经济学家的研究思路，渔业经济学科体系大致可分为以下 5 个层面的问题。

（一）渔业经济综合研究

渔业经济综合研究包括对渔业生产、流通、分配、消费方面的研究，将划分出渔业经济体制学、渔业生产力经济学、渔业宏观经济学、水产品流通与市场经济学、渔业发展战略学、渔业经济法规学、渔业消费经济学、渔业国际贸易规则等。

（二）渔业经济结构研究

渔业经济结构研究包括对渔业中养殖、捕捞、加工各个部门的研究，如海洋捕捞经济学、远洋渔业经济学、淡水捕捞经济学、水产养殖经济学、水产增殖经济学、水产加工经济学、水产企业经营管理学、渔业工程经济学等。

（三）渔业区域经济研究

渔业区域经济研究包括世界渔业经济学、国别渔业经济学、国际渔业合作、省别渔业经济学、城郊渔业经济学、内陆渔业经济学、沿海渔区经济学等。

（四）渔业交叉经济研究

渔业交叉经济研究包括渔业资源经济学、渔业生态经济学、渔业技术经济学、渔业计量经济学、渔业信息经济学等。

（五）渔业经济方法研究

如渔业会计学、渔业统计学、渔业计划学等。

五、渔业经济学研究方法

辩证唯物主义和历史唯物主义是科学的世界观和方法论,也是研究渔业经济学的根本观点和方法。在具体运用时,应掌握和坚持以下 4 种基本方法。

(一)理论联系实际

在学习和研究渔业经济学时,要紧密联系中国国情和渔业实际,积极开展调查研究,在新的实践基础上,不断改革创新,探索具有中国特色的社会主义渔业发展规律来指导渔业经济发展。

(二)综合运用各种研究方法

1.演绎法与归纳法相结合

演绎法与归纳法都是逻辑思维的方法。演绎法的特点是根据已知的判断或理论,推导出新的认识和理论。归纳法的特点是根据调查的大量事实,归纳出新的认识和理论。因此,在运用演绎法时,必须辨别已知判断和理论是否正确,以免产生推导出错误的认识和理论,归纳法虽然更符合实际和真理的要求,但其新的认识和理论也必须通过实践来检验。

2.定性分析和定量分析相结合

定性分析和定量分析是研究渔业经济的具体方法。定性研究主要用来研究渔业经济发展的规律、原理以及研究渔业发展的路线、方针和政策。定量分析是对渔业经济活动中各种数量关系加以研究使其所揭示的规律和原则尽可能定量化,精确化。二者应该相互结合,互为补充。

3.动态和比较研究相结合

渔业经济活动始终处于不断变化、不断发展的过程中,研究渔业经济问题,应当用动态的发展的观点,进行探索和创新。用比较研究的方法对渔业生产要素进行优化组合时,从多种可供选择的方案中寻求最优方案。

(三)学习和借鉴国外先进经验

在渔业经济领域,发达国家对渔业资源的合理利用和保护及渔业政策制定等方面值得学习和借鉴。因此,研究国外渔业发展规律,总结其经验和教训,可以使我国在渔业经济发展道路上少走弯路。

(四)创新与时俱进的研究方法

改革开放以来,虽然我国渔业发展取得了很大成绩,也摸索出一些规律和经验,但是在渔业经济发展中出现了许多新情况和新问题,一些有关全局的深层次问题,如渔业可持续发展、现代渔业发展机制改革创新、水产品安全有效供给等亟待解决。因此,坚持与时俱进的研究分析渔业经济中的新情况和新问题,真正使渔业经济学为我国现代渔业产业体系建设做好服务。

第二章 渔业发展与渔业现代化

第一节 渔业发展历程

一、渔业发展历史

中国地处亚洲温带和亚热带地区,水域辽阔,水产资源丰富,为渔业的发展提供了有利条件。早在原始社会,捕鱼就成为人们谋生的一项重要手段。以后随着农业的发展,渔业在社会经济中的比重逐渐降低,但在部分沿海地区和江河湖泊密布区域,仍存在着以渔为主或渔农兼作的不同状况。在漫长的历史时期中,中国渔业经历了原始渔业、古代渔业、近代渔业、现代渔业的发展阶段,其生产规模、渔业技术随着时代的前进得到不断的发展,水产教育和科学研究近代以来有着长足的进步。

(一)原始渔业

从远古到公元前 22 世纪,原始社会生产力低下,人们为寻找食物而奔波。狩猎和采集,不足以维持生活,开始把生产活动从陆地扩展至水域,利用水生动植物作食物,出现原始的捕捞活动。据 1933—1934 年在北京周口店龙骨山山顶洞穴内发掘到的文物证明,18 000 年前居住在那里的人们,其谋生手段,除采集植物和猎取野兽外,还在附近的池沼里采捕鱼类和贝类。在山顶洞人遗址内有一块钻有小孔并涂了红色的草鱼上眶骨,那是他们将鱼食用后留作装饰品的明证,据推算这条草鱼约有 80 cm 长,这充分说明水产品已深入到了他们的日常生活之中。

到了新石器时代,出现了粮食的种植和家畜的饲养,扩大了食物来源,出现以采集、渔猎为主和以种植兼营畜牧的多种经济类型。由于粮食种植和家畜饲养尚处于原始阶段,满足不了人们的生活需求,捕捞仍占有重要地位。在一些自然条件对渔业生产有利的地区,发展成带专业性的生产部门。随渔业生产的发展,捕捞工具也在不断进步。根据出土文物,新石器时代主要使用如下几种渔具。

1. 鱼镖

鱼镖出现于 7 500 年前。早期鱼镖用动物长骨磨制而成,两侧各有几个倒钩,以后则发展成多种形式,有的将镖头直接捆绑在镖杆头上,有的用绳子一端系在镖头铤部,另一端系在镖杆头上,成为带索鱼镖。

2. 渔网

有关渔网的起始年代,尚在探索中,至迟在 6 000 年前的半坡时期就已使用了。在半坡出土的陶器上,绘有方形、圆锥形渔网,反映出半坡人已在根据不同的水域利用不同形状的渔网捕鱼。另外,在各地新石器时期的遗址内,出土有大量石质和陶质的网坠,说明渔网在原始社会是一种广泛使用的渔具。原始社会的渔网,在中国早期的古籍中也有记载,《易·系辞下》:"古者包牺氏之王天下也……作结绳而为网罟。"

3. 鱼钩

鱼钩最早也出现于半坡时期。早期鱼钩都用骨、牙料磨制而成,分有倒刺和无倒刺两类。

4. 鱼笱

鱼笱早在 4 600 年前,浙江吴兴钱山漾人已经使用,是用竹篾或荆条编织而成,呈圆锥形,开口处装有倒须式漏斗,置于鱼类洄游通道上,鱼能进而不能出。此外,弓箭和鱼叉也是原始社会常用的渔具。距今 7 000 年前,居住在今浙江余姚的河姆渡人,开始用木舟捕鱼,将生产扩展到更开阔的水域。5 000 年前,居住在今山东胶州市的三里河人,开始大量捕捞海鱼。三里河人有很高的捕鱼技术,能捕获长约 50 cm、游泳快速的蓝点马鲛。40 000～6 000 年前,大量的贝丘遗址表明,居住在东部沿海地区的人,主要以采拾贝类为生。在他们的贝丘遗址内,还发现箭湖、网坠、鱼钩和石斧,说明贝丘人兼事渔业和农耕。

(二)古代渔业

从公元前 22 世纪至 1840 年,中国古代渔业是以风力和人力为动力,以手工操作的小生产。这一时期渔业发展的主要标志,是除了利用天然水域的水产资源外,开始进行人工养殖,在生产技术上有许多创新和突破。

1. 水产捕捞发展

古代水产捕捞,经历了内陆水域捕捞和沿岸捕捞两个发展阶段。唐代和唐代以前,捕捞主要在内陆水域进行。宋代以后,开始较大规模捕捞海洋鱼类。夏代时期,中国进入奴隶社会,生产以农业为主,但渔业仍占一定比重。夏文化遗址出土的渔具有制作较精良的骨鱼镖、骨鱼钩和网坠,反映了当时的捕捞生产状况。《竹书纪年》载,夏王芒"狩于海,获大鱼",充分说明海洋捕鱼也是非常受重视的一项生产活动。

商代的渔业区主要在黄河中下游,捕鱼工具有网具和钓具等。殷墟出土甲骨文"渔"字,有象征双手拉网捕鱼的和象征用手持竿钓鱼的象形文字。1952 年,河南偃师二里头早商宫殿遗址出土有青铜鱼钩。这枚鱼钩钩身浑圆,钩尖锐利,顶端有一凹槽,用以系线。这是中国出土的最早的金属鱼钩。商代捕捞的水产品有青鱼、草鱼、鲤、赤眼鲫、黄颖鱼和鲻等。商遗址还出土有龟甲、鲸骨和海贝,这些产于东海和南海,可能是交换或贡献来的。

周代是渔业的重要发展时期。捕捞工具已趋多样化,有罟、九民、汕、工后、瞥、钓、笱、罩、畜等多种。此外,还创造了一种叫林的渔法,是将柴木置于水中,诱鱼栖息其间,围而捕取。这成为后世人工鱼礁的雏形。到春秋时代,随铁器的使用,鱼钩开始用铁制,由于铁质坚固,同时来源较多,铁鱼钩的出现推动了钓渔业的发展。随捕捞工具的改进,捕鱼能力也有相应的提高。据《诗经》记载,当时捕食的有鲂、鳢、鲨、鲤、鳢、鲇、鲔、鳟、鲸等10余种。《尔雅·释鱼》记载的更多,达20余种。这些鱼分别生活在水域的中上层和底层。近海捕鱼也有很大发展,位于渤海之滨的齐国,原先地瘠民贫,吕尚受封齐地后,兴渔盐之利,人民多归齐,齐成为大国。周代开始对渔业设官管理,渔官称敌人。《周礼·天官冢宰》载,渔人有"中士四人、下士四人、府二人、史四人、胥三十人、徒三百人",已形成一支不小的管理队伍。敌人的职责除捕取鱼类供王室需用外,还执掌渔业政令并征收渔税。为保护鱼类资源,周代还规定了禁渔期,一年之中,春季、秋季和冬季为捕鱼季节,夏季鱼类繁殖,禁止捕捞。周代对渔具、渔法也作了限制,规定不准使用密眼网,不准毒鱼和竭泽而渔。

汉代捕鱼业比前代更昌盛,据班固《汉书·地理志》记载,辽东、楚、巴、蜀、广汉都是重要的鱼产区,市上出现大量商品鱼。捕捞技术也有进步,徐坚《初学记》引《风俗通义》说,置网捕鱼时用轮轴起放,说明当时已过渡到半机械操作。东汉时还创造了一种新的钓鱼法。王充《论衡·乱龙》篇说,当时钓鱼用一种真鱼般的红色木制鱼置于水中,引诱鱼类上钩,这成为后世拟饵钓的先导。近海捕鱼也形成一定规模,西汉政府设海丞一职,主管海上捕鱼生产;汉宣帝时大臣耿寿昌曾提议增收海租(海洋渔业税)三倍,以充裕国库。

魏晋南北朝至隋的三四百年间,黄河流域历经战乱,渔业生产下降;在长江流域,东晋南渡后,经济得到开发,捕鱼业在继续发展。郭璞《江赋》描述长江渔业盛况说:"舳舻相属,万里连,溯洄沿流,或渔或商。"在捕鱼技术上,出现一种叫鸣的声诱渔法。捕鱼时用长木敲击船板发出声响,惊吓鱼类入网。在东海之滨的上海,还出现一种叫沪的渔法。渔民在海滩上植竹,以绳编连,向岸边伸张两翼,潮来时鱼虾越过竹枝,潮退时被竹所阻而被捕获。这时对鱼类的洄游规律,也有了一定认识:"顺时而往还(郭璞《江赋》)。"

唐代主要渔业区在长江、珠江及其支流。这时除承袭前代的渔具、渔法外,还驯养禽类捕鱼。766—768年,诗人杜甫在夔州(今四川奉节县)居住时,看到当地居民普遍豢养鸬鹚捕鱼。7世纪末,通川(今四川达州市)出现水獭捕鱼。唐末,诗人陆龟蒙将长江下游的渔具渔法作了综合描述,写成著名的《渔具诗》,作者在序言中对所述渔具的结构和使用方法作了概述,并进行分类。

宋代,随东南沿海地区经济的开发和航海技术的提高,大量海洋经济鱼类得到开发利用,浙江杭州湾外的洋山,成为重要的石首鱼渔场。每年三、四月,大批渔船竞往采捕,渔获物盐腌后供常年食用,有的冰藏后远销至今江苏南京以西。马鲛、带鱼也成为重要捕捞对象。使用的海洋渔具有莆网和帘。莆网是一种定置张网。帘即刺网,长数十寻[①],用双船布放,坠以铁,下垂水底,刺捕马鲛。淡水捕捞的规模也较前代为大,马永卿《懒真子》载,江西鄱阳湖冬季水落时,渔民集中几百艘渔船,用竹竿搅水和敲鼓的方法,驱赶鱼类入网。在长江中游,出现空钩延绳钓,其钓钩大如秤钩,用双船截江敷设,钩捕江中大鱼。竿钓技术也有进步,邵雍《渔樵问对》称竿钓由钓竿、钓线、浮子、沉子、钓钩、钓饵六部分构成,这与近代竿钓的结构基本相同。这一时期,位于中国东北的辽国,已有冬季冰下捕鱼。

---

① 寻:古代长度计量单位。

明初和明代后期,政府为加强海防,多次实行海禁,出海捕鱼受到限制,但海禁开放后,渔业很快得到恢复和发展。明代大宗捕捞的海鱼仍是石首鱼,生产规模比宋代更大。王士性《广志绎》说,每年农历五月,浙江宁波、台州、温州的渔民,以大渔船往洋山捕石首鱼,宁波港停泊的渔船长达十里①。这时渔民已观测到石首鱼的生活习性和洄游路线,利用石首鱼在生殖期发声的特性,捕捞时先用竹筒探测鱼群,然后下网截流张捕。明代中叶,沿海因倭寇侵扰,政府实行罟棚制度,以八九或十余艘渔船为一,组织渔民下海捕鱼。这时出现大对渔船,其中一艘称网船,负责下网起网,另一艘称煨船,供应渔需物资、食品及贮藏渔获物。由于用两艘船拖网,可使网目张开,获鱼较多,发展成浙江沿海的重要渔业。与此同时,东海出现饵延绳钓,钓捕海鱼,渐次发展成这一海区的重要渔业。随海洋渔业的发展,明代出现了记述海洋水产资源的专著。屠本的《闽中海错疏入》,记载了福建沿海的水产生物 200 余种,成为中国最早的水产生物区系志。

清代海洋捕捞的对象进一步扩大,大宗捕捞的除石首鱼外,还有带鱼、鳓鱼、比目鱼、鲳鱼等经济鱼类数十种。捕捞技术也有进一步提高。清初,广东沿海开始用围网捕鱼。屈大均《广东新语·鳞语》记载,这种叫"罠"的网具深八九丈②、长五六十丈,上纲和下纲分别装有藤圈和铁圈。捕鱼时先登桅探鱼,见到鱼群即以石击鱼,使惊回入网。围网的出现,为开发中上层鱼类资源创造了条件。在沿海其他地区,也因地制宜,创造了种类繁多的渔具。当时的海洋渔具有拖网、围网、刺网、敷网、陷阱、掩网、抄网、钓具、耙刺、笼壶等类。内陆水域使用的渔具也基本相同,其捕捞规模也在继续扩大,太湖渔船多至六桅。在边远地区,一些特产经济鱼类开始大量开发利用,主要有乌苏里江的鲑鳟、云南抚仙湖的白鱼。

2. 水产养殖起始和发展

中国古代的水产养殖,唐代以前以池塘养鲤为主;宋代以后以养殖草鱼、青鱼、鲢、鳊为主,并在鱼苗饲养和运输、鱼池建造、放养密度、搭配比例、分鱼、转塘、投饵、施肥、鱼病防治等方面,形成一套成熟的经验,对世界养鱼业的发展,起到积极的作用。

中国养鱼起源很早,有关它的起始年代,目前有 2 种说法:一是说法始于殷代后期。殷墟出土的甲骨卜辞有"贞其雨,在圃鱼(渔)""在困鱼(渔),十一月"的记载,认为是指在园圃内捕捞所养的鱼。据此,中国养鱼始于公元前 13 世纪。另一说法认为始于西周初年。《诗经·大雅·灵台》是一首记述周文王建灵台的诗,诗中说到周文王在灵圃中养鸟兽,在灵沼中养鱼,认为这是中国人工养鱼的最早记载。据此,中国养鱼始于公元前 11 世纪。

到战国时代,各地养鱼生产普遍展开。《孟子·万章上》说,有人将鲜活鱼送给郑国的子产,子产使管理池塘的小吏养在池塘里。常璩《华阳国志·蜀志》也说,秦惠王二十七年(公元前 310 年),张仪和张若筑成都城,利用筑城取土而成的池塘养鱼。这时的养鱼方法较为原始,只是将从天然水域捕得的鱼类,投置在封闭的池塘内,任其自然生长,至需要时捕取。

汉代是中国池塘养鱼的起始时期,开始利用小水体(人工挖掘的鱼池、天然形成的池塘

---

① 里:里为非法定计量单位,1 里 = 500 米。
② 丈:丈为非法定计量单位,1 丈 ≈ 3.3 米。

等)进行人工饲养。西汉开国后,经 60 多年的休养生息、发展生产,社会经济有了较大的恢复和发展,至武帝初年,养鱼业开始进入繁荣时期。《史记·货殖传》说,临水而居的人,以大池养鱼,一年有千石①的产量,收入与千户侯等同。主要养鱼区在水利工程发达、人口稠密、经济繁荣的关中、巴蜀、汉中等地,经营者有王室、豪强地主,也有平民百姓。这时开始选择鲤鱼为主要养殖对象。鲤鱼具有分布广、适应性强、生长快、肉味鲜美以及在鱼池内互不吞食等特点,同时可在池塘内产卵孵化。鱼池通常有数亩面积,池水深浅有异,以适应所养大小鲤鱼不同的生活习性。在养殖方式上,常与水生植物兼作,在鱼池内种上莲、芡,以增加经济收益并使池鱼获得食料来源。在鱼池四周,常植以楸、竹,以美化养殖环境。

汉代还从池塘养鱼发展至湖泊养鱼和稻田养鱼。湖泊养鱼主要在西汉时期的京师长安。葛洪《西京杂记》说,汉武帝在长安筑昆明池,用于训练水师和养鱼;所养之鱼除供宗庙、陵墓祭祖用外,多余的在长安市上出售。稻田养鱼始于东汉汉中地区,当地农民利用两季田的特性,把握季节时令,在夏季蓄水种稻期间放养鱼类。另一种养殖方式是利用冬水田养鱼。这种冬水田靠雨季和冬季化雪贮水,常年蓄水,一年只种一季稻子,人们利用冬季休闲期间养鱼。稍后,巴蜀地区也开始稻田养鱼。曹操《四时食制》:"郫县子鱼,黄鳞赤尾,出稻田,可以为酱。"在汉代养鱼业发达的基础上,中国出现最早的养鱼专著《陶朱公养鱼经》。该书的成书年代有不同的看法,有人认为是春秋末年范蠡所作,一般认为写成于汉代。原书已佚。从《齐民要术》中得知其主要内容为选鲤鱼为养殖对象、鱼池工程、选优良鱼种、自然产卵孵化、密养、轮捕等。

自三国至隋,变乱相承,养鱼业一度衰落,至唐代重又得到发展。唐代仍以养鲤鱼为主,大多采取小规模池养方式。养殖技术主要沿袭汉代,但已知人工投喂饲料,以促进池鱼快速生长。随养鲤业的发展,鱼苗的需求量增多,到唐代后期,岭南(今广东、广西等地)出现以培育鱼苗为业的人。至昭宗(889—904 年)在位时,岭南渔民更从西江中捕捞草鱼苗,售与当地耕种山田的农户饲养。刘恂《岭表录异》说,新州(今广东新兴县)、泷州(今广东罗定市)的农民,将荒地垦为田亩,等到下春雨田中积水时,就买草鱼苗投放田内,一两年后,鱼儿长大,将草根一并吃尽,获鱼稻丰收。由于大江中草鱼、青鱼、鲢、鳊等的繁殖期大致相同,渔民捕得草鱼苗时,也会捕得其他几种鱼苗,从而成为中国饲养这四种著名养殖鱼类的起始。

北宋时期,长江中游的养鱼业开始发展。范镇《东斋记事》说,九江、湖口渔民筑池塘养鱼苗,一年的收入,多者几千绢,少者也有数十百千。到南宋,九江成为重要的鱼苗产区,每逢初夏,当地人都从长江中捕捞草鱼、青鱼等鱼苗出售,以此图利。鱼苗贩者将鱼苗远销至今福建、浙江等地,同时形成鱼苗存放、除野、运输、投饵及饲养等一套经验。会稽(今浙江绍兴)、诸暨以南的大户人家,都凿池养鱼,购买九江鱼苗饲养,动辄上万。养鱼户这时将鳙、鲢、鲤、草鱼、青鱼等多种鱼苗,放养于同一鱼池内,出现最早的混养。

宋代还开始中国特有的观赏鱼金鱼的饲养。金鱼起源于野生的橙黄色鲫鱼,早在北宋初年,有人将它放养在放生池内。到南宋,进入家养时期。宋高宗赵构建都杭州后,在德寿

---

① 石:古代重量计量单位,1 石 ≈ 60 千克。

宫中建有养金鱼的鱼池。在赵构倡导下,杭州的达官贵人养金鱼成风,多凿石为池,置之间,以供玩赏。当时出现了以蓄养金鱼为生的人。在池养过程中,开始培育出最早的金鱼新品种。

随养鱼业的发展,宋代开始进行鱼病防治。苏轼《物类相感志》载,"鱼瘦而生白点者名虱,用枫树叶投水中则愈。"

明代主要养鱼区在长江三角洲和珠江三角洲。养殖技术更趋完善,在鱼池建造,鱼塘环境,引起泛塘的原因,定点、定时喂食,轮捕等方面,都积累了丰富的经验。鱼池通常使用两三个,以便于蓄水、解泛和卖鱼时去大留小。池底通常北部挖得深些,使鱼常聚于此,多受阳光,冬季可避寒。明代后期,珠江三角洲和太湖流域渔民利用作物、家畜、蚕、鱼之间在食物上的相互依赖关系,创造了果基鱼塘和桑基鱼塘。同一时期,江西出现畜基鱼塘,养鱼户在鱼塘边作羊圈,每日扫羊粪于塘内,以饲养草鱼。混养技术也有提高,开始按一定比例混合放养多种鱼类,以充分利用水层和池塘里的各种不同食料,并发挥不同种鱼类间的互利作用,以提高单位面积产量。

河道养鱼也始于明代。这种养殖方式的特点是将各河道和它总汇处的宽广水面用竹箔拦起,放养鱼类,依靠水中天然食料使鱼类长大。嘉靖十五年(1536 年),绍兴三江闸建成,河道的水位幅度变小,为开展河道养鱼创造了条件,以后不久,利用河道养鱼的事业开始兴起。

海水养鱼也始于明代。黄省曾《养鱼经》说,松江(今属上海市)渔民在海边挖池养殖绍鱼,仲春在潮水中捕寸 [①] 余的幼鲥饲养,至秋后即长至尺 [②] 余,腹背都很肥美。

明代后期,中国东南沿海渔民开始养殖贝类。主要养殖对象有牡蛎、缢蛏和泥蚶。成化(1465—1487 年)年间,福宁州(今福建宁德霞浦)开始插竹养殖牡蛎。至明末清初,广东东范、新安渔民改用投石法,将烧红的石块在牡蛎繁殖季节投置海中,以利牡蛎苗的附着,一年间两投两取,产量有明显提高。缢蛏养殖主要在广东、福建沿海,泥蚶养殖在今浙江宁波等地。

清代养鱼仍以长江三角洲和珠江三角洲最盛。养殖技术主要继承明代的,但在鱼苗饲养方面有一定发展。屈大均《广东新语·鳞语》说,西江渔民将捕得的鱼苗置于白瓷盆内,利用各种鱼苗在水中分层的生长习性,将鱼苗分类撤出,出现了最早的"撤鱼法"。在浙江湖州菱湖,渔民利用害鱼苗对缺氧的忍耐力比养殖鱼苗小的特点,以降低水中含氧量的方法,将害鱼苗淘汰,创造了"挤鱼法"。

(三)近代渔业

从 1840—1949 年,西方工业国家的渔业掀起了一场技术革命,将工业革命以来出现的动力机器应用于渔业生产,推动渔业向工业化迈进。同一时期,近代兴起的自然科学,包括力学、物理学、化学、海洋学、湖沼学、生物学等,也开始应用于渔业技术,出现了一门新的应用科学——水产科学。它包括水产资源学、捕捞学、水产养殖学以及水产品保鲜加工学等。清代末年,一些思想开放的知识分子,开始引进这些新技术和新知识,使中国渔业从传统的手工生产方式,走向动力化。这一时期还出现了新兴的水产教育、水产科学试验和渔业管

---

① 寸:寸为非法定计量单位,1 寸 ≈ 3.3 厘米。

② 尺:尺为非法定计量单位,1 尺 ≈ 33.3 厘米。

理等。

1. 机船渔业起始和发展

利用机动渔船进行捕鱼生产，1865年首先出现于法国。这对海洋捕捞生产规模的扩大和作业海区的开拓都起着重大作用，并很快盛行于欧美。清光绪三十一年（1905年），翰林院修撰、江苏南通实业家张智，看到这种渔业的巨大生产力，会同江浙官商，集资在上海创办江浙渔业公司。同年，公司向德国购进一艘蒸汽机拖网渔船，取名"福海"，每年春、秋两季，在东海捕鱼生产，成为中国机船渔业的起始。1921年，山东烟台商人从日本引进另一种以柴油发动机为动力的双船拖网渔船（也叫手操网渔轮），取名"富海""贵海"，在烟台外海生产。单船拖网渔船一般总吨位200～300 t，钢壳，主要根据地在南方的上海，1905—1936年，约有15艘，经营者多是小企业主。双船拖网渔船多为木壳，一般吨位30～40 t，主要根据地在山东烟台。由于它的投资少、获利厚，引进后发展很快，至1936年，进出烟台港的双拖渔轮在190艘左右。1937年日本全面侵华后，沿海各省相继沦陷，机动渔船损失殆尽。抗日战争胜利后，机船渔业得到恢复和发展，国民政府在青岛、上海和台湾等地开始建立水产公司。另外，国民政府行政院成立善后救济总署，农林部也成立渔业善后物资管理处。这些机构共拥有机动渔船100艘左右。在大连成立的中苏合营渔业公司，有双拖渔船20余对。当时民营公司也有数十家，有机动渔船一百多艘。

2. 水产养殖业发展

近代淡水养鱼业有进一步发展，养鱼区主要在江苏的苏州、无锡、昆山、镇江、南京，浙江的吴兴菱湖、嘉兴、绍兴、萧山、诸暨、杭州、金华，广东的肇庆、南海、佛山等地；其他如江西、湖北、福建、湖南、四川、台湾等省，也都有一定的养殖规模。所养的主要是青鱼、草鱼、鲢、鳙、鲤、鲫、鳊等商品鱼。20世纪30年代，中国水产科学院长江水产研究所陈椿寿研究员等对长江和珠江水系的鱼苗进行了科学调查，摸清了中国天然鱼苗资源，并著有《中国鱼苗志》。同一时期，广西鱼类养殖实验场利用性腺成熟的亲鱼，人工繁殖鱼苗获得成功，成为中国全人工繁殖养殖鱼苗的先导。混养技术，包括品种搭配、放养比例等，也均有很大改进。40年代以来，开始运用近代科学技术管理鱼池、治疗鱼病，使养鱼技术从传统的方法向近代化发展。1927年，大连沿岸首次发现自然生长的海带，不久即进行绑苗投石的自然繁殖，1946年，开始进行人工采苗筏式养殖，为新中国1949年以后海带养殖业的快速发展打下了基础。

3. 水产品保鲜与加工业发展

19世纪八九十年代，西方国家开始用冷冻压缩机制冷以冻结鱼类，成为近代水产品保鲜的起始。1908年以后，中国沿海港口大连、塘沽、青岛、上海、定海、烟台等地出现小型制冰厂，供应机船用冰以保藏渔获物。1930年，山东威海建有民营的冷冻制冰厂。1936年，上海鱼市场建有制冰厂和贮冰库。抗日战争胜利后，国民政府接收了日商在上海的制冰厂，由中华水产公司经营。1946年，渔业善后物资管理处先后接收了联合国善后救济总署调拨的制冰设备多套，在上海复兴岛修建了有一定规模的制冰池、贮冰库和冷藏制冰厂，但直至1949年，尚未投产。

中国近代水产罐头生产也始于清末,最早生产的是江苏南通的颐生罐头合资公司,生产鱼、贝类罐头。1919年,河北昌黎建成新中罐头股份有限公司,生产对虾、乌贼、鲤等罐头。此后,天津、烟台、青岛、舟山、上海等地陆续兴建了一批罐头厂。中国近代罐头制造业发展缓慢,主要是机械设备、铁筒、玻璃瓶等全靠进口,同时产品成本高,质量差,加以人民购买力低,无法大量发展。中国近代传统的水产品加工技术也有进一步提高,大宗产品有产于浙江沿海的黄鱼、鳗、鳖等,著名海味有产于南北沿海的海参、鱼翅、鱼肚、干贝、干鲍等许多种。

4. 水产教育兴起和发展

清末,政府开始派人去欧美和日本考察水产和水产教育,以筹备创建水产学校。1911年,直隶水产讲习所在天津成立,成为中国近代水产教育的开端。该所后几经改名,1929年改成河北省立水产专科学校,设渔捞、制造两科,成为当时中国北方的主要水产学校。1912年,上海成立江苏省立水产学校,培养捕捞、航海和水产加工人才,成为南方的一所主要水产学校。在1915年至1936年间成立的水产学校,还有浙江省立水产学校、集美水产航海学校、江苏省立连云水产职业学校、奉天省立水产学校、广东省水产学校等。抗日战争全面爆发后,一部分学校内迁,一部分学校毁于战火。抗战胜利后,恢复和重建了一批水产学校。这一时期的主要水产学校有河北水产专科学校、吴淞水产专科学校、国立高级水产职业学校、江苏省立高级水产职业学校等多所。1946年,国立山东大学设立水产系,分渔捞、养殖、加工三个专业,学制4年。这是中国第一个大学本科水产系。早期的水产教育是按日本模式兴办的,多数学校负责人和教师也是日本留学生。1950年以后,培养对象逐步转向高层次,专业设置也相应增多。

5. 水产科学研究起始和发展

清末,西方近代水产科学知识开始传入中国。1898年,《农学报》最早译载日本的水产著作。中国正式建立水产试验机构是在20世纪初。1917年,山东省立水产试验场最早在山东烟台成立。该场设渔捞、养殖、制造三科,从事测定潮汐、制作网具模型、制造水产品等试验。此后,广东、江苏、浙江相继成立水产试验场。这些试验场在渔业试验方面均作出一定成绩。由于经费短缺、军阀骚扰以及日本的侵略战争,至1937年,以上试验机构全部停办。抗日战争胜利后,国民政府农林部于1947年在上海成立中央水产实验所,设渔业生物、水产养殖、水产制造、渔业经济四个系。1949年该所迁至青岛,以后改建为黄海水产研究所。

6. 渔业行政管理发展

清末,政府设立商部,渔业归其下属农务司管辖;在各省劝业道,也设有水产股。中华民国初年,在实业部设渔业局。1927年国民政府成立,在农矿部设渔牧科,1946年在农林部设渔业司。1946年起,沿海地区先后建有东北、冀鲁、江浙、闽台、广海5个渔业督导处。1929年,国民政府颁布《渔业法》,成为当时的渔业基本法规。

(四)现代渔业

从1949年至今,新中国成立后我国渔业开始了现代渔业的进程,按照生产力的发展和生产关系的变革分为以下4个阶段。

1. 1949—1957 年渔业恢复和初步发展时期

1949 年中华人民共和国成立至 1957 年的渔业发展可分为两个阶段：一是 1949—1952 年的恢复阶段；二是 1953—1957 年全国第一个五年计划的建设阶段。

（1）1949—1952 年恢复阶段。

1949 年中华人民共和国成立，党和国家十分重视渔业生产。渔业和其他行业一样都处于恢复阶段。在渔业生产方针上明确"以恢复为主"。主要包括国家发放渔业贷款、调拨渔民粮食和捕捞生产所需的渔盐等措施，支持渔民恢复生产，在渔村进行民主改革。由于沿海有关岛屿尚未解放，还有海盗的干扰，特制定有关法令，派出解放军护渔，保护渔场，维护生产秩序。经过 3 年的努力，1952 年全国渔业产量已达 166 万 t，超过了历史最高水平 150 万 t。

（2）1953—1957 年全国第一个五年计划的建设阶段。

在全国第一个五年计划建设阶段，在渔村通过互助组、初级渔业生产合作社、高级渔业生产合作社等渔业生产组织，以及对私营水产业进行社会主义改造，实施公私合营，创建了国有渔业企业等，大大推动了渔业生产的发展。这一时期渔业发展的主要特点是：水产品总产量逐年递增；水产养殖从无到有，养殖产量逐年有所增长，其中淡水养殖发展比较快，养殖面积增幅较大，海水养殖发展缓慢；捕捞渔船有所增加；水产品人均占有量呈明显上升趋势。渔业基础设施建设取得了重大进展，仅"一五"时期，国家对水产业基本建设投入的资金就达 1.25 亿元，超过原计划投资额的 41.2%。1957 年水产品总产量达到 346.89 万 t，是 1949 年的 6.6 倍，年均递增 26.6%，水产品人均占有量约为 5 kg。

2. 1958—1965 年渔业徘徊时期

1958—1965 年的渔业徘徊时期可分为 1958—1960 年的"大跃进"和 1961—1965 年的恢复调整两个阶段。

（1）1958—1960 年"大跃进"阶段。

高级渔业生产合作社推行"一大二公"的人民公社，政企合一。在渔业生产上违背了自然规律，所谓"变淡季为旺季"，冲破了长期以来夏秋季鱼类繁殖生长盛期实施的有关禁渔、休渔制度。在捕捞方式上盲目地"淘汰"了选择性较强的刺网、钓渔具等作业，发展了高产的对生态破坏严重的拖网作业，造成了渔业资源的衰退。1958 年预计产量为 352 万 t，至当年 10 月已虚报完成了 715 万 t，最终核实全年产量仅为 281 万 t，比 1957 年减产了 10%。

（2）1961—1965 年恢复调整阶段。

这一阶段主要解决了渔业购销政策，规定了购留比例，允许国有企业和集体渔业都有一定的鱼货进入自由市场，到 1965 年年产量恢复到 338 万 t，但仍低于 1957 年的水平。

虽然在这期间渔业生产受"左"的思想的严重影响，遭到破坏，但是值得引起注意的是，在渔业科学技术上仍有 3 项重大突破。一是全国风帆渔船基本上完成了机帆化，可以做到有风驶帆，无风开机，对保障渔民的生命和生产安全，以及实现作业机械化减轻劳动强度，为以后的提高生产率和扩大生产区域等都具有深远意义；二是鲢鳙鱼人工繁殖孵化技术获得成功，相继青鱼、草鱼人工繁殖孵化技术也取得了突破，这为水产养殖业的发展打下了扎实的基础,养殖的苗种不再受自然条件的限制;三是海带南移和人工采苗的成功为藻类栽培拓宽了水域和自然条件的限制。这些研究成就在国际上也都具有重大的影响。

3. 1966—1976 年渔业曲折前进时期

此时期也是"文化大革命"时期。大致可分为 1966—1969 年"文化大革命"的高潮和 1970—1976 年"文化大革命"的后期两个阶段。

(1) 1966—1969 年"文化大革命"的高潮阶段。

1966 年渔业年产量曾达到 345 万 t,到 1968 年下降到 304 万 t。

(2) 1970—1976 年"文化大革命"的后期阶段。

1970—1976 年,社会逐步趋向于稳定,党政机关和企事业单位逐步恢复工作。在渔业生产政策上做了部分调整,其中集体渔业和渔村推广了"三定一奖"制度,即定产量、定工分、定成本、超产奖励,有力地推动了渔业生产。1976 年产量已达到 507 万 t。

此期间全国渔业生产上出现的主要问题有:一是捕捞过度,近海经济鱼类资源衰退;二是片面强调"以粮为纲",淡水渔业遭受极大损害。主要有围湖造田、填塘种粮,致使池塘、湖泊的水面大大减少,破坏了水域生态系统和淡水渔业生产。

此期间,全国渔业抓了 4 件大事,主要如下:

一是发展了灯光围网船组,填补了中国渔业上的空白。从 20 世纪 60 年代中期起,日本在东海、黄海发展了大量的灯光围网船组,从事中上层鱼类资源的开发,其年产量为 30 万～40 万 t,这给我国渔业带来了一定的影响。中央 11 个部委组成建造灯光围网船组领导小组,由中央投资,各省、市落实造船计划。于 1973 年完成了 70 组造船计划,并投入生产,取得了较好的成绩。该项计划促进了我国渔船设计和建造等水平的提高,而且为提高我国围网捕鱼技术水平,发展远洋灯光诱集鱼群和围网技术奠定了基础。

二是基本完成了全国淡水捕捞的连家船改造,在岸上安置住家。历史上,淡水捕捞渔民大多是一户一船,渔船既是生产工具,也是家庭住所。渔民子女随船生活。这对稳定生产、安定生活、培养渔民子女、提高渔民素质等都具有重大的历史意义。

三是以国营海洋渔企业为主体的海洋渔业生产基地的建设成就显著。1971—1979 年,我国投资 6.5 亿元,先后在烟台市、舟山市、湛江市等地建设了中央直属和地方所属的海洋捕捞企业和拥有 50 艘以上渔轮的渔业基地(码头及配套设施)、万吨级水产冷库,以及渔轮修造厂等大中型项目 11 个,并购置了一批渔轮,初步形成了以 17 个国营海洋渔业公司为主体的国营海洋捕捞和加工生产基地。

四是城郊养鱼获得快速发展。据不完全统计,到 1975 年有 135 个城市实现城郊养鱼,养鱼水面达到 23 万 hm^2,占全国淡水养鱼面积的 7%,产鱼 75 万多吨。经过多年的努力,一批精养高产的商品鱼基地得以建成。为缓解城市吃鱼难的重大问题做出了贡献,为今后池塘精养奠定了良好基础。

4. 1977 年以来渔业大发展时期

在渔业方面大致可分为以下 4 个阶段。

（1）1977—1979 年恢复调整阶段。

该阶段的重点是恢复各项工作，加强集体渔业的领导，进一步明确水产品购销政策，调动各方面的积极因素。在渔业生产上注意力集中到渔业资源的保护和合理利用、大力发展水产养殖、改进渔获物的保鲜加工 3 个方面。

（2）1980—1986 年确定渔业生产发展方针和购销政策调整的渔业大发展阶段。

在该阶段中，根据党的十一届三中全会的改革开放精神，渔业生产和渔业科学技术发展进入了崭新的历史时期，渔业生产结构得到了调整，对经济体制和流通体制进行了改革，渔业生产获得飞跃发展。其中最主要的是以下 3 点。

一是把长期以来的"重海洋、轻淡水，重捕捞、轻养殖，重生产、轻管理，重国营、轻集体"等思想扭转过来。1985 年中共中央、国务院颁布《关于放宽政策、加速发展水产业的指示》，确定我国的渔业生产发展方针为"以养殖为主，养殖、捕捞、加工并举，因地制宜，各有侧重"。尤其是应充分利用内陆淡水水域发展淡水养殖，有力地调整了我国渔业的生产结构。1986 年《中华人民共和国渔业法》（以下简称《渔业法》）的制定，将渔业生产发展方针用法律方式加以确定。

二是开放水产品市场，取消派购，发展议购议销，实行市场调节。这极大地提高了渔民的生产积极性。市场供应得到根本改善，渔业经济发生了深刻的变化。

三是在海洋捕捞作业方面，除对内采取保护、增殖和合理利用近海渔业资源，控制捕捞强度，实施许可制度以外，1985 年开始走出国门，大力发展远洋渔业。目前，我国在世界各大洋中都有渔船投入生产，总船数已超过千艘。

（3）1987—1998 年渔业大发展阶段。

随着 1986 年《渔业法》的颁布和实施，渔业生产结构得到了调整，渔业生产发生了根本性变化，年产量大幅增长。

从表 2-1 中可以看出，1986 年全国水产品年产量已达 935.76 万 t。1987 年超过了 1 000 万 t，比 1976 年的 506 万 t 几乎增长了一倍。1993 年超过了 2 000 万 t，1996 年超过了 3 000 万 t。这时中国水产品产量约占世界渔业总产量的 1/3，也是国际上唯一的水产养殖产量高于捕捞产量的国家。

表 2-1　1987 年—2015 年全国水产品年产量变动

年份	产量 / 万 t	年份	产量 / 万 t
1986	935.76	2002	3 954.86
1987	1 091.93	2003	4 077.02
1988	1 225.32	2004	4 246.57
1993	2 152.31	2009	5 116.40
1994	2 515.69	2010	5 373.00

年份	产量/万 t	年份	产量/万 t
1996	3 280.72	2014	6 001.92
2000	3 706.23	2015	6 210.97

数据来源:2021 中国渔业统计年鉴

（4）1999—2015 年渔业生产结构调整期。

由于捕捞强度过大和海洋环境日趋恶化,近海渔业资源不仅未获得恢复,而且尚有恶化的趋势。同时《联合国海洋法公约》于 1994 年起生效,我国与周边国家日本、韩国、越南分别按专属经济区制度签订新的渔业协定。为此,农业部于 1999 年提出了控制捕捞强度,明确了海洋捕捞产量应零增长,甚至负增长的规定。尤其是进入 21 世纪以来,在贯彻科学发展观的基础上,渔业生产增长方式由数量型转向质量型。传统渔业转向现代渔业,渔业发展将进入新的时代。由此,全国捕捞产量与养殖产量之比由 1994 年的 44.57∶55.43,到 2005 年的 33.40∶66.60,2010 年进一步下降到 28.74∶71.26,2015 年再次下降到 26.33∶73.67,见表 2-2。

表 2-2 不同年份全国捕捞产量与养殖产量之比

年份	捕捞产量∶养殖产量
1994	44.57∶55.43
2002	36.23∶63.77
2005	33.40∶66.60
2010	28.74∶71.26
2015	26.33∶73.67

（5）2015 年以后实现以生态渔业为主的发展阶段。

"十三五"期间,渔业发展牢固树立创新、协调、绿色、开放、共享的科学理念,以提质增效、减量增收、绿色发展、富裕渔民为目标,以健康养殖、适度捕捞、保护资源、做强产业为方向,大力推进渔业供给侧结构性改革,加快转变渔业发展方式,提升渔业生产标准化、绿色化、产业化、组织化和可持续发展水平,提高渔业发展的质量效益和竞争力,走出一条产出高效、产品安全、资源节约、环境友好的中国特色渔业现代化发展道路。其中,国内捕捞产量实现"负增长",国内海洋捕捞产量控制在 1 000 万 t 以内,生态绿色渔业发展迅猛。截至 2022 年,新建国家级海洋牧场示范区 80 个以上,国家级水产种质资源保护区达到 550 个以上,省级以上水生生物自然保护区数量为 80 个以上。

二、改革开放以来渔业发展成就

（一）确立以养殖为主的渔业发展方针,走出具有中国特色的渔业发展道路

长期以来,我国传统渔业的生产结构是以捕捞业为主,至 1978 年捕捞产量仍占水产总产量的 71%。这种以开发天然渔业资源作为增产主要途径的不合理的资源开发利用方式限制了渔业的发展空间,也导致天然渔业资源日趋衰退,严重制约了渔业经济的发展。改革开放以后,以养殖为主的渔业发展方针得到确立,推动了海淡水养殖业的迅猛发展。40 年来,我国丰富的内陆水域、浅海、滩涂和低洼的宜渔荒地等资源得到了有效的开发利用,水产养殖业成为渔业增产的主要领域。这一时期水产品增加的绝对量中 61% 来自养殖业。1999年全国水产养殖面积已达 629 万 hm²,养殖产量达到 2 396 万 t,占水产品总产量的 58.13%;2015 年全国水产养殖面积为 846.500 万 hm²,其中海水养殖面积为 231.776 万 hm²,淡水养殖面积为 614.724 万 hm²,养殖总产量为 4 937.90 万 t,占总产量的 73.70%;2021 年,全国水产养殖总面积为 700.938 万 hm²,其中海水养殖面积为 202.551 万 hm²,淡水养殖面积为498.387 万 hm²,全国水产品总产量 6 690.29 万 t,养殖产量 5 394.41 万 t,占水产品总产量的 80.63%。海水养殖总产量 3 387.24 万 t,淡水养殖总产量为 3 303.05 万 t。同时,养殖品种也向多样化、优质化方向发展,名特优水产品占有较大的比例。我国成为世界主要渔业国家中唯一的养殖产量超过捕捞产量的国家。

(二)综合生产能力显著提高,水产品总量大幅度增长

20 世纪 80 年代中期至今,水产品产量连续 14 年(1985 年—1999 年)保持高增长率,年均增长率达 12.4%,成为世界渔业发展史上的一个奇迹。同时,中国渔业在世界渔业中的地位也随之提升。40 余年来,在世界水产品增加的总量中,中国占了 50% 以上,中国水产品产量在世界中的排位逐渐前移,从 1989 年起至今居世界首位。

(三)水产品市场供给得到根本性改观,全国人均水产品占有量逐年提高

40 余年来,我国的水产品总量大幅增加,1999 年人均占有量达到 32.6 kg,2021 年达到47.36 kg,超出世界平均水平。1985 年党中央、国务院提出的用 3~5 年时间解决大中城市"吃鱼难"的奋斗目标,早已如期实现。市场上的水产品不仅数量充足,而且品种繁多、质量高、价格平稳,成为我国城乡居民不可缺少的消费品。渔业的发展不但改善了人们的食物结构,增强了国民体质,而且对中国乃至世界粮食安全做出了重要贡献。

(四)渔业成为促进农村经济繁荣的重要产业,渔民率先达到小康水平

改革开放 40 年来,渔业是农业中发展最快的产业之一,为我国渔区、农村劳动力创造了大量就业和增收的机会。1999 年全国渔业总产值比 1978 年增加了 80 多倍,占农林牧渔业的份额从 1978 年的 1.6% 提高到 1999 年的 11.6%。2015 年渔业从业人员有 1 414.85 万人,大批渔(农)民通过发展渔业生产,率先摆脱贫困进入小康水平,生活质量发生了重大变化。同时,渔业作为我国农业中的一个重要产业,带动和形成了储藏、加工、运输、销售、渔用饲料等一批产前产后的相关行业,从业人数大量增加,对推动我国农村产业结构优化和农村经济全面发展发挥了重要作用。

(五)渔业科技和产业素质得以较大提升,加快现代化进程

一批水产良种原种场建成投资,集中连片的精养鱼池、虾池和商品鱼基地得到了大规模

的开发,工厂化养殖已形成规模化生产;水产冷藏保鲜能力大幅提高;渔港建设取得了较大进展,渔船防灾和补给能力也有所改善与提高。渔业产业化进程加快,一批与生产、加工、运销相配套的水产龙头企业不断发展,市场竞争力不断增强。40年来,水产科研工作也取得了重大成果,从中央到地方,从基础、应用、开发到技术推广,已基本形成一支学科门类比较齐全的渔业科技队伍。初步建成了由国家、省、市、县、乡五级组成的水产技术推广体系;高等水产院校的广大教师也活跃在科研和推广的第一线。科技进步使渔业劳动生产率大幅提高,对加快我国渔业发展、促进产业结构升级发挥了巨大作用。

（六）渔业法治建设取得成效,促进渔业可持续发展

执法队伍从无到有,从小到大,一支专业化的渔业执法队伍已初具规模,全国现有渔业执法人员3万多人,执法力量和执法水平显著提高。渔业立法取得了突破性进展,以1986年的《中华人民共和国渔业法》的颁布实施为标志,我国的渔业进入了加强法制建设及管理的重要历史时期。经2000年和2004年的修改,更加符合国内社会主义市场经济的发展和国际渔业管理的需要。目前,我国的渔业法律、法规的建设方面,已初步形成了以《中华人民共和国渔业法》为基干的、具有中国特色的渔业法律体系,在渔业生产管理、水生野生动植物和渔业水域环境保护及渔业经济活动等方面基本上可做到有法可依,有章可循。为保护我国近海渔业资源,实现可持续发展,经国务院批准,我国从1995年起相继在黄海、渤海、东海、南海实施伏季休渔制度,2002年起对长江主干流实施春季休渔制度,保护渔业资源和生态效益是十分有利的。从1999年起,农业部提出海洋捕捞"零增长"目标,向全社会、全世界表明了我国保护渔业资源的决心。

（七）水产品国际贸易和远洋渔业迅速发展,成为世界水产贸易和远洋渔业大国

长期以来,我国渔业始终处于一种封闭的状态。改革开放以后,我国渔业在这一领域取得了突破性进展。水产品国际贸易迅速发展,1999年水产品进出口量达265.32万t,进出口额达44.3亿美元。2015年进出口总量为814.15万t,进出口总额为293.14亿美元,为世界出口总额的首位。远洋渔业从零起步,经过30多年的艰苦创业,至2015年年底已有2 600艘各种作业类型的远洋渔船分布于世界三大洋从事远洋捕捞作业,渔获量达210多万吨,成为我国境外投资最成功的产业项目之一。我国与世界渔业界的合作日益广泛,目前已与60多个国家和国际组织建立了渔业经济、科技、管理方面的合作与交往关系。

第二节　渔业发展存在问题研究

我国虽是世界渔业大国,但不是渔业强国。主要表现在:粗放型渔业发展方式并未完全转变,渔业基础设施相对薄弱;教育科技投入不足,渔民权益难以保障;产品质量安全存在隐患,渔业产业竞争力相对较低。

一、粗放型渔业发展方式并未完全转变,渔业基础设施建设相对薄弱

我国渔业目前仍以粗放型发展方式为主,突出表现在以下3个方面:

(一)高耗能和数量型传统生产方式扩张

我国的海洋捕捞和水产养殖仍然处于以渔船和池塘为基本单位,生产规模小、经营分散、产业化集中度低、资源利用度低。在海洋捕捞方面,以海洋捕捞为主体的格局长期以来一直没有得到根本改变,低水平重复投资(小马力、小吨位渔船)和渔业劳动力的过度集中,造成了区域性渔业产业结构趋同,劳动生产率较低等问题。2021年,在我国海洋渔业产业结构之中,第一产业的产值约占总产值的53%,第二产业为23%,第三产业仅占24%,这表明我国海洋渔业产业结构层次较低,过度集中从事海洋捕捞业造成了渔业资源的枯竭和捕捞效益的下降,同时也造成了资金投入的大量重复和生产力的极大浪费。

在水产养殖方面,一直以贝藻类等产值较低的生物作为主要养殖对象,产业结构不尽合理。产业内部存在严重趋同和经济效益低下的低水平经营现象,尤其是沿海不同地区养殖单产差异较大的状况,反映了沿海养殖业的粗放经营现象十分普遍。

(二)生态环境污染与渔业资源衰退

随着海洋资源环境的恶化和国外市场形势的变化,海洋生态环境存在着保护力度不足、压力过大等问题。据不完全统计,仅2006年全国发生渔业污染事故1 089次,其中直接经济损失就达3.16亿元,对渔业生产、水产资源和渔民生活造成了巨大的损害。同时,近年来水域滩涂围垦、港口船舶工程、水利水电等涉渔建设项目的大量增加,对渔业生产和资源环境造成严重影响。据资料介绍,像浙江舟山这样以捕为主的重点渔区,由于其地理位置的特殊性,各种船舶航行频繁,使海域生态环境遭受更为严重的污染。2006年度舟山海域严重污染面积达7 930平方千米,占总数的39.26%;中度污染面积达5 530平方千米,占总数的27.38%;轻度污染面积达3 611平方千米,占总数的17.88%;以上3项合计污染面积占总海域面积的84.52%。尤其是当地产业结构调整和替代产业发展的需要,各地竞相大力发展船舶工业,已建或正在兴建的大型船舶(造船)基地,如不加大环境保护力度,将使海洋生态环境进一步恶化,渔业资源进一步衰退,并给渔船生产、补给和渔民生活等带来一系列严重问题。

(三)渔业基础建设缓慢

在渔业基础设施方面,中央从2004年起连续四年发出1号文件,对新农(渔)村建设、农(渔)民增收、现代农(渔)业等工作进行全面部署,"多予、少取、放活"的政策深受农(渔)民欢迎,极大地调动了农(渔)民生产积极性。2006年在全国范围内取消资源税,与税费改革之前相比,渔民负担进一步减轻;2007年国家用于"三农"的支出达4 318亿元,比2006年增加22.8%;为渔业经济创造了有利的发展环境。此外,"九五"和"十五"期间,国家和地方财政在渔港建设、海域环境污染治理、渔用柴油、渔民培育、渔用饲料、海洋捕捞和养殖业保险等方面,实施直接投资和综合直接补贴相结合,投入力度逐年扩大,2007年中央财政各项农(渔)业补助资金526亿元,其中中央对渔业基本建设投资61.3亿元,仅渔用柴油一项补贴就达54.3亿元,但是国家的各项惠渔政策,很大一部分被渔用生产资料价格上涨等因素所抵消,渔民的实际收入并无明显增加,持续增收长效机制并未完全建立。从总体上来看,渔业基础设施特别是港口、渔船等设施规模较小,功能陈旧老朽、落后失效等问题比较明显,抵御自然灾害和突发事件的能力比较薄弱,渔业发展的承载力比较低下,导致渔村经济整体发展比较缓慢。

二、教育科技投入不足,渔民权益难以保障

(一)职业教育投入不足

政府对渔业劳力职业教育的投入严重不足。我国现有渔业劳动力中,渔村人力资源无论是文化程度、专业结构,还是在年龄层次、培养方式等方面都存在着不足和问题。以浙江省舟山市为例,2006年舟山全市从事渔业生产的渔民中,大专及以上文化程度的为28人,高中文化程度的为983人,初中文化程度的为27 151人,小学文化程度的为20 763人,小学及以下文化程度的为864人,分别占渔业劳动力的0.05%、1.97%、54.53%、41.70%和1.75%。2005年,舟山渔区拥有各种人才总数为1 387人,其中第一产业757人,占总人数的54.57%;第二产业345人,占总人数的24.87%;其他295人,占总人数的20.56%。从专业结构上看,技术型人才170人,占总人数的12.25%;经营型人才371人,占总人数的26.75%;生产型人才846人,占总人数的61.00%。从年龄层次上来看,40岁以上872人,占总人数的62.87%;40岁以下515人,占总人数的37.13%。从培养方式来看,上述各种人才中仅420人受过培训教育,其中由技术推广机构培训的人员为390人,占总人数28.12%,农业广播电视学校仅1人,占总人数的0.07%;渔农业职业学校仅29人,占总人数的2.09%;其余967人则完全依靠自学、师承等方式,占总人数的69.72%。由于渔民教育文化素质低,较难接纳、消化、吸收新的渔业知识和技术,对新事物、新技术、新信息的认识能力相对缺乏,造成许多先进技术和设备无法推进和应用,难以适应现代渔业建设的要求。

(二)科技投入不足和成果转化滞后

长期以来,我国渔业科技投入严重不足,科技队伍比较薄弱。从渔业科技投入来看,2005年中央对渔业财政投入10.8亿元中,仅有3.9%资金用于保护区建设和科教推广,渔业科技投入占渔业总产值比例仅为0.01%(2005年渔业总产值为4 180.48亿元),大大低于农业科技投入水平,可见对渔业科技投入的力度和重视度不够。从渔业科技队伍来看,渔业科技人员流失、经费紧张、队伍不稳,科研工作和技术推广难以展开。从渔业科技成果来看,突出性、应用性科研成果少,科研成果转化为生产力的更少,一般性、重复性科研成果多,科研成果鉴定的更多。

（三）渔民权益得不到有效保障

长期以来,在海域的使用权问题上,一些地方开发无序,使用无偿,利用无度,甚至出现了海洋的"圈地运动"。由于当时为鼓励浅海滩涂的经营开发采取"谁投资、谁开发、谁受益"的政策,且各地海域使用金征收标准普遍低于农地使用价格等因素,各地填海围堤的积极性高涨,围堤造地速度快、范围广、面积大,乱占滥用海岸线和海域资源,这不仅造成了海洋渔业资源和空间的巨大浪费,而且严重破坏了海洋生态环境,降低了开发的综合经济效益。同时,海域拍卖、滩涂围垦、项目建设等现象逐渐增多,造成渔民"失海、失滩"现象严重,渔民得不到合理补偿,基本生活环境受到严重侵害。加之渔业的比较利益相对低于工业等其他产业和领域,致使港口、海岸线等渔业资源被无偿占用或改作他用,渔业生产条件受到严重影响,生态资源环境破坏严重,渔民合法权益难以保障,严重影响渔业的持续发展和渔区社会安定,进而加剧了渔村、渔民和地方政府之间的矛盾。

三、水产品质量安全存在隐患,渔业竞争力相对较低

（一）水产品质量安全管理主体责任界限不够清晰

首先现有监管能力与法律赋予的职责不相适应。对水产品安全在认识上存在不少误区,以及小规模生产经营方式等原因,造成食品安全监督管理成本过高。面对众多企业和千家万户的分散经营和小规模生产方式,我国公布的《食品卫生法》和其他食品监督管理法律法规,虽然规定了食品安全和卫生管理责任制度,但概念不完整,难以涵盖食品安全性、多样性和复杂性等基本特征,存在着立法内容不全,法律依据不足,处罚力度不强等现象,势必造成安全监督管理的缺位;其次水产品种类繁多,市场集中度低,制造技术的高度化、集约化和水产品贸易的快速发展,一旦发生水产品质量事件,追溯原因和环节难度大。我国的海洋捕捞和水产养殖仍然处于以渔船和池塘为基本单位,生产规模小、经营分散,缺乏合作经济组织的参与,无法对其生产进行统一规范;最后,生产现场和消费现场的分离也为那些市场经营意识薄弱,诚信意识低下的水产品加工、销售企业和个人以次充好、以劣充优等不法行为提供了条件。

（二）水产品出口竞争力薄弱

水产品质量安全问题必然影响我国渔业产业竞争力的提高,近年来,水产品出口和进口都在增长,但进口增长的幅度明显高于出口,水产品进口总额从1997年的12.2亿美元增长到2006年的43.0亿美元,年均增长15.02%;水产品出口总额从1997年的31.4亿美元增长到2006年的93.6亿美元,年均增长12.9%,出口增长明显低于进口增加,与成为渔业强国的努力目标是不相称的(2006年我国水产品总产量为5 290万吨,约占世界总产量的38%)。挪威2005年水产品产量为400万吨,但其出口额达317亿挪威克朗(约为24.27亿美元),比2004年增长11%;日本2005年水产品产量为576万吨,但其出口量约为47万吨,约占总产量的8.16%,出口额达174.8亿日元(约合14.57亿美元)。表明我国作为世界最

大渔业生产国,出口竞争力相对较弱,有待进一步提高。

第三节 渔业现代化和可持续发展

一、渔业现代化概述

(一)渔业现代化概念

渔业现代化是指以现代科学技术、现代组织管理和现代渔业装备等将渔业的总产值达到更高水平的一种模式。实际上,渔业现代化就是渔业生产力的现代化程度。渔业现代化是一个动态的概念,它是随着渔业经济的发展和科学技术的进步,采用新的渔业技术和现代化的物质装备、科学管理方法,推动传统渔业逐步向现代渔业转变。

中国的渔业现代化是指立足中国国情和渔业资源实际,通过发展渔业科学技术,采用先进的渔业科学技术、现代渔业装备和渔业管理方法,把渔业建立在现代科学技术和先进管理方法的基础上,合理有效地利用渔业资源,使我国渔业从传统落后的状况转变为具有世界先进水平的渔业,以保证我国渔业可持续发展和不断增长,生产更多更好更安全的水产品,用来满足国内市场和国际贸易对水产品日益增长的需要。

(二)渔业现代化特征

1.技术特征

从技术方面看,渔业现代化是以现代的科学技术作为发展的基础。它具有以下3方面特征。

(1)传统渔业的捕捞或养殖来自渔业劳动者直接生产的经验积累,局限于渔业资源及自然环境因素的现象观察。例如,在近海捕捞时"航行看山头(岛屿)"和"捕鱼听鱼声(大黄鱼在产卵后的叫声)"只能顺应自然。渔业现代化则遵循科学原理,在渔业生产中应用科学技术代替直接经验。当然,在渔业生产中也要重视实践经验,但必须加以总结提高,并上升为普遍的科学原理,再应用科学原理去指导渔业生产。

(2)渔业现代化始终处于变革之中。随着渔业商品经济的发展,渔业逐渐形成为一个独立的产业,捕捞技术、养殖技术和水产品加工技术都会发生很大变化。电子技术、生物工程技术等在渔业生产中的应用和推广,必然大大加快渔业科学技术的发展,并促进渔业机械化和自动化向更高水平发展。

(3)渔业现代化要求严密的组织和科学管理。先进技术、先进渔业装备的应用和能源动力的使用及机器效率的不断提高,要求生产各部门各环节有节奏、连续、有序地进行。

2.经济特征

从经济方面看,渔业现代化的主要特征表现在以下2个方面。

(1)传统渔业的生产规模比较狭小和缺少明确分工,商品交换不发达,社会化程度不高。渔业现代化是建立在专业化分工与协作的社会化大生产基础上,商品生产和商品交换较发达,这是因为渔业现代化是适应市场经济的建立和发展而产生和发展起来的。在渔业现代化中,不仅渔业企业内部存在着严密的分工,而且在企业之间甚至地区之间也存在着分工。随着分工的细化必然要求彼此之间加强协作、才能进一步提高生产社会化程度,渔业生产各部门之间的协调是靠市场经济规律,主要是价值规律和供求规律来调节和实现。

(2)传统渔业是以天然捕捞为主,人工养殖不发达。而渔业现代化由于随着市场经济的发展,渔业发展更发达,渔业专业化程度更高,在积极拓展天然捕捞,发展远洋和外海渔业的同时,大力发展增养殖,并逐步过渡到以增养殖为主,实现近海和内陆水域渔业的"农牧化"。渔业现代化和其他经济部门的现代化一样,既是一个不断发展的概念,又是一个国际性概念。前者是因为渔业现代化的内容和标准是随着渔业科学技术的进步而不断更新和变化的,后者是指衡量一个国家的渔业是否实现现代化,应得到国际的公认,只有当渔业在科学技术上和渔业管理上接近或赶上先进渔业国家的水平,才称得上实现了渔业现代化。

(二)渔业现代化内容

渔业现代化的内容,基本上包括硬件和软件两方面,具体来说有以下3方面内容。

1. 渔业生产手段现代化

渔业生产手段现代化,是指用现代的物质技术装备渔业,实现渔业机械化、自动化、电子化等。渔业机械化在渔业现代化中具有特殊重要的作用,例如发展大型机动渔船才能到外海和远洋去生产。应用各种渔业机械代替人工操作能打破人类天然器官的界限,增强与自然作斗争的能力,从而减轻劳动强度,保证安全生产,提高渔业劳动生产率和渔业经济效益。同时,在渔业中广泛应用现代科学技术,也是以渔业机械化为前提条件,从这个意义上讲,"没有渔业机械化,就没有渔业现代化"。

当前,世界一些渔业现代化水平较高的国家,在渔船方面正在向大型化、大马力、自动化方面发展,并采用电子仪器,冷冻加工设备,液压、电子传动装置,机舱操作遥控等。新型尾滑道加工拖拉机网船,可以直接在船上加工水产品,制作罐头食品,运送到国内和国际市场上销售。电子计算机渔船可以把探鱼系统和捕捞系统很好地结合起来,大大提高捕捞效果。我国捕捞业中还有为数较多的小型渔船必须加快改造。

在海淡水养殖方面,我国已广泛采用增氧机、挖泥机、排灌机等机械,从而促使养殖业迅猛发展。为了保护海洋水产资源和海上渔业生产安全,以及防止外来渔船的侵渔活动,我国已专门设立渔政管理机构,并配备专用渔政船,有时还派出飞机进行海上侦察和巡逻。

2. 渔业生产技术现代化

广泛采用先进的渔业科学技术,实现渔业生产技术现代化,是渔业现代化的又一重要内容。渔业生产的一个显著特点是渔业生产的对象是水域中的水生生物资源。这些水生生物资源是在特定的水域中,通过自身繁衍、生长、死亡和种群间竞争,以维持一定数量和种群间关系,是受生态平衡规律所制约。由于渔业资源具有洄游性、共有性、再生性和隐蔽性等特性,受水域环境影响较大。因此,水产品品种的增加,质量的提高,有赖于对鱼类生态环境的改善,有赖于对渔业资源的合理利用。要实现渔业生产技术现代化,就必须掌握渔业资源的特征及其变化规律,并运用现代的渔业科学技术去改善、调节和控制水生生物的生长过程,以提高水域生产力,达到高产、优质、无污染、高效益的发展目标,渔业生产技术现代化的内容非常广泛。

(1)捕捞技术先进化。一些先进渔业国家在渔具、渔法上有许多新的发展。例如,采用中层拖网,变水层拖网和深水拖网,以及声、光、电、色、嗅、反射物和高压汞灯等集鱼新技术和无网捕鱼,围网以起绞机代替动力滑车和适用完全封闭式围网水下收绞括纲,有的用来理网和整理网衣。远洋渔业向基地式船队作业方向发展,捕捞的渔获物由基地母船过鲜,并加工成鱼制品,直接供应国内或国际市场。探鱼技术在普及探鱼仪的基础上发展空间,采用飞机、人造卫星来侦察鱼群。激光、红外线、电子计算机、遥感技术等先进技术在海洋渔业中也得到推广应用。

我国海洋渔业在捕捞技术上也有很大发展,在底拖网作业方面有较丰富的成熟经验,围网技术也有新的突破,变水层拖网的初步实验成功,从而为发展外海渔业和远洋渔业创造了条件。但与先进渔业国家相比还有很大差距。在侦察手段和助渔导航仪器方面需要进一步改进和完善。电子计算机技术在渔情预报、资源调查、水质测定、饲料加工以及渔业企业管理等方面,已发挥积极作用,正在普及推广。今后随着海洋渔业的发展,还必须进一步掌握各式探鱼仪、网位仪等助渔导航仪器和飞机、卫星的侦察技术,并应用声、光、电等技术,不断提高捕捞效果。

(2)养殖品种良种化。水产养殖中一项重要增产措施,就是培育优良品种。我国养鱼历史悠久,养鱼经验丰富,但是养殖业在较长时间中发展缓慢,其中主要原因是长期依靠天然苗种,没有解决人工育苗与良种培育问题。新中国成立以来,由于党对发展水产养殖重视,在"二五"计划初,青鱼、草鱼、鲢鱼、鳙鱼四大家鱼人工育苗获得成功,促进淡水养殖业快速发展。随后,在海水养殖中的牡蛎、蛏子、花蛤、泥蚶等贝类的育苗养殖技术获得突破。还探索了一套紫菜、对虾、扇贝、鱼、海蜇、海参等人工养殖经验,为大力发展浅海滩涂养殖创造了有利条件。近些年来,除了继续加强新品种的培育和引进外,还在重点渔区建立鱼种基地,成立了养殖技术推广站,做好老品种的纯化,新品种的引进、试验和推广,促进水产养殖业更大的发展。

(3)养鱼采用配合饵料(又称颗粒饵料)。采用配合饵料,是实行科学养鱼的新方法。这种配合饵料就是以精饲料为主,配合一定数量的维生素、蛋白质、矿物质等各种成分,进行人工调制而成的颗粒状鱼类饵料。一般可以分为硬质颗粒饵料、软性颗粒饵料和活性浮颗粒饵料等几种。采用配合饵料养鱼有许多优点:营养丰富;大小合口;不易散失浪费;容易消化吸收;有利运输、投饵实行机械化、节约时间、减轻劳动强度等。在我国淡水池塘、水库养殖中与海淡水网箱养鱼中已广泛采用配合饵料,并取得了良好效果。但是,对如何科学配方和如何节约原料,以便进一步提高养殖效果和降低饵料成本等问题,值得水产科研部门和水产养殖单位加以关注。

（4）增强保鲜措施开展水产品综合利用。一是要做好第一线保鲜,关键在于严格执行保鲜和分类理鱼操作规程,对现有渔轮要配备制冷装置,新建渔轮要装置冻结和冷藏设备,对机帆船要装置隔热舱和带冰生产。沿海水产品集中产区,要适当建设中、小型冷库,以适应水产品季节性生产的需要。在内陆淡水集中产区,也要发展淡水鱼加工厂和建设冷藏库,并配备活鱼运输船和运输车,以及在大中城市和集镇的菜场建立活水池,以保证鲜活鱼的供应;二是在水产品的综合利用方面,不断改革水产品加工技术,应把水产品从原料鱼变为半加工品、鱼制品、罐头制品出售,以及大力发展小包装,既方便储存、运输,又方便群众食用;三是要应重视鱼类废弃物的综合利用,既提高水产品的使用价值,又增加了水产品的经济价值。

总之,要把水产捕捞、水产养殖和水产加工的各个生产环节,各项技术措施,建立在现代科学技术基础上,尽可能合理地利用鱼类资源,不断提高鱼类资源的利用率和转化率,达到增产又增收,不断提高渔业经济效益。

3. 渔业管理现代化

渔业现代化不仅要实现渔业的生产手段和生产技术的现代化,而且必须实行渔业管理的现代化。所谓渔业管理现代化,就是把学习到的有关渔业的自然科学和社会科学的一系列成果,综合地应用到渔业管理上来,使渔业管理符合组织渔业大生产的要求,并使现代渔业技术发挥最大效益。管理现代化的内容,主要包括管理思想现代化、管理组织高效化、管理方法科学化、管理技术电子化、管理人才专业化等。

（四）渔业现代化发展方式

20 世纪末期,我国渔业产业发展与其他产业相似,主要是依靠占用大量自然资源、使用廉价人力资源和引进外国资本发展起来的。中国的渔业经济增长范式是典型的线性增长范式。进入 21 世纪以后,中国的渔业经济增长、渔业发展、渔村建设和渔民生活都面临着巨大挑战。海洋与淡水渔业资源被过度捕捞,捕捞强度大大超过了渔业资源的再生能力,捕捞渔船的经济效益不断下降。缺乏合理的规划而滥用海域和淡水资源,导致水域环境污染日趋严重,水产品质量安全存在隐患,渔业可持续发展面临着严峻挑战。转变渔业经济增长方式,推进循环经济型的现代渔业经济增长范式成为 21 世纪渔业经济可持续发展的必然趋势。

1. 传统渔业经济增长范式中的要素投入

（1）渔业从业人员持续增加。中国是劳动力剩余的国家,在传统渔业经济增长范式下,渔业劳动力连年持续增长。在海洋捕捞渔业中,2001 年专业捕捞劳动力就达到 120 万人。在海洋捕捞渔村实行承包渔船经营期内的 1989—1994 年,中国海洋捕捞专业劳动力增长11.2 万人,平均每年增长 2.2 万人。过剩的渔业人力资源投入对海洋渔业资源构成巨大威胁,导致捕捞过度,1999 年以后渔业经济效率开始持续下降。由于东部沿海地区较发达,养殖渔业具有高于种植业的比较优势,淡水海水养殖渔业产业的劳动力投入也持续增长。

（2）渔业投资持续增长。1978 年中国的海洋捕捞功率为 169 万 kW,实行渔船承包经营体制后,海洋捕捞渔船快速增加。2004 年捕捞功率达到 1 374 万 kW,比 1980 年净增长

1 174万 kW。但是,在海洋渔业投资持续增长过程中,单位捕捞努力量的经济效率不断下降,每千瓦努力量的渔获量由1975年的2.12 t下降到1989年和1990年的历史最低点。

（3）自然资源开发空间减少。中国海洋渔业资源的特点是生物物种具有多样性,但是种群生物量普遍较低。到21世纪初期,中国海域已经开发的渔场面积有81.8万平方海里,大部分渔业资源被过度利用。200海里专属经济区制度的实施将进一步使中国的海洋捕捞渔场面积减少。中国的浅海和滩涂总面积约为1 333万 hm²,按20世纪末的科学技术水平,可用于人工养殖的水域面积为260万 hm²,而已经开发利用的面积就达到了100万 hm²。中国的土地资源也十分稀缺。中国陆地自然资源的人均占有量低于世界平均水平,人均耕地面积是1.19亩 [①],相当于世界平均水平的1/4,广东省、福建省和浙江省等省份的人均耕地面积只有0.6亩左右,低于联合国规定的人均耕地警戒线0.79亩。中国的淡水资源极为稀缺,人均占有量仅为世界平均水平的1/4。随着人口增长、生活水平提高,人类对淡水的需求将持续增长。在多年的渔业经济高速增长过程中,中国的自然资源已被过度投入使用,持续增长的量还将受到经济社会发展的制约。

（4）知识要素投入不足。除资源、劳动力和资本制约渔业经济增长之外,技术进步和制度变革是影响现代经济发展与增长的重要因素。但是,海洋渔业资源和水域资源具有不同于土地资源的经济社会特征,是典型的公共池塘资源。在海洋捕捞渔业中,技术进步是把双刃剑,既可以推动经济增长,也可能因应用管理不当,对海洋渔业发展带来不利影响。20世纪60年代,捕捞技术的进步推动世界渔业进入高速发展时期。伴随着世界渔业的发展,中国海洋捕捞强度也日益增长。1971年中国渔轮实现了机帆化,渔船装上了起网机。渔船机械化扩大了作业渔场,渔业经济得到了发展。但是,由于没能够有效管理捕捞技术的应用,技术进步导致捕捞强度过快增大,最终导致渔业资源过度利用,捕捞效率下降。在未来中国渔业经济发展的历程中,应重视技术和制度等知识要素对渔业经济增长的作用。

2. 渔业现代化经济增长路径

20世纪下半叶以来日趋严重的环境问题,迫使人类反思经济增长的路径。1万年以前的农业革命和18世纪的工业革命,虽然在人类历史长河中有极其重要的意义,但是这两场革命也给环境、生态系统和生物资源带来了一定程度的破坏和危害。通过转变经济增长方式进行一场深刻的环境革命已经成为人类必须面对的现实。未来渔业经济增长必须推动传统的线性经济增长范式向循环经济型的现代渔业经济增长范式转变,摒弃以人力资源、资本和自然资源为主要经济增长动力的渔业经济增长范式,向以技术和制度为主要经济增长动力的渔业经济增长范式转变。

（1）优化提高产业结构,从强调渔业生产向强调渔业资源环境提供服务方向转变。水产捕捞业和养殖业是人类直接从自然界取得产品的产业,称为第一产业。水产品加工业是对第一产业提供的产品进行加工的产业,属于第二产业。休闲渔业是为消费者提供最终服务和为生产者提供中间服务的产业,也称为第三产业。第三产业还包括渔业保险与金融、水

---

① 亩:亩为非法定计量单位,1亩 ≈ 666.7平方米。

产品流通与销售、游钓渔业、观赏渔业等。渔业产业结构是指渔业内部各部门,如水产捕捞、水产养殖、水产品加工,以及渔船修造、渔港建筑、流通和观赏休闲等部门,在整个渔业中所占的比重和组成情况,以及部门之间的相互关系。

水产捕捞业、养殖业和加工业等第一、第二产业是利用资源环境生产水产品的产业,休闲等产业是利用环境资源为人类提供服务的产业。前者通过消耗大量环境资源资本实现经济增长,后者在实现渔业经济增长的过程中,消耗自然资本的量相对很低。因此,应通过产业结构优化和产业结构高度化构建一种以提供渔业环境资源服务性为特征的渔业经济增长模式。渔业产业结构优化是指通过产业结构调整,使各产业实现协调发展,并满足不断增长的需求的过程。产业结构高度化是要求资源利用水平随着经济与技术的进步,不断突破原有界限,从而不断推进产业结构朝高效率产业转变。产业结构高度化的路径包括沿着第一产业、第二产业和第三产业递进的方向演进;从劳动密集型向技术密集型方向演进;从低附加值产业向高附加值产业方向演进;从低加工度产业向高深精加工产业方向演进;从产品生产型向服务型产业演进。

(2)推进配额管理制度建设,转变捕捞渔业经济增长方式。捕捞业要在以增加捕捞努力量换取产量增长的资源环境破坏型增长方式,转变为在科学评估渔业资源量和分布的基础上、以配额制为基础的合理利用渔业资源的经济增长模式。在该过程中,要依照鱼类资源种群本身的自我反馈式再生过程,避免捕捞小型鱼类,避免过度捕捞鱼类而危及鱼类资源的再生能力,实现捕捞业的可持续发展。

(3)加大自然资源投入力度,维护生态系统的经济服务功能。在海洋渔业生产过程中,人类忽视了经济活动对生态系统和生物资源的破坏作用,海洋渔业资源过度捕捞已经成为不争之实。资源被过度捕捞大大提高了渔业生产的成本。如果在渔业生产活动中再不对自然资本进行投资,渔业资源与环境服务功能的进一步稀缺将成为制约海洋渔业生产经济效率提高的因素。维护渔业生态系统的再投资可以从两种不同的路径展开,即自然增殖和人工增殖。自然增殖是通过人们合理利用和严格保护水域环境与生态系统,使渔业资源充分繁衍、生长,形成良性循环。人工增殖是通过生物措施(人工放流)或工程措施(人工鱼礁)来增加和恢复渔业资源量。

(4)改变传统养殖为现代养殖,实现养殖经济增长。从生态和环境的角度来看,水、种、饵是养殖渔业的三要素。水是养殖渔业生产的环境基础。水最大的特征是稀缺性、流动性和易污染。传统的养殖模式忽视水资源的机会成本,养殖用水的需求量大。传统养殖模式养殖密度过大、饵料质量差,养殖过程又具有开放性。养殖过程中带来的环境污染和资源成本高,严重影响环境资源的服务功能。生态养殖要改变传统养殖中的粗放型喂养模式,改变投入大、产出低的经济模式,积极发展精深养殖,提高单位面积水域的产出和质量,发展深水网箱养殖和工厂化养殖等现代养殖方法。未来应加快转变水产养殖业增长方式,推广标准化的、规范化的生态型海水养殖范式,实施海水养殖苗种工程,加快建设水产原良种场和引种中心,推广和发展优势品种养殖。

（5）以环境资源友好型经济增长为原则，强化捕捞管理。渔业水域环境是指以水生经济动植物为中心的外部天然环境，是水生经济动植物的产卵、繁殖、生长、洄游等生活过程中依赖的诸环境条件的统称。水生经济动植物繁殖、生长、发育的每一个阶段都必须在特定的环境下才能完成，资源量增减、质量优劣都直接受渔业水域环境变化的影响，因此，保护渔业水域是维持渔业可持续发展的基本前提。环境友好型经济发展范式主要表现在对渔业资源和环境的保护方面，应实现可持续发展，渔业生产不能以破坏环境为代价。如设置禁渔区、禁渔期、确定可捕捞标准、幼鱼比例和最小网目尺寸等手段，实施总可捕捞量和捕捞限额制度，征收渔业资源增殖保护费，实施相关环境标准，推行污水处理和污染控制措施，建立渔业水质与环境监测体系等，都是从源头上控制人类经济活动对渔业资源和环境进行破坏的管理制度。

（6）推动经济组织变革，促进渔业经济增长。中国海洋渔业经济体制和组织制度是沿着私有经济、集体经济和转轨经济时期的股份制与萌芽状态的合作经济组织演进的。私有经济时期的渔业经济组织制度的特征是，明晰的产权成为提高渔业生产经济效率的基础，制度安排适合当时中国海洋渔业的生产现实，尤其适合当时渔村生产力发展和渔业资源现状。因此，当时的经济组织制度安排有利于推动中国近海渔业的发展。集体经济时期的政社合一的人民公社制度不是农村社区内农户之间基于私人产权的合作关系，而是国家控制农村经济权利的一种形式，是由集体承担控制结果的一种农村社会主义制度安排。国家控制农业生产要素的产权限制了渔村的经济活力，生产积极性低下，以及集体经济管理者效率损失和无效率导致渔业生产经济效率下降。转轨经济时期渔船承包经营体制和股份制明晰了生产要素的产权，降低了监督劳动力要素成本，提高了经济效率。但是，由于海洋渔业资源是典型的公共池塘资源，渔船承包责任制及股份制等在大大提高海洋捕捞渔民生产积极性的同时，也带来了捕捞竞争过度和产业活动外部不经济性，以及政府的管理成本上升等问题，造成了渔业生产的不可持续性。

随着中国由计划经济不断向市场经济转轨，市场经济机制将最终成为调节中国经济发展和增长的基本力量。但是，世界经济发展的历史表明，无政府主义的完全市场化的经济体制并非理想的经济机制。没有任何一个国家实行完全的市场经济。经济理论表明，市场机制和政府在管理配置公共池塘资源时会出现市场失灵和政府失效现象。中国的渔业经济组织制度建设对中国海洋渔业经济的发展有重要意义。

（五）发展渔业现代化意义

1. 渔业现代化有利于渔业可持续发展

为保证渔业的可持续发展就必须发展现代渔业，实现我国渔业从追求产量向提高质量转变，从扩张规模向提高效益转变，从资源消耗向资源节约和环境友好转变。从渔业的功能上来看，人类动物性蛋白质摄取量的16%由水产品提供，过去一直强调渔业要保障水产品供给，让老百姓特别是传统节日的餐桌上有新鲜美味的水产品。现在不仅要继承和发扬传统渔法，而且还要创造食鱼文化、海洋信仰和海洋民俗等。同时，现代渔业对渔民生产、渔村生活、生态环境都有着密不可分的关联性和依赖性,特别是生态环境与海洋捕捞和水产养殖的关系是非常密切的。

2.渔业现代化有利于提高渔业产业效能

渔业由于其产业的特殊性,长期以来一直贯穿于第一产业(捕捞和养殖业)、第二产业(造船、渔机、渔具渔网、渔用兽药和饵料制造业以及水产品加工业)和第三产业(物流、营销和休闲渔业等其他服务业),形成产供销、渔工商、产前产中产后服务相结合的渔业产业链体系。在传统渔业中作为第一产业的捕捞和养殖业的发展,明显优于渔业的第二、三产业,而第二、三产业发展的滞后,且产业间的协同合作能力差,这些严重影响了整个渔业产业的效能的提升。而渔业现代化的目的就是以市场为导向,以现代科学技术和设施为支撑,运用先进的生产方式和经营管理手段,不断提高生产经营者素质,形成渔工贸、产加销一体化的产业体系,实现经济、生态和社会效益和谐共赢的渔业产业形态,因此发展现代渔业将有利于提高整个渔业产业链的效能。

3.渔业现代化有利于保证水产品质量安全

改革开放以来,我国渔业经济发生了较大变化。渔业产量从536万吨增加到6 000多万吨,1996年以来渔业产量一直保持世界第一,水产品人均消费量从4.8千克增加到25千克以上,与欧盟国家的消费水平基本持平,居世界第四位,比世界人均消费量16千克高出约56%。水产品人均占有量从1979年4.41千克提高到2021年的47.36千克,使我国的水产品市场结束了长期以来的供给短缺局面,实现了总体上的供求平衡。然而随着人民生活水平的提高,人们对水产品的需求已从单一对数量的要求,提高到包括数量和质量安全的更高层次,而水产品质量安全的提高是发展现代渔业的重要目标。

4.渔业现代化有利于提高渔民收入

渔业作为大农业重要的组成部分。2021年全国有渔业人口1 634万人,传统渔民517万人,渔业总产值4 433亿元,占农林牧渔业总产值的20.2%,渔业经济总产值29 690亿元,渔民人均纯收入23 442.13元。1978—2021年渔业经济总产值年均增长18.2%,进出口贸易总额从3.69亿美元增长到399.49亿美元。与此同时,非渔业劳力也大量参与渔业产业链的各个环节,渔业发展在增加渔民收入和扩大就业方面起着重要的作用。

5.渔业现代化有利于社会主义新渔村建设

渔业现代化是实现经济、生态和社会效益和谐共赢的渔业产业形态,改变了过去单纯追求水产品数量和渔业GDP的观念,更加注重渔业、渔民和渔村的全面协调和可持续发展。渔业现代化能有效提高渔区社会组织化程度,有利于维护渔民合法权益,实现生产发展、生活宽裕、乡风文明、村容整洁、管理民主的社会主义新渔村。同时,在经营体制中的水域滩涂、渔业权渔业等权属性质、经营主体以及生产方式,是传统渔业向现代渔业发展的基础保障,应加以稳定和完善。切实考虑渔民的利益,以自愿、平等、有偿、等价和诚信等原则,通过组建法人企业和合作经济组织的形式,实现社会化生产和经营,体现和维护渔民的基本权益。

综上所述,渔业不仅是产业经济发展的基础,也是渔区社会、文化事业发展的基础。只有渔业、渔村、渔民的全面发展和渔民生活水平的全面提高,才能加快推进现代渔业的发展。

二、渔业可持续发展原则和途径

自 20 世纪 70 年代起,人类通过对长期以来传统经济增长战略所引起的人口、资源、环境问题的反思提出了一种崭新的发展模式,即可持续发展,并成为全球的社会经济发展战略。发展战略的转变意味着经济增长方式和资源配置机制的转换。

（一）可持续发展概念

人们认识到可持续发展问题之后,对于可持续发展的基本概念进行了长期而广泛的讨论。由于可持续发展涉及社会经济发展的各个方面,从不同角度对此有不同的理解。

1. 可持续发展具有代表性

（1）着重从自然属性定义的可持续发展,即所谓的生态持续性。它旨在说明自然资源与其开发利用程度间的生态平衡,以满足社会经济发展所带来的对生态资源不断增长的需求。如 1991 年 11 月国际生态学联合会和国际生物科学联合会共同举行的可持续发展问题专题研讨会上就将可持续发展定义为"保护和加强环境系统的生产和更新能力"。还有专家学者从生物圈概念出发,认为可持续发展是寻求一种最佳的生态系统以支持生态的完整性和人类愿望的实现,使人类的生存环境得以持续。

（2）着重从社会属性定义的可持续发展。如 1991 年由世界自然保护同盟、联合国环境规划署和世界野生生物基金会共同发表的《保护地球——可持续生存战略》,将可持续发展定义为:"在生存与不超出维持生态系统承载能力的情况下,改善人类的生活品质"。着重指出可持续发展的最终落脚点是人类社会,即改善人类的生活质量,创造美好的生活环境。这一可持续发展思想,特别强调社会公平是可持续发展战略得以实现的机制和目标。因此,"发展"的内涵包括提高人类健康水平、改善人类生活质量和获得必需资源的途径,并创建一个保障人们平等、自由、人权的环境。

（3）着重从经济属性定义的可持续发展。研究表明可持续发展是鼓励经济增长,而不是以生态环境保护为名制约经济增长,因为经济发展是国家实力和社会财富的基础。但经济的可持续发展要求不仅注重经济增长的数量,更要注重经济增长的质量,实现经济发展与生态环境要素的协调统一,而不是以牺牲生态环境为代价。如有学者把可持续发展定义为"在保护自然资源的质量和其所提供服务的前提下,使经济发展的净利益增大到最大限度"。还有学者提出,可持续发展是"今天的资源使用不应减少未来的实际收入"。

（4）着重从科技属性定义的可持续发展。实施可持续发展,除了政策和管理因素以外,科技进步起着重大作用。没有科学技术的支撑,就无从谈人类的可持续发展。因此,有的学者从技术选择的角度扩展了可持续发展的定义,认为可持续发展就是转向更清洁、更有效的技术,尽可能接近"零排放"或"密闭式"工艺方法,尽可能减少能源和其他自然资源的消耗。还有学者提出可持续发展就是建立极少产生废料和污染物的工艺或技术系统。他们认为污染并不是工业活动不可避免的结果,而是技术差、效率低的表现。他们主张发达国家与发展中国家之间进行技术合作,以缩小技术差距,提高发展中国家的经济生产力。同时,应在全球范围内开发更有效地使用矿物能源的技术,提供安全而又经济的可再生能源技术来限制使全球气候变暖的二氧化碳的排放,并通过恰当的技术选择,停止某些化学品的生产与使用,以保护臭氧层,逐步解决全球环境问题。

2. 国际社会普遍认可

尽管以上可持续发展的概念具有代表性,但都是着重从一个方面所做的定义,还不能得到国际社会的普遍承认。1987年,挪威首相布伦特兰夫人主持的世界环境与发展委员会,在对世界经济、社会、资源和环境进行系统调查和研究的基础上,发表了长篇专题报告《我们共同的未来》。该报告将可持续发展定义为,可持续发展是指既满足当代人的需要,又不损害后代人满足其需要的能力的发展。1989年5月举行的第15届联合国环境规划署理事会期间,通过了《关于可持续的发展的声明》,该声明指出:可持续的发展是指满足当前需要,而又不削弱子孙后代满足其需要的能力的发展,而且绝不包括侵犯国家主权的含义。联合国环境规划署认为,要达到可持续发展,涉及国内合作和国际均等,包括按照发展中国家的国家发展计划的轻重缓急和发展目的,向发展中国家提供援助。此外,可持续发展意味着要有一种支持性的国际经济环境,从而导致各国,特别是发展中国家的持续经济增长与发展,并对环境的良性管理也产生重要影响。可持续发展还意味着维护、合理使用,并且提高自然资源基础,这种基础支撑着生态稳定性和经济的增长。因而,"满足当前需要,而又不削弱子孙后代满足其需要的能力的发展",这一布氏定义成为国际社会普遍接受的可持续发展的概念,其核心思想是,健康的经济发展应建立在生态可持续能力、社会公正和人民积极参与自身发展决策的基础上。它所追求的目标是,既要使人类的各种需要得到满足,个人得到充分发展,又要保护资源和生态环境,不对后代人的生存和发展构成威胁,它特别关注各种活动的生态合理性,强调应该对资源、环境有利的经济活动给予鼓励,反之则应予以抛弃。

(二)可持续发展原则

作为人类新的发展模式的可持续发展,若要其真正得到有效实施,即在生态环境、经济增长、社会发展方面形成一个持续、高效的协调运行机制,必须遵循公平性、持续性和共同性3项原则。

1. 公平性原则

公平原则是指机会选择的平等性,可持续发展所需求的公平性原则包括以下3方面内涵。

(1)本代人的公平,即同代人之间的横向公平性。可持续发展要满足全体人民的基本需求和给全体人民机会,以满足他们要求较高生活的愿望。当今世界的现实是,一部分人富足,而另一部分人,特别是占世界人口1/5的人口处于贫困状态。这种贫富悬殊、两极分化的世界,不可能实现可持续发展。因此,要给世界以公平的分配和公平的发展权,要把消除贫困作为可持续发展进程特别优先的问题来考虑。

(2)代际间的公平,即世代人之间的纵向公平性。要认识到人类赖以生存的自然资源是有限的,当代人不能因为自己的发展与需求而损害人类世世代代满足需求的条件——自然资源与环境。要给世世代代以公平利用自然资源的权利。

(3)有限资源分配的公平。当前,有限自然资源的分配十分不均,如占全球人口26%的发达国家消耗的能源、钢铁和纸张等约占全球的80%以上,而发展中国家的经济发展却面临着严重的资源约束。由此可见,可持续发展不仅要实现当代人之间的公平,而且也要实现当代人与未来各代人之间的公平,向所有的人提供实现美好生活愿望的机会。从伦理上讲,未来各代人应与当代人有同样的权利,来提出他们对资源与环境的需求,可持续发展要求当代人在考虑自己的需求与消费的同时,也要对未来各代人的需求与消费负起历史的道义与责任,因为同后代人相比,当代人在资源开发和利用方面处于一种类似于"垄断"的无竞争的主宰地位。各代人之间的公平要求任何一代都不能处于支配地位,即各代人都应有同样多的选择发展机会。

2.持续性原则

持续性原则核心是人类的经济和社会发展不能超越资源与环境的承载能力。资源与环境是人类生存与发展的基础和条件,离开了资源与环境,人类的生存与发展就无从谈起。资源的永续利用和生态系统持续性的保持是人类可持续发展的首要条件。可持续发展要求人们根据持续性的条件调整自己的生活方式,在生态可能的范围内确定自己的消耗标准。这一原则从另一侧面反映了可持续发展的公平性原则。

3.共同性原则

鉴于世界各国历史、文化和发展水平的差异,可持续发展的具体目标、政策和实施步骤不可能是唯一的。但是,可持续发展作为全球发展的总目标,所体现的公平性和可持续性原则应该是共同遵从的。并且,要实现这一总目标,必须采取全球共同的联合行动。从广义上讲,可持续发展战略就是要促进人类之间及人类与自然之间的和谐。如果每个人在考虑和安排自己的行动时,都能考虑到这一行动对其他人(包括后代人)及生态环境的影响,并能真诚地按"共同性"原则行动,那么人类及人类与自然之间就能保持一种互惠共生的关系,也只有这样,可持续发展方能实现。

(三)可持续发展特征

与传统的发展思想和环境保护主义主张相比,可持续发展思想具有明显的特征,理解这些特征对于把握可持续发展的内容具有十分重要的意义。总的来讲,可持续发展具有以下3个基本特征。

1.可持续发展鼓励经济增长,体现国家实力和社会财富

可持续发展不仅重视增长数量,更追求改善质量、提高效益、节约能源、减少废物,改变传统的生产和消费模式,实施清洁生产和文明消费。

2.可持续发展要以保护自然为基础,与资源和环境的承载能力相协调

在发展的同时必须保护自然资源与环境,包括控制污染、改善环境质量、保护生命保障系统,保护生物多样性,保持地球生态的完整性,保证以可持续的方式使用可再生资源,使发

展保持在地球承载能力之内。

3. 可持续发展以改善和提高生活质量为目的,与社会进步相适应

当代社会经济发展不可回避的一个事实是,世界大多数人口仍然处于半贫困或贫困状态。可持续发展必须与解决大多数人口的贫困联系在一起。对于发展中国家来说,贫困与不发达是造成资源与环境破坏的基本原因之一。只有消除贫困,才能产生保护和改善环境的能力。世界各国的发展阶段不同,发展的具体目标也不相同,但发展的内涵均应包括改善人类生活质量、提高人类健康水平,并创造一个保障人们平等、自由、教育、人权和免受暴力的社会环境。

以上3方面特征表明,可持续发展包括生态可持续、经济可持续和社会可持续,它们之间互相关联、不可分割。孤立追求经济可持续必然导致经济崩溃;孤立追求生态可持续并不能最终防止全球环境的衰退。生态可持续是基础,经济可持续是条件,社会可持续是目的,人类共同追求的应该是自然-经济-社会复合系统的持续、稳定、健康发展。

(四)渔业可持续发展途径

中国渔业发展模式具有脆弱性、不稳固性和不可持续性,并造成了渔业资源的日益枯竭和生态环境的破坏。积极推进渔业可持续发展是渔业现代化发展的客观要求。

1. 渔业可持续发展制约因素

(1)政策制约。《联合国海洋法公约》规定的200海里专属经济区制度使原来属于各国共有的渔业资源转变为各沿海国主权权力支配和管辖的资源,标志着海洋渔业秩序和管理制度迈向了新的时期,这一法律的颁布使我国可用海域空间严重缩减,客观上制约了我国海洋渔业的可持续发展。进一步地,为落实专属经济区制度,中日韩三国相继签订三个渔业协定,使我国东海、黄海和北部湾渔业管理制度发生了根本性变化,致使大批捕捞渔船撤出传统作业渔场,可用海域空间进一步缩减,海洋捕捞渔业生产量受到极大限制,加深了我国海洋渔业发展的不可持续性。

(2)粗放捕捞。《联合国海洋法公约》关于200海里专属经济区的规定意在鼓励各国对本国专属经济区海洋渔业资源进行可持续开发和保育,但在经济利益的驱动下,我国捕鱼许可证制度和捕捞征税政策落实不力,过度宽松的政策环境导致了对渔业资源的过度开发利用,造成水域渔业资源迅速枯竭。捕捞强度上,渔船大型化和数量激增形成的高捕捞强度远远超出了渔业资源的再生能力,鱼类尤其是传统优质经济鱼类迅速衰竭。捕捞方式上,拖网、张网以及非法渔具渔法的使用,对幼体渔业资源破坏严重,导致渔业资源严重衰退。

(3)生态环境恶化。由于捕捞资源的匮乏和政策上重点发展养殖业的号召,各地一味追求水产养殖的高密度和高产量,大量增加饲料等养殖投入品,并随意排放不经任何处理的养殖污水,对局部特定水域的生态环境造成了严重破坏。

2. 渔业可持续发展路径选择

(1)捕捞业。作为传统产业的捕捞业,应从压缩捕捞强度、渔业集团作业、开发新水域等进行捕捞业的结构优化。主要的优化措施包括:第一,继续实施限额捕捞制度和配套的税收政策,完善法律以严惩非法渔法渔具的使用,落实禁渔区、禁渔期水产种质资源保护区等制度措施,推进渔船报废拆解补助政策和渔民转产转业政策,目的都是为压缩近、外海捕捞强度。第二,政府应采取相关鼓励性财政措施,促进我国现有渔业捕捞资源进行归并整合,扩大捕捞经营规模,提升渔业集团作业水平,积极开拓远洋捕捞业,提高渔业企业的经营效益,并使其成为渔业经济新的增长点。第三,积极拓展国际的双边和多边渔业合作,共同开辟新的作业海域和捕捞资源,实现双赢。鼓励条件优质的企业把生产基地延伸到国外,并积极发展水产品精加工和水产品进出口贸易。

(2)养殖业。应从水产养殖区域布局和品种选择方面对水产养殖业进行优化分析。根据水产养殖区域优势对水产养殖业进行合理布局,建立一批水产优质养殖带或养殖区。在养殖品种的选择上,应提高市场反应能力,积极引进适销对路的具有名、优、特、新的高效品种,对养殖结构进行优化调整,在依托传统养殖品种的基础上,重点培育高附加值产品,形成高、中、低档养殖品种相结合的综合养殖格局。需要注意的是,单纯依靠名优特品种仍然没有摆脱传统养殖业的观念和模式。我国养殖业应向绿色养殖和健康养殖方向发展,这是一种兼顾生态环境和经济效益的可持续的发展模式。积极推进先进的水产养殖技术是促进我国渔业可持续发展的根本保证。从 1985—1995 年和 1996—2006 年两个阶段我国海洋渔业第一产业总体产量与海水养殖和海洋捕捞产量之间的关联度分析发现,我国海洋渔业第一产业内部转型升级的路径为促进养殖,限制捕捞,在品种上培育高品质的虾蟹类、贝类、藻类。

(3)科技投入。由粗放式向集约式转变时,应大力发展知识和技术密集型渔业产业。但具体应在哪些行业中重点落实还有待深入研究。首先,第一产业在促进养殖限制捕捞政策的指引下,将最新的生物技术应用于良种培育和水产养殖病害的防御控制,可促进水产养殖业由传统的竞争力不强且效益低下的普通品种为主转向以名优特为主的现代品牌养殖业。其次,从促进渔业各产业之间的协调性来看,将先进的加工技术和设备应用于水产品加工行业,可提升其精深加工能力,实现由科技含量少、附加值低的普通水产加工品转向科技含量多、附加值高的多元优质水产品。而如何获得这些高新技术,不仅要充分利用现有科研力量,鼓励和支持企业自身建立研发机构,企业与院所合作开发新工艺、新技术、新产品,更要加强引进国外先进的工艺和设备的力度,实现科研成果的国际共享。同时,也要加强我国渔业科技人才队伍的建设,更加高效的利用渔业资源。

高增长率和高利润率不应该是渔业公司盲目追求的目标,企业应建立可持续发展的长远目标。根据产业生态学理论,海洋渔业可持续发展不仅要实现资源的循环流动,多层级的利用能量,而且要妥善处理人与自然的矛盾,将渔业经济的可持续发展作为长远目标,从而实现经济、社会和自然的协调发展。同时,应将渔业资源环境的承载能力作为转型升级的基础,把渔业产业生态多样性作为转型升级的先决条件,实现渔业可持续发展。现代生态渔业在此发展模式中作为一个重要载体发挥重要作用,深化水产科研以加强对水生生物资源的养护,掌握渔业资源的演化规律,了解其与生态系统的关系,合理进行增殖放流活动对其进行补充,以及产权化管理都是现代生态渔业的具体要求。

三、蓝色经济概述

(一)蓝色经济概念

蓝色经济的学术术语是由比利时经济学家冈特·鲍利首次提出,原先主要指涉海洋的环保问题。蓝色经济概念最初出现在1999年"蓝色经济与圣劳伦斯发展论坛"上,仅仅针对河流流域以及水资源问题而倡导,后来逐渐发展并成为涵盖海洋生态保护、渔业和水产养殖发展以及海洋资源管理等涉海、涉渔内容的可持续发展理念。蓝色经济概念首次出现在官方层面,是由小岛屿发展中国家(SIDS)在2012年"里约+20"峰会上提出。自2014年起,环印度洋合作联盟(IORA)发布《蓝色经济宣言》,把蓝色经济纳入议程,指出蓝色经济是海洋经济的分支,包括直接与间接支持海洋经济部门功能运行的相关行为,其范围更具广泛性和包容性。

人们对蓝色经济没有统一和明确的定义,具有3种代表性理解:一是广泛意义上的维持水坏境可持续发展的"蓝水项目";二是与绿色经济相似的可持续发展理念;三是以海洋为基础的经济。根据联合国与世界银行于2017年6月撰写的关于蓝色经济潜力的报告,蓝色经济概念的核心是追求经济发展、社会包容与生存条件改善,同时确保海洋与海岸线环境的可持续发展。随着传统海洋经济观逐渐向可持续的蓝色经济观转变,以海洋经济为主体的蓝色经济成为各国实施可持续发展战略的重要领域,这对于处于海陆结合部的中国尤为如此。

(二)蓝色经济国际行动

1.《2030年可持续发展议程》

在2015年9月召开的联合国可持续发展峰会上,联合国各成员国领导人通过了《2030年可持续发展议程》,其中包含一整套共17项"可持续发展目标"。《2030年可持续发展议程》明确了全球可持续发展的重点,以及对2030年的期望,力争动员全球力量造福人类和地球,打造繁荣、和平与伙伴关系。它不仅包含"可持续发展目标",还涉及有关发展筹资问题的《亚的斯亚贝巴行动议程》,以及有关气候变化的《巴黎协定》。"可持续发展目标"特别指出,到2030年要实现以下目标:消除贫困和饥饿;进一步发展农业;支持经济发展和就业;恢复和可持续管理自然资源和生物多样性;与不平等和不公正做斗争;应对气候变化。"可持续发展目标"是真正变革性的目标,其相互之间密切关联,呼吁将各项政策、计划、伙伴关系和投资进行创新性结合,以实现共同目标。

《2030年可持续发展议程》致力于打造一个公正、基于权利、公平、包容的世界。它呼吁相关方联手合作,共同推动持续、包容性经济增长、社会发展和环境保护,造福所有人,包括妇女、儿童、青年和子孙后代。《2030年可持续发展议程》展示了一个普遍尊重人权、平等和不歧视的世界,其最高信念是"不让任何一个人掉队",确保"所有国家、所有人和社会所有阶层的目标都得到实现""首先尽力帮助落在最后面的人",其中有两项目标专门涉及消除不平等和歧视。通过《2030年可持续发展议程》,各国认识到必须恢复全球伙伴关系的活力,"推动全球高度参与,把各国政府、私营部门、民间社会、联合国系统和其他行为体召集在一起,调动现有的一切资源,协助落实所有目标和具体目标"。恢复活力后的全球伙伴关系将通过"国内公共资源、国内和国际私人企业和融资、国际发展合作、起推动发展作用的国际贸易、债务和债务可持续性、如何处理系统性问题,以及科学、技术、创新、能力建设、数据、监测和后续行动",努力为《2030年可持续发展议程》的实施提供执行手段。

FAO强调,粮食和农业是实现《2030年可持续发展议程》的关键。FAO的任务和工作实际上已经开始为实现各项"可持续发展目标"作出贡献。各项"可持续发展目标"和FAO的《战略框架》均致力于解决造成贫困和饥饿的根源,打造一个更加公平的社会,不让任何人掉队。具体而言,"可持续发展目标1"(消除一切形式的贫困)和"可持续发展目标2"(消除饥饿,实现粮食安全,改善营养和促进可持续农业)反映了FAO的愿景和使命。其他"可持续发展目标"还涵盖性别问题("可持续发展目标5")、水("可持续发展目标6")、经济增长、就业和体面工作("可持续发展目标8")、不平等("可持续发展目标10")、生产和消费("可持续发展目标12")、气候("可持续发展目标13")、海洋("可持续发展目标14")、生物多样性("可持续发展目标15"),以及和平和公正("可持续发展目标16"),也都与之有密切关联,而各方提出的执行手段和恢复活力后的全球伙伴关系("可持续发展目标17")则为粮食和农业各部门实现《2030年可持续发展议程》提供了基础,这些部门包括渔业、水产养殖业和捕捞后水产加工业。

《2030年可持续发展议程》所提供的框架、进程、利益相关方参与和伙伴关系有助于:① 让当代人和子孙后代从水生资源中获益;② 帮助渔业和水产养殖业为不断增长的人口提供富含营养的食物,并促进经济繁荣、创造就业和保障人民福祉。

2.《2030年可持续发展议程》与渔业可持续发展

海洋、沿海,以及江河、湖泊和湿地,包括渔业和水产养殖业所利用的相关资源和生态系统,目前在可持续发展中所发挥的重要作用已得到国际社会的普遍认可。这一点已在1992年召开的里约峰会上得到明确,充分体现在《21世纪议程》(第17章、第14章、第18章)和具有历史性意义的1995年《负责任渔业行为守则》中。这一点也在后来的"里约+20"峰会成果文件中得到提倡,文件中各成员国呼吁要"以通盘整合的方式对待可持续发展,引导人类与自然和谐共存,努力恢复地球生态系统的健康和完整性"。

多项"可持续发展目标"与渔业和水产养殖业以及该部门的可持续发展有关联。其中一项("蓝色目标")直接侧重于海洋("可持续发展目标14":养护和可持续利用海洋和海洋资源,以促进可持续发展),强调养护和可持续利用海洋及其相关资源对可持续发展的重要性,包括通过为减贫、持续经济增长、粮食安全和创造可持续生计及体面工作做出贡献而推动可持续发展。

为促使海洋及海洋资源继续为人类福祉做出贡献,"可持续发展目标14"认识到有必要管理和养护海洋资源,同时为对人类至关重要的生态系统服务提供支持。更有效利用资源,改变生产和消费方式,改进对人类活动的管理和监管,将有助于减少对环境的负面影响,让当代人及子孙后代从水生生态系统中获益。推动可持续捕捞和水产养殖将不仅有助于资源和生态系统管理和养护,还有助于确保世界上的海洋能提供富含营养的食物。海洋和内陆水域在对全球粮食和营养安全、生计和各国经济增长做出重要贡献的同时,还为地球提供宝贵的生态系统产品与服务。大气中被固存在自然系统中的碳中约有50%通过循环进入海洋和内陆水域,但这些海洋和内陆水域却正面临着过度开发、污染、生物多样性丧失、入侵物种蔓延、气候变化和酸化等带来的威胁。人类活动给海洋生物支持系统带来的压力已达到不可持续的水平。

2016年世界上接受评估的商业化海洋水产种群中有31%被过度捕捞。红树林、盐滩和海草床均在以令人震惊的速度被破坏,从而加剧气候变化和全球变暖。水域污染和生境退化继续威胁着内陆和海洋水域中与渔业和水产养殖业相关的资源。同样面临风险的还有那些依赖于渔业和水产养殖业谋生和实现粮食及营养安全的人们。此外,渔业和水产养殖业对世界福祉与繁荣做出的重要贡献正在因为治理不力、管理不善和措施不当等因素而遭到削弱,同时非法、不报告、不管制捕捞活动则仍是实现可持续渔业的障碍。

"可持续发展目标14"项下的多项具体目标呼吁渔业部门采取具体行动,特别指出:有效监管捕捞活动;结束过度捕捞和非法、不报告、不管制捕捞;解决渔业补贴问题;为小规模渔民提供获取资源和进入市场的机会;执行《联合国海洋法公约》条款。"可持续发展目标14"项下的其他具体目标则涵盖海洋污染防治,以及对于可持续渔业和水产养殖业而言同样重要的海洋和沿海生态系统管理和保护。因此,"可持续发展目标14"明确指出有必要推动所有利益相关方开展合作和协调,以实现可持续的渔业管理,更好地保护资源,为可持续管理和保护海洋及沿海生态系统提供了一个框架。

目前,在渔业和水产养殖业可持续管理和发展过程中采取的统筹方式,如FAO"蓝色增长倡议"所提倡的那样,其目的在于使经济增长与促进生计和社会平等之间实现相互协调。它致力于平衡自然水生资源的可持续管理和社会经济管理,期间强调在捕捞渔业和水产养殖业、生态系统服务、贸易、生计和粮食系统中高效利用资源。

渔业和水产养殖业中的利益相关方在国家、区域和国际层面为实现《2030年可持续发展议程》做出努力时,应利用以往及当前在相互合作、互相支持和达成共识方面的经验。为实施采取的措施将成为实现相关"可持续发展目标"具体目标的基础。向FAO渔业委员会及其贸易和水产养殖分委员会汇报《负责任渔业行为守则》实施情况将有助于了解各方在朝着实现《2030年可持续发展议程》目标努力的过程中所取得的进展,这些进展将通过各国渔业管理部门、区域渔业机构和国际民间社会组织和政府间组织的报告体现出来。国际渔业界将利用相关国际文书,包括《2030年可持续发展议程》,为全球渔业治理提供有力的框架。

《2030年可持续发展议程》强调建立伙伴关系和加强利益相关方参与的重要性,将其作为成功促进和有效实施各项活动来支持各项相互关联的"可持续发展目标"具体目标的关键。目前,渔业主管部门和水产养殖单位正在开展的国际举措主要包括以下 3 方面内容。

(1)全球气候、渔业和水产养殖伙伴关系。

(2)地方、国家和国际民间社会组织以及多国政府就《粮食安全和扶贫背景下保障可持续小规模渔业自愿准则》所开展的宣传和实施工作。

(3)国家机构之间的合作,以及 FAO、国际海事组织和国际劳工组织之间在打击非法、不报告、不管制捕捞及其他与捕捞相关的犯罪行为方面开展合作。主要采取的措施是:支持针对打击非法、不报告、不管制捕捞制定国家和区域行动计划;实施《船旗国表现自愿准则》;建立"全球渔船、冷藏运输船和补给船记录"等。

(三)渔业可持续发展国际行动进展

在联合国各成员的推动下开展一轮磋商后,目前已经得到通过的可持续发展目标框架中共包括 169 项具体目标和用于在全球层面衡量和监测进展的 231 项指标。

"可持续发展目标 14"包括 10 项具体目标,其中几项明确涉及渔业相关问题,其他目标也可能对渔业产生直接影响。与渔业相关的具体目标呼吁采取行动:有效监管捕捞活动;结束过度捕捞,以及非法、不报告、不管制捕捞和破坏性捕捞行为;解决渔业补贴问题;提高渔业和水产养殖可持续管理的经济效益;为小规模个体渔民提供获取海洋资源和市场准入的机会。其他目标包括海洋污染防治、海洋和沿海生态系统管理、《联合国海洋法公约》和相关现行区域、国际法规的实施。

所有具体目标均由可持续发展目标机构专家组确立、由联合国统计委员会通过的指标加以支持。3 项目标分别如下。

(1)到 2020 年,有效管制捕捞活动,终止过度捕捞、非法、不报告、不管制捕捞,以及破坏性捕捞活动,实施科学管理计划,以便在最短时间内恢复鱼类种群,至少使其数量恢复到其生物特性所决定的最高可持续产量水平。

(2)到 2020 年,禁止某些助长产能过剩和过度捕捞的渔业补贴,取消各种助长非法、不报告、不管制捕捞活动的补贴,不出台新的此类补贴,同时认识到,为发展中国家和不发达国家提供合理、有效的特殊和差别化待遇应成为世界贸易组织渔业补贴谈判中一项不可缺少的内容。

(3)为小规模个体渔民提供获取海洋资源和进入市场的机会。目前,正在加大力度评估渔业管理方面的进展。此项行动将为相关国家、区域和全球举措提供协助,同时还为国家和全球可持续发展目标监测活动提供支持。在此背景下,FAO 积极为有关改进进展报告工作和推动实现"爱知生物多样性目标"的 2016 年专家会议做出了贡献,会议制定了一份概念框架草案,可作为一项指南,指导《生物多样性公约》各缔约方报告自身在实现有关可持续渔业的目标上所取得的执行进展。会议确定了与实现目标相关的一系列行动和潜在指标,并讨论了如何通过改进生物多样性公约组织、FAO 和区域渔业机构之间的协调来促进此项工作。

此外,在 FAO/全球环境基金"沿海渔业倡议"的框架下,目前正在采取具体行动建立和实施一项渔业绩效评价体系,主要用于以下 3 个方面。

(1)有效评价沿海渔业项目所产生的影响。

(2)监测渔业环境、社会和经济效益方面的变化。

(3)通过寻求管理战略的实施方法来实现渔业可持续发展,促进知识共享。

为促进实现可持续发展目标,FAO 及其成员国和伙伴方一直致力于在中东和北非,以及亚太区域促使"蓝色增长倡议"主流化。亚太区域目前正侧重于可持续水产养殖发展,以扭转环境退化和缓解对红树林空间和淡水资源的竞争。水产养殖业负责任管理和可持续发展还能为亚洲的水产养殖户(尤其是青年)提供良好的工作机遇,同时还能为他们提高收入和加强营养安全,保护相关自然资源。此项倡议是一个绝好的范例,说明应采取何种类型的行动来确保水产养殖业能符合可持续发展目标,以具备环保性和真正的可持续性。同样,一项全面研究也在中东及北非开展,以挖掘这一地区在蓝色增长方面的潜力。在这一区域开展的活动包括:在阿尔及利亚推广沙漠水产养殖;评估埃及和苏丹尼罗河沿岸渔民的生计状况;改善突尼斯的价值链,确保负责采集蛤蜊的女性能获得更多样化的收入;宣传有关减少渔业部门中损失与浪费的《努瓦克肖特宣言》。渔业和水产养殖业还提供了一个绝好的创造就业的机会,尤其是针对青年,能让他们留在本村,实现收益良好的就业,而不是被迫外出,去城市或国外寻找工作。研究将就在干旱地区发展水产养殖业的可行性提供宝贵的意见,还将对价值链改善和损失与浪费减少之后带来的潜在社会效益、经济效益开展评估,这些都是影响可持续发展目标和蓝色增长是否能够得以实现的重要因素。

(四)蓝色经济认知与实践

随着科学技术进步与经济社会发展,中国对蓝色经济的认知逐渐加深,并且把发展蓝色经济作为海洋强国战略的重要抓手。党的十八大报告首次提出"建设海洋强国",十九大提出"坚持陆海统筹,加快建设海洋强国",二十大提出"发展海洋经济,保护海洋生态环境,加快建设海洋强国"。《中华人民共和国国民经济和社会发展第十三个五年规划纲要》倡导"拓展蓝色经济空间"的新命题,把坚持陆海统筹、维护海上权益、保护海洋生态环境与发展海洋经济作为海洋强国建设的关键环节。在 2017 年 6 月首届联合国海洋大会上,中国政府发起"蓝色经济倡议",提出加强海洋生态的管理和保护、提高防灾减灾能力、加强海洋科技创新、发展可持续的海洋经济以及推动亚太区域海洋国际合作等承诺。作为陆海统筹的经济形态,蓝色经济正成为中国国民经济新的增长点和拓展空间。从 2011 年批准建立山东半岛蓝色经济区开始,中国逐渐把蓝色经济试验区扩大到东部沿海的浙江、广东、福建、天津等省市。2012—2020 年,中国海洋新兴产业增加值年均增速达 14%,海洋产业生产总值在 2021 年突破 9 万亿元,海洋经济活动已经融入国家经济社会发展的方方面面。2021 年 12 月,得到国务院批复的《"十四五"海洋经济发展规划》明确提出打造现代海洋产业体系以及促进海洋新兴产业发展。2022 年,自然资源部发布的《2021 年中国海洋经济统计公报》显示海洋经济已经占沿海地区生产总值的 15% 以上。

基于对蓝色经济认知的强化,中国不断开展蓝色经济国际合作。随着"21世纪海上丝绸之路"的推进,国家发展和改革委员会与国家海洋局在2017年6月提出《"一带一路"建设海上合作设想》,提出重点建设3条蓝色经济通道:中国—印度洋—非洲—地中海蓝色经济通道、中国—大洋洲—南太平洋蓝色经济通道和经北冰洋连接欧洲的蓝色经济通道。这个设想旨在进一步与沿线地区加强战略对接与共同行动,推动建立全方位、多层次、宽领域的蓝色伙伴关系,共筑和繁荣"21世纪海上丝绸之路"。此后,中国分别与葡萄牙、塞舌尔、欧盟等国家和地区建立蓝色经济伙伴关系,并与小岛屿国家和东盟等达成建立"蓝色伙伴关系"的共识。中国还积极参加联合国"海洋科学促进可持续发展十年(2021—2030)"计划,主动倡导海洋公共服务共建共享计划,不断向国际社会提供海洋公共产品。当前,中国正在积极推进与包括所罗门群岛在内的南太平洋岛国的蓝色经济合作,以"一带一路"建设对接南太平洋岛国的"蓝色太平洋"计划。由此可见,在"21世纪海上丝绸之路"的建设进程中,与沿线国家的蓝色经济合作成为中国对外经济与社会交往新的合作亮点,并且中国以构建全球海洋命运共同体为理念,逐渐实现海洋可持续发展目标。

第四节　渔业发展方式研究

中国人口众多,土地、水等自然资源相对短缺,粮食问题始终是经济发展中的首要问题。1978年以后,中国经济得到快速发展,渔业经济也得到长足发展。1989年,中国的水产品总产量达到1 332万t,首次居于世界第一位。1978年中国水产品总产量只占世界水产品总产量的6.3%,2007年中国的水产品总产量就占世界水产品总产量的1/3强。中国的渔业为中国粮食安全、调整和优化农业产业结构、增加农民收入、吸纳农业剩余劳动力和出口创汇做出了应有的贡献。

20世纪末期,我国渔业产业发展与其他产业相似,主要是依靠占用大量自然资源、使用廉价人力资源和引进外国资本发展起来的。进入21世纪以后,中国的渔业经济增长、渔业发展、渔村建设和渔民生活都面临巨大挑战。海洋与淡水渔业资源被过度捕捞,捕捞强度大大超过了渔业资源的再生能力,捕捞渔船的经济效益不断下降。缺乏合理的规划而滥用海域和淡水资源,导致水域资源污染日趋严重,水产品价格持续降低,渔业可持续发展面临着严峻挑战。转变渔业经济增长方式,推进渔业产业转型升级成为21世纪渔业经济可持续发展的必然趋势。

一、水产种业

(一)水产种业概念

水产种业即水产种苗产业,是指以各种水产经济生物为基础,通过科技创新和各种生产要素的优化配置,将种质资源保护、品种研发、生产扩繁、推广应用、市场营销和管理服务等各环节有机结合,向水产养殖业提供种苗产品和相关服务的一种产业体系。

(二)水产种业发展历程

1. 原种开发利用

1957 年以前,粗放生产苗种阶段。苗种供应主要依靠天然水域采捕,1957 年育苗采捕量达到 234 亿尾;1958 年,钟麟、朱洗、朱宁生等突破我国四大家鱼人工繁殖技术,2018 年四大家鱼养殖产量达 1 315 万 t,约占淡水鱼总产量的 50%。

2. 引进种利用

1957 年,民间渠道从越南引进安南鱼(莫桑比克罗非鱼);1959 年,我国政府接受北美洲的虹鳟鱼发眼卵 5 万粒和稚鱼 6 000 尾,由黑龙江水产研究所试养;20 世纪 70 年代末 80 年代初,开始大规模引种,特别是进入 90 年代,据不完全统计,从国外引进水产养殖种类超过 140 种,其中:鱼类占 70%;30 个通过新品种审定;引进后成为主养种类有罗非鱼、加州鲈、大菱鲆(多宝鱼)、凡纳滨对虾、罗氏沼虾、海湾扇贝、条斑紫菜等。

3. 新品种培育

公元前 300 年,范蠡《养鱼经》,选择育种雏形;20 世纪 80 年代末 90 年代初,由丁养殖品种退化而引起的养殖病害频发等问题凸显,迫切需求培育人工改良种,即水产新品种;20 世纪 90 年代,培育了兴国红鲤、荷包红鲤、彭泽鲫等多个水产新品种;至 2020 年,自主育成鱼、虾蟹、贝、藻、鳖和棘皮类等 210 个品种;截止到 2020 年底,我国水产养殖土著种 289 种,引进品种(未审定)46 种,引进品种(经审定)30 种,培育品种(经审定)210 种,具体见表 2-3。

表 2-3　我国水产养殖种基本情况

类别	鱼类	虾蟹	贝类	藻类	其他	合计
土著种	177	16	49	23	24	289
引进品种(未审定)	25	4	3	3	11	46
引进品种(经审定)	20	2	4	0	4	30
培育品种(经审定)	101	31	44	23	11	210

数据来源:全国水产技术推广总站水产种业振兴行动形势与任务,截止到 2020 年。

4. 水产原良种体系建设

水产原良种体系结构涵盖原种场、良种场、水产引种育种中心、苗种繁育场、水产种质监测中心等。经过半个多世纪的发展,我国水产原良种体系建设经历了苗种繁育场的建设到原种场、水产引种育种中心、良种场和良种繁育场的建设,更新了现代遗传育种技术、品种改良技术以及良种良法的推广应用技术,满足了水产养殖对良种和优质苗种的需求,提高了良种覆盖率。在中央、地方财政的积极支持下,在广大科技工作者和广大养殖生产者积极努力下,目前,我国水产原良种生产体系的框架基本形成,在水产苗种产业正从产业扩张和大量引种的发展阶段进入量化育种阶段的时候,原良种体系建设正在有序开展,国家级、省级、市级等分层次的原良种场建设和维持正在积极稳步推进,涉及了四大家鱼、罗非鱼、鲫鱼、中华鳖、紫菜等海淡水养殖品种。同时,我国已经建设了20多个国家级水产遗传育种中心,包括冷水鱼类、海水鱼类,如鲤鱼、罗非鱼,还有海水鲆鲽鱼类、凡纳滨对虾等。1996年至2011年,共有100个水产养殖品种(包括海淡水的鱼虾贝类)通过国家级试验、审定并推广应用,良种覆盖率达50%左右。目前,四大家鱼养殖用亲本基本来源于国家投资建设的6个原种场,即基本实现了养殖原种化。而鲤、鲫已经基本实现了良种化,即全国养殖的鲤、鲫大多是人工改良种。团头鲂"浦江1号"等其他养殖品种也得到了大面积的推广。据统计,截至2020年底,我国共建成分品种遗传育种中心28个,国家级水产原良种场85家、省级水产原良种场860多家、水产苗种繁育场1.9万家、水产引种保种中心20多家、水产种质检测中心近10家,全国水产原良种体系基本框架见图2-1。

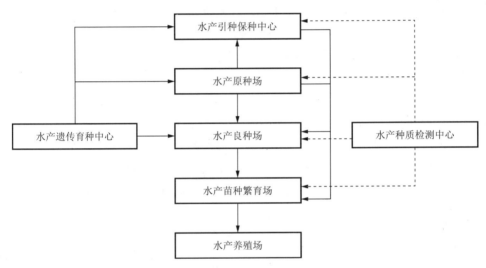

图2-1 全国水产原良种体系基本框架

(三)水产种业发展现状

水产动物育种和苗种培育是水产养殖业的重要环节。经过悠久历史的积淀和不断创新,我国鱼类育种和苗种培育技术取得了长足的发展,尤其是近20年来,随着我国投入了大量的资金、人力和财力支持水产养殖业的发展,优良养殖品种不断得到培育,苗种培育规模和科技覆盖率均有量的提高,培育技术得到了质的提升。

1. 水产种业规模及产值不断增长

随着我国水产原良种生产体系的逐步健全,人工繁殖技术的不断提高,水产原良种生产能力有了显著改善,我国水产苗种的产量已经能够基本满足国内养殖生产的需要,同时也适时地将我国传统的大宗淡水鱼类的苗种无偿提供给广大发展中国家,中国水产科学研究院淡水渔业研究中心就在2010年和2011年开展农业部的国际合作项目,即将单位培育的优质苗种提供给尼泊尔,用以支持该国鲤科鱼类的养殖生产实践,苗种的高质量、高成活率和高生长速度均得到了该国的高度赞赏,2012年淡水渔业研究中心有关专家作为FAO渔业专家两次赴尼泊尔,指导鲤科鱼类繁殖有关工作。至 2006 年,在我国主要海、淡水养殖种类中,88% 的养殖种类已实现人工繁殖苗种,约 65% 的苗种培育可达到规模化生产。我国斜带石斑鱼、大菱鲆、半滑舌鳎名贵海水鱼类的工厂化高效育苗技术也取得了成功,有效地解决了长期困扰我国苗种培育成活率低和苗种供应不稳定等难题。据《2020 中国渔业统计年鉴》2015—2019 年我国水产苗种年平均增长率为 15.9%,见图 2-2。

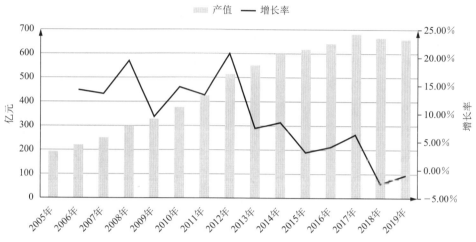

图 2-2 2005 年—2019 年我国水产苗种产值及年增长率
资料来源:全国水产技术推广总站

2. 种质资源保护力度不断加大

我国水产养殖种质资源发现近 2 万种水生生物种类,具有一定养殖规模的土著种有 280 多种,培育或引进水产养殖新品种 240 个。2007 年以来,我国初步构建了覆盖各流域和海区的水产种质资源保护区网络,其中,国家级水产种质资源保护区 535 个,涉及 300 多种物种,保护面积达 15 万多平方千米。

3. 水产遗传育种技术创新发展

我国是世界上最早开展水产选择育种技术研究的国家之一,20 世纪 70 年代初就建立了专门从事鱼类遗传育种的研究室。经过 50 年的发展,水产遗传育种科技综合实力已在国际上处于先进水平,近 10 年来,我国水产遗传育种新技术和新方法不断涌现,水产育种技术开始从传统的选择育种、杂交育种,逐渐向传统育种与现代分子辅助及基因组选择育种技术相结合的方向发展。

(1)种质资源鉴定评价与保存技术日趋完善。一是种质资源鉴定评价技术不断创新,目前,一些重要的养殖品种已经建立了从形态学、细胞学、生物化学和分子生物学到经济性状的一整套种质鉴定技术;分别依托转录组、简化基因组测序等技术手段,开发了大量 SSR、SNP 等新的遗传标记资源,逐步取代早期的 RFLP、AFLP、STS 等标记;二是建立并应用水产种质低温冷冻保存技术,有团队发明了鱼类胚胎玻璃化和程序化冷冻技术,建立和完善了细胞、精子、胚胎等 3 个层次的鱼类种质保存技术体系;开展了七带石斑鱼(*Epinephelus septemfasciatus*)、牙鲆(*Paralichthys olivaceus*)等水生动物胚胎冷冻保存技术;对 181 种鱼类精子进行了冷冻保存,实现了产业化应用;相继开发了配子体超低温冷冻、固相培养和无菌液相保存等藻类种质保存新技术。

(2)传统育种技术逐步成熟。一是利用群体或家系选育技术,培育了一大批水产养殖新品种,在自主培育的 236 个品种里,超过 64% 的品种为选育种,选育技术的广泛应用有效提升了我国水产养殖遗传改良水平;二是利用杂种优势,通过种内、种间和远缘杂交技术,培育并获得了具有生长速度快、抗逆性强、后代不育等特点的鱼类、贝类、刺参等一大批水产养殖新品种;三是利用细胞工程技术、倍性育种技术和性控技术,培育并获得了具有单性率高、生长速度快、适应性强和成活率高等特点的新品种,如异育银鲫(*Carassius auratus gibelio*)系列品种、全雄黄颡鱼(*Pelteobagrus fulvidraco*)、全雌牙鲆、全雌三倍体虹鳟(*Oncorhynchus mykiss*)和湘云鲫(*Carassius auratus*)等,这些技术具有广阔的应用前景。

(3)传统育种技术与现代技术深度融合。一是基于 BLUP 遗传评估,融合数量遗传学、生物统计学和计算机技术创立的"水产动物多性状复合育种技术",应用该技术培育并获得了中国明对虾(*Fenneropenaeus chinensis*)、罗氏沼虾(*Macrobrachium rosenbergii*)、斑点叉尾鮰(*Ictalurus punctatus*)、扇贝、大菱鲆(*Scophthalmus maximus*)、牙鲆、鲤(*Cyprinus carpio*)等多个养殖新品种,达到国际先进水平;二是利用分子生物技术,针对不同的目标性状,开发了大量的连锁遗传标记与数量性状位点(QTL),与传统育种技术进行深度融合,开展分子标记辅助育种,加快了育种进程,成功培育出如"海大金贝"、全雄黄颡鱼、全雄罗非鱼、高雌半滑舌鳎(*Cynoglossus semilaevis*)等新品种,达到国际领先水平。

(4)生物育种技术不断创新。一是基于 REML 和 BLUP 为核心的多性状遗传评估技术,整合了 GBLUP、MixP 和 gsbay 等全基因组选择算法,开发了一套以贝类为代表的全基因组选择育种新平台,实现快速准确地估计全基因组育种值,并建立了高通量、低成本 SNP 标记开发和分型技术,采用 GWAS 分析和全基因组选育技术,培育出栉孔扇贝(*Chlamys farreri*)"蓬莱红 2 号"新品种;二是近几年发展起来的对基因组进行定点修饰的基因组编辑技术已在罗非鱼、半滑舌鳎、团头鲂(*Megalobrama amblycephala*)、鲫和脊尾白虾(*Exopalaemon carinicauda*)等种类上开始探索研究,可以预计在不远的将来,该项技术定会在水产育种中得到广泛应用。

4. 水产育种技术创新成效显著

近年来,水产种业创新发展快速,取得许多专利发明。其在水产种业领域的应用保障了我国水产业发展的创新动力,有效驱动了水产养殖业转型升级。

从专利的数量来看,我国水产种业的发展处于世界领先地位,相关专利规模处于绝对优势。通过国际专利数据分析服务检索的 876 条水产育种专利中,我国有 813 条记录,占比 92.8%;同时,我国水产种业相关专利数量总体呈现逐年递增趋势;从专利的技术领域来看,水产新品种养殖、生物化学测定或检测方法、育种方法领域的专利较多。以国际专利(IPC)分类划分为例,涉及水产新品种养殖类(A01K61/00)的专利约占总数的 38.1%,涉及核酸等生化测定或免疫检测（C12N15/11）的专利约占总数的 22.4%，涉及基因工程、遗传工程或杂交（C12N15/11、C12N15/12、C12N15/10、A01H1/02）等育种方法的专利约占 23%。

5. 水产遗传育种技术应用广泛

（1）创制育种新材料。水产科研人员应用种质鉴别、群体选育、杂交育种、雌核生殖等技术，创制了一批育种新材料。例如：鉴别出具有单性雌核生殖等多种生殖潜能的银鲫不同克隆系、超雄罗非鱼和黄颡鱼，创制出有育种价值的新种质；通过远缘杂交培育各类多倍体和育种新材料，如适温广的七带石斑鱼群体、易人工繁育的棕点石斑鱼群体、通过攻毒实验培育牙鲆抗鳗弧菌病群体及抗迟缓爱德华氏菌群体，以及选育生长快、抗逆性强的刺参新品系等。

（2）培育水产新品种。20 多年来，科研人员应用常规育种和现代育种技术培育出一批水产新品种。截至 2022 年，通过全国水产原种和良种审定委员会审定并经农业农村部公告的水产养殖新品种 266 个，其中：自主培育品种 236 个，包括 152 个选育品种、73 个杂交品种和 11 个其他品种，涵盖鱼、虾蟹、贝、藻、龟鳖、棘皮类等主要养殖种类。在新品种培育过程中，大部分品种综合应用了多种遗传育种技术，并且这一趋势在近年品种培育工作中愈发明显。概括来说，一般是以群体选育、家系选育或杂交选育为基础，单独或联合使用分子标记辅助育种、BLUP 遗传评估、全基因组选择育种、雌核生殖、诱变（藻类）等育种技术。

（四）水产种业发展存在问题

2021 年 7 月 9 日，中央全面深化改革委员会第二十次会议审议通过《种业振兴行动方案》（简称《方案》）。这是继 1962 年出台《关于加强种子工作的决定》后，中央再次对种业发展作出的重要部署。《方案》明确了实现种业科技自立自强、种源自主可控的总目标，并围绕种质资源保护利用、创新攻关、企业扶优、基地提升、市场净化等 5 个方面提出具体目标任务，为我国种业发展提供了路线图与任务书。对照《方案》总体要求，我国水产养殖用种总体有保障、风险可管控，也表现出了 3 个短板问题，即国内种质资源丰富但遗传改良率不高、科研育种成果多但产业转化率不高、种业企业多但核心竞争力不强。具体体现在资源保护利用不够、育种创新水平不高、企业竞争力不强、市场环境亟待优化等方面。

1. 种质资源保护与利用

我国是世界上水产种质资源最丰富的国家之一，有近 2 万种水生生物，其中鱼类 4 000 种以上，虾类、蟹类、贝类、头足类和藻类等水生生物数量众多。

一是我国积极推进水产种质资源保护区建设和种质资源场建设，对水产种质资源及其产卵场、索饵场、越冬场和洄游通道等进行保护。

二是我国初步搭建了具有重要经济价值和遗传价值的水产种质资源体系建设框架。2021 年，我国在水产养殖种质资源保护与利用等方面取得积极进展。首次启动全国水产养殖种质资源普查，并于年内完成基本情况普查；发布水产十大优异种质资源；国家海洋渔业生物种质资源库揭牌运行，淡水渔业种质资源库和南海渔业种质资源库推进建设；水环境污染、水工建筑物对渔业资源造成的生态损害正在逐步得到重视；水产种质资源保护与利用得到了前所未有的社会关注。然而,种质资源保护利用程度依然无法满足水产种业可持续发展的需要。

（1）水产种质资源收集鉴定工作尚不能满足产业发展需求。虽已完成水产养殖种质资源基本情况普查,但对于新种质研发极为重要野生水产种质资源情况仍缺少面上情况了解,其资源总量、空间分布、遗传基因信息、消失风险性等不甚清晰。同时,凡纳滨对虾（*Litopenaeus vannamei*）、鲑鳟等水产种质资源仍受制于国外,大口黑鲈（*Micropterus salmoides*）、斑点叉尾鮰等养殖业快速发展、但种质资源保有量存在不同程度的不足,限制了育种研发工作。

（2）水产种质资源利用体系建设与产业需求不平衡。从国家级水产种质资源保护区分布看,存在空间布局不平衡的问题。如西南地区及河口地区相关水系保护不足,与其丰富的生物多样性和生态功能完整性保护的要求不符。从主要保护对象的设置看,优异种质资源鉴定和保存的深度、广度均不足,尚有69种国家级重点保护经济水生动植物未被纳入。

（3）种质资源有效利用率不高,共享机制尚未建立。当前,我国水产种质资源的收集、鉴定、登记和保存等工作均处于起步阶段。无论是相比国内的作物、畜禽种质资源收集利用体系,还是相比国外,均处于落后水平。比如,美国种质资源收集、鉴定和利用体系——国家植物种质资源系统（National Plant Germplasm System, NPGS）具有分工合理、信息共享、权属清晰、合作转化效率高等特点,值得我们研究、学习和借鉴。

2. 育种技术创新

我国的四大家鱼、鲤、鲫、鳊、鲂、罗非鱼、罗氏沼虾、扇贝、海带、紫菜等种质资源完全自给。我国水产养殖遗传改良率为52.8%,其中鲤、鲫、罗非鱼、中国明对虾、扇贝、海带等遗传改良率达到100%。然而,四大家鱼等重要养殖产量贡献种,因性成熟周期长、经济效益不高等原因,列入国家、地方或企业育种计划的还很少,青鱼和草鱼还一直依赖于原种繁育苗种来满足养殖生产需要。

（1）育种核心技术相对落后。国际种业发达国家育种处于"常规育种 + 现代生物技术育种 + 信息化育种"时代,我国水产育种技术研发虽然已达世界先进水平,但在实际育种技术应用方面仍以群体选育、杂交等传统技术为主,育种工作的科学性、精准性难以体现,育种效率、效果不尽如人意。首先,相对于数百个养殖品种和更多的种质资源鉴定和保护的潜在需求,分子标记与性状鉴定、基因与遗传解析技术、保种维持技术等在种质资源保护中应用有限,处于起步阶段。其次,育种技术,尤其是先进育种技术在育种实践中集成和应用不足。我国许多传统养殖对象的利用仍长期停留在较为原始的驯养阶段。

（2）育种创新成果转化机制尚不成熟。我国水产育种主体是公益性的科研院所、大专院校,在通过国家审定的236个自主研发的水产新品种中,科研院所及大专院校作为第一研发单位的占比超过80%。但丰厚的新品种成果尚缺少成熟的育种创新成果转化机制予以配套。一方面,科研单位内部的创新成果转化机制还不顺畅,公益性育种单位的研发动力同产业需求不完全一致,商业化运营的动力先天不足;另一方面,科研单位与企业之间的成果转化衔接机制还不成熟,企业与科研单位距离建立起有助于双方发展壮大的稳定的商业化育种机制仍有差距。造成这个问题的主要原因是科研成果权益分配制度还不健全,我国虽然在顶层设计方面有较好的成果转化政策与措施,但在具体实践过程中,迟迟不能落地,科研单位无法享受科研成果转化带来的利益分配,导致其缺少创新成果产业化的动力,进而也抑制了新品种研发的热情。

（3）育种创新专业人才难以满足需求。经过多年建设与发展,我国建立了一批实力较强的水产育种创新团队。据不完全统计,包括科研院所、大专院校、推广机构及企业等在内,我国种业技术创新主体主要有67家,水产种业专业人才近5万人,其中专业育种人才约700人、种业推广人才约3 300人、育苗和经营人才约4.5万人。但相比我国水产养殖种类繁多、规模巨大的实际,急需培养一批具有国际视野、先进理念和专业能力的育种科研、种业生产管理人才,特别是商业化育种的顶层设计、经营管理和一线生产技术人才。

3. 水产种业原良种培育体系建设

我国从1998年开始启动了水产原良种生产体系建设。到2022年已有遗传育种中心31个、国家级水产原良种场87家、省级水产原良种场900多家及2万余家苗种繁育场,基本形成了以水产原良种场为核心、以遗传育种中心为支撑、直达养殖端的水产种苗生产供应体系。总体上看,发展态势良好;但从长远发展角度考虑,现有保种供种能力还不能满足种业振兴发展的需要。

（1）水产种业企业育种创新能力不强。观察国内外作物、畜禽、水产种业领域,做大做强者均为企业,企业的天然逐利性给予了其强大生命力,商业化育种是做强种业的必由之路,但我国商业化育种还处于起步阶段。水产苗种企业中年均销售收入超过1 000万元的企业仅有67家,大部分企业没有育种研发投入,即使有研发投入的企业,其投入占销售额之比也很低。普遍存在企业创新能力不足、投入能力有限、抗风险能力弱等问题。

（2）种业生产体系技术力量不足。伴随产业的不断发展,水产种业对技术支撑水平的要求也越来越高,特别是在种业技术方面的资金政策投入与发展需求不相适应的问题愈发凸显,主要表现在"三个"不平衡:一是软、硬实力投入不平衡,政策、资金投入均集中在"看得见"的基础设备等硬件方面,对种业人才培养、技术水平提升等方面投入较少,"看不见"的软实力提升速度有限;二是种业全产业链投入不平衡,投入过于侧重生产环节,对种质资源保护、育种创新、品种测试和良种推广等种业生产上下游技术提升投入较少;三是种业投入资金不平衡,投入比较分散,资金分配比例与产业发展规模不相适应,重要养殖品种支持不足。

4. 水产苗种监督管理

我国实行水产苗种生产许可制度,在流通过程中对苗种药残及疫病情况进行检验检疫,一定程度上保障了苗种质量安全,但与产业发展需求相比,仍有许多不足之处。

（1）水产苗种质量监管缺失。我国缺少对亲本质量及苗种生产过程的有效监管,苗种市场上流通大量符合药残及疫病检验检疫要求、但质量参差不齐的产品。同时,劣币驱逐良币的现象时有发生,劣质苗种凭借低价挤占市场,影响了优质苗种的生产经营,优苗优价的市场机制还没有完全实现。

(2)知识产权保护机制尚未建立。我国缺少水产新品种知识产权保护政策,申报相关专利也只能从技术路线方面着手,自我保护能力有限,品种培育单位面对套牌、剽窃等侵权行为维权困难,相关机制建设不能满足产业发展需要。若没有保护自主培育的种质资源不外流的控种策略,辛苦多年培育的品种仅需自繁一代就易主他人,严重打击了品种创新主体的积极性。

(五)水产种业发展对策

随着我国经济发展进入新常态,水产养殖产业效益、渔业生态资源环境状况、种业科技革命和产业变革都发生了重大而深刻的变化,机遇与挑战并存。新形势下,水产品作为"蓝色食品"可提升国民营养及其低碳排放的环境友好性能,已成国际共识,中国水产养殖业的成功经验塑造了全球渔业蓝色转型的动能。水产种业已经进入新时代,必须引领水产养殖业绿色革命,助力渔业转型升级和乡村振兴战略实施。根据种业近期和长期发展目标,从加强顶层设计、完善种质资源保护、强化企业创新主体地位等方面探寻我国水产育种技术创新攻关及种业绿色发展的实现路径。

1. 加强现代化种业制度顶层设计

立足种业发展与市场开拓需求,加强种业制度顶层设计,科学规划种业中长期建设目标,尽快制定配套的相关规章和管理办法,优化资源配置,加强现代水产种业重大问题研究,促进政府与种业企业、科研单位等单位(部门)之间的沟通协调。修改完善种业标准和新品种审批制度,提高种业市场监管力度,由单一监管模式向多元合作监管方向转变,增强执法力度,规范市场交易行为,逐步建立适应国际化现代种业发展的制度体系,为种业提供良好政策环境。

2. 完善水产种质资源保护制度

开展全国水产种质资源调查,建立完善水产种质资源研究工作的团队运行机制和绩效考核制度,加大对种质资源保护和利用工作的经费支持,形成中央、地方和社会协同参与的多元投入机制。大规模开展水产种质资源鉴定评价和新种质创制,加快制定和完善水产新品种审定、种质资源保护、品种权保护及转让、生产审批以及市场准入等方面的法规体系。坚持原种场和良种场建设并重,增加地区性特色原良种场建设数量,合理规划布局,强化管理举措。加快建设省级水产种质资源数据库和信息共享服务平台,为种业创新提供物质基础。

3. 建立以企业为主体联合育种平台

以企业为主体,联合高校、科研院所、水产推广部门等优秀研究团队建立高效的联合育种平台,结合产业发展趋势,针对不同养殖区域和养殖模式,创新管理机制,完善育种平台的科技支撑和服务保障体系建设,加大种业资金投入力度,扩大资金来源渠道,建立多元化水产种业投入保障体系。育种平台可与育苗、养殖、渔用投入品研发、饲料加工等产业链上下游企业开展深入合作,并根据市场反馈及时调整育种方向,进一步提高新品种的综合性能,实现联合育种平台与产业链的深度融合。

4. 强化企业创新主体地位

(1)加大国家级和省市级的项目资金扶持力度,加快推进水产原种场、良种场、良种繁育基地生产设施和配套设施建设,支持鼓励育种人才、技术、资源向企业流动,重点培育壮大一批综合竞争力强、核心优势明显的产业化龙头种业企业。

(2)支持鼓励种业企业强强联合、专业化重构和产业链整合等市场化兼并重组,完善水产种业企业产业链和价值链,通过产品差异提高种业企业核心竞争力。深化科技与产业融合,加强各类科研机构与种业企业之间科研成果、技术和人才等方面的全方位合作,加快突破关键核心技术,增强企业与跨国种业公司竞争的能力。

5. 推进种业品牌建设

加快对优质品种的品牌培育,建立一系列育种质量监控体系,完善规模化苗种生产标准体系,确保进入市场的优质品种各项指标均能达到较高水准,增强消费者对品种的购买认知和忠诚度。同时,加强售后服务,为客户提供优良的育种技术服务,提升售后环节的竞争能力。此外,企业可充分利用各种网络新媒体以及政府协助搭建的各类宣传平台、品牌建设项目等宣传自己的产品,提高产品的知名度和竞争力,推动企业在国际市场上的认知度。

6. 提升种业企业知识产权保护能力

为应对日益激烈的水产种业国际市场竞争,应尽快加强国内水产种业知识产权保护与国际接轨,提高种业企业知识产权保护意识,建立和完善新品种保护技术支撑体系,保护我国鱼类独有的基因资源和新品种。简化知识产权从申报到审批授权年限的流程,提升新品种审批授权能力。强化政府推动力,修改和完善相关知识产权法律法规,提高知识产权法律的执行和司法保护力度,加强新品种知识产权保护和信息服务,营造良好的市场竞争环境。

二、增殖渔业

(一)增殖渔业概念

增殖渔业是指通过人工放流苗种、设置人工鱼礁和其他改善生态环境的办法,使渔业资源恢复和增加。增殖渔业重视资源再生产,根据渔业资源可再生的特点,在人类有意识的活动和自然力作用下,使资源得到再生、更新、增殖和积累,缩短更新周期,再生产获得加速,为产业开发提供源源不断的资源产品。增殖渔业目前还处于萌芽状态,是新兴的海洋产业。

从狭义上来说,增殖渔业是指苗种放流和放流鱼贝类的渔获回收;从广义上来说,增殖渔业是指朝着包括渔获规则和渔场形成等可持续发展的综合性渔业体系。通常所指的资源增殖更多的是特指资源的增殖放流,是将人工孵化到一定尺寸或生活阶段的目标种类个体放流到特定海域,以达到未来某个时间在某一方面改善或增加渔业质量(如总产量、渔获率、资源量等),增殖放流是目前普遍被接受的可以最终或者最直接地解决资源质量衰退的方法。

从各国渔业资源恢复、增加和保护所采取的措施来看，主要有以下4种途径：一是增加渔业资源的再生产量或者补充数量；二是保护和培育渔业资源幼仔期成长；三是扩大和补充渔业资源生息渔场和附着物的栖身场所；四是保护和改善渔业资源的生存环境。

（二）增殖渔业发展历程

我国尽管早在10世纪末就有从长江捕捞青、鲢、草、鳙四大家鱼的野生种苗放流到湖泊生长的文字记载，但真正的渔业资源增殖放流始于20世纪50年代，即四大家鱼的人工繁殖取得成功，从而为人工放流增殖的苗种来源保障提供可能后才发展起来。20世纪50年代末开始进行的湖泊鱼类种苗生产性放流，以恢复某些物种的自然种群数量和增加渔获产量，放流群体逐渐成为各大河流、湖泊和水库渔业产量的主体。我国近海渔业增殖和移植起步较晚，据传最先进行移植的品种是海带（*Thallus Laminariae*），20世纪20年代末，通过航船从日本传入辽东半岛大连附近水域形成野生种群，50年代向南移植到山东半岛，并进一步移植到我国东南沿海。为发展海洋资源增殖渔业，"八五"期间农业部开展"渔业资源增殖研究"攻关项目，由中国水产科学研究院黄海水产研究所、东海水产研究所，福建省、浙江省、山东省、河北省和辽宁省等水产研究机构协作实施，试验放流增殖种类有中国明对虾、真鲷、黄盖鲽、三疣梭子蟹等，并逐渐形成具有一定规模的中国明对虾和海蜇增殖放流渔业。2006年国务院颁发《中国水生生物资源养护行动纲要》，把水生生物增殖放流和海洋牧场建设作为养护水生生物资源的重要措施。此后，各级政府加大了对增殖放流的支持力度，全国无论是沿海省份还是内陆地区，都积极开展增殖放流活动。据不完全统计，我国增殖放流物种百余个，年累计投放资金10亿多元，放流苗种数量超过300亿尾，涉及种类有中国明对虾、海蜇、三疣梭子蟹、虾夷扇贝、"四大家鱼"、日本对虾、长毛对虾、罗氏沼虾、银鱼、许氏平鲉、牙鲆、曼氏无针乌贼、大鲵等，其中较具有生产规模并且经济效益显著的海洋渔业种类有中国明对虾的放流增殖、海蜇的放流增殖和虾夷扇贝的底播增殖。

（三）增殖渔业发展存在主要问题

1. 保护区建设规模小，布局不够合理

我国水域辽阔，生态环境复杂多样，生物资源量和种类繁多，生物资源保护各有侧重。全国共建立各级各类海洋自然保护地271处，总面积达12.4万 km²，涉及辽宁、河北、天津、山东、江苏、上海、浙江、福建、广东、广西和海南11个沿海省（自治区、直辖市），保护对象涵盖了珊瑚礁、红树林、滨海湿地、海湾、海岛等典型海洋生态系统以及中华白海豚、斑海豹、海龟等珍稀濒危海洋生物物种，其中国家级海洋特别保护区21个、面积约27.5万 hm²。

与其他主要渔业国家特别是日本、美国和挪威相比，我国保护区建设存在起步晚、规模小、布局不合理等问题。与美国相比，虽然我国保护区数量是其2.5倍，但保护区面积仅为其70.5%。在研究管理上，美国有商务部的国家海洋与大气局和内务部的鱼类与野生动物局两家机构从事基础研究和保护管理，并且制订了《海洋保护、研究与自然保护区法》，从制度上给予保障。从产业布局看，日本从20世纪50年代开始在全国和都道府县布局建设增殖渔业中心,经调整完善,现有 47 个中心(站、场、所)仍发挥着其应有的功能。而我国目前仅有中国水产科学研究院下属的 4 个增殖实验站,并且全部集中在黄渤海区、东海区、南海区,沿海各省市均未设立增殖渔业的相应机构,与增殖渔业作为第五大产业急需加速培育的地位极不相符。

2. 放流技术不规范,增殖效果不够明显

增殖渔业发展过程中,对水域生物多样性和生态系统缺乏全面、深入的基础研究,导致区域渔业资源量底数不清,发展存在一定的盲目性,缺乏对区域生态系统功能影响的有效评价。

在人工鱼礁建设方面,缺乏对海域的生物种群结构和生态容量、现有资源储量、投放鱼礁数量、海域生态系统等基础性研究,海域第一手资料不充分,实情把握不全面;在渔业资源放流方面,缺乏对放流种类的生态适应、放流水域的环境条件、放流苗种时间等必要的论证和科学指导;在规范化建设方面,存在增殖放流种类繁杂、种质不纯、重点不突出等现象,规范化技术建设进展缓慢,在放流苗种规格和标记技术目前仅有中国明对虾、大黄鱼、三疣梭子蟹等几个品种建立起相应的技术规范,另外,苗种质量检验检疫工作开展较缓,检验、检疫涉及品种范畴较窄。

在增殖区保护管理方面,仅仅依靠渔政部门实施相关管理。由于国内捕捞强度过大,违规、非法作业时有发生,苗种未长到成体就被捕获,影响了增殖放流效果。社会宣传增殖渔业的力度不大,全民参与的意识不强,尤其是广大渔民及渔业经济合作组织参与管理的积极性和主动性难以发挥,导致行政管理成本过高,增殖渔业产生的实际效果不明显。在制度建设方面,与发达国家相比,在立法上进展缓慢。国家尚未出台相关水域范围内放流鱼虾贝类等捕捞规格的规定,相关评估机制尚未建立和健全。另外,增殖渔业的事业经费未能全部纳入年度财政预算,导致人员不稳、经费不足、只放不管,影响了增殖渔业的整体效果。

3. 发展定位不明确,执行标准难操作

国家和省级增殖机构与市县水产技术部门在鱼虾贝类的苗种生产和分配、合理设置苗种暂养设施,以及苗种中间培育与放流等方面,功能雷同、内容重复、分工不明、发展定位不明确。在种苗培育方面,实施主体不明,国家和省市县级都承担和生产种苗,不仅浪费了大量的科研资源,而且浪费了有限的资金。在增殖放流的苗种招标、放流苗种的跟踪调查等方面缺乏执行标准,可操作性不强。受机构人员、相关政策以及地区渔业资源自然条件和历史原因等因素限制,渔业科研基础条件比较落后,针对增殖放流相关的科研工作开展不足,致使增殖放流活动缺乏科学指导。突出表现为:增殖放流种类确定、放流数量缺乏科学指导,存在很大的盲目性;增殖放流生态风险缺乏评估,如病害风险、遗传风险、环境风险等;增殖放流效果缺乏系统科学评价,如鱼类资源变化、遗传多样性变化等。

上述问题严重影响了我国增殖渔业的健康发展,制约了增殖渔业的可持续发展,必须切实加以解决,使我国的增殖渔业快速、健康和协调发展,并使得其能够成为名副其实的渔业产业,成为我国渔业经济新的增长点。

（四）增殖渔业发展对策

增殖渔业是一个具有多元性结构的产业集群，涉及面广，产业效应大，特别是与渔业相关产业存在着不可分割的依存关系，其依存关系在产业互动中，转化为彼此关联的、有益的关系，并且成为发展低碳渔业的重要推动力量。加快培育战略性新兴产业对我国渔业未来发展来说，不仅有利于为新渔业科技革命到来做好充分准备，而且有利于增强渔业经济的可持续发展能力，对促进渔业生物资源再生，调整渔业产业结构，解决渔区劳动力出路，保障渔民持续增收，拉动渔业经济增长具有较大的促进作用。对更好地发展增殖渔业提出以下6方面建议和对策。

1. 加强规划引领发展

增殖渔业规划既是产业发展、产业布局和资源管理的基础，也是政府制定产业发展政策、促进生产力发展的依据，同时又是改变渔业资源利用模式、加强渔业资源管理的当务之急。因此，增殖渔业发展要根据海洋生物资源活动规律、生长习性、分布范围以及各区域经济鱼贝类资源状况，做出正确的发展定位和战略选择，制订切实可行的中长期发展规划。明确推进增殖渔业发展的任务和措施，抓紧研究提出加快增殖渔业的发展路径，分区域、分品种、分阶段提出发展目标、方向和重点，突出渔业资源再生保护和满足市民传统消费需求的导向，按照规划实施项目建设，增强规划的刚性约束，避免产生增殖资源品种结构重复和研究资源浪费问题，努力促使增殖渔业成为渔业经济新的增长点和优质蛋白质供给的主要渠道之一。

2. 完善法律保障体系

增殖渔业其收益不太可能在当年明显见效，而在于其后期产生的效应。如果增殖渔业保护措施不得力、不连续，从增殖放流这一措施中得到的收益必然会出现波动，保护效率必然会因社会和渔民对保护政策产生信任危机。增殖渔业发展的稳定性和连续性，必须要有法律制度予以保证。因此要尽快建立和完善符合中国国情的增殖渔业发展的法律保障体系，真正做到有章可循、有法可依，确保增殖渔业发展达到预期目标和效果。

3. 加大投入扶持力度

增殖渔业是一项公益性事业，需要长期、持续投入，中央和各级财政预算要建立增殖渔业专项资金制度，作为该事业的主要资金来源，并适当加大对基础研究和应用研究的扶持力度。中央和地方政府要在加大投入力度的同时，积极引入有助于社会力量发挥作用的体制机制，鼓励多渠道、多途径增加增殖渔业研发经费。要综合运用财政和税收政策，在税收、信贷方面给予优惠支持，在人才培养、引进和使用方面给予灵活机制，形成目标清晰、受益直接、类型多样、操作简便的奖励和补贴等制度，吸引社会资本和广大渔民参与发展增殖渔业。

4. 强化科研机构建设

增殖渔业要以资源、环境、循环、生态为着力点，重点深化科技和推广体制改革，加大科技创新和成果转化力度，积极鼓励和带动企业和渔民参与，促进增殖渔业快速协调发展。建议整合渔业科研、技术推广力量协助组建国家增殖渔业研究中心，明确增殖渔业中心职能，加强应用开发和基础研究,负责增殖渔业的事业运营;沿海各省(自治区、直辖市)、有条件的重点渔业市(地级市)应整合资源,尽快成立相应独立机构,负责和协调区域增殖渔业。同时,加强增殖渔业科研队伍建设,增强对高层次人才的吸引力和集聚力,加快增殖渔业的全面可持续发展。

5. 加强监督管理

增殖渔业涉及面广、管理难度大,要强化政府在发展过程中的引导、监督和管理,积极探索有效管理模式,建立和完善包括生态补偿机制在内的政策和制度,逐步完善增殖渔业发展的管理协调机制。发展初期由政府进行引导和示范,以科学研究为起点,建立全新的、独立的苗种培育和中间暂养体系,明确投入与产出的对比效益,提高种苗成活率和增殖放流效果。积极保护渔业资源及渔场生态环境,继续推行伏季休渔制度,适当延长禁渔期,规范渔具渔法,制定切实可行的增殖渔业监督管理办法,充分利用渔业补偿资金开展资源增殖放流,大力发展海钓、旅游等休闲观赏渔业,实现渔业资源的合理利用和有效管理。同时,建立增殖渔业项目咨询论证、社会听证和公示制度,广泛听取各方意见,自觉接受社会监督,提高可行性、科学性和透明度。加强增殖渔业项目稽查工作,及时了解产业进展、资金使用和成效评估。

6. 建立科学评估体系

在增殖放流管理方面,运用经济手段比其他政策手段能够起到更好地作用。增殖渔业事业的公益性决定其必须建立科学的、理性的、有效的投入产出评价体系,进一步明确和把握增殖渔业实现的经济、社会和生态效益。在建立科学评价体系时,需要考虑针对不同效益,分别实施定量和定性分析,坚持科学定量的取向。强调定量分析是政策科学决策的标志,无论是政策决策,还是政策选择,都需要进行定量分析,使政策决策更加科学。同时,重视经济、社会和生态效益三个方面的评价,尤其是后两者的评价,从方法上和制度上都需要给予足够的重视。增殖渔业通过独立的、区别于养殖业的运营和评价体系,对区域种群保护、良种选择培育、苗种质量提高、投入产出效益进行科学系统分析,有助于增殖渔业事业更好地健康蓬勃发展。

三、水产养殖

(一)水产养殖概念

水产养殖是指通过自然水域或人工水体,以人为控制方式进行水生经济动植物养殖和种植的活动总称。水产养殖利用范围广泛,包括海洋、滩涂、池塘、湖泊、水库、江河等不同水域空间。作为渔业的核心组成部分,水产养殖在保障优质蛋白供给、建设水域生态文明、加快渔业转型升级和乡村振兴等产业经济发展方面的作用愈发凸显。

(二)水产养殖发展现状

1. 养殖模式构建多种并存

多元化水产养殖模式创新与实用技术进步成效显著,建立了多营养层级综合养殖、池塘生态工程化养殖、工厂化循环水养殖、渔农综合种养、盐碱水域养殖等一批生态、高效的养殖生产模式。近海养殖生态系统食物产出的关键过程及其可持续机理研究取得长足进步,以桑沟湾为代表的多营养层次综合养殖模式获得国际广泛认可。标准化、工程化池塘养殖基础设施升级改造加快,一批新型池塘养殖系统不断涌现,如"三池两坝"型、"集装箱 + 生态池塘"型、池塘圈养型、流水槽 - 池塘内循环型等,在确保养殖尾水达标排放或循环利用的基础上,成为保障水产养殖总产量的主推生产方式。全循环水工厂化养殖鱼类行为、生理生态等研究逐步深入,建立了水体调控模型,降低了系统运行成本,提高了系统稳定性,大口黑鲈(*Micropterus salmoides*)、大菱鲆(*Scophthalmus maximus*)、石斑鱼(*Epinephelus*)、南美洲鳗鲡(*Anguilla rostrata*)、凡纳滨对虾等重要水产养殖经济物种开展了工厂化循环化养殖试验,推广效果良好。探索创建了稻 - 鱼、稻 - 虾、稻 - 蟹等渔农综合种养、"以渔改碱"立体养殖等新模式,推动了宜渔水域的有效开发与合理利用,涌现出云南红河哈尼梯田稻渔综合种养、湖北潜江龙湾稻 - 虾综合种养、甘肃景泰盐碱地渔农综合利用等典型应用范式,每亩纯收入一般为水稻单作模式的 2.5~5 倍。

2. 设施装备研发稳步深入

池塘养殖生产初步实现机械化,研发了池塘养殖太阳能底质改良机、池塘拉网机械、饲料集中投饲装置、多向流沉淀装置,融合斜管填料、多层式臭氧混合、新型生物滤器等多种功能的水产养殖设备,构建了水质预判模型、溶氧和饲喂精准调控模式等系统智能化控制系统,实现了池塘养殖水质调控、尾水生态治理和养殖生产全过程智能管控,在提高产量和经济效益的同时,降低了氮磷排放量。深远海养殖设施构建取得了良好进展。创制"万吨级"半潜桁架结构德海智能养殖渔场,实现了渔场适应最大台风级别 17 级,20~100 m 水深海域区间养殖。浙江大陈岛海域围栏养殖设施投入生产应用,采用铜合金编织网结合超高强聚乙烯网衣,整体设施强度高、抗风浪性能好、养殖水体宽广,近几年大陈岛围栏养殖大黄鱼市场价格一般为 120~150 元 / 千克,因高品质而获得了市场广泛认可。在山东莱州湾远海开放海域,建成深远海大型管桩围栏养殖设施与装备,突破了大型养殖围栏钢桩防腐处理、海上打桩精准定位等关键技术,养殖水体达到 16 万 m^3 以上,年可养殖优质海水鱼 1 600~2 000 t。全球首艘 10 万 t 级大型养殖工船开展了总体方案设计和经济技术评价,现已建造完成出坞下水,进行了 3 000 吨级"国信 101 号"中试船养殖大黄鱼船载舱养试验,可有效规避近海养殖污染与远海养殖风险。研发改进了扇贝苗分级计数装置、连续海带夹苗机、牡蛎采苗串自动化生产装置和起捕设备,提升了近海养殖机械化、轻简化和工程化水平,大幅降低人工作业强度。

3. 饲料、疫苗开发生产取得突破

水产饲料精准营养与综合利用的研发水平逐步提高,推动饲料产业迅速发展。构建了草鱼、银鲫(*Carassius auratus gibelio*)、花鲈(*Lateolabrax japonicus*)、军曹鱼(*Rachycentron canadum*)、中华绒螯蟹(*Eriocheir sinensis*)等 10 余个物种,3 个生长阶段对应于 38 种营养成分的生物利用率数据库。在原料预处理(如发酵菌种筛选、植物蛋白源复合发酵、酶处理等)、饲料配方营养平衡(如氨基酸平衡、能量平衡等)、添加剂(营养添加剂、诱食剂、外源酶添加剂等)等方面进展良好,提高了廉价饲料原料的生物利用率。水产品品质营养调控研究展开,集中在饲料营养(蛋白、脂肪、能量等)与养殖产品的体色、营养成分、质地特性、口感风味、有毒有害物质积累等方面之间的关系,初步建立了主要鱼类产品的品质评价规范,提出了主要品质指标的营养学调控技术。水产病害防控和健康管理理念逐步形成,研发了一系列有效防控疾病的生物制品,如草鱼出血病灭活疫苗及减毒活疫苗、淡水鱼类嗜水气单胞菌灭活疫苗、海水鱼类迟钝爱德华氏菌减毒活疫苗已经获得新兽药证书;若干有重大影响的病原如鱼类虹彩病毒、罗非鱼链球菌及海水鱼类弧菌病的保护性抗原发掘及疫苗研制取得阶段性进展,草鱼嗜水气单胞菌败血症、铜绿假单胞菌赤皮病二联蜂胶灭活疫苗,大菱鲆鳗弧菌灭活疫苗和虹鳟传染性造血器官坏死病核酸疫苗获得了农业农村部相关批件,向产业应用又迈进一步。

(三)水产养殖存在问题

1. 水产育种效能需要提升

水产种质资源的收集、保护和研发目前还处于起步阶段,已有的种质保存工作较为零散、缺乏系统性;种质资源收集保存种类和数量不多,种质资源精准鉴定与系统评价范围和规模还不广,表型和基因型联合数据库尚未建立。育种技术原始创新能力还需加强,重要经济性状的遗传基础解析不够深入,有育种利用价值和自主知识产权的新基因不多,由中国自主研发的水产实用性育种技术较少,以鳗鲡为代表的高经济价值物种的人工繁育技术尚未突破。新品种"良种不良"的现象依然存在,已有新品种主要以生长性状为主,具有复合性状的新品种相对较少,良种覆盖率偏低,对产业的贡献率平均为25%左右,不能有效发挥新品种的"芯片"功能。专业化重大科学基础设施平台相对缺乏,与产业紧密结合的创新中心较少,推动种业创新成果直接应用于实际生产过程中的作用不显著。

2. 高效养殖模式需要转型升级

标志性的池塘养殖面临水环境保护、品质保障与生产方式转变等诸多压力,养殖的专业化、集约化、现代化程度普遍不够,养殖生产方式简单粗放,资源消耗大,生产效率低;种质种苗生产良种化、规模化程度不够,大规格优质苗种供给能力明显不足。海水养殖整体开发利用程度还较低,已有养殖高度集中于20m等深线以内近岸海域和滩涂,密度高、强度大,可供开发的海岸线后备资源不足。中国拥有丰富的深远海宜养海域,尤其是南海海域,海况条件、可养空间和生物资源丰富,适宜大型养殖平台和抗风浪网箱养殖模式发展,虽然已有部分智能养殖设施与装备在产业中进行示范应用,但利用的空间范围占整个海域比例还很低。盐碱和稻田水域面积广阔,但宜渔空间开发不足,需要强化适养宜养种类的筛选,攻克养殖技术瓶颈,建立支撑乡村振兴的典型模式,扩展宜渔水域利用途径和空间。

3. 营养病防研究需要强化

大宗养殖品种由于产品市场价格低,饲料原料价格高,且主要蛋白源如豆粕依赖进口,因此,在饲料配方中使用了大量的廉价原料,导致国内的水产配合饲料存在饲料系数高、饲料转化效率低、营养元素得不到充分利用的现象。名特优水产养殖种类营养标准缺乏，养殖过程仍然依靠大量鱼粉甚至鲜杂鱼，饲料适口性差、配方设计不精准、饲料效率不高、高比例替代鱼粉鱼油等关键技术问题还未解决。水产疫病发生普遍，对虾白斑病、海水鱼弧菌病、淡水鱼类细菌性败血症等危害严重。在水产养殖种类的流行病学、病理学、药理学、免疫学等基础理论研究领域较为薄弱，高新技术和研究方法的应用较晚，研究内容缺乏系统性和延伸性。水产疫苗研究起步晚，水产疫苗和生物制剂申报手续烦琐、审批周期长，水产疫苗的商品化进程缓慢、疫苗制剂的技术含量有待提高、推广应用力度需要提升。

4. 养殖产品质量安全需要关注

水产品养殖生产时常出现增产不增收的现象，这是由于市场越来越重视养殖产品的品质。片面追求产量，容易导致养殖产品出现口感差，有土腥味、藻腥味等。此外，养殖产品色泽、肌肉品质、营养价值、风味等也成为消费者关注的焦点。如何让养殖产品的品质与人们所谓的"野生"味道相接近，是水产科研工作者迫切需要解决的首要问题。除了品质以外，水产品质量安全也备受关注，"多宝鱼药残事件"对于大菱鲆养殖产业产生了毁灭性的影响，需要耗费大量时间和精力来扭转消费者对于类似事情的认识。伴随城市化进程加快，来源于点源或者面源的工业、生活、农业等污染严重影响环境，这些有毒有害物质可通过食物链在水产养殖产品中积累。此外，水产饲料原料中的汞、镉、铅等重金属，棉酚，霉菌毒素，农药等有毒物质也会通过饲料蓄积水产动物体内，造成食品安全存在隐患。

（四）水产养殖发展对策

1. 种质资源保藏与育种技术研发

完善水产种质资源保藏体系，建设好国家海洋渔业生物种质资源库，谋划好国家淡水渔业生物种质资源库，推进各海区流域种质资源布局，做好黄渤海、东海和南海等海区分库，黑龙江、黄河、长江、珠江等流域分库建设，强化水产种质资源收集保藏、鉴定评价和共享利用。夯实品种培育理论基础研究，发掘主要水产养殖生物基因资源，解析品质、抗逆、抗病、生长和繁殖等重要经济性状形成的遗传基础与调控机制，筛选能够真正应用于育种过程中的关键基因和相关标记。推动水产生物表型组等重大科学基础设施建设，实现典型水产生物表型的高通量、高分辨、多尺度实时动态精准分析。优化选择育种、杂交育种、性控育种等常规育种技术，开展以基因编辑、全基因组选择、分子设计、合成生物等为着力点的前沿育种技术创新，建立现代高效水产育种技术体系，提升育种效率和精度。

2. 目标性状改良与重大品种培育

水产重要经济性状的遗传改良研究，除了关注生长、抗病、抗逆等保障水产品稳定产出的性状外，还要更多关注符合消费者需求、市场需求和环境需求的性状。如改变传统饮食方式的性状，像肌间刺数目少、可食用面积大、易于进行加工等品质性状；能够引导消费习惯的性状，像鲢（*Hypophthalmichthys molitrix*）、鳙（*Hypophthalmichthys nobilis*）的鱼头占体长比例高，克氏原螯虾（*Procambarus clarkii*）的软壳和方便剥离；提升产品终端价值的性状，如中华绒螯蟹（*Eriocheir sinensis*）的大规格和整齐度，红鳍东方鲀（*Takifugu rubripes*）的全雄性。重点培育优质、抗病、抗逆、速生、高饲料转化率等具有广适性的突破性新品种，提高良种的覆盖率、增产贡献率和市场占有率；培育专用型的特色养殖品种，适合于深远海养殖工船、离岸深水抗风浪网箱、渔农综合种养等特定模式，发挥专用型品种的经济性状优势。

3. 生产方式优化与传统模式升级

突破池塘养殖系统构建、养殖容量、投喂策略、水质调控、污染物资源化利用、精准化管理等关键技术，构建主要养殖品种池塘高效智慧养殖升级模式；开展渔农系统资源配置、物质能量循环、环境修复工程化技术、污染物排放与资源化利用等，盐碱水环境改良、耐盐碱品种筛选、排碱与土壤修复等相关研究，建立渔农生态种养与以渔治碱养殖等绿色生产模式。研究全封闭循环水养殖鱼类行为、生理生态与物质能量转换利用模式，研发养殖环境工程化构建、自动化控制、生产标准化等技术，打造订单化生产的水产苗种繁育和名优品种养殖工厂，建立拥有高集约化和排放可控等特点的陆基工厂化智能养殖方式。研究滩涂生态农牧化空间功能优化，耐盐植物规模化种植和动物养殖，生境改良和贝-藻综合增殖等相关技术，开发标准化的浅海筏式和底播增养殖实用技术，形成浅海滩涂清洁高效生产模式。

4. 养殖设施研制与大型装备创建

研制池塘高效节能水质调控、集中投饲、鱼类起捕、分级及疫苗注射等新型养殖生产和作业设备，筏式养殖贝藻类生态工程化养殖与采收装备，浅海底播增养殖动物机械播苗和智能采捕等设施，提高主养品种的全程机械化作业水平，显著降低劳动力强度。突破水动力分析、结构安全、模块化设计、升降控制、海上固泊等关键技术，研发具备台风主动性避险和运行姿态自动调整的智能养殖渔场，研发信息感知与传输设备、自动投喂决策系统、水下清洗机器人、高效清洁能源系统，构建智能化养殖过程管理系统控制中心，增强智能化养殖操控能力和管控水平。开展大型养殖工船功能、结构、水动力学分析研究，建立深远海适渔性舱养系统，研制鱼类行为监测与生物量智能识别、灯诱聚鱼与真空泵吸起捕、养殖全过程自动化管控等核心配套装备，实现深远海集约化、工业化养殖。

5. 高效饲料开发与病害精准防控

升级以生长指标为主体构建的水产动物营养需求数据库，纳入品质和安全等相关需求的数据；筛选养殖动物新型高效非粮营养源，研发新型营养源的有毒有害物质消减技术；开发促进营养物质高效利用和养殖动物健康的功能性添加剂；研究养殖动物营养需求和投喂策略精准调控技术，养殖动物品质和质量安全的饲料营养调控技术；开发新型营养源在高效配合饲料中的替代利用技术，研制水产养殖动物全价高效配合饲料。建立水产动物疾病的精准即时智能化诊断技术和监测预警网络，构建防病性能监测系统；针对主养品种病原性细菌、真菌、病毒和寄生虫等水产动物主要疾病，研制新型安全高效的疫苗、佐剂、免疫增强剂及中草药等抗病生物制剂，提高免疫效率和保护周期；研发水产养殖环境生物调控等生态防控技术与安全评价技术体系，降低重大疫病发生范围和频率。

6. 质量安全分析与追溯体系构建

开发水产品中主要污染物高灵敏新型分离材料构建、高通量精准定量未知危害物筛查及快速检测、典型污染物自动化前处理等技术;开展重点品种关键安全风险因子基础及指纹图谱库开发、水产品中危害因子形成规律及调控机制,重点水产品中关键危害物毒理学评价及复合污染评估等研究,摸清中国不同水产品特征风险因子的潜在来源途径,针对性提出不同区域、产品的优控危害因子名单,建立中国水产品安全风险区域性管控技术。研究水产品质量安全可追溯的关键环节和核心要素,构建覆盖全过程的水产品质量安全可追溯技术体系;围绕水产品全产业链,进行重点水产品产地环境、企业管理、质量安全等重要信息采集,研究基于区块链的编码、标识以及信息的获取、传输和管理技术,建立水产品标志识别和信息查询的溯源系统,形成准确可靠、运行高效的我国水产品质量安全可追溯体系。

四、水产捕捞业

(一)捕捞业发展现状

1.海洋捕捞业

中国的海洋捕捞生产,由群众渔业和国有渔业两个部分组成,就生产规模和产量比重而言,群众渔业居主体地位,国有捕捞企业是生产开拓的骨干力量。新中国成立以后,国家投入大量的财力、物力,进行渔业技术改造,基本实现了渔船动力化、网具化纤化,还有相当数量的渔轮配备了无线电通信、雷达、定位仪和探鱼仪等助渔导航仪器。捕捞生产从沿岸、近海发展到外海、远洋,从单纯利用天然资源,扩展为治理、增殖、开发并重,生产力明显提高。1992年全国海洋捕捞产量691万 t,次于日本、俄罗斯,位于世界第三位,比1949年的34.3万吨增加19.1倍,平均年递增率为7.3%。1998年,全国海洋捕捞产量已达1 201.25万 t。这种高强度的海洋捕捞使得中国近海常见经济鱼类的产量急剧下降,部分资源濒临灭绝。为保护近海渔业资源,1999年全国开始实行海洋捕捞产量"零增长"的指导性目标,2000年将"零增长"目标扩展到内陆捕捞业,在《全国渔业发展第十三个五年规划》中进一步提出"负增长"的目标。2021年全国海洋捕捞产量控制在951.46万 t。

2.内陆捕捞业

1963年以前,中国的内陆渔业一直是以天然捕捞为主体。1949年的捕养比例为85:15,1959年为52:48。捕捞产量增加但比重下降的原因有2个方面:一是20世纪50年代中期以后捕捞船只逐年增加,1959年有非机动渔船31万艘,较1950年的15.2万艘增加1倍多,另外还开始发展机动渔船,大大增加了对天然鱼类资源的捕捞强度;二是养殖生产发展较快,不仅养鱼老区养殖水面迅猛增加,产量提高,而且各地先后建立国营养殖场、鱼种场,提供养殖苗种和技术指导,开发了许多养鱼新区,并开拓了湖泊和水库养鱼。1959年全国内陆养殖面积发展到1 850万 hm²,产量59.6万 t。但是,由于捕捞强度的过度增长,加上江河湖泊普遍兴筑闸坝、盲目围湖垦殖,以及工业废水污染水域,导致天然鱼类资源严重衰退,使捕捞产量增至1960年66.8万 t的最顶峰后,以后逐年下降在30万 t上下徘徊,到1978年仅29.6万 t,长期一蹶不振。

淡水捕捞产量,20世纪50年代年均捕捞量为52.4万 t,60年代为45.1万 t,70年代为

31.6万t,1978年以后,国家相继采取了建立健全渔区管理机构,加强综合治理,适当退田还湖、退耕还渔,注意设置鱼类洄游通道,人工放流增殖,革新渔船渔具,重视处理"三废"等措施,使内陆水域的天然资源逐步回升,产量稳步提高,80年代平均年产量为48.8万t。1992年,全国淡水捕捞产量达到90万t,大大超过历史最好水平。2002年,内陆捕捞产量224.8万t,相当于世界上渔业大国的年产量。2002年,实行"长江禁渔期制度";2010年,实行"珠江禁渔期制度";2016年,淮河干流被首次纳入禁渔范围;2018年4月,黄河禁渔期制度正式启动实施;2019年,农业农村部组织制定海河、辽河、松花江和钱塘江等四个流域禁渔期制度,从而实现中国内陆七大重点流域禁渔期制度全覆盖和中国主要江河湖海休禁渔制度全覆盖。捕捞产量自1999年以来出现不增乃至下降的趋势,2021年,内陆捕捞产量控制在119.78万t。

3.远洋渔业

远洋渔船专指在本国200海里专属经济区以外公海以及在他国200海里专属经济区内的海洋中从事渔业资源勘探、捕捞、运输、加工等活动所使用的远洋渔船。远洋渔业作为新兴的外向型开发产业,从1985年3月开始起步,目前生产经营活动已涉及世界三大洋的20多个国家和地区,已有13个省、自治区、直辖市及计划单列市的25个远洋(海洋)渔业公司在国外建立了数十个独资、合资企业(办事处)。2019年,我国在他国专属经济区及公海从事渔业生产的渔船共2701艘,总产量约231.66万t,分布在亚洲、非洲和南美洲等多个国家管辖海峡及太平洋、大西洋、印度洋公海及南极海域。

(二)捕捞业存在问题

1.捕捞强度过大,渔业资源严重衰退

在中国,捕捞强度大大超过了生物资源的良性再生能力,每马力渔获量大幅度下降。20世纪80年代以前,海洋捕捞以带鱼、大黄鱼、小黄鱼、乌贼等优质品种为主,目前除带鱼和小黄鱼仍维持一定的渔获量外,其他种类产量大幅下降,而低质品种则上升到总渔获量的60%～70%。主要经济物种资源的衰退,使生态系中物种间平衡被打破,种群交替现象明显,渔获物营养水平下降,低龄化、小型化和低值化现象日益加剧。历史上曾辉煌过的东海区带鱼冬汛、小黄鱼春汛、马面鲀冬汛与春汛现已不复存在,南海区著名的八大渔汛也已有十多年未见出现。

2.渔民转产转业难度大,相关政策和措施落实滞后

据初步统计,3个渔业协定(中日、中韩、中越北部湾)生效后,每年全国约有6000艘渔船要陆续从部分外海传统渔场撤出,有30多万海洋捕捞渔民和近百万渔业人口的生产、生活受到不同程度的影响。水产品流通、加工、冷藏、运输、渔船网具制造及港口服务等与海洋捕捞业直接相关的产业受到连带影响,渔区劳力就业难度增大。同时,由于大批渔船从外海传统渔场退出,对中国近海渔业资源的压力加大,对现有保护近海渔业资源的制度会带来一定的冲击。沿海许多地方的渔业生产、渔民增收受到了前所未有的冲击和挑战。

3. 休渔制度仍有问题,渔业资源修复缓慢

中国分别于 1995 年、1999 年和 2003 年开始在黄海、东海和南海、长江流域等相继实施全面伏季休渔制度。休渔范围涉及沿海 11 个省(自治区、直辖市)和香港、澳门特别行政区。2003 年,渔民上百万人,十几万艘渔船参加休渔。但休渔之后,一些问题暴露出来,而且越来越明显。一是有些地区由于海洋环境污染的加重,休渔后渔业资源并未得到提高,在休渔之后渔民的初航效益不如前几次休渔;二是开捕后万船竞发,捕捞强度未减,休渔成果很快趋于完结;三是一些违规渔具在休渔期出现。由于休渔期不能出海捕捞,一些地区的渔民使用传统的捕捞工具进行捕捞,打起了政策法规的"擦边球";四是在伏季休渔期间,常有外国渔船乘机进入中国海域偷捕。

4. 海洋渔业资源可持续开发管理滞后,增殖技术体系不够健全

尽管中国水产品总量在增加,但优质高附加值的产品所占比重相对较小,渔获个体越来越小,资源质量明显下降;开发技术落后,生产布局不合理,一些渔具严重破坏生物资源,缺乏选择性渔具;海洋生态系统及多种类生物资源基础研究较少,对生态系统认识不够;生物多样性、濒危海洋生物以及重要产卵场的保护研究很少,尚未建立起完善系统的海洋生物原良种基地;远洋渔业的发展具有很大的盲目性,对资源了解不足,捕捞效率低,经济效益差;近海生物资源增殖技术虽然进行了一些研究工作,并取得了一系列成果,但仍然难以在实际应用中大规模操作和推广;等等。

5. 远洋渔业开发装备落后,重大技术研究尚有空间

中国目前远洋渔业渔船船龄太长,有的已达 20 余年,设备陈旧。南太平洋和印度洋金枪鱼延绳钓船大部分为国内底拖网船改装和少量从日本购买的旧式钓船。由于远洋渔业渔船的助渔设备落后和重大渔业技术没有解决,产量、产值远远落后于同一渔场作业的日本、韩国以及中国台湾省渔船。

(三)水产捕捞业发展措施

1. 加强资源保护

(1)严格控制捕捞强度,科学确定适宜捕捞量,把捕捞量维持或恢复到不影响渔业资源再生产的水平。以适宜产量界限作为控制海区捕捞生产的客观标准,渔业行政管理部门根据从事海洋捕捞业单位的生产能力,分配捕捞限额指标,发放捕捞许可证与捕捞限量许可证,而后据此建立渔获物和渔获量申报制度,加强海上的渔政监督和检查,使海洋捕捞纳入秩序轨道之中。

(2)科学确定捕捞对象和捕捞海区范围,控制渔船渔具和作业方式,设置禁渔区、禁渔期、休渔期和实行轮捕制。

(3)强化污染防治工作,改善海域生态环境。

2. 提高管理水平

根据 1999 年农业部宣布中国海洋捕捞业实行"零增长"的目标,渔业发展要向"管理型"转变。

（1）控制捕捞能力，根据资源情况制订和稳步实施减船计划，对近海渔船数量、作业方式加以限制，控制小型船增加，扶持吨位大、性能好的渔船，到外海作业，扩大渔场范围。

（2）严查"三无"和"三证不齐"渔船以及其他非法作业。

（3）加速现代化渔港建设，以渔港为基础，鼓励发展水产品加工业、海水增养殖业和服务业，引导捕捞渔民转产转业。

（4）采取灵活多样的合作方式，推动国际渔业合作，改善装备，发展远洋渔业。

五、水产加工业

（一）水产品加工业概念

水产品加工是水产品行业的重要组成部分，是指以鱼、虾、蟹、贝、藻等的可食用部分制成冷冻品、腌制品、干制品、罐头制品和熟食品等的食品加工业和以食用价值较低或不能食用的水产动植物以及食品加工的废弃物等为原料，加工成鱼粉、鱼油、鱼肝油、水解蛋白、鱼胶、藻胶、碘、甲壳质等的非食品加工业。其主要包括水产品冷冻食品加工、水产品干制加工、水产品腌/熏制品加工、鱼糜制品加工、水产罐制品加工、水产调味品加工、海藻食品加工、水产品综合利用等。

（二）水产加工业发展历程

我国水产品利用，以鲜销为主，加工的品种数量较少，主要是腌制和干制。20世纪50年代前，我国水产加工业以手工作坊为主，"一把刀，一把盐，赶着太阳晒几天"，是当时水产品加工方式的真实写照。落后的生产条件，迫使渔民带盐出海，依靠盐腌来保持渔获的低水平质量。据粗略估计，每年至少有20万t水产品捕到手而吃不到口。60年代以后，逐渐增加了冰鲜和冷冻品数量，减少了腌干品加工。80年代中期随着罐头食品的发展，部分鱼、虾、贝类水产品被加工成罐头。加工品种除了冷冻制品、干制品、腌制品外，又增加了熏制品、鱼糜及鱼糜制品、鱼粉、水产调味品、水产医药品等。在20世纪90年代以后，以提高水产品附加值为主要目标的海洋水产加工业获得长足的发展，加工能力和加工产量快速成长。目前，海洋水产品加工已突破三大传统产品（腌熏制品、干制品和罐制品）的限制，形成包括水产制冷、腌制品、熏制品、干制品、罐制品、糜制品、调味品、水产医药、保健滋补、鱼粉与饲料加工、海藻化工与海藻食品、鱼皮制革、水产工艺品等十几个类型的行业。

（三）水产加工业发展现状

1. 水产加工品总量平稳增长

水产品加工的发展，可有效解决鲜活水产品集中上市与均衡消费的矛盾，为水产养殖进一步挖掘潜力、增加产量提供了更为广阔发展空间。然而与畜禽产品相比，我国水产品加工率不高，加工的水产品主要为海水产品。目前水产品整体加工比例占产量的比重不到30%，这与世界水产品70%以上的加工率相比有较大差距。2000年我国水产品加工量为615吨，2004年突破1 000万吨，2010年达到1 500万吨，2021年我国水产品加工品总量达到2 125

万吨。同时,我国水产品加工企业从无到有,再到快速发展,2021 年其数量达到 9 202 家。

2. 加工水产品中以海水加工品为主

在加工比例上,我国海水加工品总量占水产加工总量的 80% 以上,占主导地位;淡水加工品所占比例保持上升趋势。2005 年我国淡水加工品总量所占比例不到 10%,2009 年所占比例突破了 15%,2021 年我国淡水加工品总量所占比例达到近 20%。

3. 水产品加工类型以简单冷冻加工为主

水产品加工品主要有冷冻水产品,鱼糜、干腌制品,藻类加工品,罐制品,鱼粉,鱼油制品等,其中水产冷冻品为主。2021 年,我国水产冷冻品产量占全国水产加工品总量的 71.3%;其次是鱼糜、干腌制品和藻类加工品,所占比例均超过 5%。另外,鱼粉和鱼油制品也增长较快。

(四)水产品加工业面临问题

1. 技术落后,发展方式粗放

我国水产品加工业生产方式仍较粗放,对水产品原材料、工人、资本等外在要素投入依赖性较高,仍属于劳动密集型,在加工技术改良、产品品质提升、产品创新等方面能力不足,机械化、自动化程度低,成套加工生产线少,仍有约 80% 的前处理工序由人工完成,生产效率处于较低水平。水产品加工企业使用的装备中,约一半还处于 20 世纪 80 年代的水平,40% 左右为 20 世纪 90 年代的水平,仅有 10% 达到世界先进水平。从加工率上看,我国水产品加工率仅为 34%,其中海水产品加工率和淡水产品加工率分别为 50.2% 和 17.1%,远低于日本、加拿大、美国、秘鲁等水产发达国家水产品加工率和农产品加工转化率(60%～90%)。从渔业三次产业占渔业经济总产值比例看,2015 年三次产业产值之比为 51.1∶20.7∶28.2,第二产业的比重明显偏低。另外,我国水产加工能力过剩,按照 2021 年水产加工能力和现实加工产品数测算,大约 34.4% 的产出能力需要调减。

2. 初加工为主,精深加工少

我国水产品加工业以初加工为主,高附加值、高技术含量的精深加工产品少。2021 年,我国水产加工品 2 125.04 万吨,其中仅冷冻水产品总量就达到 1 514.5 万吨,占全部水产加工量的 71.3%。如果再考虑其他的初加工方式(如冰鲜、腌渍等),我国水产品精深加工的比例更低,相反,如鱼油制造、水产保健品研发与生产、水产制剂和添加剂等比重极低。这意味着我国水产品加工业产业链、价值链延长和提升的空间还很大。

3. 未能适应需求变化,适销对路产品不足

居民对美好生活、生态产品的需求已经成为社会主要矛盾。同时,随着居民收入提高、"80 后"和"90 后"群体成家、中产阶层群体壮大等,水产品市场消费正在向便捷、营养、安全、优质、绿色等偏好转变。但是,目前我国水产加工产品仍以冷冻、鱼糜制品、干腌等传统产品为主,未能根据市场消费变化进行加工品结构调整,缺乏简便、有机、健康等主导的水产加工品。亟须加大适销对路、需求潜力大的水产加工品的生产与供给,丰富水产加工品市场,促进产品多样化,切实有效增强居民水产品需求的保障能力。另外,水产加工企业往往将品

质优良产品出口,而次等或品质较低的不易出口产品留销国内,这种局面或思想观念亟须扭转。

4. 水产加工业不大不强,缺乏国际竞争力

我国水产加工品牌多,企业小,竞争力低。新一轮金融危机后,大规模水产品加工企业几乎没有增加。效益低下,开工率不足问题突出,一批竞争力弱的企业濒临破产。同时,我国水产加工业品牌较多,但是相互模仿、跟风现象频繁,无序竞争、内耗严重,专业、领导型、品牌化企业几乎没有。另外,随着我国劳动力、资本等要素成本上升,印尼、越南、印度、马来西亚等国家水产品加工与我国有很大程度的同质性,但其成本比我国要低30%以上,我国水产加工品缺乏国际竞争力。

（五）水产品加工产业发展对策

1. 以市场为导向,积极推进水产加工业供给侧结构性改革

以市场需求为导向,积极推进水产品加工业供给侧结构性改革,建立水产品加工业进入淘汰机制,激发市场主体创新发展活力,推动传统水产品加工产业升级改造。一方面,通过提高水产加工业产品技术含量,走深加工、品牌化之路,增强水产加工品创新能力和竞争力,支持和培育具有强大生命力的水产品加工企业。另一方面,坚持市场的决定性作用,淘汰一部分水产加工产能过剩的企业。促进水产加工主体主动适应水产加工品市场的变化,增加水产加工品中高品质、高技术含量、高价值产品所占比重,促进水产加工品的适销对路和多样化、丰富化供给。就未来快节奏生活、质量型消费、健康中国、美好生态需求等引致的水产加工品市场转换来看,方便食品、休闲食品、功能性食品、有机食品等类型水产品应该是最有潜力的消费方向。

2. 充分利用国际市场和资源,注重国内市场开拓

国际市场一直是我国水产加工业的重要阵地,有利于走出去、引进来,以及充分利用国际市场和资源,发挥我国水产加工业比较优势,实现资源的优化配置。在水产加工品贸易形势趋于严峻的状况下,企业需要通过技术提升、相关贸易政策解析与运用、品牌塑造等方面,降低产品成本,提高行业竞争力。

在充分利用国际市场和资源的同时,必须关注国内水产加工品市场开拓。在人均国民总收入进入中等偏上收入国家水平后,我国居民水产加工品需求量将扩大,也更加关注品质、营养、安全、个性,居民消费要求水产加工品有效供给的增加。对于企业而言,国内市场潜力巨大,市场消费能力有待进一步开发,立足国内、开拓国内市场,以及转变优质产品出口导向的传统观点尤为重要,这有可以降低以国际市场为单一市场可能带来的贸易风险,提升市场风险抵御能力,有利于谋求长期稳定发展。

3. 开展水产品品牌示范建设,发挥示范引领作用

针对水产品加工企业小、多和缺乏核心竞争力的问题,应积极加强水产品加工品牌培育工作。可以通过水产加工品牌示范创建工作,发挥品牌引领示范作用,促进水产品加工业转型升级。加强水产品加工业品牌评价基础研究,开展品牌评价标准建设工作。参照品牌评价相关国家或国际标准,构建、完善品牌评价标准指标体系,制定操作规范,客观公正地开展品牌价值评价并发布结果以及品牌发展指数。鼓励发展一批品牌建设中介服务企业,建设一批品牌专业化服务平台,提供设计、营销、咨询等方面的专业服务。

以提升水产加工企业核心竞争力为标准,推出一批水产品加工业精品,打造行业发展新标杆。优选一批水产品加工企业,形成加工业产业组织联盟,支持开展产品开发、技术创新、工艺改良等战略措施,鼓励企业采用水产加工先进质量管理方法和向国际标杆企业与国际标准接轨,提高水产加工品在线监测控制和产品质量追溯能力。积极推进水产品加工企业品牌建设进程,塑造一批在行业内具有影响力、领导性的专业品牌,促进水产加工业转型升级。

4. 加快水产加工技术创新研发与推广应用,提升水产品加工技术含量

技术与装备是产业持续发展、转型升级的最重要因素,对于连接渔业生产(具有鲜活、易腐性等)与市场(个性化、多元化、健康追求等)的水产品加工业来说,其重要性更加显著。当下水产品加工业粗放发展、生产效率低的现实也倒逼水产加工技术创新研发与应用,同时也是水产品加工业转型升级的需求。具体可以从加快技术与装备研发和推进成果转化与应用两方面实现。一方面,加强水产品加工技术与装备研发资金投入与人才培养。优先和重点支持紧迫性、专业化、连续化、自动化、节能化、关键环节等的技术与装备(如船载加工与物流技术、现代通信与传统工艺结合的智能加工技术与装备等)的研发,健全和完善国家资金投入研发激励机制,加大对相关专业人才队伍特别是青年科技人员的培养力度,多元化社会、个人、企业、科研院所等技术与装备研发投资渠道。另一方面,推进相关技术与装备的推广应用。协会(联盟)、技术推广部门、科研院所(校)和加工主体与生产主体、流通主体等是技术推广应用的主要利益相关者。进一步构建和完善我国水产品加工业真正的、相关利益者有效参与的产、学、研体系和专利转化机制必要而紧迫。应充分发挥技术推广系统、国家水产品加工技术研发体系、行业协会的作用,同时可以建立水产品加工企业技术联盟,加强企业或会员间的合作与交流,推进相关技术与装备的成果转化和推广应用。

第三章 渔业经济发展研究必要性

第一节 渔业经济增长

一、渔业经济增长要素

推动经济增长的源泉有人力资源、土地等自然资源、资本资源和知识资源。知识资源又可以进一步分为技术要素和制度要素。渔业资源和水资源是渔业经济增长的物质基础,渔业资源和水资源对渔业经济增长的作用犹如土地之于农业生产,古典经济学鼻祖亚当·斯密认为"土地是财富之母,劳动是财富之父",而渔业资源和水资源就是渔业经济增长之母,离开了水资源和渔业资源,渔业生产活动将无法展开。亚当·斯密在《国富论》中还写道:"财富并非由金或银带来,全世界的财富最初都是通过劳动得到的。"渔业生产劳动者在渔业经济增长过程中也是重要的源泉之一。在所有经济要素中,人力资源是最活跃的经济要素,人力资源是使用与控制资本资源、知识资源和土地资源的经济要素。随着人类对经济学研究的深入,人类开始更重视制度在推动经济增长中的作用,因为制度具有调整人力资源活力的功能,所以其有助于提高人的劳动积极性而推动经济增长。

渔业资源和水资源拥有与其他经济活动使用的自然资源不同的特性,使渔业生产活动中的人力资源、资本资源、技术和制度要素的经济增长作用与这些要素在其他产业扮演的角色具有一定的差异。了解渔业资源与水资源的生物生态特性和由此带来的经济社会属性就具有重要意义。

二、渔业资源特性

(一)渔业资源自然特性

渔业资源(fishery resources)也称"水产资源",是指天然水域中,具有开发利用价值的经济动植物种类和数量的总称,也指天然水域中蕴藏并具有开发利用价值的各种经济动植物种类和数量的总称,主要有鱼类、甲壳类、软体动物、海兽类和藻类等。渔业资源是发展水产业的物质基础和人类食物的重要来源之一。渔业资源状况随着自身生物学特性、栖息环境条件的变化和人类开发利用的状况而变动,具有以下主要特征。

1. 可再生性

渔业资源是能自行增殖的生物资源。生物个体或种群的繁殖、发育、生长和新老替代,使资源不断更新,种群不断获得补充,并通过一定的自我调节能力达到数量上的相对稳定。人工养殖和增殖放流等也可保持或恢复资源的数量。但是,酷渔滥捕或环境变迁,造成渔业资源的生态平衡被破坏,补充的群体不足以替代死亡的数量,则会导致资源的衰竭和灭绝。

2. 流动性

大多数水产动物为了索饵、生殖、越冬等,而具有洄游的习性,如溯河产卵的大麻哈鱼、降河产卵的鳗鲡,以及大洋性洄游的金枪鱼,季节性洄游的大、小黄鱼和带鱼等。有许多种群会洄游和栖息在多个地区或国家管辖的水域内。因此,渔业资源的流动性会导致对该资源难以明确其归属和所有权,事实上,会出现"谁捕捞获得,谁就拥有"的情况,也就是对公共资源"占有就是所有",这就是渔业资源的共享性,即经济学上的外部性。这些特性会造成渔业管理上的特殊性和困难,开发利用中对渔业资源的掠夺和浪费,以及为了优先占有而对开发能力的过度投资。鱼类的资源流动性往往会导致管理成本的增加,以及管理难度的加大,是一种特殊的共享公共资源。

3. 波动性

渔业资源是生活在水环境中的生物资源,直接受到水环境的影响,因此,地球气候和海洋环境的周期性变动会造成渔业资源种群数量上的波动,例如东南太平洋秘鲁鳀(*Engraulis rigens*)、西南大西洋阿根廷滑柔鱼(*Illex argentinus*)等。在生物自身繁殖和进化过程中,生态系统等各种因素的相互影响和不稳定性会造成其数量上的波动。人类活动和捕捞生产,也会对渔业资源的数量下降和结构改变产生重大影响。因此,合理开发利用渔业资源是实现渔业和人类赖以生存的生态环境可持续发展的重要工作。

4. 隐蔽性

鱼、虾、贝、藻等渔业资源栖息在水中,分布的环境有水草茂密的小溪、湖泊,或是风浪多变的海洋,而且不时地到处游动,因此,难以对其进行统计。渔业资源的隐蔽性会导致在评估渔业资源和探寻渔场方面的困难,在确定种群的数量和栖息地等方面都具有很大的不确定性,从而给资源管理和可持续利用增加了很大的难度。

5. 种类繁多

渔业资源种类繁多,主要种类有鱼类、甲壳动物类、软体动物类、海兽类和藻类等。

(1)鱼类是渔业资源中数量最大的类群。全世界约有21 700种。主要捕捞的鱼类仅100多种。按水域划分,可将其分为海洋渔业资源和内陆水域渔业资源。中国鱼类种类有3 000种,其中海洋鱼类约占2/3。

(2)壳动物类主要有虾、蟹两大类。虾有3 000多种,主要生存在海洋中。

(3)软体动物类约有10万余种,一半以上生活在海洋中,是海洋动物中最大的门类。如头足类的柔鱼、乌贼,双壳类的牡蛎、贻贝等。

(4)海兽类又称为海洋哺乳动物,包括鲸类、海豹、海獭、儒艮、海牛等,大多数被列为重点保护对象。

(5)藻类植物有2 100多属,27 000多种,分布极广,不仅存在于江河湖海中,还能在短暂积水或潮湿的地方生长。属于渔业资源的藻类主要有浮游藻和底栖藻,包括紫菜、海带、硅藻等。

（二）渔业资源经济社会特性

1. 渔业资源稀缺性和应用潜力无限性

相对于人类需求的无限性,渔业资源也是典型的稀缺性资源。工业革命后,人类对渔业资源的采捕强度不断提高,在第二次世界大战以后愈演愈烈。1950 年,世界海洋渔业的捕捞总产量就达到了 2 110 万 t,超过了二战前的最高水平。随着社会进步、人口增长和生活水平提高,人类对水产蛋白质的偏好升温,优质水产品价格持续高涨,对水产品的需求量不断增长。20 世纪末,中国绝大部分近海海域的渔场已被过度开发,渔业资源严重衰退。技术进步和制度创新能提高渔业资源的应用潜力。深水网箱技术的开发为人类拓展了可以用于鱼类养殖的深海海域。渔业管理制度的创新能有效控制对渔业资源的过度捕捞,从而提高开发潜力。

2. 渔业资源整体性

每一种生物都处在食物链上的一定营养级上,处于食物网的某一个位点上。在一个生态群落中,生产者制造有机物,消费者则消耗有机物。生产者和消费者之间既相互矛盾又相互依存,构成一个稳定的生态平衡系统。在这个系统中的任何一个环节,一个物种受到破坏,原有系统就会失去平衡,整个系统就可能崩溃。渔业资源作为生物资源,是生态系统的重要组成部分,因此,在设计渔业制度时,必须充分考虑生态系统的平衡性,考虑生态系统中的各种资源要素的相互关系。

3. 渔业资源地域性

不同海区的渔业资源有明显的区域性。例如,黄海和渤海海域渔业资源的生物总量大,但鱼类的种类较少;而南海海域渔业资源的生物总量偏小,但是鱼类种类较多。作为海域的特种水产品,大连的扇贝、南通的文蛤和紫菜、舟山的带鱼都是我国广大消费者钟情的名牌水产品。

4. 渔业资源多用性

渔业资源具有多用性。例如,海水资源可以用于养殖,也可以用于航海和旅游事业。渔业资源可以直接被捕捞,为人类提供优质蛋白质,也可以发展游钓等休闲渔业,为人类提供娱乐服务。因此,在渔业资源的开发利用过程中,当以某种方式开发渔业资源时,就失去了以其他方式利用渔业资源的机会。在制定渔业制度时,必须充分考虑渔业资源的优化配置和开发过程中的机会成本。

5. 渔业资源产权特征

《中华人民共和国宪法》总纲第九条规定"矿藏、水流、森林、山岭、草原、荒地、滩涂等自然资源,都属于国家所有,即全民所有"。我国海洋渔业资源的产权是明晰的。但是,渔业资源的流动性和迁移性使其使用权难以明晰,"无主先占"容易导致过高的交易成本。海洋渔业资源的流动性使其成为具有公有私益性的公共池塘资源。公共池塘资源在低管理成本下不能实现使用的非排他性,而且资源的消费具有明显的竞争性。海洋渔业资源的私益性刺激海洋渔业资源使用者大规模的竞争性开发,容易产生公共事物悲剧。我国的《渔业法》虽然规定了渔业资源的产权属性,但是明晰渔业资源产权的使用权或经营权相当困难。在20世纪末期和21世纪之初,我国渔业资源产权的使用权通常采用许可证制度配置给从事海洋捕捞渔业生产的专业捕捞渔民,用养殖许可证将养殖水域的使用权配置给养殖企业或农户。

三、渔业资源利用经济现象

(一)渔业公共资源具有私益性

鱼类和海洋水资源的流动性使资源使用权界定与确认困难。渔业资源的公有私益性,以及理性经济人追求效用最大化的行为,是造成公共事物悲剧的原因。古希腊哲学家亚里士多德在其《政治学》中断言:"凡是属于最多数人的公共事物常常是最少受人照顾的事物,人们关怀着自己的所有,而忽视公共的事物。"英国学者哈丁(1986)认为,"在共享公共事务的社会中,毁灭是所有人都奔向的目的地,因为在信奉公共事物自由的社会中,每个人均追求自己的最大利益"。亚里士多德和哈丁的论述表明,公共物品被滥用是必然的。海洋渔业资源既具有典型的公有性,又具有满足消费者私利的私益性,因而,海洋渔业资源很容易被滥用从而引起捕捞过度。

(二)外部性市场失灵

外部性市场失灵是由经济活动的企业成本与社会成本不一致造成的。工厂排放废水污染环境,工厂的私人成本没有增加,社会治理环境的社会成本就会提高,造成外部成本大于私人成本的外部不经济性。海水养殖生产具有外部不经济性。养殖生产者进行海水网箱养殖,为追求利润最大化和提高生产率,倾向于过度放养。在过度放养时,为控制疾病需投放添加抗生素的饲料和使用农药。饲料和农药会随着海水的流动,造成相邻水域污染。这时就会因外部不经济性带来社会成本增加。大量海洋捕捞渔船集中在一个较小的渔场进行作业,会产生拥挤效应,带来渔业矛盾和摩擦,导致外部不经济性。在捕捞(养殖)渔民数量较少时,生产者可以通过谈判形成一个联合体,缓解矛盾。但是,当经济活动主体个数增多,市场难以将外部效应内部化时,市场机制就会在渔业生产活动中失灵。

(三)公共物品性市场失灵

公共物品的供给是不可分的,不能完全按市场机制来配置。公共物品是私人无法生产或不愿意生产的物品,必须由政府提供,或由政府、企业和个人共同提供的产品或劳务。海洋渔业资源是典型的公共性物品。每一位渔民或每一条渔船的捕捞作业行为仅仅考虑的是个人的边际产出和边际收益,而不顾及增加捕捞强度对其他渔船的影响。在群众渔业成为主体的情况下,公共池塘资源开发利用的公共性失灵会带来经济效率损失和市场调节公共性物品的失灵。

第二节　渔业经济增长发展过程

一、经济增长发展过程

就经济社会发展与环境资源的关系而言,经济发展过程中经历了三个过程:传统经济增长范式,生产过程末端治理经济增长范式,循环经济增长范式。

（一）传统经济增长范式

在传统经济增长范式中,人类与环境资源的关系是,人类犹如寄生虫一样,向资源索取想要的一切,又从来不考虑环境资源的承受能力,实行一种"资源—产品生产—污染物排放"式的单向性开放式线性经济增长范式,见图3-1。早期人类的经济活动能力有限,对资源环境的利用能力低。环境本身也有一定的自净能力。因此,人类经济活动对资源环境的破坏并不明显。但是,随着技术进步、工业发展、经济规模扩大和人口增长,人类对环境资源的压力越来越大。传统经济增长范式导致的环境污染、资源短缺现象日益严重,人类生存受到自身发展后果带来的惩罚。

图3-1　传统的线性经济增长范式

（二）生产过程末端治理经济增长范式

生产过程末端治理经济增长范式开始重视环境保护问题,强调在生产过程的末端实施污染治理。目前,许多国家和地区依然采用末端治理的经济增长范式。支撑该经济增长范式的理论基础主要有庇古的"外部效应内部化"理论和"科斯定理"。前者认为通过政府征收"庇古税"可以控制污染排放,后者认为只要产权明晰,就可以通过谈判方式解决环境污染和资源过度利用问题。后来又出现了"环境库兹涅茨曲线"理论,认为环境污染与人均GDP收入之间存在倒"U"形关系,随着人均GDP达到一定程度,环境污染问题就会迎刃而解。这些理论对遏制环境污染问题的扩展曾起到了巨大的作用。

生产过程末端治理经济增长范式虽然也强调环境保护,但是,其核心是,一切从人类利益出发,把人视为资源与环境的主人与上帝,从来不顾及对环境及其他物种的伤害。恩格斯说过:"我们不要过分陶醉于人类对自然界的胜利。对于每一次这样的胜利,自然界都要对我们进行报复。对于每一次胜利,起初确实取得了我们预期的结果,但是往后却发生了完全不同的、出乎意料的影响,常常把最初的结果又消除了。"从资源严重短缺和环境污染日趋严重的现实来看,人类必须认真反思生产过程末端治理经济增长范式。

（三）循环经济增长范式

1. 循环经济增长范式概念

经济增长稍一加速，很快就会遇到资源与环境瓶颈问题。所以人类必须反思传统经济增长范式带来的问题，探讨经济增长范式的转变。20世纪60年代，美国经济学家鲍尔丁提出了"宇宙飞船理论"，萌发了循环经济思想的萌芽。强调经济活动生态化的第3种经济增长范式——循环经济增长范式随之应运而生。循环经济增长范式强调遵循生态学规律，合理利用资源与环境，在物质循环的基础上发展经济，实现经济活动的生态化。循环经济增长范式的本质是生态经济，强调资源与环境的循环使用，是一个"资源—产品—再生资源"的闭环反馈式经济活动过程。

2. 循环经济增长范式特点

循环经济增长范式最重要的特点包括以下几点。

（1）经济增长主要不是靠资本和其他自然资源的投入，而是靠人力资本的积累和经济效率的提高。

（2）提高经济效益主要依靠技术和制度等要素。

（3）经济增长从"人类中心主义"转向"生命中心伦理"。

（4）重视自然资本的作用。

（5）关注生态阈值。

3. 循环经济增长范式3R原则

循环经济增长范式强调3R原则，即减量化（reduce）、再使用（reuse）和再循环（recycle）原则。在人类经济活动中，不同的思维范式可能会带来不同的资源与环境使用范式。一是线性经济与末端治理相结合的传统经济增长范式；二是仅考虑资源再利用和再循环的经济增长范式；三是包括3R原则在内的，强调避免废物优先的低排放或零排放的经济增长范式，见图3-2。

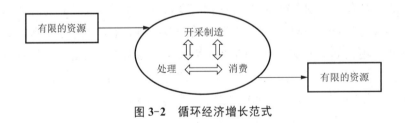

图3-2　循环经济增长范式

二、传统渔业经济增长范式中的要素投入

（一）渔业劳动力持续增长，经济效率下降

中国是劳动力剩余的国家，在传统渔业经济增长范式下，渔业劳动力连年持续增长。在海洋捕捞渔业中，2001年专业捕捞劳动力就达到120万人。在海洋捕捞渔村实行承包渔船

经营期内的 1989—1994 年,中国海洋捕捞专业劳动力增长 11.2 万人,平均每年增长 2.2 万人。过剩的渔业人力资源投入对海洋渔业资源构成巨大威胁,导致捕捞过度,1999 年以后渔业经济效率开始持续下降。由于东部沿海地区较发达,养殖渔业具有高于种植业的比较优势,淡水海水养殖渔业产业的劳动力投入也持续增长。

（二）渔业投资持续增长,渔业资源衰退

1978 年中国的海洋捕捞功率为 169 万 kW,实行渔船承包经营体制后,海洋捕捞渔船快速增加。2004 年捕捞功率达到 1 374 万 kW,比 1980 年净增长 1 174 万 kW。但是,在海洋渔业投资持续增长过程中,单位捕捞努力量的经济效率不断下降,每千瓦努力量的渔获量由 1975 年的 2.12 t 下降到 1989 年和 1990 年的历史最低点。

有关专家学者以东海渔业区渔业资源为对象,对中国近海渔业资源可持续利用进行了实证研究。结果表明,东海渔业区渔业资源的开发利用经历了轻警、中警、重警和巨警阶段。在重警阶段（1984—1996 年）,渔货物营养级水平偏低;优质鱼类渔获量占总渔获量的比重只有 30%～40%、每千瓦渔获量均在 0.90 t 以下。截至 20 世纪末,中国海洋捕捞渔业的渔船经济效益已经相当低下,无论是生物学意义上,还是经济学意义上的海洋渔业可持续发展都面临着严重资源危机。

（三）自然资源逐步减少,持续增长受到制约

中国海洋渔业资源的特点是生物物种具有多样性,但是种群生物量普遍较低。到 21 世纪初期,中国海域已经开发的渔场面积有 81.8 万平方海里,大部分渔业资源被过度利用。200 海里专属经济区制度的实施将进一步使中国的海洋捕捞渔场面积减少。中国的浅海和滩涂总面积约为 1 333 万 hm²,按 20 世纪末的科学技术水平,可用于人工养殖的水域面积为 260 万 hm²,而已经开发利用的面积就达到了 100 万 hm²。中国的土地资源也十分稀缺。中国陆地自然资源的人均占有量低于世界平均水平,人均耕地面积为 1.19 亩[①],相当于世界平均水平的 1/4。广东省、福建省和浙江省等省份的人均耕地面积只有 0.6 亩左右,低于联合国规定的人均耕地警戒线 0.79 亩。中国的淡水资源极为稀缺,人均占有量仅为世界平均水平的 1/4。随着人口增长、生活水平提高,人类对淡水的需求将持续增长。在多年的渔业经济高速增长过程中,中国的自然资源已被过度投入使用,持续增长的量还将受到经济社会发展的制约。

（四）知识要素投入不足,技术创新仍有空间

除资源、劳动力和资本制约渔业经济增长之外,技术进步和制度变革是影响现代经济发展与增长的重要因素。但是,海洋渔业资源和水域资源具有不同于土地资源的经济社会特征,是典型的公共池塘资源。在海洋捕捞渔业中,技术进步是把双刃剑,既可以推动经济增长,也可能因应用管理不当,对海洋渔业发展带来不利影响。20 世纪 60 年代,捕捞技术的进步推动世界渔业进入高速发展时期。伴随着世界渔业的发展,中国海洋捕捞强度也日益增

---

① 亩:亩为非法定计量单位,1 亩 ≈ 666.7 平方米。

长。1971 年中国渔轮实现了机帆化,渔船装上了起网机。渔船机械化扩大了作业渔场,渔业经济得到了发展。但由于没能够有效管理捕捞技术的应用,技术进步导致捕捞强度过快增大,最终导致渔业资源过度利用,捕捞效率下降。制度也是经济增长的源泉。制度通过降低交易成本、克服外部不经济性和提高要素利用效率而有明显的提高经济效益的作用。在未来中国渔业经济发展的历程中,应重视技术和制度等知识要素对渔业经济增长的作用。

三、现代渔业经济增长路径

20 世纪下半叶以来日趋严重的环境问题,迫使人类反思经济增长的路径。1 万年以前的农业革命和 18 世纪的工业革命,虽然在人类历史长河中有极其重要的意义,但是这两场革命也给环境、生态系统和生物资源带来了一定程度的破坏和危害。通过转变经济增长方式进行一场深刻的环境革命已经成为人类必须面对的现实。未来渔业经济增长必须推动传统的线性经济增长范式向循环经济型的现代渔业经济增长范式转变,摒弃以人力资源、资本和自然资源为主要经济增长动力的渔业经济增长范式,向以技术和制度为主要经济增长动力的渔业经济增长范式转变。

（一）优化提高产业结构,从强调渔业生产向强调渔业资源环境提供服务方向转变

水产捕捞业和养殖业是人类直接从自然界取得产品的产业,称为第一产业。水产品加工业是对第一产业提供的产品进行加工的产业,属于第二产业。休闲渔业是为消费者提供最终服务和为生产者提供中间服务的产业,也称为第三产业。第三产业还包括渔业保险与金融、水产品流通与销售、游钓渔业、观赏渔业等。渔业产业结构是指渔业内部各部门,如水产捕捞、水产养殖、水产品加工,以及渔船修造、渔港建筑、流通和观赏休闲等部门,在整个渔业中所占的比重和组成情况,以及部门之间的相互关系。水产捕捞业、养殖业和加工业等第一、第二产业是利用资源环境生产水产品的产业,休闲等产业是利用环境资源为人类提供服务的产业。前者通过消耗大量环境资源资本实现经济增长,后者在实现渔业经济增长的过程中,消耗自然资本的量相对很低。因此,应通过产业结构优化和产业结构高度化构建一种以提供渔业环境资源服务性为特征的渔业经济增长模式。

渔业产业结构优化是指通过产业结构调整,使各产业实现协调发展,并满足不断增长的需求的过程。产业结构高度化是要求资源利用水平随着经济与技术的进步,不断突破原有界限,从而不断推进产业结构朝高效率产业转变。产业结构高度化的路径包括沿着第一产业、第二产业和第三产业递进的方向演进;从劳动密集型向技术密集型方向演进;从低附加值产业向高附加值产业方向演进;从低加工度产业向高深精加工产业方向演进;从产品生产型向服务型产业演进。

（二）推进配额管理制度建设,转变捕捞渔业经济增长方式

捕捞业要在以增加捕捞努力量换取产量增长的资源环境破坏型增长方式,转变为在科学评估渔业资源量和分布的基础上、以配额制为基础的合理利用渔业资源的经济增长模式。

在该过程中,要依照鱼类资源种群本身的自我反馈式再生过程,避免捕捞小型鱼类,避免过度捕捞鱼类而危及鱼类资源的再生能力,实现捕捞业的可持续发展。

（三）加大自然资本投资,维护生态系统的经济服务功能

在海洋渔业生产过程中,人类忽视了经济活动对生态系统和生物资源的破坏作用,海洋渔业资源过度捕捞已经成为不争之实。资源被过度捕捞大大提高了渔业生产的成本。如果在渔业生产活动中再不对自然资本进行投资,渔业资源与环境服务功能的进一步稀缺将成为制约海洋渔业生产经济效率提高的因素。维护渔业生态系统的再投资可以从两种不同的路径展开,即自然增殖和人工增殖。自然增殖是通过人们合理利用和严格保护水域环境与生态系统,使渔业资源充分繁衍、生长,形成良性循环。人工增殖是通过生物措施(人工放流)或工程措施(人工鱼礁)来增加资源量。

（四）以减量化为原则,推进传统养殖向现代养殖模式转变

从生态和环境的角度来看,水、种、饵是养殖渔业的三要素。水是养殖渔业生产的环境基础。水最大的特征是稀缺性、流动性和易污染。传统的养殖模式忽视水资源的机会成本,养殖用水的需求量大。传统养殖模式养殖密度过大、饵料质量差,养殖过程又具有开放性。养殖过程中带来的环境污染和资源成本高,严重影响环境资源的服务功能。生态养殖要改变传统养殖中的粗放型喂养模式,改变投入大、产出低的经济模式,积极发展精深养殖,提高单位面积水域的产出和质量,发展深水网箱养殖和工厂化养殖等现代养殖方法。未来应加快转变水产养殖业增长方式,推广标准化的、规范化的生态型海水养殖范式,实施海水养殖苗种工程,加快建设水产原良种场和引种中心,推广和发展优势品种养殖。

（五）以环境资源友好型经济增长为原则,强化捕捞管理

渔业水域环境是指以水生经济动植物为中心的外部天然环境,是水生经济动植物的产卵、繁殖、生长、洄游等生活过程中依赖的诸环境条件的统称。水生经济动植物繁殖、生长、发育的每一个阶段都必须在特定的环境下才能完成,资源量增减、质量优劣都直接受渔业水域环境变化的影响,因此,保护渔业水域是维持渔业可持续发展的基本前提。环境友好型经济发展范式主要表现在对渔业资源和环境的保护方面,应实现可持续发展,渔业生产不能以破坏环境为代价。例如,设置禁渔区、禁渔期,确定可捕捞标准、幼鱼比例和最小网目尺寸,实施总可捕捞量和捕捞限额制度,征收渔业资源增殖保护费,实施相关环境标准,推行污水处理和污染控制措施,建立渔业水质与环境监测体系等,都是从源头上控制人类经济活动对渔业资源和环境进行破坏的管理制度。

（六）变革经济组织,促进渔业经济增长

中国海洋渔业经济体制和组织制度是沿着私有经济、集体经济和转轨经济时期的股份制与萌芽状态的合作经济组织演进的。私有经济时期的渔业经济组织制度的特征是,明晰的产权成为提高渔业生产经济效率的基础,制度安排适合当时中国海洋渔业的生产现实,尤其适合当时渔村生产力发展和渔业资源现状。因此,当时的经济组织制度安排有利于推动

中国近海渔业的发展;集体经济时期的政社合一的人民公社制度不是农村社区内农户之间基于私人产权的合作关系,而是国家控制农村经济权利的一种形式,是由集体承担控制结果的一种农村社会主义制度安排。国家控制农业生产要素的产权窒息了渔村的经济活力,生产积极性低下,以及集体经济管理者效率损失和无效率导致渔业生产经济效率下降;转轨经济时期渔船承包经营体制和股份制明晰了生产要素的产权,降低了监督劳动力要素成本,提高了经济效率。但是,由于海洋渔业资源是典型的公共池塘资源,渔船承包责任制及股份制等在大大提高海洋捕捞渔民生产积极性的同时,也带来了捕捞竞争过度和产业活动外部不经济性,以及政府的管理成本上升等问题,造成了渔业生产的不可持续性。

随着中国由计划经济不断向市场经济转轨,市场经济机制将最终成为调节中国经济发展和增长的基本力量。但是,世界经济发展的历史表明,无政府主义的完全市场化的经济体制并非理想的经济机制。没有任何一个国家实行完全的市场经济。经济理论表明,市场机制和政府在管理配置公共池塘资源时会出现市场失灵和政府失效现象。中国的渔业经济组织制度建设对中国海洋渔业经济的发展有重要意义。

第三节　渔业经济管理学概述

从 20 世纪 50 年代以来,尤其是改革开放以来,我国的渔业经济取得了长足的发展,渔业在大农业中的比重不断上升。但是渔业经济与管理的学术研究长期滞后于经济发展的实践,绝大多数研究集中于对渔业经济发展和渔业管理的实践中出现的问题的探讨方面,对于渔业经济管理学的研究不多,国内外学者对其尚未形成统一共识。

一、渔业经济管理学概念

在我国渔业被作为大农业的重要组成部分,因此渔业经济管理也被视为大的农业经济管理学科的组成部分。该做法虽与欧美等国家有差异,但鉴于我国实际,国内学者并没有太多争议。

渔业经济管理学是指以水产科学、经济科学、管理科学、渔村社会学、政治学、经济哲学与管理哲学、数学、系统工程等众多科学作为支撑,以经济学和管理学的原理和方法为指导,以渔业经济活动过程中的渔业、渔村、渔民问题及其运行规律为研究对象的学科群总称。狭义的渔业经济管理学,又指渔业的产业经济管理,主要研究渔业的产业组织、产业结构、产业发展、产业布局、行业管理等问题。

二、渔业经济管理学研究对象

渔业与种植业、畜牧业、林业等产业构成了人类生存和发展的基础。尽管渔业与畜牧业、林业都是资源高度依赖型产业,资源都具有再生性,但渔业发展所依赖的水资源、水生动植物资源往往具有流动性,产品具有易腐性,人们对其产品需求具有鲜活性,资源受到人类、气象、水文、环境条件的干扰较大且具有波动性。因此,在渔业经济再生产过程中,出现了外部性比较强、搭便车现象严重、管理难度大、管理过程中交易成本高等问题,显示出渔业与其他产业的差异。渔业经济再生产与渔业资源再生产交织运行过程中产生的矛盾具有特殊的发展规律。在这些矛盾及其发展规律中,既有自然科学和技术层面的矛盾与规律,也有涉及人与人之间、人与资源之间相互关系的矛盾与规律。渔业经济再生产过程中的利益相关者有居民、管理者、研究者、渔民、环保组织等团体,由于利用渔业资源从事渔业经济活动的主要是聚居于渔村的渔民,因此,渔业经济再生产与渔业资源再生产交织运行过程中涉及人与人之间、人与资源之间相互关系的矛盾主要汇集成了渔业、渔村与渔民问题。

综上,渔业经济管理学是以渔业经济再生产和渔业资源再生产过程中产生的渔业、渔村、渔民问题及其发展变化规律为研究对象。

三、渔业经济管理学学科性质

研究对象的差异会导致研究方法和研究视角的差异,进而产生不同的学科。因此,研究渔业经济管理学科的性质必须根据研究对象来确定。

（一）从渔业问题及其规律看

由于人们利用水生生物资源的过程是一个与大自然打交道的过程,必须遵循自然发展的客观规律,但是这些自然规律本身不是渔业经济管理学的研究对象。渔业经济管理学研究的是渔业经济再生产与渔业资源再生产交织运行过程中形成的人与人之间、人与自然之间的矛盾及其发展规律。在这个过程中之所以会产生人与人之间、人与自然之间的关系,除人类的本性等因素之外,主要是因为在有限的资源约束下,人类必须对资源的配置行为进行审慎的选择,并对自身的活动加以计划、决策、组织、监督、控制、协调和激励,以便合理、有序、有效配置和使用资源。因此,对渔业经济问题的研究必须以研究人们的选择行为和管理行为的学科为基础。根据国家自然科学基金委员会的定义,管理学和经济学分别是研究人类的管理行为和选择行为的学科。研究渔业经济活动,必须从经济科学和管理科学的视角对产业的经济活动进行研究,找出其运行的经济规律和管理规律,指导实践,以期在维持自然资源可持续性的前提下获取最大的产品量和最高的价值量,以满足人类的食品及福利的需求。因此,从对渔业问题的研究角度看,渔业经济管理至少应当横跨经济学和管理学两大学科。

（二）从渔民问题及其规律看

渔民及其选择行为、组织行为长期以来一直是经济学和管理学关注的对象之一。经济学一直关注渔民在面临稀缺的渔业资源时如何选择其捕捞、养护、产品交换、转产转业等行为,近年来又开始关注渔民在面临稀缺的水域资源时如何选择养殖行为。另外,经济学还关注渔民在使用渔业资源时的制度选择行为等问题。管理学长期以来关注的是渔民及利益相关者的渔业资源管理行为和组织行为,管理学的部分思想已经在渔业资源和渔民管理的捕捞限额制度、伏季休渔制度、入渔制度等相关管理制度中得到体现。研究发现,渔民的选择行为和组织行为并不是以经济效益作为唯一目标,由于渔民及利益相关者角色的多重性,其目标除经济目标外,还有安全目标、政治目标等,因此对渔民问题的研究,除经济学科和管理学科外,还应当涉及社会学、政治学等相关学科。

(三)从渔村问题及其规律看

包括经济发展在内的渔村发展问题始终是经济学和管理学关注的范畴。渔村是以渔业为主要谋生手段的人们聚居的村落。渔村,首先是一个自然地理区域的概念,占有一定的地域;其次还是一个人文区位的概念,人口的数量、集散程度以及人口素质等都是考察其特征的纬度;最后还是一个经济概念,村落中居民的收入水平、自然资源禀赋、产业发展状况、村落布局、村民的组织化程度等都是考察渔村特征的重要纬度。从上述纬度对渔村经济活动中产生的人与人之间的关系及村落发展的矛盾和规律进行考察,长期以来都是发展经济学等经济学科和公共管理、资源管理等管理学科关注的领域。此外,对渔村的边缘化、贫困化等问题的研究还涉及社会学、政治学等学科。

因此,渔业经济管理学应当是由相应的经济学科和管理学科共同组成,由水产科学、经济科学、管理科学、渔村社会学、政治学、经济哲学与管理哲学、数学、系统工程等众多学科作为支撑的多个知识体系构成的学科群。

第二篇

现代渔业发展技术与特点

第四章　水产苗种培育技术

我国水产养殖业的迅猛发展带动了种业的快速发展,根据水产苗种供应来源,水产种业发展历经了3个阶段,一是以捕捞天然苗种为主发展养殖阶段(水产养殖开始至1957年);二是以简单的人工繁殖苗种为主发展养殖阶段(1958年突破家鱼人工繁殖和海带自然光育苗成功为标志至1991年全国水产原种和良种审定委员会成立前);三是遗传改良种应用逐步扩大的养殖发展阶段(1991年全国水产原种和良种审定委员会成立后正式启动水产原良种体系建设后,我国进入了全面建设水产种业体系的发展时期)。

最早进行水产养殖生产所用的苗种是天然的苗种。随着科学技术的不断进步和创新,在水产苗种繁育技术难关突破后,水产养殖得以飞速发展,苗种人工繁育的成功发挥了巨大作用。目前,我国的水产养殖,主要用于人工繁育的苗种,约占90%以上,如大菱鲆、对虾、海带、扇贝、海参等,仅有少量品种以采捕自然苗种为主,如鲈鱼、大泷六线鱼等,这些鱼苗种繁育成功率低。

第一节　水产苗种培育条件

一、水产苗种分类和计量单位

（一）海水苗种

1. 海水鱼类苗种

鱼类苗种以"尾"为计量单位。分为小规格苗种和大规格苗种,每个规格苗种的在海水鱼类的国家标准、行业标准或地方标准都有规定。如大菱鲆、半滑舌鳎小规格苗种为鱼体全长5.0～8.0 cm,大规格苗种8.0 cm以上;牙鲆小规格苗种为鱼体全长4.0～8.0 cm,大规格苗种8.0 cm以上;真鲷小规格苗种为鱼体全长3.0～5.0 cm,大规格苗种5.0 cm以上。

2. 海水贝类苗种

贝类苗种以"粒"为计量单位。如栉孔扇贝苗种规格分为大、中、小三类,小规格苗种为壳高0.5～1.0 cm,中规格苗种为1.05～2.0 cm,大规格苗种为2.0 cm以上;邹纹盘鲍小规格苗种为壳长1.0～2.0 cm,中规格苗种为2.0～3.0 cm,大规格苗种为3.0 cm以上;太平洋牡蛎小规格苗种为壳长1.0～2.0 cm,中规格苗种为2.0～3.0 cm,大规格苗种为3.0 cm以上;海湾扇贝的商品苗壳高3～5 mm,苗种2 cm以上。

3. 海水甲壳类苗种

甲壳类苗种一般以"尾"为计量单位,个别地区海水蟹类苗种以"千克"为计量单位。对虾苗种商品规格一般在 0.7 cm 以上,小规格苗种为 0.07～1.0 cm,大规格苗种为 2.0～3.0 cm,最大不会超过 5 cm;三疣梭子蟹苗种以头胸甲宽为分类依据,小规格苗种为 0.6～0.8 cm,中规格苗种 0.8～3.0 cm,大规格苗种为 3.0～9.0 cm。

4. 海水藻类苗种

海带苗种以"株"为计量单位,紫菜苗种以"片"为计量单位。目前我国南北方关于海带苗种的分类尚未统一,山东、辽宁、江苏在交易过程中是依据出场苗种密度、脱苗率等将分为一、二、三类苗种帘。

5. 海水其他苗种

海参苗种生产中以"头"为计量单位,按照体长分为三类,一类苗种体长 3 cm 以上(500 头左右),二类苗种 2～3 cm(500～1 000 头),三类苗种体长 1～2 cm(1 000～2 000 头)。

(二)淡水苗种

淡水苗种分类及计量单位同海水苗种,但规格根据具体种类有所不同,如乌鳢苗种规格为全长 0.8～3 cm。

二、水产苗种有关概念

1. 水产苗种

苗种一般指用于商品水产品养殖生产的优良苗和种。水产苗种包括用于繁育、增养殖(栽培)生产和科研试验、观赏的水产动植物的亲本、稚体、幼体、受精卵、孢子及其遗传育种材料。一般小者称为"苗"或幼体,大者称为"种"或亲体。习惯统称"苗种"。

2. 水产原种、良种

在水产苗种生产和管理中,常常出现水产原种、良种概念。

原种是指取自模式种采集水域或取自其他天然水域的野生水生动、植物种,以及用于选育的原始亲体,比如海参、鲍鱼。

良种是指生长快、品质好、抗逆性强、性状稳定和适应一定地区自然条件,并适用于养(增)殖(栽培)生产的水生动、植物种,比如大菱鲆、海带等。与种植业和畜牧业依靠为数量不多的人工培育良种相反,我国水产养殖业现阶段的基本特色是对众多的天然原种进行驯化利用。

省级水产原、良种场是指水产原、良种生产符合国家、省有关标准,技术先进、品质优良、管理规范,经省农级水产原、良种审定委员会认定的水产原、良种繁育场。

3. 水产杂交种

水产杂交种是指不同种、亚种、品种的水产动植物进行杂交获得的后代。

4. 水产品种

水产品种是指经人工选育成的,遗传性状稳定并具有不同原种或同种内其他群体的优良经济性状的水生动植物。

5. 稚体、幼体和亲体

稚体、幼体是指从孵出后到性成熟之前这一阶段的个体。亲体是指已达到性成熟年龄的个体。

6. 育种

育种指用人工的方法选育动植物新品种。育种的方法有很多,目前主要使用的有选择育种、杂交育种、单倍体育种、多倍体育种、体细胞育种和基因工程育种等。

7. 引种

引种指将国外或外地区优良水产品种引入本地区,通过试验,择其优良者加以繁殖推广。

8. 推广

推广指扩大选育、培育的水产新品种或引进品种的养殖范围。农业部设立全国水产原种和良种审定委员会,对水产新品种进行审定。对审定合格的水产新品种,经农业部批准并正式命名后方可推广。

在我国,水产养殖新品种的认定管理非常严格,水产养殖新品种必须经过全国水产原种和良种审定委员会审定通过,并经农业部公布后,方可进行养殖和推广。

三、水产苗种生产基本设施

水产苗种生产过程中常用到的设施如下。

(一)育苗室

北方育苗室墙壁通常为砖混结构,加保温材料,室顶用玻璃钢瓦并开设天窗,顶和壁窗要设遮光帘。气暖地区也有建设透明塑料大棚的育苗室。

(二)培育池

海参、扇贝培育池一般为 2:1 的长方形,水体 $20\sim50$ m³,池深 $1.2\sim1.5$ m,池壁高出室内地面 $50\sim70$ cm。鱼类培育池以 $30\sim50$ m² 为宜,圆形或八角形,池底最好贴白瓷砖,池深 1.2 m,中间排水。

(三)饵料培育室

饵料培育室是独立的生产车间,为苗种培育培养植物性和动物性饵料。

(四)供水设施

(1)沉淀池:海水进入沉淀池经 $24\sim48$ 小时送往蓄水池备用,沉淀池容水量一般为育苗总水体(培育池和饵料池)日最大用水量的 $1\sim2$ 倍,最好建成 2 个,轮换使用和清洗。

(2)滤水设施:车间用水必须经过砂滤池或砂滤罐。

(3)蓄水池:位于全场最高处,将过滤的水纳入蓄水池供全场使用。

（五）增氧设施

增氧主要设备是无油的鼓风机,将气体送往育苗室和饵料室等。价值较高的海水鱼在苗种生产过程中有使用纯氧或液态氧。

（六）升温设施

使用锅炉将蒸汽通过管道送车间升温。

（七）化验室

为随时掌握育苗过程中水质状况和幼体发育情况,要建立水质分析室和生物监测室,配备必要的仪器,如温度计、盐度计、酸度计、溶解氧测定仪、显微镜和解剖镜等。

（八）现代苗种繁育系统

现代苗种繁育技术从本质上讲就是使用工厂化苗种繁育系统进行亲鱼产卵、鱼卵孵化、苗种培育和鱼苗暂养技术。现代苗种系统通常主要由四部分组成,分别由亲鱼培育产卵系统、鱼卵孵化系统、苗种培育系统和鱼苗暂养系统组成。

1. 亲鱼培育产卵系统

亲鱼培育产卵系统主要由产卵设施和水处理设施组成。产卵设施是一种模拟江河天然产卵场的流水条件建设的产卵用设施。产卵设施包括产卵池、集卵池和进排水设施。产卵池的种类很多,常见的为圆形产卵池,目前也有玻璃钢产卵池、PVC 编织布产卵池等;亲鱼培育产卵系统由于投喂量较少,水处理设施相对简单,主要包括砂滤罐、紫外杀菌器和生物移动床等。常用的工艺流程见图4-1。

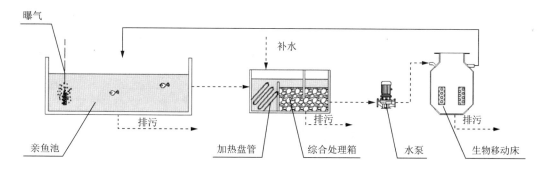

曝气　补水

排污　　排污　　排污

亲鱼池　　加热盘管　综合处理箱　水泵　　生物移动床

图 4-1　亲鱼池系统水处理工艺流程

2. 鱼卵孵化系统

鱼卵孵化系统主要由鱼卵孵化设施和水处理设施组成。鱼卵孵化设施是一类可形成均匀的水流,使鱼卵在溶氧充足、水质良好的水流中孵化的设施。鱼卵孵化设施的种类很多,传统的孵化设施主要有孵化桶(缸)、孵化环道和孵化槽等,也有矩形孵化装置和玻璃钢小型孵化环道等新型孵化设施系统。鱼苗孵化设施一般要求壁面光滑,没有死角,不堆积鱼卵和鱼苗;鱼卵孵化系统的水处理设施大多采用综合处理箱、PBF 滤器、砂滤罐、紫外杀菌器和生物滤塔等,在综合处理箱中进行补水、控温等处理,该系统孵化量可达70万～80万尾/立方米。常见的工艺流程见图4-2。

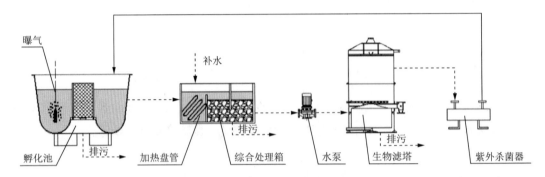

图4-2　环道池系统水处理工艺流程

3. 苗种培育系统

苗种培育系统主要由矩形池和水处理设施组成。矩形池苗种培育系统主要用于鱼苗的养殖,必要时也可用于黏性鱼卵的孵化。鱼池通常采用玻璃钢材质,长条形结构,内设两块改善流态并有利于排污的隔板,该系统育苗量可达10万～15万尾/立方米;苗种培育系统水处理设施通常采用综合处理箱、生物滤塔、紫外杀菌器、砂滤罐以及生物移动床等。常见的工艺流程见图4-3。

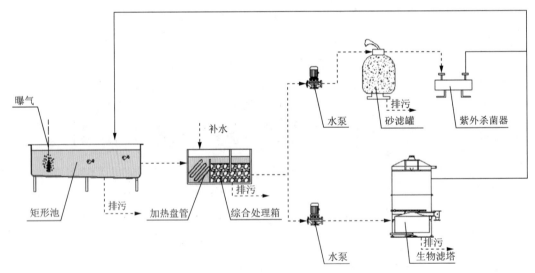

图4-3　矩形池系统水处理工艺流程

4. 鱼苗暂养系统

鱼苗暂养系统主要由圆形鱼池和水处理设施组成。鱼苗暂养系统的圆形鱼池通常采用PVC或者PP材质,其主要作用是对开口鱼进行培育,并可以对成鱼进行暂养,因此相对于其他系统而言,水体中会有更多的固体悬浮颗粒物及氨氮等有害物质,水处理设备就更加复杂；鱼苗暂养系统水处理工艺通常采用两条循环支路的方式来满足不同养殖工况的需要，其中一条支路包括砂滤罐和紫外杀菌器，另一条支路主要有生物移动床，总回水路上包括微滤机和生化滤池等。该循环模式可有效过滤水体，养殖量达10万～12万尾/立方米。常见的工艺流程见图4-4。

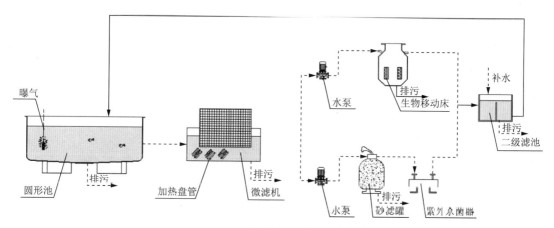

图4-4　圆形池系统水处理工艺流程

四、水产苗种生产基本条件

从事水产苗种生产者应为独立核算、自主经营、自负盈亏单位和个人。为保证水产苗种质量，从事水产苗种生产单位和个人必须具备一定的生产条件，方可被许可生产水产苗种。依照《渔业法》第十六条第三款规定，申请审批的水产苗种生产单位和个人应当具备下列条件。

（1）有固定的生产场地，水源充足，水质符合渔业用水标准。

（2）用于繁殖的亲本来源于原、良种场，质量符合种质标准。

（3）生产条件和设施符合水产苗种生产技术操作规程的要求。

（4）有与水产苗种生产和质量检验相适应的技术人员。

申请单位是水产原、良种场的，还应当符合农业部、省渔业行政主管部门《水产原良种场生产管理规范》的有关要求。

第二节　水产苗种培育技术

一、育种技术与应用

中国工程院刘少军院士在《中国水产品总量30多年世界第一背后的育种贡献》专访中介绍，水产新品种形成过程中，目前用到的最主要的生物遗传育种技术是选择育种技术和杂交技术,大约各占一半,另外有较少一部分新品种研制涉及雌核发育技术、性反转技术等。

选择育种技术、杂交技术、雌核发育技术都是非常经典的生物学技术,这些经典技术支撑了绝大多数水产新品种的形成。选择育种技术在今天仍然广泛应用,在杂交技术、雌核发育技术产生的后代中都会用到选择育种技术。这也说明经典生物学技术是有生命力的,应当继续受到重视和进一步完善提升。把这些经典生物学技术和分子生物学技术有机结合起来形成的综合育种技术,可以进一步提升和完善这些经典生物学技术。在国外,转基因技术和基因编辑技术也被用于水产育种,目前我国尚没有来自这些技术形成的水产新品种。各种生物学育种技术都有其独特作用,它们之间没有先进与落后之分,只要是能产生好的表型性状的技术,都应该充分利用。

(一)育种技术研究现状

1. 育种技术不断取得新成效

传统育种、细胞育种及分子育种技术研究,我国处于世界领先水平。家系育种技术,70年代初起源于挪威,2004年我国与挪威合作,引进、消化、吸收及再创新,建立了多性状复合育种技术体系,用于中国对虾、罗氏沼虾、斑点叉尾鮰、凡纳滨对虾等,取得显著成效。

水产良种选育将更加注重科研、资金和人力资源的整合,其中我国现代农业产业技术体系的启动就是例证。目前水产方面有5个产业体系,分别是国家大宗淡水鱼类产业技术体系、国家罗非鱼产业技术体系、国家贝类产业技术体系、国家鲆鲽鱼类产业技术体系和国家虾产业技术体系等,通过联合全国科研实力强、水产选育和培育经验丰富的科研单位、技术推广站、高校以及龙头企业进行技术攻关,发挥科研院所的带头作用,调动水产龙头企业的积极性和参与性,集中利用优势资源,提高技术创新力度,选育出遗传性状优良、生产性能良好的水产良种或养殖新品种。我国从1996年开始评定水产新品种,到2021年,已经认定鱼、虾、蟹等240个水产新品种,其中超过一半的品种为鱼类新品种(121种)。

我国水产育种研发先后经历了天然原种的开发利用、国外养殖品种引进和人工培育新品种等阶段,近年来在联合育种上取得了重要进展。随着标准化家系培育技术、家系/个体标记技术、性状测试与评估技术、种质扩繁与控制技术的突破,2006年起,全国水产技术推广总站联合水科院黄海所、浙江省淡水水产研究所和江苏省淡水水产研究所等单位联合开展罗氏沼虾、斑点叉尾鮰等物种选育并获得成功,"多种水产养殖动物联合育种与新品种示范推广"成果也于2019年获得全国农牧渔业丰收奖一等奖。

2. 苗种营养研究和饵料开发力度逐步加大

目前,鱼类苗种培育过程中饵料的投入方式主要是前期以施肥培养微藻和泼洒鸡蛋黄或豆浆等代用饵料、中期投喂轮虫、丰年虫等浮游动物和后期驯化与投食全价配合粉状和小型颗粒饵料,例如,用轮虫作为开口饵料成功的运用苗种生产的海产经济鱼类已达60余种,在淡水鱼类苗种培育上的应用则是更为普遍。而具体的投喂频率和投喂量会依据不同的养殖品种及其食性和"三看"和"四定"原则来设定的。由于苗种幼小、摄食能力低、饵料范围窄、营养要求高、生长快、变态周期短、对外界环境变化和敌害侵袭的应付能力差等原因,池塘施肥培育天然饵料生物有时会带进病原微生物和营养不全面,代用饵料存在养分流失多、浪费大和易污染水质的弊端,这对苗种培育所需的生物饵料的生产和培养提出了更高的要求。近年来,许多科研工作者对鱼类的营养需求进行了较为广泛和深入的研究,不断探索天然生物饵料的培育技术和研发适于鱼类幼体营养和吸收的全价配合饵料,如天然饵料的池塘培育和室内培养以及规模化生产、光生物反应器的研制、轮虫、卤虫和丰年虫的营养强化、微生态制剂、全价粉状料、不同粒径的颗粒料、微饲料的研发等,来满足苗种培育的营养需求,提高苗种的成活率和生长速度。但是,像罗非鱼、白斑狗鱼等鱼类苗种处于饥饿状态会出现同类残食的现象,而苗种天然饵料生物容易受到自然资源的波动、季节气候变化、培养设备和技术不足、机器较高生产成本等因素的影响,其产量和质量难以控制,这就增加了苗种培育的难度,影响苗种的成活率。同时,一些海水鱼类以及肉食性鱼类早期的生长发育因食性、栖息环境和消化吸收功能等原因离不开天然生物饵料,加上开口饵料的研究不够深入或难度较大(尤其是海水鱼类),如优质微藻的开发,这就从客观上限制了规模化苗种培育的开展。

3. 病害防控技术稳步推进

苗种培育技术的发展过程中,病害的发生会对苗种生产造成损失,甚至会给以致命的打击,而病源主要来自池塘本身、苗种、运输、生产设施、水源等。目前,水产苗种培育的病害防控更加关注水产动物的福利,从"养水、调水"的角度出发,通过水源消毒净化、微生态制剂调节水质或循环水培育的方式,确保如溶氧、氨氮、亚硝酸盐和酸碱度等水质指标的稳定,提供良好的微生态环境,同时,在苗种的处理操作中谨慎细心,细化苗种培育风险,注意采取措施,进而降低苗种发病的概率。生产实践中,对可能发生的苗种病害详细列出,注意日常的巡查和常规检测,一经查出,立即处理,鱼药使用更加具有针对性,摒弃了乱用药的不良习惯,从而极大地减少了苗种培育期间的经济损失。随着人们生活水平的提高和环保意识的提升,对水产品的质量安全和水产养殖的低碳环保需求越来越迫切,这就给苗种培育的病害防控技术带来了更高的要求。

为贯彻落实《中华人民共和国渔业法》《中华人民共和国动物防疫法》等要求,指导水产养殖主体加强对水产养殖动物疾病的防控,推进水产养殖业绿色高质量发展,提高水产品稳产保供水平,农业农村部渔业渔政管理局会同全国水产技术总站制定了《水产养殖动物疾病防控指南(试行)》(农渔养函〔2022〕16号),针对苗种引(购)入管理、苗种繁育管理、饲料和饲料添加剂管理及疾病诊断等都做出了规定。

(二)推广应用

1. 主要水产新品种推广应用

我国水产养殖遗传改良率52.8%,中国科学院院士桂建芳在题为"中国水产新品种研发、审定及展望"的报告中表示,鲤、鲫、罗非鱼、中国对虾、扇贝、海带、紫菜等全部使用人工改良种,并实现更新换代,遗传改良率达到100%;罗氏沼虾"南太湖2号"市场占有率60%以上;斑点叉尾鮰"江丰1号"市场占有率40%以上;凡纳滨对虾9个新品种国产种虾占

30%以上；逐步摆脱了对国外引进种的依赖，产生了巨大的经济价值。

2. 育繁推的商业化育种模式

目前水产品种育繁推－商业化育种较为成熟的有挪威的大西洋鲑、美国（南美）的凡纳滨对虾及世界鱼类中心的吉富罗非鱼。据海南宝路集团有限公司赵章定介绍，鲑鳟鱼商业化育种企业在欧洲有4家，控制了95%以上的种苗；凡纳滨对虾商业化育种企业在美国4家、泰国2家，控制了90%以上种虾市场；罗非鱼商业化育种企业在东南亚1家、美国1家、德国1家及中国1家（海南宝路集团有限公司）。

我国商业化育种经历了跟跑、并跑和领跑过程。根据2021年水产养殖种质资源普查结果，全国水产养殖主体超过90多万家，其中水产种业企业1.9万余家，广东、山东、辽宁等地出现了一批育繁推一体化优势企业。海南、广东、江苏、浙江等地的水产种业企业，分别在罗非鱼、南美白对虾、罗氏沼虾等国内种苗市场占有率较高，有的在东南亚地区有一定市场占有率。

3. 案例介绍

（1）挪威的大西洋鲑种业。采用规模化家系育种技术，育种投入产出比高达1∶15，饲料系数从3.5降低到1左右，挪威年产量从20世纪90年代10万t，增加到140万t。

（2）美国的凡纳滨对虾育种计划。据黄海水产研究所孔杰介绍，1984年美国农业部开始支持"联邦海产对虾养殖计划"，1992年在夏威夷OI建立了SPF核心群体；1994年引进并应用挪威家系育种技术，这种SPF+家系育种，被称为HHS。国外的凡纳滨对虾新品种包括美国的OI、HighHealth、Primo、CPF，夏威夷、佛罗里达EPA的SIS，美国HenrixGenetics的KonaBay，墨西哥的BlueGenetics，哥伦比亚的GeneticaSpringbyBenchMark，巴拿马的FarallonAqculture，泰国的SyAqua，印度尼西亚的GlobalGen及Saudi的NationalAquacultureGroup。

（3）罗非鱼选育。我国选育的罗非鱼品种主要有吉富罗非鱼、蓝罗非鱼和红罗非鱼。吉富罗非鱼选育于1988年由世界渔业中心组织在菲律宾开展。1997年，与吉诺玛（Genomar）合作引入国内培育10代。2003年，从越南渔业中心引进第十代吉富罗非鱼，到2020年经16年（每年选育一代），是目前集全球选育26代的罗非鱼苗，生长率提升245.7%、抗病生存率提升23%。蓝罗非鱼选育从2007年到2020年，生长率提升298.6%、抗病生存率提升24.4%，为全球唯一选育项目，具备耐寒性、抵抗力强的生物特性，用于杂交提高罗非鱼性状多样性，至今选育12代。红罗非鱼选育从2006年规划到2020年，生长率提升168.8%、抗病生存率提升5.4%，耐盐性强，适合咸淡水养殖，因国内市场需求未开发，暂停选育以保种为主，至今选育7代。我国各地区正与英国水产养殖营养保健公司BenchmarkHoldings合作选育，建立适应中国市场"育繁推服"罗非鱼种苗生产服务商业体系。其中，海南的吉富罗非鱼GIFT从2004年至今，经16年（每年选育一代）；广东的蓝罗非（Bluetilapia）从2007年至今选育12代；广东的红罗非（Redtilapia）从2006年至今选育7代。

（4）罗氏沼虾"育繁推"一体化种业体系。罗氏沼虾选育世代全世界第一，持续开展了20个世代的育种，其中群体选育6世代，家系选育14个世代，选育世代见图4-5。由浙江省淡水水产研究所选育的国家水产新品种罗氏沼虾"南太湖2号"生长速度提高36.87%，养殖存活率提高7.76%。通过直接与间接供种，累计推广种虾16.6万千克，合计830万尾。繁育虾苗300亿尾，近三年年推广虾苗近60亿尾，市场占有率近40%。推广养殖60万亩以上，养殖增效12亿元。

资料来源：浙江省农业科学院陈雪峰

图4-5　罗氏沼虾选育世代图

（5）凡纳滨对虾联合育种。为打破种源依赖国外进口被动局面，在农业农村部领导下，由全国水产技术推广总站组织协调、中国水产科学研究院黄海水产研究所为技术依托，组织广东有关企业强强联合，在山东省潍坊市建立了凡纳滨对虾联合育种基地，这是国内首个南美白对虾种虾联合育种平台，现储备家系300多个，高抗和快大两个选育系，年生产种虾5万对以上。据统计，国内培育的凡纳滨对虾新品种有中性1号、桂海1号、中科1号、科海1号、壬海1号、海兴农2号、广泰1号、兴海1号和金正阳1号，具体见表4-1。

表4-1　国内培育的凡纳滨对虾新品种

品种	选育技术	生长	抗性	卵量	其他
中兴1号	FS：30个／年		WSSV		
桂海1号	FS：60个／年	+			存活率
中科1号	MS+FS：20～40个／年	+			淡水应激
科海1号	FS：>200个／年	+			
壬海1号	FS+CB：>100个／年	+			存活率
海兴农2号	FS：>100个／年	+			工厂化＋高位池
广泰1号	FS：320个家系／年	+		+	存活率
兴海1号	FS：	+			耐氨氮
金正阳1号	FS：	+		+	耐低温

数据来源：黄海水产研究所

二、工厂化循环水育苗养殖系统

（一）工厂化循环水养殖系统

1. 循环水养殖系统组成

海水工厂化养殖较多采用一体化循环水处理系统，循环水系统由养殖池、过滤池（兼泵池）、滴滤式脱气反应池（兼生物净化池）、调温池、紫外线消毒井、液氧池、进排水系统及涡旋固液分离筒、弧形筛/微滤机、潜水泵、潜水气浮机、进水滴滤装置、脱气填料、生物滤料、中压紫外线消毒模块、纳米微孔增氧管、纳米气盘、水质多参数传感器、充气管等设施设备组成。循环水养殖工艺流程包括涡流式固液分离、弧形筛/微滤机固液分离、滴滤式脱气、生物净化、调温、紫外线杀菌、液氧补充 7 个阶段。

2. 循环水养殖系统参数

（1）系统生物承载量：游泳性鱼类 40～80 kg/m³，鲆鲽类 40～60 kg/m³。

（2）循环水系统处理后水质指标：$NH_4-N \leqslant 0.15$ mg/L，$NO_2-N \leqslant 0.02$ mg/L，化学需氧量（COD）$\leqslant 5$ mg/L，悬浮物（SS）$\leqslant 10$ mg/L，PH7.8～8.2，溶解氧 DO $\geqslant 10$ mg/L。

（3）每昼夜水循环次数：8～24 次可调。

（4）系统自维护回流水量：15%～30%。

（5）每昼夜新水补充添加量：≤系统总水量的 5%。

3. 循环水系统参数和处理工艺

（1）养殖池。以烟台市莱州某水产公司为例，养殖池为方形圆抹角鱼池，有效水面积 40 m²，循三、循四、循八至循十六车间水深 1m，有效养殖水体 40 m³。其他循环水车间水深 0.7～0.8 m，有效养殖水体 30 m³。

（2）涡流式固液分离。每个养殖池设有 1 套涡旋固液分离筒，养殖池排出的养殖水进入分离筒后较重的残饵粪便由于向心力的作用聚集沉淀在筒的锥形底部，分离后的清水由分离筒上部流出至弧形筛/微滤机。

（3）固液分离。弧形筛过滤精度 225 μm，每平方米筛板的过水流量为 50 m³/h；滚筒式微滤机过滤精度 63 μm，过水流量为 500 m³/h，固体颗粒去除率 95% 以上。该工艺主要是对残饵、粪便等固体杂物进行实时分离，防止固体杂物在水中分解，减轻循环水处理系统的处理负荷，减小后级处理系统体积，降低系统造价。

（4）滴滤式脱气。循环水中的二氧化碳浓度的增高会降低水体的 PH，通过降低鱼鳃血液中的 PH，从而降低鱼类血液的载氧能力，会使鱼类造成昏迷、麻醉、窒息等现象，因此，循环水养殖系统中对二氧化碳的去除显得尤为重要。滴滤式脱气反应池包括进水滴滤装置和脱气填料组成，脱气填料比表面积为 296 m²/m³。工作时，潜水泵从缓冲池提水，水从上部进入，经配水装置淋下，通过填料层后，从下部排入无污泥生物净化池。生物净化池填充比表面积为 100 m²/m³ 的立体弹性滤料（俗称毛刷）和比表面积为 380 m²/m³ 的多孔网状生物包（俗称方便面），池底部设有 2.2 kW 潜水气浮机，通过产生大量的微小气泡，利用细小气泡表面吸附混杂在水中的各种颗粒,通过池壁上端排沫槽而将颗粒去除。由于气浮机提供与水流相对的风向,在脱气的过程中同时达到了水的总气体平衡增加了溶氧。

(5)系统自维护。生物滤池之后,设有系统自维护回流水工艺,系统自维护回流水量15%～30%,回流水进入缓冲池。通过采用回流的方法可以将水中游离的各种净水微生物回流到前端来起到微生物接种的目的,周而复始不间断的回流,不间断的"接种",这样就保证了系统内净水微生物的浓度和净水微生物更新的速度,保持了系统生物净化的活力,因而达到了循环水处理系统自维护免接种的目的。

(6)调温。通过调温池添加蒸汽或加注地下水,调节养殖水温升高或降低,实现水温达到适宜养殖温度。

(7)紫外线杀菌。水体自下而上均匀的流经紫外线消毒井,消毒井中设置有垂直插入的中压紫外线消毒灯管,紫外线照射剂量为 10 mj/cm²,发射波长 254 nm 光谱,实现微生物永久性灭活,有效避免微生物的光复活以及黑暗修复的发生,可实现大于 99.99% 的微生物灭活。紫外线杀菌后的水质细菌总数要求低于 20 个/毫升。

(8)液氧补充。通过纳米微孔增氧管进行增氧,水中溶氧量达到每升 10 毫克以上。经液氧补充后水体重新流回培育池,完成循环水处理过程。

(9)水质多参数传感器。监测水质指标主要有水温、溶氧、PH、盐度、总氮、电导率等。

(二)工厂化循环水苗种繁育设施技术与应用状况

循环水养殖系统是欧美主要的养殖生产方式。我国工厂化循环水养殖技术发展于 20 世纪 80 年代,形成了特有的技术体系与系统模式。淡水工厂化循环水养殖形成了以宝石鲈、罗非鱼为对象的系统模式,养殖密度达到 50 kg/m³;海水工厂化循环水养殖系统以鲆鲽类养殖为代表,形成了养殖密度为 20～30 kg/m² 系统模式。循环水技术在水产苗种繁育系统中已有一定程度的探索和应用,针对水产苗种繁育环境构建的要求,对系统物理过滤、生物过滤、杀菌、调温等关键环节进行了工艺优化研究与装备研发,构建了工程化系统。该系统在近年来的发展与应用中,其基本组成包括:

1. 亲鱼培育产卵系统

主要由产卵设施和水处理设施组成。产卵设施是一种模拟天然产卵场的流水条件而建设的产卵用设施。产卵设施包括产卵池、集卵池和进排水设施。产卵池多为圆形池,材料有玻璃钢和 PVC 编织布等。亲鱼培育产卵系统由于投喂量较少,水处理设施相对简单,主要包括砂滤罐、紫外杀菌器和生物移动床等。

2. 鱼卵孵化系统

主要由鱼卵孵化设施和水处理设施组成。鱼卵孵化设施可形成均匀的水流,使鱼卵在溶氧充足、水质良好的水流中孵化。鱼卵孵化设施主要有孵化桶(缸)、孵化环道和孵化槽等,也有矩形孵化装置和玻璃钢小型孵化环道等。鱼苗孵化设施一般要求壁面光滑,没有死角,不堆积鱼卵和鱼苗。水处理设施采用综合处理箱、PBF 过滤器、砂滤罐、紫外杀菌器和生物滤塔等,并在综合处理箱中进行补水、控温等处理。

3. 苗种培育系统

主要由矩形池和水处理设施组成。矩形池苗种培育系统主要用于育苗的养殖，必要时也可用于粘性鱼卵的孵化。鱼池采用玻璃钢材质，长条形结构，内设两块改善流态、有利于及时排污的隔板。水处理设施通常采用综合处理箱、生物滤塔、紫外杀菌器、砂滤罐以及生物移动床等。

4. 鱼苗暂养系统

主要由圆形鱼池和水处理设施组成。圆形鱼池通常采用PVC或者PP材质，其主要作用是对开口鱼进行培育，并可以对成鱼进行暂养。相对于其他系统而言，暂养系统水体中会有更多的固体悬浮颗粒物及氨氮等有害物质，必要的话，水处理工艺采用两条循环支路的方式来满足不同养殖工况的需要，其中一条支路包括砂滤罐和紫外杀菌器，另一条支路主要有生物移动床，总回水路上包括微滤机和生化滤池等。

（三）应用案例

重庆市万州区国家级胭脂鱼、岩原鲤原种场，长期致力于长江名特鱼类的研究与开发，近年来已成功开发了胭脂鱼、岩原鲤、中华倒刺鲃、黄颡鱼、大鲵等长江名特鱼类20多种，其中胭脂鱼研究开发独树一帜。以往的繁育生产采用传统方式进行，受养殖面积较小、基础设施较差的影响，基本依靠自然环境条件，繁殖效果不稳定，繁育过程还存在着水资源消耗大、对外排放等问题，制约了长江名特鱼类苗种的繁育生产。工厂化循环水繁育系统的构建，针对胭脂鱼、岩原鲤、匙吻鲟等淡水特色养殖品种，研究全流程不同阶段的生境需求，确定影响苗种生产的关键因子，优化集成高精度物理过滤、水体温度精准控制、水质监测和自动控制等关键技术装备，形成系统模式。

1. 车间建设

厂房为一幢二层楼建筑，一层车间为半地下结构，长43.2 m，宽19.8 m，建筑面积857.58 m²。车间内设4个直径6 m、1个直径5.4 m的亲鱼产卵池，其中2个产卵池单独循环，形成各自独立的循环系统。北二层车间建筑面积为870.54 m²，包括2套矩形池苗种培育系统以及3套环道孵化系统，见图4-6（1），采用上部溢流排水，底部6个喷嘴进水，玻璃钢材质；南二层车间面积为800 m²，车间内布置5套循环水苗种培育系统，其中4套方圆型玻璃钢苗种池，另1套采用圆形养殖池，见图4-6（2）。

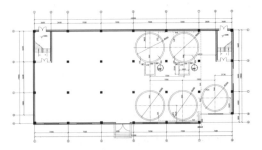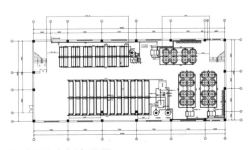

图 4-6（1） 一层（左图）和北二层（右图）车间布置图

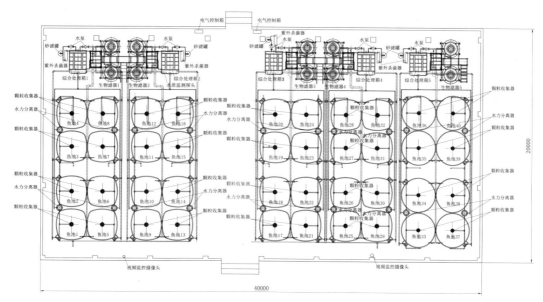

图 4-6(2) 南一层车间布置图

2. 系统设计

亲鱼池系统:采用半埋式结构,地坪上部 1.2 m,中底部设排污管,总水体量 168 m³,作产卵用池,另在池边增设集卵池。亲鱼池系统考虑到不投饵、无残饵、鱼粪较少等因素,循环系统不设物理过滤以及生物处理环节,只是通过污排分流解决少量鱼粪等固体污物。每套亲鱼池系统都只设置 1 台推流水泵,可根据亲鱼排卵设定水流速度。

矩形池孵化系统:有 3 套,每套包括 8 个环道池。环道底部为圆弧形,中间为向上凸起的圆锥体,其顶部设一进水管;锥形滤水网设在圆池上部池壁内侧,可排除环流形成的中心旋涡,增大了滤水面积和孵化利用空间,且流态均匀,促使鱼卵、鱼苗分布均匀,避免了贴卵、贴苗现象;水处理系统相对比较简单,仅设置一个综合处理箱应用于物理过滤、生物处理及调温。环道流速 0.3 m/s 以上,水循环率 2 次/小时左右。见图 4-7。

矩形池苗种培育系统:共 2 套,因池型不同,分别采用不同的水处理工艺。矩形池池型分为两种。大小池型系统各包括 24 个鱼池。小池型系统因水体量相对较小,水处理设备包括 1 台生物滤塔、1 个综合处理箱、1 个砂滤罐及 1 台紫外杀菌器,循环量为 0.5 次/小时。大池型系统水处理设备包括 2 台生物滤塔、2 个综合处理箱、1 个砂滤罐及 1 台紫外杀菌器,循环量为 0.5 次/小时。见图 4-8、图 4-9。

圆形池苗种培育系统:共设置 5 套,其中 4 套采用方圆型玻璃钢苗种池,另 1 套采用圆形苗种池,每套系统的鱼池数量为 8 个。由于苗种规格较大,可投喂成形饲料,水处理设备要求较高。鱼池设计根据不同循环率采用双排水形式,以满足不同养殖工况的需要。在两路循环同时开启的条件下,系统循环率可达 0.8 次/小时。见图 4-10。

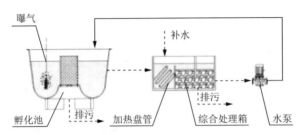

图 4-7 环道孵化池系统水处理工艺流程图

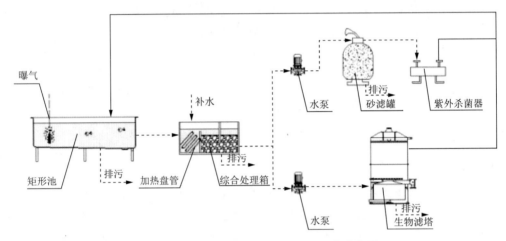

图 4-8 小池型苗种培育系统水处理工艺流程图

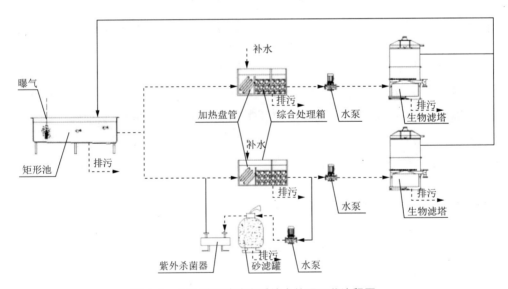

图 4-9 大池型苗种培育系统水处理工艺流程图

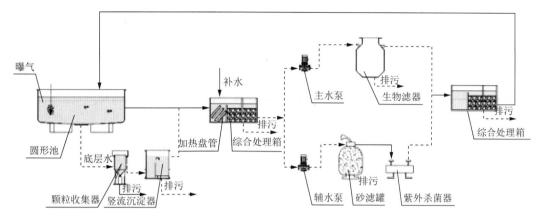

图 4-10 圆形池苗种培育系统水处理工艺流程图

3. 运行效果

（1）催产时间：各种鱼类的繁殖时间均比往年提前 1 个月左右，胭脂鱼可在 2 月催产，岩原鲤可在 3 月催产，中华倒刺鲃、黄颡鱼均可在 3、4 月催产，克服了天气对鱼类催产繁殖的影响。

（2）催产效果：胭脂鱼、岩原鲤、中华倒刺鲃和黄颡鱼的开口水花的年产量分别为 500 万尾、200 万尾、210 万尾和 150 万尾，较以前产量分别增加 40%、50%、50% 和 50% 以上；名特鱼类苗种产量的大幅增加主要是各种鱼类的催产率、受精率、孵化率、鱼苗暂养成活率均较以前有大幅的提升，见表 4-2。

表 4-2 重庆市万州区工厂化繁育车间使用前后数据对比

品种	使用前				使用后			
	受精卵/%	孵化率/%	暂养成活率/%	产量/（万尾/年）	受精卵/%	孵化率/%	暂养成活率/%	产量/（万尾/年）
胭脂鱼	78	82	80	350	94	93	92	500
岩原鲤	80	72	76	120	93	95	90	200
中华倒刺鲃	76	80	83	140	92	90	93	210
黄颡鱼	75	70	82	100	90	92	90	150

（3）投资与能耗：系统设备费用为 184.528 万元，有效养殖面积为 537.5 m²，不考虑原有土建投入，单位水面设备成本为 3 433 元/平方米。繁育车间日耗电量约 160 kW·h，其中 75% 为功率 5 kW 的风机能耗。按 1 年繁育 6 批次、每批次耗时半个月计算，单批次耗电 2 400 kW·h。

（4）节水效果：相对于传统流水型繁育模式，系统节水效果非常显著。车间总水体量约为 435 m³，日耗水量约为 80 m³（不含产卵池），平均日换水率约为 18%，主要为鱼池少量换水、水处理设备反冲洗、养殖池渗漏等损耗，相比传统生产方式节水 90% 以上。

第五章　渔业资源与增殖放流

渔业资源是人类食物的重要来源之一，它同时也是人类从事渔业经济活动的物质基础。作为生物资源的一类，渔业资源状况不仅受其自身生物学特性的影响，而且还会因栖息环境条件的变化和人类开发利用的状况而发生变动。渔业资源具有再生性、洄游性，渔获物具易腐性、波动性、整体性和区域性。随着渔业资源的衰退，资源增殖能够兼顾渔业资源的恢复与渔获产量的维持，是解决海洋生态保护与生物资源可持续问题的关键途径。

第一节　渔业资源特征与分类

一、渔业资源概念

渔业资源是人类食物的重要来源之一，它同时也是人类从事渔业经济活动的物质基础。《辞海》中认为："水产资源是指水域中蕴藏的各种经济动植物的数量。渔业上对经济动植物的数量通常称为渔业资源，包括已成熟可供捕捞的部分和未成熟的预备捕捞的部分。"《农业大词典》和《中国农业百科全书》（水产业卷）中将渔业资源定义为："水产资源是指天然水域中具有开发利用价值的经济动植物种类和数量的总称。又称为渔业资源。"《水产词典》中则认为："渔业资源（fishery resources）亦称水产资源。天然水域中蕴藏并具有开发利用价值的各种经济动植物的种类和数量的总称。"作为生物资源的一类，渔业资源状况不仅受其自身生物学特性的影响，而且还会因栖息环境条件的变化和人类开发利用的状况而发生变动。

渔业资源种类繁多，主要的类别有鱼类、甲壳类、软体类、藻类等，各类群的数量相差很大。鱼类是渔业资源中数量最大的类群，全世界有 20 000 多种，中国记录的有 2 800 余种，但主要的捕捞鱼类全世界仅有 100 多种。甲壳类主要指虾类和蟹类。软体动物主要包括贝类和头足类，其中头足类包括柔鱼类、枪乌贼类、乌贼类和章鱼类。藻类包括海带、紫菜等。

渔业资源还可以根据分布水域分为海洋渔业资源和内陆渔业资源。海洋渔业资源按所在水层不同，可分为以下 4 种类型。

1. 底层种类

底层种类主要栖息于底层，通常用拖网捕捞，产量约占全球海洋渔业产量的 40% 以上，主要是鳕科和无须鳕科鱼类。

2. 岩礁种类

岩礁种类栖息于岩礁区,主要采用钓捕,如石斑鱼、许氏平鲉等。

3. 沿岸中上层种类

沿岸中上层种类是指在大陆架海区栖息于中上层的种类都属于这一类型,主要为鲱科、鲢科、鲹科和鲭科鱼类。

4. 大洋性中上层鱼类

大洋性中上层鱼类主要栖息于大陆斜坡和洋区透光层的表层,如金枪鱼类等。我国横跨热带、亚热带和温带三大区域,渔业资源的种类组成复杂,但其单鱼种的资源量和渔获量较低,渔业资源的种类按黄海、东海和南海依次递增。各海区的主要经济种类见表5-1。

表5-1　中国沿海主要水产经济动植物种类的分布

海区	主要经济动植物种类
黄海	小黄鱼、带鱼、鲐、太平洋鲱、蓝点马鲛、日本鳀、海鳗、青鳞鱼、白姑鱼、牙鲆、日本枪乌贼、对虾、中国毛虾、鹰爪虾、毛蚶和海带等
东海	带鱼、大黄鱼、小黄鱼、绿鳍马面鲀、银鲳、蓝圆鲹、鲐、海鳗、马鲛、竹荚鱼、曼氏无针乌贼、鳓、梭子蟹、中国毛虾、牡蛎、缢蛏、泥蚶、海带、紫菜等
南海	蓝圆鲹、蛇鲻、金线鱼、马六甲鲱鲤、二长棘鲷、大眼鲷、黄鲷、日本金线鱼、深水金线鱼、红鳍笛鲷、黄鳍马面鲀、鲐、金色小沙丁鱼、牡蛎等

资料来源:陈新军.2004.渔业资源经济学

二、渔业资源特征

渔业资源是自然资源的一种,但它既不同于如潮汐能、风能等不可耗竭的自然资源,又不同于如矿物等能耗竭而不能再生的自然资源,它是一种可更新(或再生)的生物资源,并且大部分种类具有跨区域和大范围的流动性,因此渔业资源具有特殊属性和变化规律。深刻分析和研究渔业资源的特性,包括自然和经济等方面,对渔业资源可持续利用、有效配置以及科学管理和保护具有重要意义。

(一)渔业资源自然特征

1. 再生性

渔业资源是一种可再生资源,具有自我繁殖的能力。通过种群的繁殖、发育和生长,资源能够得到不断更新,种群数量能够不断获得补充,并通过一定的自我调节能力使种群的数量在一定的点上达到平衡。如果有适宜的环境条件,且人类开发利用合理,则渔业资源可世代繁衍,并持续为人类提供高质量的蛋白质。但如果生长的环境条件遭到自然或人为的破坏,或者遭到人类的酷渔滥捕,渔业资源自我更新能力就会降低,生态平衡则遭破坏,并将导致渔业资源的衰退,甚至枯竭。

2. 洄游性或流动性

渔业资源中除少数固着性水生生物外,绝大多数渔业资源都有在水中洄游移动的习性,这是渔业资源与其他可再生生物资源如草原、森林等所不相同的,是区别于其他资源的最显著特征之一。一般来说,甲壳类等的移动范围相对较小,鱼类和哺乳类的移动范围较大,特别是溯河产卵的大马哈鱼和大洋性鱼类移动范围可达上千米。许多鱼类产卵时洄游到近岸海区,产卵后游向外海,在不同的发育阶段生活在不同的海域。同时,不少渔业资源种类在整个生命周期中,会在多个国家或地区管辖的水域内栖息。如幼鱼在某国专属经济区内发育生长,而成鱼游到另一国专属经济区或专属经济区以外的公海海域生长。

3. 渔获物的易腐性

如果渔获物腐败变质,就会完全失去财富的效用和使用价值,即使没有腐败变质,若鲜度下降,水产品利用效果也会降低。因此,在无保鲜措施的时代,渔场利用和流通的范围受到了很大的限制,渔业生产只能局限在沿岸海域,水产品的消费也局限在沿海地区。冷冻技术的发展,促进了渔场的远洋化、流通的广域化以及加工原料的大量贮藏,为渔业的发展创造了条件,从而促进了渔业资源的大规模开发和利用。

4. 波动性

作为一种自然资源,渔业资源极易受到气象、水文环境等自然因素的影响,不可预见的因素较多,资源量波动性较大。水温、海流等因素的异常变化,会给渔业资源造成极大的危害,如厄尔尼诺现象造成秘鲁鳀鱼产量的剧降。同时,作为一种被人类开发利用的资源,渔业资源的变化情况还会受到人类的干扰,这也会造成渔业资源的波动。由于渔业资源具有波动性,造成捕捞生产和水产养殖等生产活动具有不确定性和风险性。

5. 整体性

整体性也可将渔业资源的这种特性称为系统性。事实上,不同种类、不同区域的渔业资源往往彼此有生态上的联系,形成一个整体的生态系统,故必须强调综合研究与综合开发利用。同时,渔业资源与它置身其中的各种自然环境要素以及人类生产活动之间存在着密切的关系,它们既互相联系,又互相制约,形成一个有机的系统,一种资源要素或环境条件的变化会引起其他相关资源要素的相应变化。

6. 区域性

一般说来,每一种渔业资源都具有其自身的生物学特性,其生长和分布会受到气候、温度、水资源条件等因素的影响。因此其分布是不平衡的,存在数量或质量上的显著地域性差异,并有其特殊分布规律。

(二)渔业资源经济特征

渔业资源的经济特征以自然特征为基础但又与自然特征不同,渔业资源因人类社会的开发利用而形成了其自身的经济特征。主要可概括为以下几方面。

1. 稀缺性

相对于人类对渔业资源的需求而言,渔业资源是稀缺的。在这一点上,人类的认识有一个逐步演进的过程。直到在19世纪后期,著名自然科学家 Thomas Henry Huxley(1883)指出,海洋渔业资源是如此丰富,以至于任何对渔业进行管理的努力都似乎是无用的。然而在不到100年的时间里,随着世界人口的增长和收入水平的提高,人类对水产品的需求不断增长。在需求增长的同时,渔业技术的进步使得人类的捕捞能力快速提高。这种技术进步下的需求扩展的结果是,世界渔业资源在人类的干扰下出现了严重的大衰退,渔业资源变得越来越稀缺。20世纪50年代以来,如何恢复和保护业已衰退的渔业资源就成了渔业自然科学界和经济管理学界共同关注的主要命题。根据FAO(2006)的报道,"自1974年粮农组织开始监测全球种群状况以来,可以提供少许扩大潜力的被低度开发和适度开发种群的比例呈持续下降趋势,从1974年的近40%到2005年的23%。同时,被过度捕捞和衰退的种群比例呈增长趋势,从20世纪70年代中期的约10%到90年代早期的约25%,此后一直稳定至今,而被完全开发的种群比例从1974年的超过50%略微下降到90年代早期的约45%,2005年增加到52%"。而该组织2010年的报告进一步说明,到2008年时被低度开发和适度开发的种群数的比例进一步下降到了15%,被完全开发的种群数量则进一步增加到了53%。

2. 产权的模糊性

虽然许多国家可能规定,渔业资源所有权归国家、集体或某些个人所有,但从完全的产权角度看,相对于一般的私人物品,渔业资源的产权是模糊的。从海洋渔业资源看,除领海和专属经济区外,海洋的极大部分没有划分国界,即使是在一国的领海,或跨区域的河流,一般也没有明显的省、市或州、郡等界线。就内陆的捕捞性渔业资源而言,虽然在国与国之间、同一国家的不同区域之间可能有明确的地理界线,但渔业资源也很难界定其产权。以淀山湖渔业资源为例,该湖按水面划分1/3属于江苏、2/3属于上海,但其中的渔业资源却很难归属到其中的任何一方。总之,对于捕捞渔业而言,由于渔业资源具有流动性,因此,在某一水域中,对于某一种渔业资源,甚至是同一种群,常常是几个国家或地区共同开发利用的对象。由于人们难以将其局限在某一区域进行管理,同样某一渔民也无法阻止别人前来捕鱼,即具有利用或消费无排他性的特征。因此这种渔业资源的产权是模糊的。

相对于捕捞渔业,水产养殖业的渔业资源产权则要明晰得多。在这种情况下,虽然所养殖的水产资源相对固定,但养殖水体仍然与外界有强烈的物质和能量的交换,因此从环境产权的角度看,仍然具有一定的模糊性。比如,贝类养殖水域的碳汇价值,其产权就比较模糊;与此同时,养殖污染产生的损害,其产权也比较模糊。

3. 渔业资源的共享性与"先来先服务"性

渔业资源属于流动性资源,其产权往往很难明确界定,因此在开发利用过程中往往是不同地区乃至不同国家之间共享同一个渔业资源。然而,这种被共享的渔业资源在使用上是具有竞争性的。如一条鱼如果被渔民甲捕获的话,渔民乙就无法再使用它。这种竞争性的使用意味着渔民甲对这条鱼的使用排除了渔民乙对它的占有权。这种共享性与使用中的竞争性的耦合,决定了在其开发利用过程中只能"先来先服务",即采取"无主先占"的方式来开发。这意味着"今天未捕捞的鱼明天就会成为他人的囊中之物"。

4. 开发利用过程中的外部性

外部性指的是企业或个人的行为对活动以外的企业或个人的行为产生的影响。当一种消费或生产活动对其他消费或生产活动产生不反映在市场价格中的直接效应时,就存在外部性。外部性造成私人成本或收益与社会成本或收益的不一致,导致实际价格与最优价格相悖离,从而造成了资源配置的低效。在渔业资源利用及其环境保护中,外部性是指一个渔业资源及其环境的使用者所产生的不包括在其经济成本或收益的核算之内的外部影响。这种外部性存在着正、负两个方面,但是通常是负的。当渔民可以自由进入并捕捞某一渔业资源时,就会出现负外部性。因为在这种渔业中,一个自愿相互合作的协议通常是不存在的,而往往都是以单个渔船作为决策单元,并以各自的最大利益为目标。在这种情况下,资源的使用者并不考虑他对其他使用者所产生的外部效果。一个渔民的过多采捕可能导致另一个渔民捕捞产量减少。

5. 开发利用中的高风险性

渔业资源开发利用的效益不仅取决于市场行情等社会经济因素影响,还取决于渔业资源本身的丰富程度及天气、温度等自然条件,不仅受到市场风险的影响,还受到自然风险的制约。在自由入渔的情况下,海洋捕捞业是一种"股票"渔业。由于可以自由和公开入渔,在渔获好的年份,大量渔民拥入捕捞业,并建造新船或更新渔船,入渔容易,此时渔船价格也会上扬;但是由于渔业资源的不确定性和波动性,在渔获较差的年份,渔民想退出捕捞业也变得困难,渔船价格也会随着资源状况的不好而大幅度下跌,因此会出现一种"进入容易,退出难"的现象。此外,渔民投入渔船的固定成本高,沉淀资产大,使用周期长,对渔业资源破坏的影响力严重、持久,从而导致捕捞强度不断扩大。

6. 高排斥成本

由于具有流动性,且其产权又比较模糊、开发利用过程中具有共享性以及风险比较高等原因,因此渔业资源管理和利用过程中排斥成本比较高,即一个渔民要排斥其他渔民使用渔业资源需要极高的成本。可以想象,在渔业资源具有流动性的情况下,一个渔民要防止这种渔业资源被别人开发利用的常用办法只能是在别人采取行动前自己先将其捕获。然而这种微观主体的理性行动的结果往往是渔业资源被过度捕捞,导致宏观失效。

三、渔业资源分类

(一)按不同特征分类

1. 按食物生态特征

按食物生态特征分,包括浮游性生物食性鱼类、底栖生物食性鱼类、地方性鱼类等。

2. 按鱼类洄游途径及性质

按鱼类洄游途径及性质分,包括溯河性鱼类、降河性鱼类和大洋性鱼类。

3. 按水层

按水层分,包括底层鱼类、中下层鱼类和上层鱼类等。

（二）按开发利用程度分

1. 枯竭的渔业资源

枯竭的渔业资源是指资源量在相当长的时期内难以恢复正常水平,如东海的大黄鱼资源。

2. 过度利用的渔业资源

过度利用的渔业资源是指资源已经衰退,但采取保护措施,尚能恢复,如东海、黄海的小黄鱼资源。

3. 可充分利用的渔业资源

可充分利用的渔业资源是指资源利用的数量同资源自然更新形成的资源量相近,能保持最大的持续产量。

4. 未充分利用的渔业资源

未充分利用的渔业资源是指资源的利用尚有潜力,资源利用的数量小于资源再生更新的数量。

（二）按资源蕴藏量分

1. 总的渔业资源

总的渔业资源是指在一定水域内,在目前条件下已被确定可以利用的渔业资源的蕴藏量。

2. 潜在的渔业资源

指总的渔业资源的一部分,可以利用但未完全查明,目前尚不能列入开发计划的资源。如南极磷虾,估计数量相当多,但由于技术、经济原因,具体数量、地点、生理特性等并未完全查明,目前尚无法完全利用。潜在的渔业资源是制定渔业长期发展规划的重要依据。

3. 查明的渔业资源

查明的渔业资源是总的渔业资源的一部分,已经查明,但尚未完全利用,可以列入开发计划的资源。查明的渔业资源是制定渔业近期发展规划的重要依据。

4. 确定的渔业资源

确定的渔业资源是查明的渔业资源的一部分。从经济上看,可以在不损害其再生能力的情况下,用现有的生产手段进行开发利用的资源,如东海的带鱼资源等。确定的渔业资源是安排年度计划的重要依据。

（四）按渔业资源生理特征分类

1. 产卵资源

产卵资源是指准备产卵或正在产卵的那部分资源。产卵资源一般活动在沿海、沿湖、沿江的浅水区,是渔业资源自然再生产的基础,也是保护渔业资源的重点。

2. 索饵资源

索饵资源是指在水域中摄食的那部分资源,一般活动在江、河、湖口饵料丰富的水域中。

在资源管理中应分清是幼鱼索饵还是成鱼索饵,幼鱼应该保护,成鱼应该捕捞。

3. 越冬资源

越冬资源是指冬季活动在水温较高的深水区的那部分资源。一般可以捕捞,但不能过度。此外,渔业资源还可以按水温、品种和作业渔法等标准来分类。

第二节　渔业资源增殖放流

一、渔业资源增殖放流起源

21 世纪以来,受过度捕捞、气候变化、环境污染和生境破坏等因素的影响,全球海洋渔业资源呈现明显衰退趋势。与此同时,随着世界人口的持续增长,人类对于水产品与海洋动物蛋白的需求日益增加,对渔业资源的可持续利用构成了巨大压力。针对这一挑战,世界各国探讨了多种渔业管理与修复措施,以维持渔业资源的可持续利用,其中包括捕捞管控(如减少渔船数量、捕捞限额、禁渔区 / 期、网具 / 网目限制等)、栖息地保护与修复(如海洋保护区、人工鱼礁、海藻场修复)以及渔业资源增殖(如幼体放流等)等。很多学者认为,相较于其他管理与养护措施,资源增殖能够兼顾渔业资源的恢复与渔获产量的维持,是解决海洋生态保护与生物资源可持续问题的关键途径。

在广义上,渔业资源增殖具有多种方式,主要包括幼体培育与放流、栖息地构建 / 修复等。其中幼体放流是应用最为广泛的一种资源增殖方式,但不同国家在增殖放流目标上有着较大差别,如美国和加拿大等发达国家放流的主要目标是维持休闲渔业,墨西哥、巴西等国家放流则是为了恢复渔业资源,维持商业渔业的发展,而菲律宾、泰国和印尼等国家增殖放流的目的是提高捕捞产量。

国外大规模的增殖放流起源于 1870 年前后,美国、英国、挪威等国家率先实施海洋经济物种增殖计划,主要放流了一些经济性鱼类。日本在 1963 年左右开始推行近海增殖计划,放流甲壳类、贝类等重要经济种类。据 FAO 统计,在 1984 至 1997 年间全世界 64 个国家共放流了近 180 个种类。在 2011 到 2016 年间,增殖放流的种类数量变化不大,但在东亚、地中海等地区增殖放流活动增长迅速。目前世界上许多国家都开展了大规模增殖放流项目,某些种类的放流数量达到每年几十亿尾。其中鲑鱼是全球放流规模最大的类群之一,美国、加拿大、俄罗斯、挪威、韩国和日本等国均有相关放流项目。我国近海规模化的渔业资源增殖放流始于 20 世纪七八十年代,放流对象最早为中国明对虾(*Fenneropenaeus chinensis*),之后扩展至海蜇(*Rhopilema esculentum*)、三疣梭子蟹(*Portunus trituberculatus*)、金乌贼(*Sepia esculenta*)等。

我国的渔业资源增殖放流工作始于 20 世纪 50 年代末,80 年代后增殖放流活动渐成规模,2000 年以后增殖放流工作发展较快。目前,全国内陆所有省(自治区、直辖市)以及四大海域均已开展增殖放流工作,增殖放流活动由区域性、小规模发展到全国性、大规模的资源养护行动,形成了政府主导、各界支持、群众参与的良好社会氛围。山东省是海洋大省、渔业大省,区位优势得天独厚,渔业资源种类繁多,但近年来,由于水域污染、过度捕捞和海上工程建设等原因,渔业资源持续衰退,海底呈现"荒漠化"状态。为修复渔业资源,山东省从1984年开始了以政府为主导的大规模海洋增殖放流活动。

二、增殖放流政策依据

2003年农业部印发了《关于加强渔业资源增殖放流活动工作的通知》,将水生生物资源养护事业作为渔业生态文明建设的切入点,自此增殖放流事业进入了新的发展阶段。2006年国务院颁布的《中国水生生物资源养护行动纲要》对水生生物资源养护和增殖放流工作做了全面部署,增殖放流工作在全国普遍开展;十七届三中全会要求"加强水生生物资源养护,加大增殖放流力度";2009年农业部发布《水生生物增殖放流管理规定》,进一步规范增殖放流各项工作。2010年农业部印发《全国水生生物增殖放流总体规划(2011—2015年)》,推动增殖放流工作科学有序发展。

三、增殖放流资金投入

2003年以前增殖放流资金主要来源于依据《渔业资源增值保护费征收使用办法》及地方性渔业法规和规章所征收的渔业资源保护费。2003年农业部印发《关于加强渔业资源增殖放流的通知》,要求将增殖放流经费纳入政府财政预算计划,渔业资源保护费和资源损失补偿费按比例用于增殖放流,并调动社会资金用于增殖放流。自2007年起,中央财政专项安排渔业资源增殖项目经费,并于2009年新增中央财政转移支付项目。2009年颁布的《水生生物增殖放流管理规定》明确提出"各级渔业行政主管部门应加大对水生生物增殖放流的投入,积极引导、鼓励社会资金支持水生生物资源养护和增殖放流事业"。

据不完全统计,1985—2016年山东省各级财政累计投入海洋增殖放流资金15.2亿元,放流各类海洋水产苗种647.1亿尾,秋汛回捕增殖资源产量68.3万t,实现产值176.7亿元。山东省三十三年增殖放流发展历程,可划分为三个阶段:起步发展阶段(1984—1994年),低速探索阶段(1995—2004年),快速提升阶段(2005—2016年)。在生态省建设的大背景下,2005年启动实施"山东省渔业资源修复行动计划",渔业资源修复纳入省级年度财政预算,增殖放流步入快速发展轨道。2005—2016年,山东省各级财政累计投入海洋增殖放流资金13.9亿元(占三十三年放流资金总数的91.7%),放流各类海洋水产苗种468.1亿尾(占比72.3%),秋汛回捕增殖资源产量56万t(占比82%),实现产值152.6亿元(占比86.4%)。此阶段主要特点是放流物种数量、规模快速增长,增殖放流走上了制度化、科学化、规范化、效益化的快速发展轨道。

四、增殖放流种类

随着水生生物增殖放流资金投入的不断增加,增殖放流数量和种类也在不断增加。据统计,2004—2013 年,全国累计增殖放流各类水生生物苗种 2 316.10 亿尾,其中沿海共计放流 945.43 亿尾,内陆共计放流 1 370.67 亿尾。近海放流数量和比例逐年增加,2012 年首次超过内陆放流数量。增殖放流数量不断增加的同时,放流种类也不断增加,呈现多样化趋势。据统计,2000 年全国增殖放流的种类不足 20 种,但到了 2006 年种类已达到 90 多种。2010 年印发《全国水生生物增殖放流总体规划(2011—2015 年)》规划放流种类达到 167 种。其中经济物种中,鱼类 138 种,虾蟹类 15 种,贝类 27 种,其他类 19 种;珍稀濒危物种 46 种。

五、增殖放流不宜开展的水生生物物种

农业农村部《水生生物增殖放流管理规定》明确规定:禁止使用外来种、杂交种、转基因种以及其他不符合生态要求的水生生物物种进行增殖放流。按照规定要求,增殖放流的物种应当是原生种,改良种(包括选育种、杂交种和其他技术手段获得的品种)、外来种及其他不符合生态要求的物种均不适宜进行增殖放流。原则上不应支持物种跨水系放流,特别是鲤、鲫等地方品种较多的种类,只能放流原水域土著种。

(一)外来水生生物物种

1. 外来种概念

外来物种是指在某地区或生态系统无天然分布、由于人类活动直接或间接引入的物种,其中来自国际间的称为"国外外来物种",来自同一国家不同流域或区域的称为"区域外来物种"。与外来种相对应的是"土著种"或称"本地种"。

2. 放流危害

外来物种的主要危害是影响农渔业生产,竞争排斥原生物种,降低生物多样性,导致生态失衡或引发病害,危害其他生物及人类等。不科学地放生和随意丢弃,可能造成外来水生物种的大规模入侵,给我国自然水域脆弱的生态环境带来严重影响,从而威胁国家粮食安全、生态安全和人民群众健康。按照《中华人民共和国生物安全法》和《外来入侵物种管理办法》的规定,未经允许放生外来物种是违法行为。

据不完全统计,为满足养殖生产和经济发展需要,自 1957 年引进莫桑比克罗非鱼以来,我国已从国外引进外来养殖水生物种约 150 种。此外,随着休闲与观赏渔业不断发展,已知超过 500 种国外观赏鱼类被大量引进到国内。目前,国内养殖的观赏鱼除极少数本土原生观赏鱼外,其他均为国外外来物种。这些外来物种一旦进入我国的水域生态系统,就有可能对我国的水生生物多样性带来严重影响和危害。

3. 常见外来水生生物物种

常见的外来水生生物物种主要包括红耳彩龟、美洲牛蛙、革胡子鲇、短盖巨脂鲤、纳氏臀点脂鲤、克氏原螯虾、福寿螺、清道夫、罗非鱼、雀鳝、食蚊鱼、露斯塔野鲮、镜鲤、鳄龟、凤眼莲、低眼无齿鱼芒、云斑尖塘鳢、虹鳟、大口黑鲈、眼斑拟石首鱼、斑点叉尾鮰、匙吻鲟、杂交鲟、太阳鱼等。

（二）改良水生生物物种

1. 改良种概念

改良种是指利用选育、杂交或其他技术手段获得的人工遗传改良品种,包括选育种、杂交种和其他技术手段获得的品种。选育种是指通过多代人工选育,主要遗传性状具备特异性、一致性和稳定性,并具有一定经济价值的水生动、植物群体。杂交种是指利用特定性状并稳定遗传的不同种、种群或品种(品系)之间杂交产生的具有杂交优势的子一代群体。其他技术手段获得的品种是指通过染色体操作、性别控制、转基因等技术培育出的遗传性状稳定、经济性状优良的品种。

2. 放流危害

改良种的主要危害是直接影响生物遗传多样性,造成相关物种种质混杂,种群退化,影响自然资源的有效利用。我国现有的鲤鱼种群、品种之间,由于不加节制地杂交,杂交后代混入天然水域,造成了我国鲤鱼种质的混杂,在长江、珠江和黄河流域已很难找到不受遗传污染的鲤鱼原种。这种情况不仅对于鲤野生种群的保护不利,影响水生态系统的稳定,也会导致优良种质资源的丧失,影响渔业生产和渔业的可持续发展。

3. 常见改良种

改良种主要是通过国家水产新品种审定的选育种和杂交种,以及生产上使用的其他改良种。目前我国水产养殖常见的改良种主要包括建鲤、福瑞鲤、超级鲤、异育银鲫、中国对虾"黄海 3 号"、三疣梭子蟹"黄选 1 号"、长丰鲢、全雄黄颡鱼、团头鲂"浦江 1 号"、湘云鲫、松浦镜鲤、彭泽鲫、杂交鳢、台湾泥鳅等。

六、增殖放流效果

总体来看,近年来增殖放流活动开展取得了良好效果,所产生的生态、经济和社会效益已日益显现,增殖放流活动得到社会各界人士的普遍认可和支持。

（一）促进渔业资源恢复

增殖放流是增加水域中生物资源量和种群数量的有效方式。根据科研监测和渔民反映,近年来渤海和黄海北部部分海域多年不见的中国对虾、海蜇、梭子蟹等渔汛又逐步形成,浙闽部分近海海域也重新出现一定规模的大黄鱼野生群体,长江口水域中华绒螯蟹蟹苗产量也由原来每年不足 1 吨恢复到历史最高水平。山东省近海资源严重衰退的中国对虾、三疣梭子蟹等重要经济渔业资源得到了有效补充,形成了稳定的秋汛。据统计,山东近海中国对虾资源基本恢复到了 20 世纪 80 年代中期的水平,三疣梭子蟹 2013 年的回捕产量较 2005年增加了近 10 倍,海蜇回捕产量增加了近 15 倍,莱州湾参与回捕的渔船单船最高产量达1 800 kg 以上。

（二）改善水域生态环境

从生态效应来看,在各类天然水域中通过增殖放流合理密度的水生生物资源,可以改善水质,并能有效控制湖泊水华和海洋赤潮等灾害现象的发生,在优化水域生态环境方面发挥着重要作用。长江口水域通过增殖放流巨牡蛎,在河口形成106.5万吨的生物量,每年去除营养盐和重金属所产生的环境效益相当于一个日处理能力约为2万t的大型城市污水处理厂。山东半岛南部通过增殖放流海蜇每年移除碳2 031 t、氮381 t、磷51 t,移除碳量相当于植树造林71.5 km² 移除量,对缓解气候变化以及消除湾内富营养化具有积极意义。此外,增殖放流食物链高端的渔业物种,能够充分利用低营养级生物作为生长、育肥、繁衍的饵料,有利于改善和提高自然海域基础生产力利用效率,优化渔业水域的食物链结构。增殖放流还推动了省内海洋捕捞渔船作业结构的优化升级。部分渔船主动将作业方式由拖网改为流网,对保护渔业资源和生态环境起到了积极作用。

（三）增加渔业效益和渔民收入

根据相关监测和统计数据,近年来我国北部沿海地区对虾、海蜇、梭子蟹等主要放流物种的捕捞产量均有较大幅度增加,内陆水域四大家鱼等主要放流物种的渔获比例也有所上升。据测算,2013年全国投入放流资金10.6亿元,可分别增加捕捞产量32万t和捕捞产值44亿元以上,直接投入产出比在1∶5左右,约使150万专业捕捞渔民获益,人均直接收益在2 900元以上。在山东省,回捕增殖资源已经成为中小马力渔船的主要生产门路,沿岸渔民回捕增殖资源收入占全年总收入的2/3以上。以莱州湾为例,捕捞渔船仅回捕放流海蜇一项,在一周时间内单船产值一般可达20万～40万元,增收效果明显。

（四）增强社会各界资源和环境保护意识

增殖放流工作日益得到了各级党委、政府的高度重视和社会各界的广泛关注。2005年以来,农业部先后与重庆、浙江等26省（自治区、直辖市）人民政府在三峡库区、钱塘江、西沙海域等重要渔业水域联合举办大规模增殖放流活动,全国各地共举办增殖放流活动上千次,在全国范围内掀起了水生生物养护和增殖放流的高潮。通过增殖放流活动开展和宣传,极大地促进了公众水域生态环境和水生生物资源保护意识的提升,在许多地方"放鱼养水"已成为像陆地"植树造林"一样的群众性生态文明建设活动。

第三节　增殖放流技术

一、增殖放流技术发展现状

以增殖放流时间早、规模大的山东省为例,其海域自然条件优越,海岸线长度可达3 124 km,近海天然渔场较多,如石岛渔场、烟威渔场、莱州湾渔场、渤海湾渔场、青海渔场、海州湾渔场、连青石渔场。山东半岛气候条件适宜,属暖温带半湿润季风气候类型,水温、水质状况较好,基础饵料丰富。良好的区域优势为发展增殖放流提供了十分优越的海域条件,有利于增殖放流事业的开展。1984年以来,山东省就在国内率先尝试中国对虾增殖放流,1990年后逐渐开始放流三疣梭子蟹等甲壳类、褐牙鲆、许氏平鲉等鱼类以及海蜇等其他经济物种。2005 年,山东省率先在全国开展了渔业资源修复行动,至 2016 年规模性放流物种达 26 种。到 2021 年,山东省增殖放流品种数量、布局范围、总体规模、资金投入、技术管理及经济效益等均排在全国前列,增殖年放流量多达 70 亿单位以上,已形成 20 多个规模化的增殖放流物种资源。增殖放流物种以渔民增收型为主,生态修复型为辅。放流甲壳类主要有:中国对虾、日本对虾和三疣梭子蟹;腔肠类主要是海蜇;鱼类主要有褐牙鲆、半滑舌鳎、黄盖鲽、许氏平鲉、黑鲷、真鲷、斑石鲷、绿鳍马面鲀、黄姑鱼、大泷六线鱼;头足类有金乌贼和长蛸;贝类主要是魁蚶、毛蚶、菲律宾蛤仔、缢蛏、大竹蛏等;藻类主要有大叶藻、铜藻等。

"十四五"期间,山东省规划每年公益增殖放流苗种数量达 70 亿单位以上,其中海洋经济物种不少于 21 种。内陆经济物种不少于 4 种,苗种数量约 1 亿单位。珍稀濒危野生物种不少于 3 种,苗种数量约 37 万单位。努力达到水域生态安全更有保障,水生生物资源养护贡献率进一步提升。

二、鱼类增殖放流技术

(一)放流海域

鱼类放流应选择位于潮流畅通的内湾或岸线曲折的浅海海域,水深 3 m～5 m 为宜,远离潮汐河道、排污口、盐场和大型养殖场的进水口,盐度为 10～35。按 GB 12763.4 和 GB 17378 的有关规定采集、监测放流海域水质,如有任何一项水质指标不合格,则判定不合格。褐牙鲆放流海域的底质为沙底质;真鲷放流海域水深在 10 m 左右,海底倾斜度小、沙质底质、有海藻繁生的海湾;半滑舌鳎放流海域选择在泥沙、泥、沙砾底质,无还原层污泥;许氏平鲉选择潮流畅通、水清、流大,曾是许氏平鲉天然种群产卵、索饵、越冬的岛礁附近海域,底质为岩礁、沙砾、沙或沙泥,无还原层污泥海域。鱼类放流海域还应保证小型低值鱼、虾类等生物饵料资源丰富。

(二)放流苗种规格与放流时间

根据增殖放流技术规程,用于开展增殖放流的水生生物亲体要由原种场提供,用于繁育增殖放流苗种的亲体应为本地野生原种或原种场保育的原种,人工繁育增殖放流苗种按照有关苗种繁育技术规范进行。

1. 鲆鲽鳎

苗种规格:牙鲆、黄盖鲽、半滑舌鳎、圆斑星鲽全长 ≥ 50 mm;规格合格率 ≥ 90%,伤残率、畸形率、白化率、黑化率之和 ≤ 5%。

放流时间:① 鲆:投苗时底层水温范围 16～26 ℃。② 鲽:投苗时底层水温范围 12～20 ℃。③ 鳎:投苗时底层水温范围 14～24 ℃。

2. 黑鲷

苗种规格:大规格苗种全长 ≥ 80 mm,小规格苗种全长 ≥ 40 mm;规格合格率 ≥ 95%。

出池方法：优先使用虹吸法从育苗池中取苗，对不能使用虹吸法取苗的，可采用其他对苗种损伤较小的方法进行取苗。虹吸法即：将培苗池排水 1/3，用内径大于 60 mm 的虹吸管先将苗种从高位的育苗池内虹吸至低位的小型网箱中（网目尺寸 7 mm），再移至帆布桶内（帆布桶内加 $2 \times 10^{-6} \sim 3 \times 10^{-6}$ 的高锰酸钾消毒），充气待装。

3. 许氏平鲉（黑鲪）

苗种规格：大规格苗种全长 ≥ 80 mm，小规格苗种全长 ≥ 40 mm；规格合格率 ≥ 95%。

苗种出池方法：优先使用虹吸法从育苗池中取苗，对不能使用虹吸法取苗的，可采用其他对苗种损伤较小的方法进行取苗。虹吸法即：将培苗池排水 1/3，用内径大于 60 mm 的虹吸管先将苗种从高位的育苗池内虹吸至低位的小型网箱中（网目尺寸 7 mm），再移至帆布桶内（帆布桶内加 $2 \times 10^{-6} \sim 3 \times 10^{-6}$ 的高锰酸钾消毒），充气待装。

（三）苗种包装与计数

1. 鲆鲽鳎

苗种包装：20 L 的塑料袋在运输水温 12 ～ 15 ℃时，苗种包装密度宜控制在 100 ～ 200 尾/袋。

苗种计数：采用抽样数量法计数，将样品袋内鱼类全部计数，计算出平均每袋数量，根据装苗总袋数求出本计数批次苗种总数量。每计量批次不得超过 600 箱。放流现场数据等按 SC/T 9401 附录 B 的要求进行记录。

2. 黑鲷

包装、运输方法：建议采用活水车运输投放。若装袋包装时，装苗密度控制在每袋 100 ～ 150 尾；温度高时，在外包装箱内须加冰袋降温。

苗种计数：采用活水车运输投放时，采用全部重量法计数，即对黑鲷苗种全部称重，通过随机抽样计算单位重量的个体数量，折算出放流黑鲷总数量。采用装袋包装运输时，采用抽样数量法计数，即每计数批次按装苗总袋数的 1%随机抽样（最低不少于 3 袋），对抽样袋中苗种逐尾计数，求出平均每袋苗种数量，再根据装苗总袋数，计算本计数批次放流苗种的总数量。要求每计数批次的苗种数量不超过 20 万尾。

3. 许氏平鲉（黑鲪）

苗种包装、运输方法：建议采用活水车运输投放。装袋时，装苗密度控制在每袋 200 ～ 300 尾；温度高时，在外包装箱内，须加冰袋降温。

苗种计数：采用活水车运输投放时，采用全部重量法计数，即对黑鲪苗种全部称重，通过随机抽样计算单位重量的个体数量，折算出放流黑鲪总数量。采用装袋包装运输时，采用抽样数量法计数，即每计数批次按装苗总袋数的 1%随机抽样（最低不少于 3 袋），对抽样袋中苗种逐尾计数，求出平均每袋苗种数量，再根据装苗总袋数，计算本计数批次放流苗种的总数量。要求每计数批次的苗种数量不超过 20 万尾。

三、甲壳类增殖放流技术

（一）放流海域

中国对虾放流海域应选在潮流畅通的内湾或岸线曲折的浅海海域，水质条件符合 GB 11607 的要求，远离排污口、盐场和大型养殖场的进水口。三疣梭子蟹放流海域选择在生长繁殖饵料生物丰富的海域，并远离不利于生长栖息的海域。底质为泥沙或沙泥质，无还原层污泥，水质符合 GB 11607 规定。

（二）放流苗种规格与放流时间

1. 中国对虾

苗种规格：大规格苗种：体长 ≥ 25 mm；小规格苗种：体长 ≥ 10 mm。规格合格率 ≥ 85％。

小规格苗种放流时间：① 投苗区海域底层水温回升至 14 ℃以上；② 若放流前后 3 天内有 6 级以上大风或 1.5 m 以上浪高，应改期放流；③ 若放流前后 3 天内有中到大雨，应改期放流。

大规格苗种放流操作：① 制作明示牌。增殖站要在每个中培池池坝设立明示牌，牌上标明增殖放流单位名称以及中培池地点、编号、有效暂养面积和小规格苗种入池时间、入池数量等信息。② 评估程序。由具有高级增养殖专业技术职务或具有丰富增养殖实践经验的专家组成评估组（以 5 人为宜），评估组首先现场查看供苗单位的苗种检验报告，测量苗种规格，确认苗种质量合格、规格达标，然后对供苗单位所有中培池虾苗相对密度进行评估，并在其间确定干称池与开闸池。干称池与开闸池确定后，干称池苗种立即由干称人员（以 4 人为宜）负责全部称重计数后放流，开闸池苗种立即由开闸人员（以 2 人为宜）监督直接开闸放流。

2. 日本对虾

苗种规格：体长 ≥ 10 mm；规格合格率 ≥ 85％。

放流时间：① 投苗区海域底层水温回升至 16 ℃以上；② 若放流前后 3 天内有 6 级以上大风或 1.5 m 以上浪高，应改期放流；③ 若放流前后 3 天内有中到大雨，应改期放流。

3. 三疣梭子蟹

苗种规格：稚蟹二期（头胸甲宽 6～8 mm）；规格合格率 ≥ 85％。

放流时间：① 投苗区海域底层水温回升至 15 ℃以上；② 若放流前后 3 天内有 6 级以上大风或 1.5 m 以上浪高，应改期放流；③ 若放流前后 3 天内有中到大雨，应改期放流。

（三）苗种包装与计数

1. 中国对虾

小规格苗种包装：苗种装苗密度宜控制在 20 000～25 000 尾／袋。包装袋为 20 L 双层无毒塑料袋（注入约 5 L 海水）。

小规格苗种计数：每计数批次按装苗总袋数的 0.5％随机抽样（最低不少于 3 袋），先将所有样品袋中的苗种混合在一起并沥水（呈滴水状）后称重，计算出每袋虾苗（含杂质）的平均重量，再从已混合并沥水的样品中按不低于样品总重量的 0.003％（最低不少于 5 g）随机抽取虾苗（含杂质）并逐尾计数，计算出单位重量苗种尾数，进而求出平均每袋苗种数量，根据装苗总袋数，最终求得本计数批次苗种数量。每一计数批次不得超过 600 箱。放流现场数据填入《增殖放流现场记录表》。中国对虾日放流数量原则上不超过 6 000 万尾。

2. 日本对虾

苗种包装：装苗密度宜控制在 20 000～25 000 尾／袋。包装袋为 20 L 双层无毒塑料袋（注入约 5L 海水）。

苗种计数：每计数批次按装苗总袋数的 0.5％随机抽样（最低不少于 3 袋），先将所有样品袋中的苗种混合在一起并沥水（呈滴水状）后称重，计算出每袋虾苗（含杂质）的平均重量，再从已混合并沥水的样品中按不低于样品总重量的 0.003％（最低不少于 5 g）随机抽取虾苗（含杂质）并逐尾计数，计算出单位重量苗种尾数，进而求出平均每袋苗种数量，根据装苗总袋数，最终求得本计数批次苗种数量。每一计数批次不得超过 600 箱。放流现场数据填入《增殖放流现场记录表》。

3. 三疣梭子蟹

（1）苗种包装：每箱装两袋，每袋装苗数量宜控制在 5 000～6 000 只；用手将出池蟹苗与经海水浸泡透的稻糠（降温海水浸泡 24 h，滤水后以手握不滴水为准），按 1：5 的比例轻轻搅拌均匀，必要时密封前加入适量冰块。将蟹苗和稻糠搅拌后装入容积 20 L 的双层无毒塑料袋，充氧扎口后将塑料袋装入泡沫箱或纸箱（宜用 700 mm × 280 mm × 400 mm），并用胶带密封。将已装苗箱放置阴凉处整齐排列后，及时随机抽样计数。

（2）苗种计数：按不少于已装苗实有箱数的 0.5％随机抽样，最低不少于 3 箱。先将抽样苗种（含稻糠）全部称重，然后搅拌均匀，再按不少于总重量的 0.03％（最低不少于 100 g）二次抽样，计量单位重量苗种数量，求得平均每袋苗种数量，进而求得本计数批次苗种数量。每计量批次不得超过 600 箱。放流现场数据填入《增殖放流现场记录表》。

（四）苗种投放

1. 中国对虾

小规格苗种采用常规投放法投放。从苗种出库到投放入海，时间控制在 5 h 以内。

2. 日本对虾

采用常规投放法投放。从苗种出库到投放入海，时间控制在 5 h 以内。

四、海蜇增殖放流技术

（一）放流海域

海蜇的放流海域选择潮流畅通的内湾或岸线曲折的浅海海域，附近有淡水径流入海。

其盐度为 10～35,饵料生物丰富,避风浪性良好,水深在 5 m 以上,距离海岸 5 km 以上,远离排污口、盐场和大型养殖场的进水口,为非定置网作业区。

（二）放流苗种规格

伞径 ≥ 10 mm; 规格合格率 ≥ 85%。

规格合格率测量方法:随机取样不少于 50 只,放入水深 5 mm～10 mm 的培养皿中,待苗种伞部自然水平伸展时,由精度 1 mm 的方格纸测量其伞径。

（三）苗种包装和计数

1. 苗种包装

每箱装两袋,每袋装苗数量宜控制在 8 000～15 000 只。包装袋容积为 20 L（注入 2～6 L 海水）。

2. 苗种计数

采用抽样重量法计数。每计数批次按装苗总袋数的 0.5% 随机抽样（最低不少于 3 袋）,先将所有样品袋中的苗种混合在一起后称重(含水),计算出每袋海蜇苗的平均重量,再从已混合的样品中按不低于样品总重量的 0.03%（最低不少于 500 g）随机抽取海蜇苗并逐只计数,计算出单位重量苗种数量,进而求出平均每袋苗种数量,根据装苗总袋数,最终求得本计数批次苗种数量。每一计数批次不得超过 600 箱。放流现场数据等按 SC/T 9401 附录 B 的要求进行记录。

五、金乌贼增殖放流技术

（一）苗种规格

胴长 ≥ 12 mm; 规格合格率 ≥ 85%。测量方法:苗种出池前,逐池均量随机取样,取样总数量不少于 50 只。将样品放入水深 5～10 mm 的培养皿中,由精度为 1 mm 的直尺测量其胴长,计算规格合格率。

（二）包装方法

容积 20 L 左右的包装袋,每袋先均匀装入 6 L 左右的海水,装苗用水应符合 GB 11607 的规定,然后将苗种均匀装入袋内,挤出袋中的空气,充入纯氧,用橡皮筋扎紧袋口,装入相同规格包装箱后,整齐排列。有阳光直射时,应视情采取遮阴措施。装苗密度以 200～300 只/袋为宜。

（三）苗种计数

金乌贼幼乌,采用抽样数量法。每计数批次按装苗总箱数的 1% 随机抽样（最低不少于 3 箱）,通过逐只计数,计算出平均每箱(袋)苗种数量,根据装苗总箱(袋)数,最终求得本计数批次苗种数量。相关数据录入 SC/T 9401—2010 附录 B 中。每计数批次不得超过 600 箱。

金乌贼受精卵全部称重计数方法:将已附卵网片全部称重,根据未附卵单片网片湿重和附卵网片总重,计算出受精卵总重量,再随机取约 0.5 kg 计千克重卵数,计算放流受精卵数量。为提高受精卵计数的准确率,增殖站应确保每片网片的材料和规格相同。曼氏无针乌贼、莱氏拟乌贼受精卵参照执行。

（四）投放时间

放流海区水温达到 16 ℃ 以上,且非雨天、海上最大风力五级以下时,择机投放。每计数批次苗种从出池到投放入海,时间控制在 5 h 以内。

（五）投放方法

金乌贼受精卵投放方法:将附卵网片挂入由适宜网目网片（敌害鱼类进不去,孵化幼体可游出）围成的六面体网笼内,然后再将网笼固定在适宜放流海域养殖筏架等设施上,当地渔业（主管）部门和增殖站要加强受精卵孵化期间的看护。待受精卵完全孵化后,将网笼收回,翌年重复使用。曼氏无针金乌贼受精卵、莱氏拟乌贼受精卵参照执行。

六、苗种计数方法

增殖放流计数方法有 3 种:抽样重量法、全部称重法、抽样数量法。简单理解:称重的就是重量法（抽样重量法或全部称重法）,不称重的就是数量法（抽样数量法）。

1. 抽样重量法

抽取样品箱,将抽样苗种沥水至不滴水为止进行全部称重,然后再按比例抽取小样称重并计数,如对虾等。

2. 全部称重法

所有苗种沥水至不滴水为止进行称重,中间几次抽取样品称重后计数,要填写《称重记录表》,如鱼类等。

3. 抽样数量法

抽取样品箱,直接计苗种数量（不需要称重）,如鱼类、金乌贼幼乌等。

（一）全部称重计数

适用于黑鲷、许氏平鲉、大泷六线鱼、斑石鲷、褐牙鲆、圆斑星鲽、钝吻黄盖鲽、黄姑鱼、淡水鱼类、中华绒螯蟹,曼氏无针乌贼受精卵、莱氏拟乌贼受精卵、金乌贼受精卵等物种放流。采用全部沥干（沥水至不滴水为止）称重计数。活水车运输方式（中华绒螯蟹除外）放流。活水车装苗密度参照《湖泊清洁型鱼类增殖放流技术规范》（DB37/T 2300）,并采取必要的降温和充氧措施,提高放流苗种运输成活率。称重水桶应规格统一,便于称重去皮,减少误差。

1. 鱼类全部称重计数方法

在每放流批（车）次称重过程的前、中、后分别随机取样一次,每次沥水至不滴水为止称重,去皮后分别计算鱼重。千克重尾数计算方法:每次称重后,接着随机取样不少于 2.5 kg（大规格苗种）或 0.25～0.5 kg（小规格苗种）计尾数(去皮),三次抽样苗种尾数之和除以三次重量之和即为本批（车）次千克重尾数。

2.金乌贼受精卵全部称重计数方法

将已附卵网片全部称重,根据未附卵单片网片湿重和附卵网片总重,计算出受精卵总重量,再随机取约 0.5 kg 计千克重卵数,计算放流受精卵数量。为提高受精卵计数的准确率,增殖站应确保每片网片的材料和规格相同。曼氏无针乌贼、莱氏拟乌贼受精卵参照执行。

金乌贼受精卵投放方法:将附卵网片挂入由适宜网目网片(敌害鱼类进不去,孵化幼体可游出)围成的六面体网笼内,然后再将网笼固定在适宜放流海域养殖筏架等设施上,当地渔业(主管)部门和增殖站要加强受精卵孵化期间的看护。待受精卵完全孵化后,将网笼收回,翌年重复使用。曼氏无针金乌贼受精卵、莱氏拟乌贼受精卵参照执行。

(二)抽样数量计数法

适用于中国对虾仔虾、日本对虾仔虾、海蜇、三疣梭子蟹、褐牙鲆、半滑舌鳎、圆斑星鲽、钝吻黄盖鲽、黑鲷、许氏平鲉、大泷六线鱼、斑石鲷、金乌贼幼体、短蛸、多鳞白甲鱼等物种放流。每计数批次应控制在 600 箱之内。中国对虾仔虾日放流数量原则上不超过 6 000 万尾。

1.包装箱摆放

将包装好的苗种运至放流码头或拟放流水域岸边,摆成长方体垛状,要求每垛不超过 13×4×4 箱,即长不超过 13 箱、宽不超过 4 箱、高不超过 4 箱,每垛四周预留 1 米左右空间。

2.抽样样品箱

采用全副扑克牌(不含大小王),依长、宽、高立体坐标随机确定抽取样品箱。样品箱要由验收人员专人负责集中摆放在码头等现场显著位置并看护。样品箱抽完后要立即计数,并且边计数边督促增殖站尽快组织苗种投放。

(三)抽样称重计数法

适用于网箱中培的大规格黑鲷、许氏平鲉等苗种。具体方法是,随机抽取 10% 网箱(最少不少于 3 个网箱)进行抽样称重计数。

第六章　人工鱼礁建设

人工鱼礁是利用生物对水中的物体的行为特性,将生物对象诱集到特定场所进行捕捞或保护的一种设施,是改善近海浴场或建立新渔场的一项工作,是应用现代技术建设近岸渔场、增产海鲜食品的有效措施。人工鱼礁的建设对整治海洋国土、建设海洋牧场、调整海洋产业结构、促进海洋产业的升级和优化、带动旅游及相关产业的发展、修复和改善海洋生态环境、增殖和优化预约资源、拯救珍稀濒危生物和保护生物多样性、促进海洋经济持续健康发展等均具有重大的战略意义和深远的历史意义。

第一节　人工鱼礁发展

一、人工鱼礁技术提出背景

人类进入21世纪,随着陆地资源大规模开发利用,人类纷纷把目光转向具有更大回旋空间和资源优势的海洋。发展海洋经济,已成为世界各国的战略共识。我国海洋渔业资源丰富,种类繁多,海洋捕捞是渔业的重要组成部分,但由于持续高强度开发利用和渔场环境污染的日趋恶化,渔业资源面临严重衰退,呈"荒漠化"趋势,"海小、船多、鱼少"的矛盾日益突出,对渔区经济影响较大。随着沿海国家的200海里专属经济区、《国际海洋法》和中日、中韩渔业协定等国际法的签署、生效,我国有效渔业水域将大幅度减少。据统计,协定实施后,仅山东省就将减少50%的传统"黄金"作业渔场,烟台市作为受影响最大地区之一,将有1 548艘捕捞船撤出,年减少捕捞产量24万t、产值14.2亿元,8 800多名渔民面临失业,对渔区经济和社会稳定带来严重影响。因此,为了提高渔业资源和渔业质量,减轻海洋捕捞压力,促进海洋经济可持续发展,建设具有辐射能力强、效益高的人工鱼礁项目非常必要。同时,为保证渔业生产,避免生产隐患,废弃部分失去使用价值的渔船,利用报废渔船建设人工鱼礁,在国内外已有先例,并取得明显效果。这对增殖和恢复渔业资源,安排捕捞渔民转产转业,推进渔业结构调整,将起到十分重要的作用。

二、人工鱼礁基本概念

(一)人工鱼礁由来

19世纪60年代,美国渔民就发现鱼礁的作用。当时由于洪水暴发,许多树木、石块冲入海湾,不久就附着了许多水生生物,其周围诱集了大量鱼类,渔民由此得到启发,开始用木料搭成小棚,装入石块沉入海底,引来鱼群聚集,效果十分显著,由此提出了人工鱼礁技术的概念,推动了人工鱼礁建设的快速发展。

（二）人工鱼礁概念

人工鱼礁,是指为修复和优化海洋生态环境,保护和增殖渔业资源,在自然海域中设置的透水式人工构筑物。人工鱼礁是海洋牧场的一种实施形式,材料多以石块、混凝土、玻璃钢、轮胎、废旧汽车和报废渔船等。它的构造有多种复杂的几何形状,人工鱼礁可以有效地保护鱼类幼体,提高成活率,有助于资源成倍或数十倍增长,并起到净化海洋生态环境的作用。其用途既可以渔业生产增收为主,也可与休闲游钓等旅游项目结合起来。

（三）人工鱼礁作用

（1）诱集鱼类,渔获方便,节约成本。

（2）聚集的鱼类大多为经济价值较高的鱼种,提高渔获质量。

（3）鱼礁可提供稚鱼庇护、鱼类栖息、索饵和产卵场所,增殖与保护渔业资源。

（4）保护渔场环境,避免破坏资源。

（5）改造海底环境,补充附近渔场原已不足的资源量。

（6）游钓鱼礁可促进休闲渔业的发展,有利于调整渔业结构和解决就业问题。

三、国内外人工鱼礁发展状况

（一）国外人工鱼礁发展状况

世界上一些沿海国家对人工鱼礁早就引起极大关注,纷纷投入巨资进行技术研究。

日本是开展人工鱼礁研究比较早的国家之一,采取由各级政府投资开展大型保护礁及近海增殖礁建设的模式,实施礁区科学捕捞管理。1975年日本出台了《沿岸渔场整备开发法》,以法律的形式把发展人工鱼礁的研究开发保护下来,经过近50年的建设,目前全日本渔场面积的12.3%已经设置了人工鱼礁,投放人工鱼礁5 000多座,达5 306万立方米,资金总投入828亿元人民币。据检测表明,每年每立方米人工鱼礁渔获量至少可增产2千克,渔业资源量显著提高,渔业生产持续稳定发展,渔业捕捞量增加到780万吨,产生了显著的经济效益,日本在世界渔业资源普遍下降的情况下捕捞量反而持续增加,主要得益于沿海人工鱼礁渔场的建设,人工鱼礁由此造就了日本富饶的海洋。

美国人工鱼礁的最大特点,是与游钓渔业紧密结合,主要是为了发展休闲渔业。1984年美国国会通过了渔业增殖提案,商务部根据提案制定了《国家人工鱼礁方案》,并于1985年获得批准,由此人工鱼礁建设步入正轨。近40年来,已有150座海洋平台的水下导管架变成了人工鱼礁,仅七八十年代中期的十年时间里就沉放船舶50万艘入海作礁,发展休闲游钓业,目前美国沿海各地设置的人工鱼礁已有1 200处,参加游钓活动的人数近6 000万人,游钓船只1 100万艘,钓捕鱼类产量约150万吨,占渔业总产的35%以上,占食用鱼上市量的2/3,更为客观的是带来巨大旅游效益。据统计,全美每年因游钓渔业带来的社会效益达

500 多亿美元。

韩国政府非常重视人工鱼礁建设,自 1973 年开始进行大规模建造工程。目前已在韩国 11 542 千米长的海岸线建造人工鱼礁 15 万公顷,投资近 40 亿元人民币。在实施人工鱼礁 3 年后,产量增加 2.4～3.2 倍,4 年后,收回成本,15 年后利润达投资总额的 15 倍。

我国台湾、香港人工鱼礁的发展速度也相当迅猛,台湾到 1999 年已设礁区 75 座,投放礁体 166 万个,香港于 1998 年通过议案拨款 6 亿港元用于建设人工礁渔场,约占香港海域的 1/8,已诱集到 110 种鱼类,比天然礁区增加 1 倍以上,数量增加 4 倍以上。

(二)我国人工鱼礁建设发展

我国人工鱼礁建设起步较晚,但近年来发展较快,特别是南方沿海省市通过立法、规划等形式,掀起大规模建造人工鱼礁的热潮。广东省九届人大常委会于 2002 年 2 月 1 日审议通过了省人民政府《关于建设人工鱼礁、保护海洋资源环境的议案》,提出从 2002 年起,用 10 年时间,在全省 3 600 万亩幼鱼幼虾繁育区内,按 10% 的比例,营造 20 米以内近岸渔场和澳海游乐礁区,投资 8 亿元,投放礁体 800 万立方米,建造 12 个礁区,100 座人工鱼礁,面积 8 万公顷,由此形成新型的休闲渔业和良好的海洋生态环境。浙江、福建等省也都成立了相应的人工鱼礁建设指导协调机构,制订了科学可行的建礁规划和实施方案。

实例一:山东省人工鱼礁发展情况

山东省自 2000 年开始,结合渔船报废,开始建设生产性人工鱼礁。按照"统筹规划、科学论证、合理布局"的原则,在重要渔场和近岸优良海域建设大规模的"增殖型鱼礁""渔获型鱼礁""休闲垂钓型鱼礁""海珍品繁育型鱼礁"等多种类型的鱼礁群。据统计,2005 年前,全省仅建有人工鱼礁群 11 个,总规模 30 万 m³·空,礁区年产量 500 吨,产值达 3 000 多万元。2005 年实施渔业资源修复行动计划后,山东省人工鱼礁建设发展迅猛,目前,全省投资 100 万元以上的已建和拟建人工鱼礁单位达到 136 个,分布在全省沿海 17 个县市区,规模接近 700 万 m³·空,用海面积达到 11 670 公顷(175 050 亩),渔获量达 5 万吨,综合收入(包括游钓、休闲)达 80 亿元,安排渔民就业 4 万多人。实现了集海洋资源开发与增殖、海上游钓与休闲旅游于一体的"海上人工牧场",推进近海渔业"渔牧化"的发展。

山东省投放的人工鱼礁大部分以投放海参、鲍鱼增殖型人工鱼礁为主,聚鱼礁为辅。造礁材料主要有大石块、混凝土构件、报废渔船等,其中石块礁占了建礁材料的 80% 以上。增殖型人工礁区产出以海参、鲍鱼、海胆为主,海参增殖是大多数礁区的"主力产品",而且效益明显。通过水下观测发现,牟平养马岛石礁区发现刺参单体重均在 100～250 克,年增重 40～100 倍。

实例二:烟台海洋牧场发展模式

烟台人工鱼礁建设全省闻名,是人工鱼礁建设的主要分布区,建礁面积占到全省建礁面积的 55% 以上。

近几年来,烟台市利用沉放报废渔船、投石等造礁手段,在长岛、芝罘、牟平、海阳、龙口、招远等建设人工鱼礁 9 处,累计投石 92 万 m³·空,成礁面积达 10 万亩,海底森林面积达 100

万亩,投放海参苗种2.3亿头、牙鲆鱼苗种650万尾、黑鲪鱼苗种380万尾、半滑舌鳎苗种350万尾。由此改善优化了海区的生产条件,形成区域渔场。经济价值极高的刺参、鲍鱼、紫石房蛤、海胆、魁蚶、真鲷、赤甲红蟹等珍稀品种的资源存有量显著恢复和提高。仅在烟台市豆卯岛西部海域建设的人工鱼礁,鱼类的种类由投礁前的5种增加到28种,存鱼量由0.48 kg/m² 增加到52 kg/m²;海参产获量2个/平方米,每平方千米年产干参16.5 kg。经潜水员水下观察,礁区虾、蟹、贝类等大量繁殖,海参、鲍鱼生长快,个体大,质量好,一个鱼虾成群的海洋资源保护区正在形成。

烟台某渔业企业通过上述方法,在烟台附近芝罘湾海域、莱州湾海域及海阳海域构建5.5万亩的海洋牧场,投放刺参苗种,实现生态养殖,真正实现我国海洋渔业从“资源掠夺型”向“耕海牧渔型”的转变;中下层在自然聚鱼的基础上进行人工增殖,发展生态渔业;上层利用人工鱼礁的资源优势进行筏式养殖、休闲垂钓和旅游开发,形成综合开发海洋资源的格局。

专家建议:

现在我国很多沿海城市都在进行投放人工鱼礁工作,但我国目前却没有一家专业生产研发人工鱼礁的企业。在日本和美国,都有专门的海洋工程企业,对人工鱼礁进行开发,而且取得了许多技术专利,获得了可观的收益。今后我国的一些建筑企业和海洋工程企业能否自主研发一些适合我国水域的人工鱼礁,将对我国人工鱼礁建设起到关键作用,烟台的企业也可以尝试在这方面取得突破。关于烟台人工鱼礁的发展方式,可以借鉴日本、美国的人工鱼礁建设经验。首先要进行保护型人工鱼礁建设,并在鱼礁区内进行增殖放流,可以更好地对放流幼鱼进行保护,并可形成鱼群。其次可以在有条件适宜的地方投放人工鱼礁并建设一些游钓公园,进行休闲渔业的发展。

第二节 人工鱼礁建设技术

一、人工鱼礁种类

1. 按设置目的

人工鱼礁可分为4类。

(1)资源保护型鱼礁:以修复生态环境和防止拖网等破坏性渔具进入,保护渔业资源为目的。

(2)增殖型鱼礁:以修复生态环境、增殖渔业资源为目的。

(3)渔获型鱼礁:以诱集水生动物、提高渔业产量或渔获质量为目的。

(4)休闲型鱼礁:与增殖鱼礁生物相结合,以游钓、休闲、娱乐为主要利用类型。

2. 按制作材料

人工鱼礁类型可分为木质礁、钢质礁、水泥礁、轮胎礁、贝壳礁、树脂礁等。

3. 按礁体形状

按鱼礁单体形状不同可分为方形礁、三角礁、梯形礁、圆柱形礁、平板礁、十字形礁等。旧船改造后不失船形的称船礁。

4. 按增养殖对象

如增养殖鲍鱼的称鲍礁、增养殖海藻的称藻礁;以详细特征命名,如三层多孔鲍礁等。

5. 按施工作业方式

根据作业不同可分为投放型、单建型等。

二、人工鱼礁材料选择

竹木、石块、混凝土、玻璃钢、钢材、塑料、轮胎、废旧车辆、报废渔船等都是建造人工鱼礁的理想材料,提倡投放旧船舶改造型鱼礁及与水泥框架相结合的组合礁。但在实际使用当中,选材应根据投放场地的海况、地形地貌、生物种类符合以下要求。

1. 功能性

适宜鱼类及海洋生物聚集、栖息和繁殖。

2. 安全性

礁体在搬运投放过程中不易损坏,设置后不会因波浪、潮流的冲击而移动、流失或埋没,材料不能溶出有害物质影响生物附着和污染环境。

3. 耐久性

礁体结构能长期保持预定形状,使用年限要长。

4. 经济性

材料价格要经济,制作、组装、投放容易,费用要少。

三、人工鱼礁选址

人工鱼礁投礁选址的确定受渔礁用途、海洋生物、水质、底质、气象水文等诸多因素的影响。

(一)选址原则

人工鱼礁选址应符合各级海洋功能区划,符合有关法律(规)规定。

(二)选址条件

1. 水质

礁区水质对于生物的生长和繁殖有重要的影响。例如,若将人工渔礁建在水深较大的海域,则因含氧量很低,使渔礁很难发挥其功能。鱼礁选址应在透明度大、受风浪影响较少、不受污染的海区,日最高透明度 500 mm 以上的时间要求 ≥ 100 d,年大风(≥ 6 级)天数 ≤ 160 d,在考虑水质因素时还要注意周围海域的污染源情况,水质要满足渔业水质标准,并分析渔礁使用期内礁区水质的变化趋势。

2. 水深

大多数海洋生物的光合作用和呼吸作用都受控于温度和光照,而温度和光照又受到海水深度的影响。已投放的人工渔礁运行情况表明,人工渔礁宜建在 10～30 m 水深的海域中。

3. 底质

礁区的底质情况将影响礁体的整体稳定性和使用寿命。有浅层细砂覆盖的坚硬岩石质海床是建造人工渔礁的理想场所。应避免在黏土、淤泥质和散沙上建造人工渔礁,因为礁体很可能整体下沉,过多的淤泥还会覆盖甚至掩埋着生在礁体上的生物,阻碍光线的到达,影响渔礁功能的正常发挥。鱼礁选址应在地质较硬、泥沙淤积少水域,要求海底表面承载力 ≥ 4 t/m²,淤泥层厚度 ≤ 600 mm,以保证人工鱼礁的稳定性。

4. 波浪

波浪对渔礁有较大的冲击影响(尤其在大风浪的情况下),主要表现在波浪力对渔礁整体稳定性的冲击影响以及引起渔礁周围底质的起动效应。考虑到波浪对渔礁的冲击作用,人工渔礁宜建在 10·30 m 水深的海域中,避免波浪破碎对礁体的稳定性产生影响。

5. 海流

礁体的存在改变了其周围海水的流态,在其后侧产生了涡流和流影。压力的减小而产生上升流,使低温而营养丰富的深层海水与温暖的表层海水混合,提高了礁区海水的含氧量,促进浮游生物和底栖生物的生长,使礁区成为鱼类索饵的好去处。礁体周围流态的变化容易引起海底的冲淤,流速越大这种影响越显著,因此渔礁不宜投放在流速过大的海域,投放海域的流速一般以不超过 1 500 mm/s 为宜。

6. 海洋生物

为了避免破坏原有海域的生态环境,挑选的礁区应尽量避开存有大量珊瑚礁的海床以及水草与贝类等底栖生物附着的海床。人工渔礁的效果主要体现在能否提高软体动物和鱼类的增养殖能力,选址海区有地方性、岩礁性鱼类栖息或者有洄游性鱼类按季节通过为适宜条件,同时,建造之前应该明确其增养殖对象。不同的增养殖对象对海水的温度、盐度、含氧量、透明度、污染物的敏感程度各不相同,对食物和栖息地的要求也有一定的差异,在确定投礁范围时这些因素都应予以综合考虑。

四、人工鱼礁设置

(一)鱼礁设置原则

根据投礁区的水深、底质、海况等环境因子和生物资源的生态特点,选择人工礁体的形状、结构和规格。

(二)鱼礁设置规模

人工鱼礁大小规模有鱼礁单体、单位鱼礁、鱼礁群、鱼礁带等。

1. 鱼礁单体

一个人工鱼礁礁体称为鱼礁单体，或称单体礁。鱼礁单体的结构要求因聚集对象不同而异。一般来说，礁体的形状和结构以较为复杂为佳，并且有足够的高度和空间，这样可以满足不同鱼类的要求。鱼礁单体大小不一，小到几个 m^3·空，大到数百个 m^3·空。

2. 单位鱼礁

单位鱼礁是构成鱼礁渔场的基本单元，以一定个数的单体礁配置在一定范围内的集合体称为单位鱼礁，也称单位人工鱼礁。它是人工鱼礁场(鱼礁群)的构成单位，人工鱼礁的总体积应不小于 400 m^3·空，以形成单位渔场。单位鱼礁有效包络面积的大小等于单位鱼礁在海底投影面积的 20 倍左右时效果最佳，有效边缘在 200～300 m 之间。

3. 鱼礁群

由若干个单位鱼礁在一定间隔内，按一定配置方式所组成的集合体称为鱼礁群，或称人工鱼礁(群)渔场，一般布设在鱼类洄游通道上。单位鱼礁按间隔 100～200 m 排列在一起成为鱼礁群，鱼礁群是人工鱼礁渔场的基本规模，一般达到 2 000～5 000 m^3·空，以形成独立渔场。

4. 鱼礁带

将数个鱼礁群配置在一定范围内的集合体称为鱼礁带。它由几个鱼礁群组成，各个鱼礁群的间距在 400～1 000 m。在布置鱼礁群、鱼礁带的时候，要充分考虑到作业的方便，即考虑到手钓、延绳钓、刺网等主要渔具渔法的合理运用。

五、礁体投放

人工鱼礁礁体投放前，建设单位应通知渔业主管部门和海事部门，由海事部门核准发布航行公告。投放方案应包括投放海域、投放时间、运输路线和作业船舶等内容。礁体高度应当与水深、底质和海上交通安全等条件相适应。必须在投放区边缘布置浮标灯，直到礁体投放完成或特别指定的时间。礁体投放时，以陆标和卫星导航系统联合定位，按设计位置投放，必须及时准确地记录礁体的实际位置和各鱼礁单体的编号，定位的精度误差不得大于 5 m。礁体投放时，由潜水员潜入礁区海底检查礁体是否严重沉降或倾斜，也可采用声呐和多波束测深系统进行走航式测量，查明礁体的位置和分布状况。因海底情况不明造成礁体顶面距海面过浅、沉降或倾斜过大，经现场监理同意，宜就近重新投放。礁体投放完毕后，应清除所有的临时设施，包括浮标灯。整理礁体投放结果(投放位置及编号)，并绘制礁型示意图、礁体平面布局示意图，并明确标注礁区四至界标，礁区建成后，必须在礁区边角设置渔业标志，设置 6 个至 8 个。

礁体投放时应尽最大可能避开岩礁底处和暗礁处。在海域按设定位置用定位仪定位，并安放浮标；在人工鱼礁上面安装浮筒；运载至预定位置，吊装投放；设置礁区标志，在鱼礁群区外端点各安装 2 只以上灯标，确保船只航行、渔船作业及人工鱼礁礁体的安全。

第三节　人工鱼礁建设管理

一、人工鱼礁建设审批

（1）人工鱼礁建设项目区域选划须符合海洋功能区划、人工鱼礁建设规划以及相关法律法规的有关规定。在航道、港区、锚地、通航密集区、河口、军事禁区、海底线缆管道附近等敏感区，各类保护区核心区，海底淤积严重区不得进行人工鱼礁建设。

（2）申请人工鱼礁建设单位，应委托相应资质的机构编制项目可行性研究报告、本底调查报告、海域使用论证报告、环境影响报告，随同项目申请文件一并提交项目建设所在地海洋与渔业部门。

（3）人工鱼礁建设项目立项审批、用海审批和环境影响核准，按照用海审批权限规定审批。

（4）人工鱼礁建设应符合技术规范，礁体设计与建造材料要生态环保，礁体的设计要符合"安全、经济、耐用、环保"的原则，鼓励利用报废船舶等废旧物作为礁体材料，投放前须进行无害化处理，达到环保要求后方可投放。

（5）集中连片建设的人工鱼礁区，可根据整体规划开展项目可行性研究、海域使用论证、环境影响评价审核，区域内部单个人工鱼礁项目不再重复进行审核。

二、人工鱼礁建设与增殖技术

（一）鱼礁建设技术规程

人工鱼礁建设程序为：礁区规划→礁体设计→礁体生产→礁体投放→观测与维护。建设环节主要的技术方法包括以下几点。

（1）礁体材料、结构、几何参数与增殖对象（底层鱼类、岩礁生物、洄游性种类）目标种类的行为关系，为人工鱼礁设计提供依据。

（2）礁体沉陷系数（尤其是泥沙底质）、稳定性、耐磨性研究。

（3）利用计算机 3D 模拟技术、波流水槽和风洞试验，研究波浪场、流场中人工鱼礁的水动力特性，建立礁体周围流态分布及波、流作用下礁体稳定性的数值预报模型和方法。

（4）确定不同功能人工鱼礁单体的结构、主要技术参数；提出礁区合理布局及鱼礁投放操作技术规范。

（二）增殖技术规程

生产工艺流程为：苗种底播、放流→日常看护管理→清除敌害生物（海星等）→采捕。各主要生产环节技术方法如下。

1. 底播苗种选择

一是选择大规格健康苗种。规格小的苗种成活率低，增养殖周期长，不健康的苗种死亡率高,且可能导致病害传播;二是适时投苗,要根据自然界水温条件、气候条件选择投苗时间,刺参一般选择3～4月或10月投苗,鱼类选择4～8月份投苗。

2. 底播数量控制

刺参2～3年,名贵鱼类性成熟年龄都在1年以上,进行浅海造礁增养殖的头几年要控制好投苗密度,呈梯次,以使种群年龄结构合理。

3. 敌害生物清除

海星摄食稚参和底栖双壳贝类幼苗,在浅海底播增养殖生产中需要注意清除。清除频率因季节和海区海星种群密度而定,在增养殖产品采捕过程中注意清除可减小清除频率,一般在晚春到仲秋季节,要集中清除两到三次。

4. 采捕控制

浅海造礁增养殖海珍品种群稳定后可四季采捕,采捕量视种群密度而定。要留出一定比例的成体,以利于种群增殖,同理,自然繁殖季节要适当减小采捕量。

(三)礁区环境监测

通过礁区环境监测可以及时掌握礁区防治污染措施的有效程度和治理污染设施的运行治理效果,为环境管理工作提供科学依据,了解并掌握鱼礁区环境因子和生物资源并用于科学规划养殖。内容包括:水文要素、水环境理化要素、浮游植物、浮游动物、底栖生物、鱼卵、仔鱼、底质、沉积物和增殖生物资源状况等。主要包括以下6项内容。

1. 水质环境

水质环境包括无机氮、活性磷酸盐、硅酸盐、pH、粪大肠菌群、石油类、COD等。

2. 沉积物环境

沉积物环境包括有机碳、石油类、重金属等。

3. 生态环境

生态环境包括浮游植物、浮游动物、底栖生物等。

4. 增养殖环境

增养殖环境包括年投饵量、消毒药品使用量、有无养殖病害发生、病害发生面积、病原生物种类、有害生物种类及数量、有害生物发生范围、经济损失评估等。

5. 养殖生物质量

养殖生物质量包括石油烃、重金属、粪大肠菌群、腹泻性贝毒、麻痹性贝毒。

6. 礁体监测

礁体监测包括鱼礁位移和沉降变化。

(四)监测频率

每年秋季和春季各进行1次,每次包括高潮时和低潮时两个时段。后期可根据前几次的监测结果,适当加大或减小监测频率。有害生物(海星)、病害按照季节和特点进行加密监测。

三、人工鱼礁运营管理

1. 人工鱼礁建成后,经营单位应加强礁区的看护和礁体的维护,定期开展礁区生态环境监测和渔业资源情况调查,及时掌握礁区环境和资源变化情况。

2. 经营单位应加强人工鱼礁区增殖放流苗种管理,对增殖放流苗种要进行质量检验和检疫。严禁在礁区增殖放流外来物种、杂交种和转基因种。

四、人工鱼礁风险防范

人工鱼礁在建设和运营过程中可能会受到风暴潮、台风、海浪等海洋灾害的影响,造成人工鱼礁的损毁,同时赤潮、绿潮、养殖病害等灾害可能会对人工鱼礁礁区内养殖生物产生危害,甚至造成死亡。人工鱼礁在建设和运营期间,应建立以企业最高领导者领导的管理机构,建立完善的管理与保障体系并建立海域风险事故应急体系,以应对工程建设与运营期可能发生的各种事故。

(一)风暴潮防范与应急措施

为切实做好防风暴潮工作,确保在风暴潮来临及其他紧急情况下能采取及时有效的措施,最大限度地减少突发性事件所造成的人员财产损失,特制定本应急预案。

(1)风暴潮来临前,做好各项防护措施,必要物资如需转移应立即实施;成立应急抢险救助队伍,备足工具和抢险物料。

(2)风暴潮来临前,要严格 24 小时值班制度和大风天气领导带班制度,认真收听天气预报,掌握台风变化动态,及时传递风情信息,确保通信联络畅通。

(3)风暴潮过后,应立即组织力量修复受损设施和设备,及时恢复生产。同时,立即组织有关人员进行事故调查和善后处理工作,并尽快将损失情况和事故调查处理情况及时上报。

(二)赤潮事故防范与应急措施

建设单位应积极采用科学养殖技术,加强科学管理,保持养殖水质处于良好状态。同时,应加强赤潮监视,及时获取赤潮和与赤潮有密切关系的污染信息,及时获取赤潮信息。一旦发现赤潮和赤潮征兆,及时通知有关行政主管部门,有组织有计划地进行跟踪监视监测,提出治理措施,千方百计减少赤潮的危害,在赤潮等灾害来临前,及时进行人员、船只转移,及时抢捕抢收已养成的水产品。在赤潮发生时对养殖及邻近海域由于赤潮污染致死的鱼、虾、贝类等养殖水产品,及时打捞出水,妥善处理。

(三)绿潮事故防范与应急措施

对绿潮的根本性防治,与化学物质杀灭、捞除等方式比较,通过遗传溯源技术发现其大规模聚生地,控制外源营养物质的过量输入,增殖藻食性动物以及营养竞争性藻类,减少其栖息地环境,转变其单一生物群落结构的生态系统,使系统能量、物质输入和产出达到均衡状态,是一种更为有效和健康的处置方式。当然,最有效的治理办法是控制陆源污染物入海,避免海水富营养化情况,从根本上断绝绿潮发生的人为因素。

浒苔、石莼等绿潮生物体内含有大量的叶绿素,其在海洋表层大规模聚集情况可通过卫星水色遥感等方式进行识别,且可依靠现有的赤潮监测系统对易发海域进行监测,综合生物学、生态学研究,结合水色遥感、海流与风场耦合模型开展绿潮的预警和监测。为确保养殖生产安全,降低灾害损失,应做好绿潮防控措施,安排专人负责,采取动态观测与定点观测相结合的措施对浒苔的动态进行监视,部署专用船舶在用海区及附近巡回检查监控,发现新情况立即上报,并做好拦截、打捞、蓄水、增氧、抑菌、改良池底、及时起捕等预防及应对措施,科学有效地应对浒苔灾害,减少损失。

（四）养殖病害防范与应急措施

海水养殖如果规划布局不合理或者管理和技术跟不上,极易引起海星暴发等各类病害。

1. 加强宣传引导,强化对敌害危害的认识

海星是海洋食物链中一个不可缺少的环节,具有保持生物种群生态平衡的作用。一旦由于种种原因导致海星的大量出现,也是一种正常的自然现象。要从科学的态度,做好宣传引导,消除恐慌和顾虑。同时要清醒地认识到海星是一种对贝类养殖破坏性极大的敌害生物,如泛滥成灾,对养殖将造成巨大的危害,要增强防灾治灾意识,在养殖中发现海星,要立即清除,并将其作为生产管理的一个重要环节,做到持之以恒,常抓不懈。

2. 抓住有利时机,集中清除敌害

海星一年有两个繁殖期,分别为5月中旬和10月初,是集中清除海星的最佳时期。要抓住有利时机,立即行动,协调组织,发动邻近养殖户全力捕杀海星。

3. 加强监测调查,建立敌害生物预警预报机制

要加强日常监测和调查,摸清海星等敌害生物的活动范围和分布规律,及时掌握海星等敌害生物的数量和危害程度,并制定应急预案,采取防治措施,真正做到早发现,早治理,降低灾害程度。

4. 加强监督检查,严格规范作业行为

清除海星的时间要根据预警情况而定,并经渔政部门批准后方可实施。使用网具限定为大网目地笼网或钓笼,其他网具严禁使用。对以清除海星为名违规作业、破坏渔业资源的行为,按有关规定予以重罚。在养殖病害方面能做到早预防、早发现、早处理,尽可能地减少养殖病害带来的损失。

第七章　海洋牧场发展技术

第一节　海洋牧场概念和分类

一、海洋牧场概念

我国海洋牧场相关概念提出较早,20 世纪 40 年代,世界著名海洋生态学家、水产学家朱树屏研究员提出了"水即是鱼的牧场"的理念,倡导"种鱼与开发水上牧场"。60 年代初期,中国科学院海洋研究所曾呈奎院士提出了我国海洋渔业应走"海洋农牧化"发展道路的观点,1965 年又提出了"必须大力研究重要种类的生物学特性和它们在人工控制条件下的生长、发育、繁殖,以解决人工养殖的一系列问题,培育新的优良品种,使海洋成为种养殖藻类和贝类的'农场',养鱼、虾的'牧场',达到'耕海'目的"。此后,我国许多科技人员对海洋农牧化、海洋牧场的定义及内涵进行了探讨,初步提出了海洋牧场理念。20 世纪 70 年代末至 80 年代初,一大批专家学者也相继提出了与海洋农牧化相似的理念,并进一步从遗传技术、水环境等角度对实现海洋农牧化提出了研究成果。近年来,中国科学院海洋研究所杨红生研究员等提出了水域生态牧场新概念,基于生态学原理,充分利用自然生产力,运用现代工程技术和管理模式,通过生境修复和人工增殖,在适宜水域构建的兼具环境保护、资源养护和渔业持续产出功能的生态系统。

二、海洋牧场分类

根据山东省海洋牧场地方标准,将海洋牧场分为 5 种类型,即投礁型、游钓型、底播型、田园型、装备型。

1. 投礁型海洋牧场

依据海区环境生物承载力,以投放人工鱼礁,改善海洋生态环境为核心,科学布局建设投礁型海洋牧场。在自然产卵场、重点海湾(海域)建设公益性保护型人工鱼礁,限量开发资源,保护濒危物种。在近岸海域投放鲍参增殖礁、藻礁等经济型人工鱼礁,开展海珍品增殖及海草场和海草床建设。在 15 m 以深海域开展生态型人工鱼礁建设,投放大型混凝土构件、新型复合材料构件、废旧船体等,改善生态环境。同步在人工鱼礁区开展移植藻类,增殖水产苗种,补充生物资源,建设有利于海洋生物繁衍生长的天然渔场。

2. 游钓型海洋牧场

海上以新型礁、废旧船体等生态礁的投放和游钓平台设施建设为主,定向放流恋礁性鱼类,按标准建造休闲海钓船;岸线开展整治修复、码头修复,美化、净化、优化岸基配套设施;陆基完善餐饮、住宿、交通、救助等相关设施建设,强化服务保障,拓展海洋牧场功能,推进渔业与旅游业深入融合,结合当地渔村、渔港等人文资源,开发多元化的精品休闲渔业项目。发展集生产、观光、垂钓、采摘、餐饮、娱乐、购物等于一体的综合性游钓型海洋牧场。

3. 底播型海洋牧场

以底栖贝类和底栖海珍品的增殖为核心,对海域滩涂进行整体规划,按园区模式打造。依据基础调查与动态监测数据,因地制宜,确定增殖种类和养殖容量。根据空间布局和品种类别实施轮捕轮养,建立经济、社会、生态效益相统一的底播型海洋牧场。

4. 田园型海洋牧场

海洋牧场建设从岸基、滩涂、浅海向深水拓展,重视海洋藻类和耐盐碱蔬菜栽培,大力推广藻、贝(鱼)、参(鲍)生态立体养殖模式,上层实行贝藻兼养,发展深水网箱和筏架综合养殖;中层实行基于生态鱼礁的鱼虾增殖;底层开展基于藻场、增殖礁的底播增殖,实现产业的绿色化、智能化、高效化。牧场区域严格卫生标准,防止外源污染,配套建设高标准"海上清洁卫生间",保证牧场区良好环境。

5. 装备型海洋牧场

运用现代技术装备,发挥离岸养殖核心特色,在深远海建设以大型智能网箱、深海养殖工船、养殖平台为主要设施的装备型海洋牧场,融合应用养殖技术和物联网技术,实现养殖生产的集约化、装备化和智能化。

第二节　海洋牧场国内外发展研究

一、国外海洋牧场发展

据联合国粮食及农业组织统计,至2018年初,世界上已有64个沿海国家发展海洋牧场,资源增殖品种超过180种。在亚洲,建设海洋牧场的有中国、日本、朝鲜、韩国、马来西亚、新加坡、菲律宾、泰国、文莱、印尼、印度等。

1. 日本海洋牧场

20世纪50年代,日本由于沿岸和近海捕捞强度过大,导致鱼种资源下降,开始进行海洋牧场的研究,政府对此高度重视,1975年出台《沿岸渔场整备开发法》把海洋牧场建设以法律形式固定下来,1977年提出国家事业 MARINE RANCHING 计划;1983年建成了世界上第一个海洋牧场——日本黑潮牧场,利用现代生物工程和电子技术,通过人工放流和吸引自然鱼群,并使之处于可管控状态,根据相关报道,鱼苗成活率14%以上,比传统提高3倍,黑鲷回捕率37%,真鲷10%～15%,渔业产量增加几倍甚至几十倍。

2. 韩国海洋牧场

韩国非常重视海洋牧场的建设,自 1970 年起在全国沿岸海域推行水产资源政策养护,从 1973 年开始大规模建设海洋牧场,1998 年实施"海洋牧场"计划,建设庆尚南道统营市海洋牧场,人工鱼礁 1 000 多个,放流 1 300 万尾,核心区 20 平方千米。2006 年,渔民收入增长率达 20%,资源增加了 8 倍。2007 年韩国在国立水产科学院设立海洋牧场管理与发展中心,计划在日本海、对马海峡、黄海建设海洋牧场。

3. 美国海洋牧场

美国 1953 年,海洋体育爱好者在新泽西州建造了世界上第一座人工鱼礁,1968 年提出计划,1972 年实施海洋牧场计划,1974 年建成加利福尼亚巨藻海洋牧场。20 世纪 80 年代,投放鱼礁 1 200 处,游钓渔业发展迅速。2000 年以来,建设人工鱼礁 2 400 多处,鱼类资源量增加了 24 倍,鱼类产量增加到 500 万吨,游钓渔业人数达 1 亿人次以上,创造了 500 多亿美元的综合经济效益。

二、国内海洋牧场建设

1. 国内海洋牧场建设

(1)建设试验期(1970—2000 年)。试验性研究,广东、海南、广西、辽宁、山东、浙江、福建等,23 个人工鱼礁试点,人工鱼礁 28 000 多个,10 万 m^3,投放渔船 49 艘,浅海投石 99 137 m^3。

(2)建设推进期(2000—2015 年)。投入资金 22.96 亿元,中央投入 1.73 亿元,地方和企业投入 17.40 亿元,建设鱼礁 3 152 万 m^3,形成海洋牧场 464 km^2。

(3)建设加速期(2015 年至今)。目前已建设山东、河北、辽宁、江苏等 80 余处国家级海洋牧场。

2. 山东发展历程

以 2005 年启动"山东省渔业资源修复行动计划"为标志,山东省开始基础建设阶段,通过建设人工鱼礁、增殖放流等措施,修复海洋生态,养护渔业资源,构建海洋牧场雏形。在这个阶段,建设人工鱼礁近 1 000 万 m^3·空。以 2014 年省政府实施"海上粮仓"规划为标志,将海洋牧场作为海上粮仓建设主战场;海洋牧场转型发展,重点推进海洋牧场信息化、装备化建设。从生态礁、观测网、"四个一"到海上多功能平台、深水智能网箱,海洋牧场建设一年一大步,一年一个台阶,强力推动渔业转型升级、高质量发展,逐步成为我省经略海洋、建设海洋强省、实施新旧动能转换和乡村振兴战略的重要抓手。2018 年 6 月,习近平总书记在视察山东时作出"海洋牧场是发展趋势,山东可以搞试点"的指示,山东省进入现代化海洋牧场创建阶段,启动实施海洋牧场示范创建新一轮三年计划,将我省现代化海洋牧场建设推向一个新阶段,打造集生态旅游、互联网等先进生产要素于一体的全价值链海洋生态牧场综合体。2019 年,国家批复《山东省现代化海洋牧场建设综合试点方案》,作为全国唯一试点省份,山东坚持将海洋牧场绿色发展放在首位,提出力争用三年时间,探索形成近浅海和深远海协调发展的新格局。

3. 烟台发展历程

烟台市横跨黄、渤两海，对应海域面积 2.6 万 km²，海岸线长 1 071 km，沿海有 7 个主要海湾，分布有大小海岛 230 个。作为全国重点渔区和优势水产品主产区，烟台市拥有海洋面积大、海岸线长、海洋资源丰富、海洋牧场示范区多、海工装备实力强等建设海洋牧场的独特优势。作为新型的绿色、低碳、生态、可持续型渔业生产方式，烟台市从 20 世纪 80 年代就开始建设海洋牧场，采取试验性放流、投放海底鱼礁等措施进行探索。2004 年积极响应省委、省政府号召，启动"渔业资源修复行动计划"，从资源补充、生态修复到海域保护，多措并举养护水生生物资源，海洋牧场建设进入大规模发展期。近年来，烟台市以加快建设海洋经济大市为目标，秉持生态优先、陆海统筹的理念，将建设现代化海洋牧场作为修复海洋生态环境、养护海洋生物资源、拓展海洋渔业发展新空间的重要方式，坚持装备化、工程化、智慧化、绿色化发展方向，探索实施了"海工 + 牧场""陆海接力""大渔带小渔""牧场 + 休闲渔业"等全产业链融合推动发展模式，较好地解决了近海生态环境破坏、近海渔业资源衰退问题，在海洋新技术、新产业、新模式聚集方面取得良好成效，形成了现代化海洋牧场建设领域"全国看山东，山东看烟台"的良好发展格局。

作为烟台辖区的长岛海洋生态文明综合试验区，地处我国胶东半岛北部的黄渤海交汇处，位于东经 120°35′38″—120°56′56″，北纬 37°53′30″—38°23′58″ 之间，历史上曾称为"长山列岛""庙岛群岛"，北与辽宁老铁山对峙，相距 42 240 m，南与蓬莱高角相望，相距 6 600 m；锁渤海咽喉，扼京津门户，位于天津、大连、烟台三个开放城市的交叉点上，东临韩国、日本，南临烟台，北倚大连，西靠京津。由 151 个岛屿组成，其中 500 m² 以上的海岛有 32 个，有居民海岛 10 个。南北长 72 000 m，东西宽 30 800 m，岛陆总面积 56.8 km²，海岛岸线总长 187 800 m，海域面积 3 541 km²。长岛海域宽阔，面积 4 261.1 km²，水深多在 30 m 以内，十分适宜于海水养殖。长岛渔业产业经历了捕捞业为主—海珍品苗种培育业为主—近海及围堰养殖为主—外海大型海洋牧场及深水网箱为主等多个阶段，海洋牧场数量也占到了全市三分之一以上。

第三节　海洋牧场选址和条件

一、国家级海洋牧场示范区选址条件

根据农业农村部《国家级海洋牧场示范区建设规划（2017—2025）》，国家级海洋牧场示范区创建选址基本条件如下。

（一）选址科学合理

所在海域原则上应是重要渔业水域，非水生生物自然保护区和水产种质资源保护区的核心区,符合生态红线相关管理要求;对渔业生态环境和渔业资源养护具有重要作用,具有区域特色和较强代表性;有明确的建设规划和发展目标;符合国家和地方海洋功能区划及渔业发展规划,与水利、海上开采、航道、港区、锚地、通航密集区、倾废区、海底管线及其他海洋工程设施和国防用海等不相冲突。

（二）自然条件适宜

所在海域具备相应的地质水文、生物资源以及周边环境等条件。海底地形坡度平缓或平坦,水深在 6 m 以上且不超过 100 m,海底地质稳定,海底表面具备一定的承载力;水体交换通畅,流速宜小于 1.5 m/s,淤泥厚度不宜超过 0.6 m;具有水生生物集聚、栖息、生长和繁育的环境;海水水质符合二类以上海水水质标准(无机氮、磷酸盐除外),海底沉积物符合一类海洋沉积物质量标准。

（三）功能定位明确

示范区应以修复和优化海洋渔业资源和水域生态环境为主要目标,通过示范区建设,能够改善区域渔业资源衰退和海底荒漠化问题,使海域渔业生态环境与生产处于良好的平衡状态;能够吸纳或促进渔民就业,使渔区经济发展和社会稳定相互促进。配套的捕捞生产、休闲渔业等相关产业,不影响海洋牧场主体功能。

（四）工作基础较好

示范区海域面积原则上不低于 3 km²,使用权属明确或符合海洋功能区划;已建成的人工鱼礁规模原则上不少于 3 万 m³,礁体位置明确,并绘有礁型和礁体平面布局示意图。具有专业科研院所(校)作为长期技术依托单位。常态化开展底播或增殖放流,采捕作业方式科学合理,经济效益、生态效益和社会效益比较显著。示范区吸纳一定数量转产转业渔民参与海洋牧场管护,周边捕捞渔民合法权益得到保障。

（五）管理规范有序

示范区建设主体清晰,有明确的管理维护单位,有专门规章制度,并建有完善的档案。建有礁体检查、水下监测和示范区功效评估等动态监控技术管理体系,保证海洋牧场功能正常发挥;能够通过生态环境监测、渔获物统计调查、摄影摄像、渔船作业记录调查和问卷调查等方式,评价分析海洋牧场建设对渔业生产、地区经济和生态环境的影响。休闲型海洋牧场还需落实安全生产责任制,具备完善的安全生产管理制度。

二、省级海洋牧场选址条件

根据我省海洋牧场建设技术规范,省级海洋牧场创建总体选址应当遵循以下原则与条件。① 符合涉海法律法规的规定。② 符合国家与省、市级海洋功能区划以及海域利用总体规划等其他相关规划要求。③ 与国防、航道、港口锚地、海底管线、倾废区等排他性功能区不冲突。④ 具备良好的底质、海流等环境条件。⑤ 水质达到 GB 3097 规定中的第二类海水水质标准,沉积物达到 GB 18668 规定中的第一类海洋沉积物质量标准。⑥ 饵料生物丰富,生态系统稳定。⑦ 满足目的生物的栖息、生长和繁育要求。⑧ 受台风、风暴潮、海冰等灾害性气象影响较小。各类型具体选址条件如下。

（一）投礁型海洋牧场

水深宜 > 6 m，海底地势平缓，坡度小，海底表面承载力宜 > 4 t/m²，淤泥厚度宜 < 0.6 m，水流交换通畅，流速宜 < 1.5 m/s。

（二）游钓型海洋牧场

距岸或岛屿较近，配套设施完善，适合游钓，水深宜 > 6 m，投礁区海底地势平缓，坡度小，海底表面承载力宜 > 4 t/m²，淤泥厚度宜 < 0.6 m，水流交换通畅，投礁区流速宜 < 1.5 m/s。

（三）底播型海洋牧场

地势平缓的滩涂或浅海，具备适宜不同底播或移植物种要求的底质条件，水流交换通畅，流速宜 < 1.0 m/s。

（四）装备型海洋牧场

离岸较远，水深宜 > 20 m，具备保证装备设施稳固的底质条件，水流交换通畅，深水网箱区流速宜 < 0.8 m/s，其他装备设施应选择海况适宜的区域。

（五）田园型海洋牧场

距岸较近，水面开阔，水深宜 6～20 m，具备保证浮筏设施稳固的底质条件，水流交换通畅，流速宜 < 1.0 m/s。

第四节　海洋牧场关键技术和评估

海洋牧场根据建设阶段，可分为增殖放流、人工鱼礁、生物资源调查、声光等影像调查、海洋生物资源评估技术等。

一、增殖放流

渔业资源增殖放流（水生生物增殖放流），就是用人工的方式向海洋、江河、湖泊等公共水域放流，水生生物苗种或亲体的活动。通过增殖放流可以补充和恢复野生渔业资源群体、增加野生资源种群数量，改善水生生物的种群结构，维持自然水域的水产生物的多样性。国内规模化增殖放流始于 20 世纪 80 年代，目前放流品种 40～50 种，年放流总量超过 250 亿单位，主要放流种类有对虾、三疣梭子蟹、许氏平鲉、大泷六线鱼、贝类、乌贼、海蜇等，我国增殖放流目的主要以生物资源养护和捕捞为主，目前，也有专家学者称之为是底播型海洋牧场发展的主要方向。

二、人工鱼礁建设

人工鱼礁是人为在水中设置的构造物,是为培养和保护水产动物而设置的各种构造物。人工鱼礁能够利用水生生物对岩礁、沉船等水中构造物反应集聚的性质,能够提供水生生物的产卵、保护、育成的功能,在近海海域采用人工鱼礁代替自然礁的技术措施,可进一步增加水生生物资源的密度。人工鱼礁的作用就是提供水生生物的栖息场和休息场,依靠人工鱼礁会产生多种流态,能够提供海洋生物躲避激流或不适合的环境及敌害攻击能够休息的场所。对于长期穴居鱼类及底栖大型生物栖息及休息场所。对于上层鱼类,在人工鱼礁区域活动,遇到天敌风险能够起到良好的藏身作用。

三、生物资源调查

(一)浮游生物调查

浮游生物调查采用浅水标准Ⅰ、Ⅱ、Ⅲ型浮游生物网,自海底垂直拖取到水面,样品用5%福尔马林溶液固定保存。浮游生物的分类,粒径 $5 \sim 10$ mm,主要为大型浮游动物,如大型桡足类、磷虾类等; $0.2 \sim 2$ mm,主要为中小型浮游生物; $20 \sim 200$ μm,主要为浮游植物。

(二)底栖生物调查

底栖生物调查采用箱式采泥器与阿氏拖网取样,调查对象为区域大型底栖生物,粒径大于 1 mm 以上的底栖生物。

四、海洋生物资源评估技术

海洋牧场的资源评估,主要为养殖资源的评估,不同养殖对象和模式与环境的差异性较大,因此,针对不同养殖品种,应有不同的资源评估方法。

(一)藻类养殖承载力评估

针对藻类的承载力评估,主要参考陆地生产方式,通过海水中的氮、磷元素平衡法进行分析。中国水产科学研究院黄海水产研究所方建光研究员等于 1996 年对威海桑沟湾海带养殖承载力进行了分析,采用无机氮作为估算的关键因子,进一步通过无机氮的供需平衡估算海带的养殖承载力。

(二)贝类养殖承载力评估

由于滤食性贝类以浮游生物和有机碎屑为食物,其养殖承载力与初级生产力和悬浮颗粒有机物浓度等密切相关。有关专家 2008 年对獐子岛海域贝类开展了测算工作,现场测定了獐子岛海域的叶绿素 a 浓度、初级生产力的季节性变化和养殖虾夷扇贝的种群结构。采用生物沉积法,测定了不同规格的虾夷扇贝的滤水率和虾夷扇贝的基本生物学特性。

(三)鱼类养殖承载力评估

海水鱼网箱养殖污染物输出较多的特点,通常以与污染密切相关的关键环境限制因子作为评估养殖承载力的指标。通过对大鹏澳海水鱼类网箱养殖场颗粒有机碳的沉积通量和表层沉积物有机碳的季节动态的研究，并结合养殖容量现状调查结果进行分析。结果发现，春、秋两季为网箱养殖场有机污染的积累阶段，其颗粒有机碳沉积物通量大于表层沉积物有机碳分解速度。

（四）基于 Ecopath 模型的评估方法

1984 年，Polovina 运用模拟线性生物量收支方程，建立了生物量生产和损耗的平衡系统，研究能量向食物网高层流动以及在各营养层级的生物产量，称为 Ecopath 模型。该模型可用于海洋生态系统的定量分析，特别是海洋渔业管理，可用于比较不同时期生态系统的时空变化，是定量评估海洋生态系统生物承载力的营养平衡模型，能够比较准确的评价渔业与环境的相互影响和可持续发展，并提出科学的管理对策。

第八章　水产品市场流通与贸易

第一节　水产品分类

一、水产品概念和产量

水产品是海洋和淡水渔业生产的水产动植物产品及其加工产品的总称。水产品的种类多样,其按保存条件可分为鲜活水产品、冰冻水产品、干制品,按出产可分为海水产品和淡水产品。按生物种类形态可分为鱼类、虾类、蟹类、贝类、藻类等。

我国是世界第一水产养殖大国、第一渔业大国、世界第一水产品出口国。是世界上唯一养殖水产品总量超过捕捞总量的主要渔业国家,占世界水产养殖总产量的70%以上。2021年,全国水产品总产量6 690.29万 t。世界人均水产品占有量不足20 kg,中国人均水产品占有量为47.36 g,约占人均动物蛋白消费量的1/3,水产品在我国国民的食物构成中占有重要地位。

二、水产品分类

水产品的种类很多,按照生物种类形态主要分为以下6大类。

（一）鱼类

（1）鲈鱼,又名花鲈、鲈板、花寨。属硬骨鱼纲,鲈形目,真鲈科。属于近海及河口附近中上层凶猛鱼类,此鱼喜栖息于河口或淡水处,亦可进入江河淡水区,中国沿海均有分布。

（2）大黄鱼,又名大鲜、大黄花。属硬骨鱼纲,鲈形目,石首鱼科。属暖性中下层结群性洄游性鱼类,分布在我国黄海南部、福建和江浙沿海。

（3）军曹鱼,又名锡腊白、海干草。属硬骨鱼纲,鲈形目,军曹鱼科。属肉食性热带海水鱼类分布,分布于黄海、东海、南海及台湾沿海。

（4）鲷鱼,又名加吉鱼、红加吉。属硬骨鱼纲,鲈形目,鲷科。属于近海暖水性底层鱼类,主要分布于渤海、黄海、东海、南海及朝鲜半岛、日本海域。

（5）河豚,又名艇巴、腊头。属硬骨鱼纲,鲀形目,鲀科。河豚为暖温带及热带近海底层鱼类,河豚在中国资源甚为丰富,年产量为3万～4万吨,沿海一带几乎全年均可捕获。

（6）石斑鱼,属硬骨鱼纲,鲈形目,鮨科。是暖水性近海底层名贵鱼类,石斑鱼肉质肥美鲜嫩,营养丰富,深受人们的赞誉,其价格昂贵,经济价值高。

（7）鲽鱼，又名比目鱼，硬骨鱼纲鲽形目鱼类的统称，它们主要生活在温带水域，是温带海域重要的经济鱼类。

（8）鲐鱼，又名鲭、鲭鲐、青花鱼。属硬骨鱼纲，鲈形目，鲭科。为暖水性中上层鱼类。我国近海均产，是我国重要的中上层经济鱼类之一。

（9）大菱鲆，又名多宝鱼。属硬骨鱼纲，鲽形目，菱鲆科。大菱鲆养殖已经发展成为海水鱼类养殖的支柱性产业之一，在山东半岛、河北和辽东半岛得到普及，并继续向南延伸到江浙与福建沿海。

（10）半滑舌鳎，又名牛舌头、鳎目。属硬骨鱼纲，鲽形目，舌鳎科。半滑舌鳎属于近海大型底栖暖温性动物，主要分布于渤海、黄海、东海、南海及朝鲜半岛、日本海域，在黄、渤海较常见。

（11）三文鱼，又名鲑鱼、撒蒙鱼。属硬骨鱼纲、鲑形目，鲑科。三文鱼具有商业价值的品种有 30 多个，最常见的是太平洋鲑、虹鳟、银鲑等。主要生产国有美国、加拿大、俄罗斯和日本。

（12）绿鳍马面鲀，又名马面鱼、剥皮鱼。属硬骨鱼纲，鲀形目，单角鲀科。属外海暖水性底层鱼类，为我国重要的海产经济鱼类之一，主要分布于渤海、黄海、东海及朝鲜半岛、日本海域。

（13）鲳鱼，又名镜鱼。属硬骨鱼纲，鲈形目，鲳科。属近海中下层鱼类，主要品种有银鲳、金鲳等。主要分布于渤海、黄海、东海、南海及朝鲜半岛、日本等西北太平洋海域。

（14）许氏平鲉，又名黑鲪、黑鱼。属硬骨鱼纲，鲉形目，鲉科。许氏平鲉为近海底层鱼类，主要分布于渤海、黄海、东海及朝鲜半岛、日本等西北太平洋海域。

（15）黄盖鲽，又名沙板、沙盖、扁鱼。属硬骨鱼纲，鲽形目，鲽科。主要分布于渤海、黄海、东海及朝鲜半岛、日本、俄罗斯海域。我国山东、辽宁等地很多水产加工厂做这种鱼的鱼片，出口欧美等国。

（16）青鱼，又名黑鲩、乌青、螺蛳青。属硬骨鱼纲，鲤形目，鲤科。属淡水底层鱼类，是中国主要养殖淡水鱼类之一。

（17）草鱼，又名鲩、草青、棍鱼。属硬骨鱼纲，鲤形目，鲤科。属淡水中下层草食性鱼类，以水生植物为食，是我国主要淡水养殖鱼类之一。

（18）鲢鱼，又名白鲢、白鱼。属硬骨鱼纲，鲤形目，鲤科。属淡水中上层鱼类。是我国主要的淡水养殖鱼类之一

（19）鳙鱼，又名花鲢、胖头鱼。属硬骨鱼纲，鲤形目，鲤科。属淡水中上层鱼类，我国广泛分布于各江河湖泊，是中国特有鱼类。

（20）尼罗罗非鱼，又名非洲鲫鱼。属硬骨鱼纲，鲈形目，丽鱼科。原产于约旦的坦噶尼喀湖，我国于 1978 年从泰国引进并推广养殖。

（21）乌鳢，又名黑鱼、乌鱼。属硬骨鱼纲，鲈形目，鳢科。乌鳢是淡水鱼中的强者，因其口味鲜美，营养价值颇高，近年来已成为人工养殖的名优品种之一。

（22）鲫鱼，又名鲫瓜子、鲫皮子、肚米鱼。属硬骨鱼纲，鲤形目，鲤科。全国各地水域常年均有生产，是我国重要的食用鱼类之一。

（二）虾类

（1）南美白对虾，又名凡纳对虾、白肢虾、白对虾、凡纳滨对虾。属对虾科、滨对虾属，南美白对虾是当今世界养殖产量最高的三大虾类之一，目前我国广东、广西、福建、海南、浙江、山东、河北等省或自治区都已逐步推广养殖。

（2）斑节对虾，又名鬼虾、草虾、花虾、竹节虾、金刚斑节对虾、斑节虾。属对虾科，对虾属，为当前世界上三大养殖虾类中养殖面积和产量最大对虾养殖品种，该虾是对虾中个体最大的一种，分布区域甚广，由日本南部、韩国、我国沿海、菲律宾、印尼、澳大利亚、泰国、印度至非洲东部沿岸均有分布。

（3）中国对虾，又名东方对虾，对虾科，对虾属。主要分布于我国黄渤海和朝鲜西部沿海。我国的辽宁、河北、山东及天津市沿海是主要产区。中国对虾，非养殖海捕对虾，主要来源渤海湾的捕捞船只。

（4）日本对虾，又名花虾、竹节虾、花尾虾、斑节虾、车虾，对虾科，对虾属。日本对虾分布极广，日本北海道以南、中国沿海、东南亚、澳大利亚北部、非洲东部及红海等均有，日本对虾是日本最重要的对虾养殖品种，中国福建、广东等南方沿海也已开始养殖。

（三）蟹类

（1）梭子蟹，属甲壳纲，十足目，梭子蟹科。东海居首，南海次之，黄海、渤海最少。中国沿海梭子蟹约有18种，其中，三疣梭子蟹是经济价值高、个体最大的一种。

（2）日本蟳，又名靠山红、赤甲红等。属甲壳纲，十足目，梭子蟹科。是一种中小型海水蟹类，主要栖息于潮间带，属沿海定居种类，广泛分布于中国、朝鲜、日本及东南亚等沿海地区。

（3）锯缘青蟹，又名青蟹、黄甲蟹。属甲壳纲，十足目，梭子蟹科。广泛分布于印度至西太平洋热带、亚热带海域，包括中国东南沿海、日本、越南、泰国、菲律宾、印度尼西亚等。

（4）中华绒螯蟹，又名河蟹、毛蟹。属甲壳纲，十足目，弓蟹科。是我国一种重要的水产经济动物，属洄游性水产动物，分布北起辽宁、南至福建均有，长江流域产量最大，在我国淡水捕捞业中占有相当重要的位置。

（四）贝类

（1）牡蛎，属瓣鳃纲，珍珠贝目，牡蛎科。主要经济品种有近江牡蛎、长牡蛎、大连湾牡蛎、褶牡蛎、三倍体牡蛎等，我国沿海均有分布。

（2）鲍，属腹足纲，原始腹足目，鲍科。主要包括皱纹盘鲍和杂色鲍。皱纹盘鲍是我国所产鲍中个体最大者，是人工养殖的优良品种，是著名的海珍品之一，尤以渤海中部的长岛所产为贵。

（3）螺，属腹足纲，中腹足目，骨螺科。其种类较多，主要经济品种有脉红螺、香螺、织纹螺等。脉红螺，俗称"海螺"，具有较高的经济价值，在我国渤海、黄海和东海均有分布。

（4）蚶，属双壳纲，蚶目，蚶科。蚶的种类很多，其中分布最广、数量最多的有毛蚶、泥蚶和魁蚶等。中国沿海均有分布，以辽宁、山东产量最多。

（5）贻贝，又名淡菜、海虹。属瓣鳃纲，贻贝目，贻贝科。主要品种有紫贻贝、翡翠贻贝和厚壳贻贝。是大众化的海鲜品，我国沿海均有分布。

（6）扇贝，属瓣鳃纲，珍珠贝目，扇贝科。主要经济品种有栉孔扇贝、海湾扇贝、虾夷扇贝等，主要产于我国北部沿海。

（7）蛤，属瓣鳃纲，帘蛤目，帘蛤科。种类较多，主要包括文蛤、青蛤及菲律宾蛤仔等。菲律宾蛤仔，我国南北海区均有分布，其中辽宁、山东产量最大。

（8）蛏，又名蛏子、青子。属双壳纲，帘蛤目，竹蛏科。主要品种有缢蛏、竹蛏，生活在近岸的海水里，中国沿海均有分布，浙江、福建等地有养殖。

（五）藻类

（1）海带，属褐藻纲，海带目，海带科，海带是寒带性藻类，全世界有50多种。辽宁、山东、浙江及福建是我国海带的主要产区，我国主要养殖品种为真海带。

（2）裙带菜，又名海芥菜、裙带。属褐藻纲，海带目，翅藻科，裙带菜属，裙带菜在辽宁、山东沿海等地均有分布。

（3）紫菜，属原红藻纲，红毛菜目，红毛菜科。中国紫菜约有十几种，广泛分布于沿海地区。

（4）羊栖菜，又名鹿角尖、海菜芽等。属圆子纲，墨角藻目，马尾藻科。生长在低潮带岩石上，中国南方沿海生长繁茂，山东、辽宁等地也有分布。

（5）江蓠，属真红藻纲、江蓠科。本属近100种，中国的种类有龙须菜、江蓠、芋根江蓠、脆江蓠、凤尾菜和扁江蓠等10多种，我国沿海各地均有江蓠资源，现广东、广西等南方沿海已发展养殖。

（6）麒麟菜，又名鸡脚菜、鹿角菜、鸡胶菜，属红藻纲，红翎菜科，中国见于海南岛、西沙群岛及台湾等地沿海。

（7）石花菜，又名红丝、凤尾，属石花菜科藻类。中国沿海石花菜资源也很丰富，北起辽东半岛南至台湾沿岸都有分布。

（8）苔菜，又名浒苔、海青菜、海菜、苔条等。属绿藻纲，石莼科，一般生长在中潮带石沼中，中国沿海地区皆有分布。

（六）棘皮动物

（1）海参，又名仿刺参，俗称海参，属于棘皮动物门，海参纲。海参营养价值丰富，我国有海参140多种，期中可食用的海参20余种，其中刺参营养价值最高，列为海产"八珍"之一，主要产于黄海、渤海海域，也就是山东沿海和辽宁沿海等地。

（2）海胆，属棘皮动物门，海胆纲。海胆不仅是一种上等的海鲜美味，还是一种贵重的中药材，主要分布于黄海、渤海沿岸，辽东半岛及山东半岛的北部，向南至浙江、福建浅海以及舟山群岛和台湾海峡。

第二节　水产品营养价值和保健功能

随着社会的发展，经济的进步，人们对生活的质量要求不断提高，人们不再只仅仅追求吃饱穿暖，而是需要更多营养价值丰富的食物对身体中的营养做出补充。鱼、虾、贝、参等除富含蛋白质，还富含 EPA（二十碳五烯酸）、DHA（二十二碳六烯酸）和生物活性物质，是不可缺少的营养源。水产品不仅具有丰富的营养价值，还具有抗肿瘤、抗菌、抗病毒、抗溃疡、抗血栓、扩张血管、降低胆固醇、降血压等保健功能，其营养价值丰富，保健功能明显。中外许多科学家、学者经过研究并实践证明在现有可供人类食用的动物性食物中，水产品是最为埋想的食品。

一、鱼类

鱼肉含有丰富的蛋白质，鱼肉所含的蛋白质中粗蛋白质的含量为 17%～20%，而且所含必需氨基酸的量和比值最适合人体需要，是人类摄入蛋白质的良好来源。鱼脑中富含多不饱和脂肪酸 DHA，俗称"脑黄金"，还有磷脂类物质，有助于大脑发育，对辅助治疗阿尔茨海默病也有一定的作用。而且鱼类中的蛋白质的肌纤成分更为细腻，使人类更容易吸收，在病人、老人或者儿童这些吸收能力较弱的人类群体中食用较为广泛，更有很好的对冠心病等心脏疾病的预防作用。

（一）带鱼

带鱼肉肥刺少，味道鲜美。每 100 g 带鱼含蛋白质 18.4 g、脂肪 4.6 g,还含有铁、钙、锌、镁以及维生素等多种营养成分。带鱼脂肪中以不饱和酸为主，且碳链较长带鱼中还含有抗癌成分 6-硫代鸟嘌呤。经常食用带鱼可以降低胆固醇，预防高血压、心肌梗死以及防癌抗癌。带鱼鳞是制造扑热息痛片和抗肿瘤药物的原料。中医认为带鱼具有和中开胃、暖胃补虚，还有润泽肌肤的功效。

（二）黄鱼

大小黄鱼和带鱼一起被称为我国三大海产品。黄鱼含有丰富的蛋白质、硒、钙等微量元素和维生素等成分。黄鱼中丰富的硒元素，能清除人体代谢产生的自由基，能延缓衰老，防癌抗癌。经常食用黄鱼对体质虚弱者和中老年人来说有很好的补益作用。中医认为，黄鱼有健脾升胃、安神止痢、益气填精之功效。黄鱼是发物，哮喘病人和过敏体质的人应慎食。

（三）鲤鱼

鲤鱼含有丰富的优质蛋白质、极易被人体吸收，利用率高达 98%。鲤鱼肉含有丰富的叶酸、维生素 B_2 以及维生素 B_{12} 等多种维生素。鲤鱼有滋补健胃、利水消肿、通乳、清热解毒、止咳下气的功效。对各种水肿、腹胀、少尿、黄疸、乳汁不通皆有功效。红豆炖鲤鱼，最适用于营养不良引起的水肿；也可作为肾病性水肿的辅助治疗食品。

（四）鲫鱼

鲫鱼俗称鲫瓜子，肉味鲜美，肉质细嫩。鲫鱼含有丰富的优质蛋白质，易于被人体吸收，还含有多种维生素和矿物质。鲫鱼含糖分较多，所以吃起来有点甜味。经常食用鲫鱼可以补充营养，增加免疫力。鲫鱼是肝肾疾病、和心脑血管疾病患者良好的蛋白质来源。鲫鱼有健脾利湿、和中开胃、活血通络、温中下气之功效，对脾胃虚弱、水肿、溃疡、气管炎、哮喘、糖尿病患者都有很好的滋补食疗作用。鲫鱼汤还有通乳催奶的作用。

（五）草鱼

草鱼又称鲩鱼。其肉质细嫩，骨刺少，营养丰富。草鱼含有丰富的不饱和脂肪酸、优质蛋白质、维生素和硒、镁等矿物质。草鱼对于身体瘦弱、食欲缺乏的人来说，有开胃，滋补的作用。草鱼含有丰富的硒元素，经常食用有抗衰老、养颜的功效。

（六）黄鳝

黄鳝学名鳝鱼，是最普通的淡水食用鱼之一。黄鳝含有丰富的蛋白质、脂肪等营养成分。黄鳝脂肪含有极为丰富的卵磷脂。同时，黄鳝肉还含有 DHA 以及较丰富的 EPA。黄鳝在补充营养、平衡营养、健体强筋、增强抗病力等方面具有特殊的营养价值。黄鳝性甘、温，无毒；入脾、肾、补脾益气，除积理血，对府中冷气、肠鸣及湿痹气、湿热身痒、内外痔漏、妇人产后淋沥、血气不调等均有显著疗效或辅助疗效。

（七）泥鳅

泥鳅又名"鳅鱼"。泥鳅不但肉质鲜美，而且营养丰富，被人誉为"水中人参"。泥鳅维生素 B_1 的含量比鲫鱼、黄鱼、虾类高，维生素 A，维生素 C 含量也较其他鱼类高。泥鳅蛋白质含量丰富，脂肪含量较少。经常食用泥鳅，能增加机体抵抗能力，延缓衰老。泥鳅身上的滑黏液，临床应用称为"泥鳅滑液"，具有特殊的药用价值，可用来治疗小便不通、疮疖痈肿等症。中医认为泥鳅味甘、性平，有调中益气、祛湿解毒、滋阴清热、通络、补益肾气等功效。

二、虾类

虾的营养丰富，特别是蛋白质含量是鱼类、蛋类和奶类的几倍甚至几十倍之高，而且还同时蕴含钾、碘等丰富的矿物质以及维生素 A 等，可以为身体虚弱和病后人群补充营养，长期食用，还可以增强机体的免疫力。虾具有很强的通乳性，而且其体内蕴含的钙对孕妇和幼儿有极大的益处。虾皮中含钙量很高，为 991 mg/g。老年人如果经常食用虾皮的话，会对困扰老年人的骨质疏松病起到很大的预防效果。中医认为虾有补气健胃、壮阳补精、强身延寿之功能，主治神经衰弱、肾虚阳痿、脾胃虚弱、疮口不愈等症。

三、贝类

高蛋白与高铁钙蕴含量以及极少脂肪是贝类水产品的主要特点。

（一）鲍鱼

鲍鱼是中国传统的名贵食材，位居近代海味四珍之首。鲍鱼浑身是宝，鲜品可食部分蛋白质24%、脂肪0.44%；干品含蛋白质40%、糖元33.7%、脂肪0.9%以及多种维生素和微量元素，是一种对人体非常有利的高蛋白、低脂肪食物。鲍鱼营养价值极高，富含丰富的球蛋白；鲍鱼的肉中还含有一种被称为"鲍素"的成分，能够破坏癌细胞必需的代谢物质；鲍鱼能养阴、平肝、固肾，可调整肾上腺分泌，具有双向性调节血压的作用。鲍鱼有调经、润燥利肠之效，可治月经不调、大便秘结等疾患；鲍鱼具有滋阴补养功效，并是一种补而不燥的海产，吃后没有牙痛、流鼻血等副作用，多吃也无妨。

（二）牡蛎

牡蛎俗称蚝，别名蛎黄、海蛎子。牡蛎肉肥爽滑，味道鲜美，营养丰富，含有丰富的蛋白质、脂肪、钙、磷、铁等营养成分，素有"海底牛奶"之美称。其含碘量远远高于牛奶和蛋黄。含锌量之高，也为食物之冠。牡蛎中还含有海洋生物特有的多种活性物质及多种氨基酸。古今中外均认为牡蛎有治虚弱、解丹毒、降血压、滋阴壮阳的功能。

四、蟹类

在水产品中蟹类同样具有口感鲜美，富有蛋白质与维生素的特点，其中维生素A高于其他陆生及水生动物，维生素B_2是肉类的5～6倍，比鱼类高出6～10倍，比蛋类高出2～3倍，而且利用价值同样极高。中医认为，螃蟹有清热解毒、补骨添髓、养筋活血、通经络、利肢节等功效。

五、藻类

藻类供给人类膳食纤维、蛋白质以及维生素和微量元素。以海带为例，它是一种富含碘与蛋白质的碱性食物，其中更是蕴含其他许多微量元素、膳食纤维以及维生素，热量相对其他水产品相对较低，蛋白质适中但是矿物质含量极高是海带的特点。它有很好的抗凝血功效，这也就是说，海带作为一种基本食物，经常食用的话能够起到更好的心血管硬化预防作用、同时较为频繁的摄入海带能力与减肥和治理白内障以及对其他疾病的防治作用。

六、棘皮动物

海参是典型的高蛋白、低脂肪食物，久负盛名，是海味八珍之一，与燕窝、鲍鱼、鱼翅齐名。海参体内含50多种对人体生理活动有益的营养成分，18种氨基酸（包含8种人体自身不能合成的必需氨基酸）、牛磺酸、硫酸软骨素、刺参黏多糖等多种成分，钙、磷、铁、锌等元素及维生素B_1、维生素B_2、烟酸等多种维生素。海参中精氨酸含量丰富，号称"精氨酸大富翁"，可显著增强人体免疫功能、提高人体免疫细胞活性、促使抗体生成,延年益寿,消除疲劳,更具补肾益气,强精健髓的传统功效。海参中的硫酸软骨素,有助于人体生长发育,能够延缓肌肉衰老,增强机体的免疫力。海参微量元素矾的含量居各种食物之首,可以参与血液中铁的输送,增强造血功能。中医认为,海参具有补肾益精、除湿壮阳、养血润燥、通便利尿的作用。

七、其他类

（一）海蜇

海蜇营养极为丰富,含有丰富蛋白质、钙、磷、铁、碘和维生素 B_1、维生素 B_2、维生素 B_6 等营养成分。其脂肪含量极低,每百克海蜇含脂肪 $0.1 \sim 0.5$ g。海蜇是一种高蛋白、低脂肪、低热量的营养食品。此外,海蜇还具有防止伤口扩散和促进上皮形成、扩张血管、降低血压、消炎散气、润肠消积等功能。

（二）甲鱼

甲鱼富含动物胶、角蛋白、铜、维生素 D 等营养成分。甲鱼能够增强身体的抗病能力及调节人体的内分泌功能,有提高母乳质量,增强婴儿免疫力等功效。甲鱼的腹板称为"龟板",是名贵的中药,有滋阴降火之功效。可用于治疗头晕、目眩、蓄热、盗汗等。

（三）墨鱼

墨鱼又称乌贼、墨斗鱼、目鱼等。墨鱼味道极其鲜美,含有丰富的蛋白质、脂肪、钙、磷、铁及多种维生素等营养成分。中医认为,墨鱼肉味咸、平,有养血滋阴、益脾通气、祛瘀止痛的功效。妇女食用有养血、明目、通经、安胎、利产、止血、催乳和崩漏等功效。墨鱼肉、脊骨（中药名为海螵蛸）均可入药,海螵蛸味咸、涩,性温。具有收敛止血、涩精止带、制酸止痛,收湿敛疮等作用,同时对胃酸过多、胃及十二指肠溃疡、小儿软骨症等也有一定疗效。墨鱼肉中含有的多肽有抗病毒、抗射线作用。

第三节 水产品国内流通与贸易

一、水产品市场

（一）水产品市场现状

改革开放以来,我国水产业取得了迅猛的发展,水产品产量持续大幅度增长,我国水产品产量从 1978 年的 465 万 t 发展到 2021 年的 6 690.29 万 t,其中水产养殖产量占水产品总产量的 80.6%,我国不仅是世界渔业大国,也是世界上唯一养殖产量超过捕捞产量的国家。由于渔业生产的发展和水产品流通渠道进一步的完善,我国水产品市场日趋繁荣。主要表现在以下 5 个方面。

1. 水产品供应充足,品种丰富

由于渔业生产的迅速发展,向市场提供的水产品不断增加,其数量、品种、质量都是任何历史时期所无法比拟的。从水产品总量看,2021 年生产 6 690. 29 万 t,全国水产品人均占有量 47. 36 kg,这为市场提供了充足的货源。目前水产品市场上的品种十分丰富,有各种鲜活水产品、冷冻水产品、干品、精深加工品等,极大地丰富了城乡居民的"菜篮子"。

2. 水产品价格相对平稳,市场有序发展

全国水产品的价格总体平稳,名特优养殖水产品价格有所下降,大宗海水产品平均价格呈上升趋势。据对全国 60 多个水产品市场、20 多个品种价格的定点、定期统计资料显示,各品种的价格波动幅度减小,海水产品价格走势强于淡水产品。

3. 消费需求稳定,鲜活水产品旺销

由于人民生活水平的提高,水产品的消费量逐年增加。近年来鲜活水产品继续旺销,淡水产品基本上以鲜活形式进入市场,沿海地区鲜活水产品的销售量明显增加,城乡居民可随时到就近市场买到鲜活的水产品。

4. 多种流通渠道并存,市场体系逐步完善

近年来水产品市场体系建设加快,水产品的流通方式、流通组织形式变化较大。目前已基本形成批发市场、直接配送、代理和个体商贩等营销方式,促进了水产品的流通。近年来,在消费升级、物流提升、新冠疫情等多重因素影响下,由于水产品具有方便快捷、营养丰富、口味鲜美等特点,水产品预制菜品蓬勃发展,深受到消费者的广泛欢迎,带动了新一轮的水产品消费。我国拥有超过 4 亿的中等收入群体,超大规模消费市场的总量优势明显,水产品预制菜产业发展潜力巨大。同时冷链物流不断发展完善,液氮冷冻保鲜等技术的推广应用,尤其是低成本国产速冻设备和冷链运输车辆的推广,为预制菜延长保质期、扩大配送范围、降低物流成本提供基础条件。

5. 对外贸易发展迅速,出口竞争力不断增强

水产品是我国重要的出口产品,历来以换汇率高而著称。近年来,随着我国对外贸易体制的不断改革,放宽出口水产品的批准权限,进出口渠道增加,对外贸易形式多样。特别是自 1985 年起中国远洋渔业发展,远洋捕捞的水产品直接进入国际市场,使我国水产品进出口的品种、数量、金额和地区都发生很大的变化。1997 年亚洲金融危机爆发,我国水产品对外贸易受到了强烈冲击,自 1999 年起呈现出恢复性增长,2000 年又进入了高速增长的新阶段,水产品进出口贸易增势强劲。据海关总署统计,2021 年我国水产品进出口总量 954. 82 万 t、进出口总额 399. 49 亿美元,同比分别增长 0. 72% 和 15. 41%。其中,出口量 380. 07 万 t,同比下降 0. 28%,出口额 219. 26 亿美元,同比增长 15. 13%;进口量 574. 74 万 t、进口额 180. 23 亿美元,同比分别增长 1. 39% 和 15. 75%。贸易顺差 39. 03 亿美元,比上年同期增加 4. 30 亿美元。

（二）水产品消费市场特点

在社会经济运行中，生产是起点，消费是终点。它们之间相互依存，相互制约。一方面生产对消费起决定作用，另一方面，消费也反作用于生产，对生产起推动或阻碍作用。而流通是介于生产和消费之间的一个环节。如果生产发展，而流通不畅，不仅不能满足社会消费需求，而且反过来会抑制生产的发展。因此，生产、流通、消费三者之间是相互促进，又相互制约的。

随着人民生活水平的提高，水产品的需求量在不断增加。据国家统计资料显示，水产品消费在城镇居民 18 种食物的消费额中所占比例，仅次于畜禽类（11.5%）、粮食类（6.2%）、蔬菜类（5.5%），而列居第四位（3.6%）。从全国范围来看，水产品的消费大致有以下 4 个特点。

1. 城乡居民水产品消费水平不断提高

水产品是城乡居民"菜篮子"的重要组成部分，品种多、营养丰富、味道鲜美，深受广大消费者的喜爱。随着城乡居民收入水平的提高，对水产品的消费需求也在提高。数据显示，中国城镇居民的人均水产品消费呈现（快速）上升势头，2019 年的人均消费达 407 kg 以上，不过，农村地区的人均消费量要低得多，仅有 9.6 kg。这表明进一步城市化可能是中国消费者的一个驱动力。

2. 城乡地区消费差异较为明显

由于受地区经济发展和收入差距的影响，城镇居民家庭水产品消费量远高于农村居民。就地区而言，中西部地区水产品消费水平远远低于东南部地区。就品种和消费习惯而言，淡水鱼主要以当地消费为主，有较强的地区消费特点。而带鱼、大小黄鱼、虾蟹类、海带紫菜干品以及水产加工品却流通于全国各地的消费市场，高档水产品主要集中在大城市和少数中等城市以及我国的香港、澳门和台湾等地。这说明水产品市场具有明显的地域特点。

3. 水产品买方市场格局将长期存在

随着我国经济的高速发展，水产品市场早已告别了短缺经济，率先进入了买方市场。目前市场上水产品供应充足，品种丰富。另外，其他副食品与水产品有很强的替代性，而副食品的供应更加丰富，因此，买方市场的格局将长期存在。

4. 消费者对水产品的品种和质量要求逐步提升

随着生活水平的提高，人们对水产品的营养、卫生、食用安全以及食用方便等问题愈加关注，那些质量有保障、符合食品安全卫生标准、食用方便的水产品受到越来越多消费者青睐。

（三）水产品市场的分类

水产品市场按不同的标准可划分为多种类型的市场。目前我国水产品市场的类别大体可分为以下 6 个类型。

1. 按水产品市场经营方式

按水产品市场经营方式可分为水产品批发交易市场和水产品零售市场。水产品零售市场按交易场所划分又可分为农贸市场、水产品商店、超市等。

2. 按水产品流通地域

按水产品流通地域可分为国内市场和国际市场。国际市场还可按区域分为欧洲、东南亚、美洲市场等。

3. 按水产品流通地位

按水产品流通地位可分为产地水产品批发市场、销地水产品批发市场和集散地水产品批发市场。

4. 按水产品市场层次级别

按水产品市场层次级别可分为中央水产品批发市场、区域水产品批发市场和地方水产品批发市场。国家规定,中央市场年交易量在 20 万 t 以上,交易额在 10 亿元以上(纯淡水商品地区交易量为 14 万 t 以上,交易额 6 亿元以上),具有辐射全国主要地区的能量,具备与国际市场接轨的社会、经济、地区、交通、人才、设备等条件;区域市场年交易量在 10 万 t 以上,交易额在 5 亿元以上(纯淡水商品地区交易量为 8 万 t 以上,交易额为 3 亿元以上),辐射范围超过省界,主要业务在一两个大区范围;地方市场年交易量在 10 万 t 以下,交易额在 5 亿元以下(纯淡水商品地区交易量为 8 万 t 以下,交易额在 3 亿元以下),辐射范围不超过省界,主要业务局限在一个较小的区域内。

5. 按水产品市场专业化程度

按水产品市场专业化程度可分为综合性水产品批发市场和专业性水产品批发市场。综合性市场又分为两类:一类是水产品市场附设于农产品市场内,我国各地都有此类市场。另一类是综合性水产品批发市场,经营各类水产品。专业水产品批发市场是从综合水产品市场分化出的专门经营某一类别的水产品市场,如河蟹、甲鱼、咸干、海味等批发市场。

6. 按水产品交易时间

按水产品交易时间可分为水产品现货市场和水产品期货市场。

二、水产品流通与贸易

水产品流通是以货币为媒介通过商品交换形式,实现从生产领域向消费领域转移的经济活动的总称。流通是连接生产与消费的桥梁,对生产和消费起着重要的促进作用。因此,建立和完善水产品流通体制,是渔业发展的客观要求,也是更好地满足广大消费者对水产品的需求的重要手段。

(一)水产品流通体制演变

我国的水产品流通体制经历了自由购销、统一收购与派购相结合,逐步放宽购销到全面放开四个阶段。

1. 自由购销阶段

从新中国成立到 1956 年完成社会主义改造。在这一阶段的基本特征是,以市场调节为主,多种经济成分并存,自由交易,自由定价。当时的水产资源较丰富,人民的购买力较低,水产品市场供应良好。

2. 统一收购与派购相结合阶段

从 1957 年到 1979 年。统一收购即指由国家委托国有商店和供销合作社来统一收购，不受国家委托的商店和商贩，一律不准收购。渔民自己留用的水产品若要出售，只许卖给国家委托的商店，而这些商店也必须负责收购。形成了国家统购包销，独家经营的局面，把水产品统得过死。到 1962 年国家提出了"调整、巩固、充实、提高"八字方针后，为提高渔民的生产积极性，国家规定了留购比例，除交售给国家规定的水产品外，留下的部分由生产队自行处理，允许在自由市场上出售或换取物资。对水产品的管制稍微放松。但到"文化大革命"期间，受极左思潮的干扰，渔民出售自留鱼被当作资本主义尾巴给割掉了。这一时期，对水产品进行的统一收购和派购政策，把生产者排斥在市场之外，严重挫伤了广大渔民发展商品生产的积极性。与此同时，价格体系不合理，收购牌价长期低于生产成本，使渔民连简单再生产都难以维持，更谈不上靠自身积累扩大再生产。不同质量、季节、地区和经营环节之间的差价也极不合理，加大了水产品价格体系的扭曲度。这种价格体系，既不反映价值，又不反映供求关系，严重地违背了价值规律，使生产长期停滞不前，市场供应严重短缺，国家重点供应的大中城市，水产品只能实行定量凭票供应。

3. 逐步放宽阶段

1979 年以后，水产品购销政策发生了历史性转折，总的趋势是沿着"改革、开放、搞活"的轨迹前进。其基本特征是有计划、有步骤地调整流通结构，由国有垄断的封闭型模式向多渠道、少环节的开放模式过渡。从 1979 年至 1985 年，水产品购销政策几经调整，派购品种不断减少、派购比例逐步下降，到 1983 年，水产品的派购品种减少到 8 个品种，派购比例下降到 50%。允许多种经济成分参与水产品生产和流通，使流通渠道增加，流通环节减少、供给增加，水产品市场日趋繁荣。

4. 全面放开阶段

经过系列的调整和改革，中共中央、国务院 1985 年 3 月 31 日发布的《关于放宽政策，加速发展水产业的指示》决定：水产品全部划分为三类产品，一律不派购，价格放开，实行市场调节。总结了新中国成立以来的经验，特别是 1979 年以来从理论到实践的探索之后，采取的一项根本性的改革，使水产品流通体制迈向一个新的历史阶段，对促进社会主义市场经济发展有了不可估量的意义。

水产品全面放开以后，创造了一个宽松的市场经济环境，价格背离价值的现象开始得到纠正，渔民成为真正自主的商品生产者，收入普遍增加，生活明显改善，发展生产的积极性空前高涨。由于多种经济成分参与市场竞争，打破长期以来国有企业垄断的局面，使市场注入了新的活力，城乡集市兴旺，商贩经营活跃，推动了水产供销的改革，不仅在大中城市而且在一些乡镇也建立了水产品批发交易市场，为建立全国水产品大流通、大市场创造了条件。

(二)水产品流通特点

1. 水产品生产地偏远性

水产品的生产离不开水域条件，而适宜渔业生产的水域一般都远离消费中心。海水产品产在海洋,而消费却遍布全国。内陆水域分布在全国各地,但也远离消费中心。这一特点,使水产品明显地呈现出产地市场与销地市场的差异。因此,加强水产品集散市场的建设,有着十分重要的意义。

2. 水产品鲜活和易腐性

水产品的自然属性是鲜活产品,含有丰富的蛋白质和脂肪等营养物质,是人类摄取动物蛋白的主要对象。然而,水产品又易腐败变质,难于保活鲜,这就要求水产品在生产和流通过程中,必须具备保活、保鲜、运输、贮藏等保障系统。这样一来,使得水产品的流通费用大大高于其他商品。

3. 水产品价格弹性较大

在日常消费品中,生活必需品的价格弹性较小,如粮食、食盐等。而水产品不是生活必需品,且有众多的替代品,因此价格弹性较大,特别是高档水产品和名特优产品,价格弹性更大。这就要求在水产品流通中要及时掌握水产品市场的需求变化,特定合理的价格策略,灵活调整价格。

4. 水产品生产具有明显季节性

由于受自然环境的影响较大,与水产品需求的经常性存在矛盾。水产品的生产是自然再生产过程与经济再生产过程的结合,其生产必须借助于水产品自身的生长、发育、繁殖等生理机能和生命过程,这一过程要遵循自然规律,其生产具有明显的季节性。但人们对水产品的需要具有经常性,这就要求水产品流通环节具有调剂市场供应的能力,做到均衡供应。另外,水产品捕捞作业的场所是海洋和江河湖库,由于受渔业资源波动以及自然条件的制约,产量不稳定,生产风险很大,这也给水产品流通和供给增加了更大的难度。

5. 水产品流通受消费偏好有较大影响

我国是一个幅员辽阔的多民族国家,不同地域、不同民族有着不同的文化背景和风俗习惯。在饮食习惯和食品结构上,表现出很大的差异性,对水产品的消费有明显的偏好,如在淡水鱼中,广东人喜食草鱼、鳙鱼,上海人喜食鲫鱼,北方人喜食鲤鱼。随着收入的增加和生活条件的改善,消费者对水产品的种类、加工深度、营养、食用安全卫生和方便等方面越来越重视,产生了不同的消费需求。这就要求在水产品流通过程中,根据消费者的不同消费偏好组织货源,做到产品适销对路。

6. 水产品流通向快速高效率发展

随着社会经济的发展和科学技术的进步,水产品流通领域的技术装备水平不断提高,水产品的流通手段和方式更加多样化,流通效率大大提高。如由于交通运输条件的改善,极大地方便了水产品的运输,使各种鲜活的水产品在很短的时间内就可以运达各消费中心城市。近年来,随着电子商务的出现,一些发达国家实现了水产品的网络营销,如北欧渔民利用船上的计算机网络,边捕捞边销售鱼货,返航时船上的鱼货已基本售完,实现了水产品的即时销售。

（三）水产品流通渠道作用

水产品流通渠道是指水产品从生产者向消费者转移的过程中所经过的通道。流通渠道包括商人中间商（因为他们取得商品的所有权）和代理中间商（因为他们帮助转移所有权），还包括处于渠道起点和终点的生产者和最终的消费者。水产品流通渠道有效地把水产品从生产者转移到消费者手中，在恰当的地点和时间、以恰当的价格提供恰当数量和质量的水产品来满足消费需求，替代企业执行了产品流通的大部分工作。因此，水产品流通渠道对生产企业有着十分重要的意义。水产品流通渠道的作用有以下 4 个方面。

1. 产品分销

在大多数情况下，由于受时间、地理条件的制约，消费者不可能直接到生产地点购买水产品，流通渠道在生产者和消费者之间架起了沟通的桥梁，调解了生产和消费的矛盾。拥有一个覆盖面广且畅通的流通渠道，是企业在市场竞争中取胜的先决条件。

2. 服务传递

服务已成为过剩经济时代企业竞争的焦点，以优质的服务赢得消费者是大多数企业的共识。渠道为企业的服务提供了多层次的传递途径。

3. 信息沟通

流通渠道具有"上情下达、下情上达"的信息沟通作用。一方面，它将企业信息、产品信息传达给消费者；另一方面，企业利用零售商接近消费者的优势，及时获取市场信息，为经营决策提供依据。

4. 资金流动

渠道一端连着消费者实现产品的价值，一端连着生产者实现利润，流通渠道成员也获得自己的经营利润。企业靠资金的良性循环维持活力，资金的顺畅流动是渠道运行的动力。

第四节　水产品国际市场

一、水产品进出口贸易

水产品是我国主要的出口农产品之一，改革开放以来，我国水产品的出口量一直在稳步增长。2021 年，我国水产品贸易总量 931.70 万 t，同比下降 1.83%；贸易总额 397.69 亿美元，同比增长 14.92%；贸易顺差 39.89 亿美元，同比增长 14.76%。其中，进口量 571.95 万 t，同比增长 0.72%；进口额 178.90 亿美元，同比增长 14.94%。出口量 359.75 万 t，同比下降 5.62%，出口额 218.79 亿美元，同比增长 14.91%。2021 年，中国水产品主要出口去往日本、美国、韩国、菲律宾等国，其中日本是中国水产品的最大出口国，所占比例的 18.81%。中国水产品主要由山东省、福建省、辽宁省及浙江省 4 个省份对外出口。这四个省份都靠海，水产丰富，海运便利，出口金额占中国水产品出口总和的 86.34%。

二、水产品进出口贸易发展特点

（一）各大类水产品出口有不同程度增加

其中养殖水产品出口是我国水产品出口的主要力量,在水产品出口贸易中,养殖水产品发挥着重要的作用。我国是世界水产养殖大国,目前,我国水产品养殖产量占世界养殖产量的70%以上。养殖水产品不仅为满足国内水产品市场做出了积极贡献。而且,对我国水产品的国际贸易也起到了重要作用

（二）水产品进出口坚持多种贸易方式并存的发展方针

我国政府在大力发展一般贸易出口国内水产品的同时,积极推进水产品来料、进料加工贸易。

在水产品进口中,一般贸易方式进口的品种有两大类,一类是鱼类,用于养殖业饲料,我国水产养殖业的持续发展是鱼粉增加进口的主要原因。另一类是补充调剂国内市场需求的可食用水产品。

国内市场出于我国居民消费结构和消费层次的多元化以及对传统消费品种的需求,我国一般贸易进口的水产品呈现多样化的局面:一方面进口的高档水产品,如活龙虾、活蟹、三文鱼、石斑鱼等满足了国内宾馆饭店的消费需求;另一方面进口的低档水产品,如带鱼、鲱鱼、北极虾、鱿鱼、墨鱼等又为广大的普通消费者所接受。

随着水产品国际贸易化程度的扩展和企业生产经营水平的提高,水产品来料、进料加工贸易快速发展,发展速度甚至超过了我国国内产品的一般贸易出口增长速度。水产品对外加工贸易已成为沿海地区渔业发展的一个重要组成部分,对促进水产品加工业上档次、提高产品质量、解决渔区富余劳力起到了积极的作用。水产品对外加工贸易的主要品种是冻鳕鱼、冻鱿鱼、冻鲭鱼等,加工成冻鱼片、冻鱿鱼卷后再出口。美国、日本、欧盟、加拿大、韩国是我国鱼片出口的主要市场。山东省是我国最大的鱼片加工出口基地。

（三）出口综合平均价格下降、进口综合平均价格上升

水产品出口数量增加较快,但综合平均单价大幅度下降,影响了渔业效益的提高。

三、水产品对外贸易中存在主要问题

（一）水产品质量安全问题已成为制约我国水产品出口的首要核心问题

随着人们食品安全意识不断增强,世界各国特别是发达国家对提供安全水产品的要求越来越高,表现在发达国家在逐步提高甚至是苛刻的进口水产品各项安全标准和检验标准上,比如药物残留标准等。由于海洋污染和在养殖过程中使用劣质饲料和有害添加剂等,导致我国水产品的质量安全日益严重,难以通过进口国的各项检验标准。2003年恩诺沙星事件、2004年的孔雀石绿事件、2005年的硝基呋喃代谢物事件等,都严重影响我国水产品的出口。

（二）水产品出口品种结构需要调整优化

多年来我国水产品出口主要集中在鳗鱼、对虾、低价值冻鱼和冰冻鲜鱼类，高附加值的养殖鱼类加工出口尚未形成拳头产品和规模优势。加工技术薄弱，精深加工品较少，出口仍处于数量扩张，产品附加值小。我国水产品加工工艺的发展跟不上渔业生产结构调整的步伐，跟不上世界水产品市场发展的需求。

（三）出口市场相对集中

2021 年我国水产品出口日、美、韩和菲律宾 4 大市场，占我国水产品出口总额的50.41%，尽管比之前的 88% 有所降低，但市场仍过于集中。出口市场过于集中是制约我国水产品出口贸易发展的一大障碍。开拓发展中国家水产品市场，开发适销对路的水产品成为当务之急。

四、水产品市场开发策略

（一）积极开展第三方认证，提高国际市场占有率

近年来，第三方认证在全球农产品管理体系中扮演着重要的角色，在促进水产品的国内外贸易中起到了积极的作用。由于消费者的食品安全专业知识有限，无法识别所购物品是否含有对人体造成危害的生物性、化学性危害因素以及天然毒素等。而具有权威性的第三方认证可以提供食品质量安全的依据，因此，具有权威性的第三方认可的食品更受消费者青睐。此外，随着全球食品市场的进一步开放，为了控制因来源不同、产地不同、产品品质各异等导致的食源性疾病的发生，零售商们都希望通过第三方认证来降低监管成本和费用，以及转基因食品不安全事件所引发的责任。

（二）加强对外宣传，加大国际市场开发力度

我国水产品虽然出口到 50 个左右的国家和地区，但从出口量和出口值来看，主要集中在少数几个国家和地区，出口市场过于单一狭小。我们一方面要稳定原有市场，另一方面要开拓新的市场，根据不同国家的不同特点、不同的消费习惯及准入原则，从水产品种类、质量价格等方面做好宣传，加强国外市场和消费者对我国水产品的了解。

（三）加强质量安全管理，提高出口产品竞争力

质量安全是水产品的核心竞争力，提高水产品的质量安全，需要政府、行业组织、水产经营者的共同努力。从政府的角度看，一方面要加大对水产品养殖、加工、仓储等环节的监管力度，另一方面加速制定相关产业标准，用以指导、规范和促进水产品行业健康发展。从行业组织的角度看，主要对农户加大宣传水产品质量安全的重要性和进一步对农户进行安全水产品生产的指导工作。从水产经营者的角度看，一方面，应按照国家规定的相关标准，建立自身的质量保证体系，管好生产、加工、流通、销售等各个流程。另一方面，以市场为导向，大力发展名、特、优产品，提高加工水产品的档次，使出口水产品符合安全，健康的"绿色"要

求。

（四）坚持以国际市场需求为导向，及时调整产品结构

对出口水产品的品种结构进行战略性调整，提高技术含量和附加值，在竞争中争取有利地位，从而获取较高的经济效益。

（五）实施品牌战略，提升品牌价值

做好名牌水产品的培育、认定和开发，树立渔业企业的名牌产品，提高产业素质和竞争能力，促进对外贸易健康发展。

（六）引进国外技术、资金和管理经验，提高产业素质

利用国外先进的生产技术、管理经验、加工工艺和先进设备、资金合作经营，促进我国水产品生产、加工、包装、储运、营销等各个环节尽快实现标准化、现代化和对外贸易全球化。

（七）加强市场营销，开拓水产品国际市场空间

关于政府在开拓国际市场方面的作用，挪威是一个很好的范例。挪威政府很早以前就成立了挪威水产品发展局，专门从事国外市场的开发。1997年，挪威为开发中国水产品市场，特在挪威驻华大使馆设立了渔业处，作为挪威水产品贸易发展局在中国的派出机构，负责在中国水产品市场的开发业务。挪威贸易发展局每年用于中国市场的开发费达150万美元。结果表明，挪威成功地打开了中国三文鱼的消费市场，挪威每年出口到中国的三文鱼多达3万吨。

（八）建立对外贸易综合信息网，及时传递国内外渔情

鼓励行业协会、中介机构建立对外贸易信息网络，掌握国外水产品市场发展动态，及时发布国外市场信息，为企业提供及时可靠的国际市场动态信息。

实例：打造品牌，开拓市场—山东省十大渔业品牌推介

1. 胶东刺参——天然珍品主产地

胶东沿海岛礁密布、海流平缓、水质清澈、藻类资源丰富，非常适合于刺参的生长繁殖，长岛、崆峒岛、养马岛等岛礁周围和半岛沿海自古以来就出产海参。据《本草纲目拾遗》记载："海参生东海中。"这里所说的东海就是指现在的山东半岛沿海。近年来，胶东刺参产量占全国刺参总产量近40%以上。胶东刺参历史上就是贡参，以个大体壮、肉质厚实、涨发率高、营养丰富著称。

胶东刺参含有50多种对人体有益的营养成分，可有效增强人体免疫力，是孕妇和手术患者的理想补品，还能抑制癌细胞的蛋白质的合成，是老少咸宜的医疗保健食品。近年来，市场对胶东刺参的需求量不断增加，市场规模持续扩大。除了为市场提供鲜活产品外，胶东刺参精深加工也获得长足发展，相继开发了淡干刺参、即食刺参、高压刺参、海参胶囊等多种方便食品。

2. 胶东鲍——海产名鲜原产地

胶东鲍,学名皱纹盘鲍,俗称鲍鱼。胶东沿海水域环境优越,长岛等众多海岛自古以来盛产鲍鱼,是我国皱纹盘鲍的原产地。胶东鲍以其个体大、品质高、色泽自然而闻名,是品质最好的鲍鱼之一。宋代自号"老饕"的诗人、美食家苏东坡曾为之写下了脍炙人口的《鲍鱼行》。胶东鲍浑身是宝,干品鲍含蛋白质40%、糖原33.7%,含有多种氨基酸以及多种维生素和微量元素,是一种难得的滋补品;鲍壳又名石决明,是名贵的中药材。

近年来,山东连续在胶东沿海投放大规格鲍鱼苗种进行增殖,以浅海筏式养殖、底播养殖、海底笼养方式进行的人工养殖也获得成功,生产能力稳步增强,产品深受海内外市场欢迎。

3. 胶东扇贝——扇贝之乡产佳品

胶东沿海水深流急、盐度较高、透明度较大,为扇贝生长提供了天然场所,是我国扇贝的主要产区,养殖面积达200多万亩,产量达近100万吨,被誉为"扇贝之乡"。

肉柱除鲜食外,还可加工制成"干贝"。"干贝"富含等多种营养成分,其中蛋白质含量高达61.8%,为鸡肉、牛肉的3倍。目前胶东扇贝出产三个品种,即栉孔扇贝、海湾扇贝和虾夷扇贝。其中,栉孔扇贝是我国特有的品种。胶东扇贝的生产是在海上采集自然苗或进行人工育苗,然后在清洁的海域进行筏式养殖和底播增养殖,使扇贝依靠滤食海水中的浮游生物生长。这样生产的扇贝个体大,无污染,色泽鲜艳,是主要出口畅销产品。

4. 东方对虾——海捕珍品享盛誉

东方对虾,又称中国明对虾,其个体硕大,是我国特有的名贵品种。据检测,东方对虾每100克含蛋白质20.6克,还含有多种维生素和人体必需的微量元素,是一种高蛋白、低脂肪的营养佳品,在国际市场享有盛誉。

山东沿海是东方对虾主要索饵场和产卵场,历史上以盛产东方对虾闻名,捕捞产量曾一度达到4万多吨。但在20世纪末由于捕捞过度,造成资源量锐减。人工增殖放流是恢复东方对虾资源的有效手段。山东省已连续多年实施大规模放流增殖,东方对虾资源明显增多。

5. 胶东鲆鲽鳎——名贵鱼类品质优

鲆鲽鳎统称比目鱼,其中牙鲆、大菱鲆、半滑舌鳎、石鲽、星鲽等都是营养丰富、肉嫩味美的大型鱼类,具有高蛋白、低脂肪、富含维生素和胶原蛋白的营养特点。胶东地区已发展成为全国鲆鲽鳎的主产区,年产量达5万吨,产品畅销日韩、港澳和国内大中城市。其中大菱鲆引自欧洲,并被评为全国唯一的名牌产品。

鲆鲽鳎生产主要靠增殖回捕,同时,还利用深水网箱、海底网箱、工厂化养殖等设施以及优质地下海水资源进行养殖生产。通过实施标准化、生态化等健康养殖模式,实行挂牌上市,鲆鲽鳎的品质、质量得到有效保障。

6. 荣成海带——长寿蔬菜纯天然

海带被认为是"长寿蔬菜",也是科学家和美食家推荐的健康食品。常吃海带能补血润脾,有效防止甲状腺肿大,降低血液中的胆固醇,防止血管硬化。

山东是我国海带的重点产区,产量占全国的 70% 以上。荣成海带个体大、营养成分含量高,以其天然绿色品质和显著的医疗保健作用成为我国养殖海带的标志性产品,已注册为国家地理标志商标。据测定,荣成海带含有 60 多种营养成分,其中蛋白质、脂肪和无机盐含量与菠菜、油菜相近,而糖、钙、铁的含量超过菠菜、油菜十几倍。荣成海带是胶东地区耕海牧渔的主力品种,也是我国生产碘、甘露醇、海藻酸钠等工业产品的主要供应地。

7. 莱州湾梭子蟹——中华名蟹主产地

地处渤海南部的莱州湾,水质清澈,饵料丰富,以盛产梭子蟹闻名。莱州湾梭子蟹具有体型肥满斑点少、肌肉细腻弹性强和味道鲜美营养高的显著特点,最大个体可达 1 000 克,一般也可以长到 400 克。莱州湾梭子蟹还有清热、散血、滋阴的作用,是传统的名贵海产品,自古就享有中华名蟹的美誉。古人曾说:味之美者,蟹之后,无出其右。

莱州湾梭子蟹生产主要依靠捕捞。为增加资源量,山东省在 20 世纪 80 年代率先突破了人工育苗技术,每年都向莱州湾和其他海湾投放数十亿尾优质苗种,梭子蟹的捕捞产量明显增加,供应能力逐年增强。

8. 黄河口大闸蟹——湿地牛杰产名品

黄河口大闸蟹,学名中华绒螯蟹,俗称毛蟹,出产于黄河三角洲自然保护区,是我国著名的淡水蟹。成蟹螯足有浓密的棕褐色绒毛,背甲淡青或褐黄色,腹部呈白色。它个体大,肉质细嫩,味道鲜美,蟹膏肥腴,是毛蟹中的精品和市场上的抢手货。

黄河三角洲是全国最广阔的湿地生态系统,其中,黄河口地区内陆水域广阔,水草丰茂,环境接近原生态,宜渔荒碱低洼地是大闸蟹栖息繁衍和生长的天然场所。东营市已成为黄河口大闸蟹的主要生产基地,已申请实行黄河口大闸蟹原产地保护。

9. 黄运甲鱼——绿色食品畅销货

黄运甲鱼,学名中华鳖,是我国重要的特种名贵水产动物。其营养丰富,蛋白质含量高,裙边更是脍炙人口的美味佳肴,是珍贵的营养滋补品。黄运甲鱼是从黄河、古运河等河系收集的数万只野生甲鱼中反复筛选,繁育的优质品种,其色泽纯正、裙边肥厚、具天然品质,已被中国绿色食品发展中心认定为全国水产品第一个 A 级绿色食品,获得"绿色食品畅销产品奖"、"地理标志产品"、山东省"绿色食品十大品牌"、"山东省著名商标"等称号。因其具有极高的保健作用和防癌、治癌及治疗多种疾病的药用价值而备受瞩目。

10. 微山湖乌鳢——乌鳢之乡传美名

风光旖旎的微山湖是我国北方最大的淡水湖泊,以盛产乌鳢闻名。微山湖乌鳢俗名黑鱼,是一种经济价值很高的名贵淡水鱼类,具有体型美观、体色鲜亮、肉质细嫩的显著特点和上佳的滋补调养、生肌补血功效,素有"鱼中珍品"之誉。近年来,以生态养殖为主的微山湖乌鳢生产发展迅速,已形成集苗种繁育、饲料运销、生态养殖、市场销售于一体的产业化经营格局,微山县被农业部命名为"中国乌鳢之乡"。目前,微山湖乌鳢不仅在微山湖、东平湖和峡山水库等大型水域放养,而且被江苏、河北、河南、湖北、湖南等地引进。

第九章　现代渔业科技创新

科技创新是渔业产业发展的根本动力和核心,是促进渔业结构调整和渔业经济可持续发展的重要保障,发展现代渔业,必须紧紧依靠科技进步和创新驱动。

第一节　渔业技术开发和引进

亚当·斯密很早就认识到科技创新对经济增长有着巨大的促进作用,在1776年出版的《国富论》中,从分工的角度系统地对科学技术在生产中的作用进行了系统论述,指出经济产生可以由两种方法增加,一种是劳动生产力的提升,另一种是提高劳动者数量,而劳动生产力的提升很大程度上取决于劳动者素质的提升和劳动工具的改进,它们均与科技创新密切相关。马克思、恩格斯在系统考察科学技术对推动生产力发展及生产关系变革的影响力的基础上,提出"科学技术是生产力"的思想。

在知识经济时代,科学技术能够大大增加产品和服务的价值,越来越成为企业的极其重要的资源。企业是否具有创造、传播和使用先进科学技术的能力,已经成为企业能否可持续发展的决定性因素。认真贯彻科技进步方针,全面实施"科技兴渔"战略,充分发挥渔业科技进步的作用,不断提高其在渔业经济增长中的贡献率,是建设现代化渔业的紧迫任务,也是全面提高渔业企业经济效益的重要途径。渔业科技资源管理主要包括渔业科技推广、渔业技术开发、渔业技术引进、渔业技术改造及渔业生产技术准备。

一、渔业技术开发

(一)渔业技术开发含义

技术这个词在不同的研究领域中含义不尽相同。在社会学中,技术是指在人们用以解决社会发展中所面临的问题的科学知识。在经济学中,技术则被定义为生产要素的有效组合。在科技工程领域,技术是指科学知识在生产活动中的具体应用。在商业文献中,技术则被视为把科学知识转化为产品的手段。国际工业产权组织则对技术做了一个更具体的定义:技术是制造一种产品或提供一项服务的系统的知识。这种知识可能是一项产品或工艺的发明,一项外形设计,一种实用形式,一种动植物新品种,也可能是一种设计、安排、维修和管理的专门技能。

开发一般理解为将已知的科学知识加以新的应用,含有创新的意义。技术开发在不同的研究领域中,含义也不尽相同。在科研管理中,它是指基础研究、应用研究以后的发展研究阶段。在企业中,一般是指把研究中的发现或一般科学知识应用于产品和工艺上的技术活动,是把科学技术潜在的生产力转化为直接的生产力的活动。

（二）技术开发意义

技术开发的基本功能就是创造新产品、新工艺、新材料、新技术,是把科学技术潜在的生产力转化为现实的生产力的活动,是科技进步的极其重要的环节。从微观上来看,技术开发是提高企业经济效益的重要途径;从宏观上来看,是关系到国家兴衰的大问题。

（三）渔业技术开发内容

渔业技术开发的内容很广泛,一般包括以下 7 个方面。

1. 产品开发

产品开发包括改造老产品和发展新产品两个方面,它是企业技术开发的"龙头"。渔业中产品的开发,主要是用现代生物工程技术选育、培养市场需要且价值高的名、特、优、新品种,尤其是转基因鱼品种的开发与普及推广,将使水产养殖产量发生革命性的跨越。尽管人们对转基因品种产生有这样那样的质疑,但美国等发达国家至今仍未检测到转基因品种对人的危害性。我们既要注意转基因食品的安全问题,更应该加强对转基因生物工程的研究和观察,使我们不至于失去发展机遇,不至于在这个领域的落后而造成遗憾。同时要注重营养丰富合理、卫生和食用方便的健康水产新食品的开发。还要注意鱼、虾、贝、藻类的保鲜、加工及综合利用的开发。

2. 设备与工具开发

鱼池等养殖设施、渔船机器设备、网具工具是渔业生产的物质基础,对它们进行开发、改造与更新,是提高生产现代化水平和经济效益的有效途径。如开发集约化养殖、工厂化养殖的设备、设施、新的网具。

3. 生产技术开发

先进适用的渔业生产技术是渔业生产现代化的一个标志,也是企业提高劳动生产率、降低成本、提高产品质量和经济效益的一条重要途径。渔业生产技术的开发,包括先进的捕鱼技术的开发、集约化、工厂化养殖技术的开发,网、栏、筏式养殖技术的开发,稻田养鱼新技术的开发,宜渔资源的综合开发,养殖水域环境监测新技术的开发,水产品保鲜、加工、综合利用新技术的开发等。

4. 原材料与能源技术开发

原材料、能源的技术开发,一方面表现为对原材料、能源的利用程度不断扩大与加深,另一方面表现为对原材料、能源的品质质量不断提高。对原材料、能源的技术开发,可有效提高水产品质量,降低生产成本,提高经济效益。渔业原材料、能源的开发,主要是研究既能提高饲料营养成分,节约饲料消耗,又能生产出有益大众健康的"绿色水产品"的配合饲料和饲料添加剂,安全无毒的鱼药,能显著改善水质的生物药品,节能技术等。

5. 职工素质与技能开发

职工的素质与技能,对企业技术开发甚至生产活动和影响最为直接,他们的思想素质与业务技能,对现代技术的占有状况决定了企业的技术水平与技术现代化。因此,企业必须及时地对职工进行素质教育与技术知识更新。

6. 生产环境与生活环境技术开发

企业的生产环境、生活环境对保障职工的健康,调动职工积极性,实行安全生产、文明生产有重要作用。生产环境的技术开发包括防治污染、改善劳动条件、防止职业病和美化环境,为职工提供良好的工作环境、生活休闲环境等。

7. 管理技术开发

管理技术是指积极引进大胆创造新的现代化管理方法与手段。如运用电子计算机处理数据、交流信息、进行管理等。

（四）渔业技术开发途径

渔业进行技术开发的途径可以归纳为以下 3 个方面。

1. 独创型技术开发

独创型技术开发是以科学为研究的先导,在独立地进行科学研究基础上,产生新的技术的技术开发活动。它以基础科学为后盾,通过应用研究取得技术上的重大突破,再通过开发研究,直到产生新技术。它能使企业建立自己的技术体系和技术特长,在竞争中保持领先地位。但需要有雄厚的科研实力与资金,所需要的科研时间也较长。

2. 综合型技术开发

综合型技术开发是指企业从外部引进新技术,在消化吸收的基础上加以组合搭配、改进或创新。它包括两种形式:一是以某种技术为主体,引进另一项技术使之协调结合,形成新的更具科学性与合理性的新技术;二是多种技术的结合,即按一定的功能目标的要求,引进多项技术,形成多功能的新技术,对它们进行消化吸收后加以综合改进和创新。它具有节省资金与时间,见效快的特点。

3. 科技协作开发

科技协作开发是通过各种协作形式,使科研机构、大专院校、渔业企业合作进行技术开发。它具有优势互补、开发能力强的特点。

二、渔业技术引进

（一）技术引进作用与原则

1. 技术引进作用

技术引进是指在国家间的技术转移活动中,买进技术的一方,通过各种途径从国外获得先进设备和技术,其中也包括先进的管理方法和手段。

促进科技进步,自行开发固然重要,但是,当代技术种类繁多,技术既向纵深发展,又向边缘发展,还相互交叉,发展一项技术所需投资也越来越多,因此,要根据自身条件,侧重发展苦干项技术并保持领先地位,其他技术靠引进,合作,这样资源利用更合理,效率更高。

技术引进的作用主要是可以大大节省技术开发时间和科研试制费用,可以迅速掌握国外先进技术。一项重大的技术或科研成果、从酝酿、研究、试制到生产,一般需要10年左右的时间,而引进技术只需2～3年甚至更短时间就可投入生产,可以迅速掌握国外先进技术。日本从1955年到1970年之间,几乎掌握了世界半个世纪中发明的全部技术。他们用60亿美元引进了这些先进技术,既赢得了35年时间,又节省了大量科研费用,而国外这些先进技术,从研制到投入生产总共花了2 000亿美元。可见,引进技术确实是发展经济,推动科技进步的一条捷径。

2.技术引进原则

技术引进涉及政治、经济、技术、生产、贸易、外交、法律等多个方面,必须坚持以下3方面原则。

(1)适合国情,适合经济建设需求。目前,我国还处于社会主义初级阶段,人口多,资金不足,技术力量有限,经济发展对技术的引进只能有所侧重。因此,要按照先进性,适用性、经济性三条择优引进技术标准,侧重引进重点建设急需技术与设备,引进投资省、见效快、赢利多、有利于偿还的技术。

(2)坚持平等互利原则,开展内外合作。平等、互利是指引进技术必须不损害该国家主权,不妨碍该国经济独立,合作双方经济上都能得到合理的利益。

(3)确保消化,力求创新。学习与创新相结合,是我国赶超世界先进水平的必由之路。对国外的先进技术,应该遵循"一学、二用、三改、四创"的方针,把引进、消化、推广与创新结合起来。不重视消化能力,不力求创新,将永远是一个技术引进国。技术引进必须确保消化,力求创新。

(二)渔业技术引进方式

渔业技术引进大体可以分为以下6种方式:

1.引进先进设备

包括整个项目包建,进口成套设备,进口单机(关键设备)等。这种方式常被形象称不引进"硬件"。严格说来,这类引进主要是引进设备,还不是真正引进技术,只是通过引进设备来转移技术。它的优点是时间短,形成能力快,能形成填补技术空白和薄弱环节。缺点是需要花费大量外汇,不能充分地尝到关键技术,长期下去,必须会增加对外国技术的依赖性。

2.引进先进技术

引进先进的生产工艺技术、设备制造技术和经营管理技术。这一类引进被称为引进"软件"。其具体形式很多,包括购买产品设计、工艺流程、配方、测试技术、设备制造图纸;聘请专家;培训人员;技术咨询;技术服务等。这些往往表现为资料、图纸等信息形式,它必须通过技术贸易合同,才能够获得产权的使用证。

在国际上,把引进技术称为"许可证贸易",就是技术供应方与技术引进方就某项技术转移达成协议,签订正式的合同或许可证,允许技术引进方使用技术供应方的技术,技术引进方为此支付一定的费用。技术许可证包括:专利许可证、商标许可证、版权许可证(包括计算机软件、数据库、音响、影视产品)、商业秘密许可证、技术服务和咨询合同。技术的转让是使用权的转让,这种使用权的权限、时间和期限、地域范围和处理纠纷的仲裁程序都是在许可证合同中加以确认的。

3. 合作生产

合作生产是指技术引进方与技术供应方就某种产品的生产合作,由技术供应方提供并转让生产技术,提供一部分关键机器设备或零部件,由技术引进方提供厂房、基础设施等。双方的关系仅仅是合作不是合资,各自独立核算。相互之间的技术转让、设备引进、提供零部件、销售产品都是有偿的。

4. 合资经营

合资经营是指两个或两个以上的合作者共同兴办企业、共同投资、共同经营、共享利润、共担风险。一般做法是,技术供应方以专利或者专有技术、机器设备、现金作为资本投资。技术引进方以厂房、土地、劳务、基础设施等作为资本投资。

5. 补偿贸易

补偿贸易是用产品支付引进技术和设备贷款的一种贸易方式。技术引进方以借贷方式引进供应方的技术和设备,利用引进的技术和设备生产产品,在双方商定的期限内用产品分期偿还贷款的本金和利息,这种方式称为产品返销。如果是用双方商定的其他商品偿还贷款,则称为抵偿贸易。

6. 技术咨询服务

技术咨询服务是指技术提供方利用自己的技术、能力与经验,协助对方达到某种技术经济目的而进行的合作。如提供专家指导、人员培训、管理咨询等。

三、渔业技术改造

(一)技术改造作用

渔业技术改造是指在坚持技术进步的前提下,用先进的技术改造落后的技术,用先进的工艺和装备代替落后的工艺和装备,实现以内涵为主的扩大再生产,使渔业的物质技术基础发生重大变革,使渔业建立在现代技术基础之上,达到高产、优质、高效、低耗的目的。

渔业技术改造是实现以内涵为主的扩大再生产的主要途径。技术改造,主要是挖掘内部潜力,用先进的技术和手段来代替落后的技术和手段,提高渔业增养殖技术水平,降低消耗,提高渔业改造老产品、开发新产品的能力,提高水产品精加工、深加工程度,增强市场的适应力与竞争力。

渔业技术改造是减少渔业投资,降低渔业生产成本的主要途径。研究结果表明,通过技术改造来扩大再生产,投资一般可节省 1/3,设备、材料可节省 60% 以上,建成时间可缩短一半以上。技术改造与新建同等规模企业相比,其优越性十分显著。根据美国调查,技术改造可以使一些公司的生产费用降低至少35%,有时甚至是很小的技术改进也会使产品成本降低2/3。因此,美国企业对较小的技术改进也不轻易放过。

（二）渔业技术改造内容

1. 产品改造

渔业养殖产品的改造,很重要的是苗种生产供应系统的改造,因此应重点抓好水产良种场(站)的建设与改造。要引进纯正原种,开发新品种。要选育良种,淘汰退化品种,应该把它作为主要改造对象来抓。

2. 渔业生产技术工艺改造

渔业生产中,往往是产品决定生产技术工艺。渔业生产技术工艺的改造就是逐步要用先进的、集约化的、工厂化的养殖技术工艺代替落后的技术工艺;用先进的导航、测鱼、捕鱼技术代替落后的导航、测鱼、捕鱼技术;用先进的精加工、深加工技术代替落后的加工技术;用先进的饲料配方与加工技术代替落后的饲料配方与加工技术;用高效无公害的病害防治技术代替低效的副作用大的病害防治技术。

3. 渔业生产设施改造

渔业生产设施是渔业生产的手段。渔业生产技术工艺决定着采用什么样的渔业生产设施。对渔业生产设施进行改造,是用现代渔业生产技术生产高产、优质、低耗商品鱼的重要物质基础。它包括鱼池、孵化、供排水、充氧、控温、排淤、投饲、监控等设施与设备的改造;渔船、大型网具等的改进与创新等以替代落后设施与设备,提高其性能与效率,减少能源与原材料消耗,改善劳动条件,减轻劳动强度,提高其经济效益。

此外,还要对渔业生产环境条件、渔业生产废水处理等进行改造。

实例一:高新技术开发创新成功典范——"胶原蛋白"肽问世

胶原蛋白肽是烟台某水产加工企业与中国海洋大学合作,利用纯净的美洲阿拉斯深海鳕鱼皮,采用先进具有自主知识产权的"生物酶定向酶工程技术"精制而成,纯度高达95%以上,富含18种氨基酸,最大限度地保持了胶原蛋白的分子结构和生物活性,有助于人体更好地消化吸收和利用。

实例二:"产学研"技术合作典范

烟台海阳市某水产有限公司始建于1998年,经政府批准改制成股份制企业,并与中国水产科学研究院黄海水产研究所进行技术合作。公司将30%股份出让给科研机构,实行产学研相结合的运行机制,极大地提高了企业科技自主创新能力。企业先后获得"省级鲆鲽鱼类良种繁育基地""省级鲆鲽鱼类良种场"、"国家863计划海水养殖种子工程北方基地""国家级海水鲆鲽鱼类遗传育种中心"等荣誉称号,是科研与生产结合的典型企业。

实例三:产品引进与技术开发——大菱鲆成功引进纪实

1. 大菱鲆简介

大菱鲆属于鲆鲽鱼类,是原产于欧洲的一种特有比目鱼,在中国又称"多宝鱼"和"蝴蝶鱼",是一种名贵的深海冷水性鱼类。其肉质鲜美,营养丰富,在国内外市场上深受消费者喜爱,是目前国内鱼类养殖中的优势品种。大菱鲆鱼体圆菱形,性格温驯,体内无小骨乱刺,鳍条为软骨,鳍边含特别丰富的胶质,口感爽滑滋润,极似甲鱼的裙边和海参的风味;肌肉丰厚白嫩,味道鲜美,营养丰富,胶质蛋白含量高,具有很好的滋润皮肤和美容的作用,且能补肾健脑,助阳提神,经常食用,可以滋补健身,提高人的抗病能力,是理想的保健美容食品;大菱鲆体型优美,幼鱼色彩斑斓、绚丽多姿,将来有望开发为观赏鱼类。

2. 生长特点

大菱鲆的特点是适应低水温生活和生长,耐低氧、病害少,最适生长水温在 14 ℃～17 ℃,当年可达 0.5 kg 以上,10 ℃以上可快速生长,年生长速度达 1 kg/年。

3. 引进历程

1992 年由中国水产科学研究院黄海水产研究所雷霁霖院士从英国引进,经过 7 年攻关,1999 年在烟台市率先突破了人工育苗技术关,成功培育出大菱鲆鱼苗 100 多万尾,平均育苗成活率 17%（欧洲的平均成活率在 10%～15%）,其技术成果已经达到了世界先进水平。2000 年国家级大菱鲆良种场落户烟台市,此后大菱鲆苗种培育便逐步实现了产业化。苗种问题解决了,采用什么方法来养这条鱼呢?借鉴"新井海水调温进行大菱鲆工厂化养殖的经验",烟台市首创了大菱鲆的"温室大棚 + 深井海水"相结合工厂化养殖模式,也称为工厂化养殖模式,并迅速掀起了养殖热潮,大菱鲆迅速成为烟台市海水养殖业的骨干产品,并相继在山东、河北、辽宁、江苏等地开展了大规模养殖。

4. 养殖情况

到 2020 年,全国养殖面积 600 多万平方米,产量 6 万多吨。烟台市工厂化养殖面积 170 万平方米,年产量 1.7 万吨,约占全国产量的 30%,年培育苗种 8 000 多万尾,成为我国重要的海水鱼工厂化养殖基地。大菱鲆产业的快速发展,不仅使渔民获益,也带动了相关产业发展,增加了就业岗位。可谓"一条鱼"工程带动一片产业的发展格局。

5. 发展方向

产业发展思路:一是"开发一个品种,研究一门科学,形成一个产业,致富一方百姓"。在养殖品种上,以鲆鲽类、鲷类为重点,加强高值新品种的引进、开发,实现养鱼品种多样化。二是推广循环水、充纯氧等新技术,提高养殖水平增产空间。2004 年,工厂化养鱼平均单产仅 4.4 千克,目前单产提高到 20 千克左右,但仍与国内外每平方 30 千克的先进水平有很大差距。目前,烟台是全国最大的海水鱼工厂化养殖基地。

第二节　渔业技术推广和应用

一、渔业技术推广职能

渔业技术推广是指将渔业科技成果与实用技术通过采取一定的方式与途径传播到渔业企业员工和渔民手中,应用到渔业生产上,使之转化为渔业生产力,从而推动渔业经济的发展。

《中共中央关于制定国民经济和社会发展第十个五年计划的建议》指出："大力推进以科技服务和信息服务为重点的农业社会服务体系建设,支持农业科技创新与推广,使先进适用技术进入更多农户。"党的十七届三中全会公报中提出"力争三年内在全国普遍健全乡镇或区域性农业技术推广、动植物疫病防控、农产品质量监管等服务机构",这是加强渔业技术推广的指导方针和行动纲领。

《中华人民共和国农业技术推广法》经 1993 年 7 月 2 日第八届全国人大常委会第 2 次会议通过。根据 2012 年 8 月 31 日第十一届全国人大常委会第 28 次会议通过《关于修改〈中华人民共和国农业技术推广法〉的决定》修正。

新《农业技术推广法》核心要义即是明确了国家水产技术推广机构公共服务机构定性和所承担的公益性职责定位;明确水产技术推广机构在机构设置、编制、岗位等管理、建设问题;明确政府在水产技术推广投入上主导作用。其公益性职责如下。

(1)各级人民政府确定关键农业技术引进、试验、示范。

(2)植物病虫害、动物疫病及农业灾害监测、预报和预防。

(3)农产品生产过程中检验、检测、监测咨询技术服务。

(4)农业资源、森林资源、农业生态安全和农业投入品使用监测服务。

(5)水资源管理、防汛抗旱和农田水利建设技术服务。

(6)农业公共信息和农业技术宣传教育、培训服务。

二、渔业技术推广体系基本结构

国家水产技术推广体系共分为五级:中央(全国水产技术推广总站)、省(自治区、直辖市、计划单列市)、地(市)、县(市、区)、乡镇。其他一般称为渔业技术推广站。2009 年,全国共有推广机构 12 962 个,其中地市级站 316 个,县级站 2 099 个,乡镇站 10 153 个。共有人员编制 37 954 人,全国实有水产技术推广人员 36 947 人,其中:技术人员 26,417 万人,占实有人数的 71.5%。其中:省级站 1 224 人,地(市)级 3 445 人,县(市)级 14 915 人,乡镇站16 135 人。从机构单位性质来看,行政性事业单位有 96 个,占总机构数的 0.74%;全额拨款事业性单位 8 826 个,占总机构数 68.09%;差额拨款事业性单位 2 667 个,占总机构数由20.58%;自收自支事业性单位 1 373 个,占总机构数 10.6%。

三、渔业技术推广体系建设面临机遇和挑战

(一)有利因素

1.从发展的宏观环境看

渔业在农业和农村经济中的战略地位将更为突出、政策支持水平更高、发展环境更优化,渔业科技将放在更为突出的地位。

2. 从产业的内在要求看

在产业进入加快推进现代渔业建设的新阶段后，大力推进水产健康养殖、加强水产品质量安全、促进水域生态安全、培育新型渔民等都要求一个保障有力、运行高效的水产技术推广体系作为支撑。

（二）制约因素

当前渔业技术推广机构普遍存在底子薄、经费少、组织弱、人才少、设施缺等许多不容忽视的实际问题，直接影响到渔业技术推广机构职能的正常发挥。

1. 总体投入不足，制约了渔业技术研究与推广

目前，85%以上的乡镇水产站没有达不到"五有站"的要求。部分地区的县级水产技术推广机构一直没有业务经费，有的平均每月业务经费不足500元。有经费的推广机构也只能维持工资，没有足够的资金进行科研和技术推广，制约了技术推广和示范工作的正常开展；服务手段落后、人员素质不高、运行机制不活等，都与经费投入总体不足密切相关。推广设施和工作经费投入没有保障已成为影响水产技术推广体系履行公共服务职能的主要问题。

2. 配套法律法规保障不充分，影响相关公益性职能履行

国发〔2006〕30号明确了农技推广体系的公益性职能。然而这些公益性职能具体落实到水产技术推广工作实践时，存在保障不充分、配套不健全、职能有交叉等问题，影响了相关公益性职能的建设和拓展；《农业技术推广法》的一些内容不能适应新形势技术工作的需要，水生动物疫病防控、质量安全管理等方面的相关工作机制，需要主管部门进一步加强规划和指导。

3. 基层技术推广队伍不稳定，影响推广工作水平提升

一些地区工资待遇低、工资拖欠现象严重，推广人员福利待遇差，许多养老、医疗保险得不到落实，无法留住优秀专业人才，导致专业技术人员比例下降、推广人员知识老化等问题。人才流失现象较为普遍，而且长期得不到补充。基层推广人员专业素质下降、队伍不稳定已成为影响推广水平提升的一个关键问题。

4. 设施简陋，技术手段落后

渔业技术推广机构普遍存在科研仪器等基础设施简陋，科研仪器陈旧，技术手段落后，许多基层推广机构没有办公场所和必要的实验设施，很难解决速发展的渔业经济所带来如生产环境日趋恶化、病害加剧、单位面积产量减少、产品质量下降等实际问题。

5. 定性不准，困扰着技术推广体系可持续发展

长期以来渔业技术推广机构的定性问题一直没有得到很好解决。目前，从经费拨付的形式上看，有全额拨款单位，有差额拨款单位，还有自收自支单位，待遇不同势必影响渔业技术推广人员的工作积极性，这与《农业技术推广法》的有关条款也不相符。

四、渔业推广体系发展主要任务

（一）加强水产健康养殖技术示范和推广

以健康养殖、质量安全、渔业资源养护、节能减排等四大领域为重点,强化新技术和新模式的集成创新和示范推广。

（1）在继续大力发展健康养殖技术和模式的基础上,进一步集成节水、节能、减排等技术,加快新型健康养殖新技术和模式的集成创新,促进水产健康养殖技术升级。

（2）筛选一批代表性强、示范效果佳的水产新品和新技术,争取列入全国渔业主导品种和主推技术名录,以科技入户、科技下乡为工作平台向全国推广。

（3）开展科技入户,加大主推技术和主导品种的示范推广力度,每年指导推广养殖面积200多万公顷,受益渔民达300万户。

（二）强化水产养殖良种化技术支撑

按"要把加快良种培育、做大做强种业作为战略举措来抓"的要求,不断强化水产技术推广体系在水产现代种业建设的技术支撑作用。

（1）在继续做好斑点叉尾鮰联合育种,大菱鲆、罗氏沼虾、罗非鱼等多性状复合育种的基础上,进一步扩大多性状复合育种技术应用范围。

（2）做好优良品种的推广,加强良种配套技术试验、示范和推广,探索建立分区域、分品种的水产良种技术体系。

（3）积极参与水产苗种检验检疫实施。

（三）加强水产品质量安全技术保障

围绕构建现代水产品质量安全保障体系的要求,推广体系在网络、技术和联系基层的优势,强化推广体系在养殖过程的质量监管中技术保障作用。

1.加强水产品质量安全技术指导

积极组织实施渔药科普下乡活动,强化用药指导员队伍和水产医院体系建设,参与执业渔医制度建设,稳步推进国家标准渔药的处方管理、推广渔药使用记录制度。水产规范用药技术指导队伍的初步形成,规范用药指导工作列入农业部为农民办实事的内容之一,也是确保水产品质量安全的重要任务之一。

2.强化水产品质量安全技术服务机制创新

着力构建养殖水产品质量安全生产过程监控技术服务体系,并建立水产品质量可追溯的基础信息采集的源头系统。

（四）建立水生动物疫病防控机制

根据《动物防疫法》,在主管部门的领导下,应对建立健全水生动物疫病预防控制工作体系和运行机制。

（1）建立健全水生动物疫情报告、突发重大水生动物疫情应急处理和预警、流行病学调查等的工作机制,建成五级水产养殖动植物病情测报网络,能对近100个养殖品种的150多种病害监测,逐步开展水生动物病情的预测预报。

(2)加强水生动物检疫实验室建设的指导。

(3)认真履行水生动物防疫标准化技术工作组的职责,完善水生动物防疫标准体系。

(4)积极参与渔业执业兽医和乡村兽医队伍建设。

(五)加强渔业技术培训与职业技能鉴定

建立一支适应现代渔业建设的渔业高技能人才和实用人才队伍。依托渔民转产转业、水产健康养殖推进行动、新型农民培训、百万农民培训等项目,推进渔民技术培训和职业技能鉴定工作。

(1)加快推进健康养殖、质量安全监管等重点领域的高技能人才培训和实用人才培训。

(2)推进全国渔业职业技鉴定体系建设。

(六)加强养殖渔情信息采集工作

将养殖渔情信息采集作为水生动物防疫体系一项新的公益性职能。高度重视公共信息在促进现代渔业建设中的基础作用,强化体系的公共信息服务能力。

(1)做好淡水池塘养殖和海水养殖渔情信息动态采集试点工作。

(2)加强信息采集队伍的管理和建设,加强信息采集硬件和软件条件建设。

(3)提高采集数据分析能力,健全数据会商分析机制。

(4)做好养殖渔情信息采集数据库的更新、保存和整理工作,实现全国养殖渔情基础信息管理的数字化和网络化。

(5)创新公共信息服务手段。重点做好渔民远程教育培训平台和水产养殖病害远程诊断辅助系统的建设。

(6)利用现代信息网络技术,建设以病害防治、优良品种选育、先进适用技术、水产品供求等为主要内容的、公益性的渔业技术资料数据库。

五、渔业技术推广工作创新思路

(一)体制创新

(1)水产技术推广、动植物疫病防控、水产品质量监管三位一体。

(2)县级技术推广站派出的"区域站"。

(3)水产与水利、畜牧等合一的站。

(4)技术推广与研究所合一的站。

(5)参公管理的推广体系。

(二)机制创新

(1)建立责任渔技员制度。

(2)建立渔技110技术服务体系。

（3）建立推广体系与协会、经济合作组织、龙头企业、科研院所结合机制。

（三）方式创新

（1）完善科技下乡制度。

（2）建立技术示范场。

（3）开展技术指导。

（4）开展技术承包方式。

（5）创建推广＋企业＋农户新模式。

（6）构建推广＋科研＋企业＋农户等模式。

（四）手段创新

（1）强化技术推广与服务职能。

（2）加强养殖疫病监测、预报与防治体系建设。

（3）加强科学使用渔药、饲料等投入品监管。

（4）开展水产品质量安全服务。

（5）建立灾害的应急反应与救援机制。

六、渔业技术推广工作机制

（1）渔业技术推广体系承担着以经济效益与社会效益为目的的职能。包括开发与引进新品种、新技术；进行试验和示范；承担渔业科技培训；指导鱼病防治；组织渔业技术信息交流与宣传等。

（2）在开展渔业科技服务与信息服务过程中，渔业企业要建立健全灵活的渔业科技推广服务体系，使渔技推广由单一技术推广模式转变为研究、推广、生产、营销一条龙的推广服务模式。

（3）在经营机制上扶持并推行"企业（公司）＋渔（农）户"等企业型或合作型的渔业技术推广组织，大力扶持农村专业技术协会，使渔业企业成为地方渔业科技推广、服务、咨询的主力军，带动当地大批渔（农）户，在推动渔业发展中互惠互利，共同致富。

（4）加强企业员工和渔（农）民职业技术教育，努力提高企业员工和渔（农）民科技文化素质。企业员工是渔业技术的主要使用者与传播者，他们对渔业科学技术知识的理解力、创造力以及应用能力如何，决定着"企业（公司）＋渔（农）户"这种互惠互利的企业型或合作型组织的存在与发展，决定着企业在渔业科技推广中的地位与作用。渔民是渔业技术的主要使用者，渔（农）民接受和使用新技术的能力是提高渔业科技含量和竞争力的基础，决定着渔业发展前景。

我国渔业企业员工与渔（农）民的文化素质普遍不高。有资料显示，在我国西部地区农村劳动力中，接受过短期技术培训的只占20％，接受过初级职业技术教育或培训的只占3.4％，接受过中等职业教育的仅占0.13％，而没有接受过任何培训的竟高达76.4％。因此，必须采取行之有效的措施来提高渔业企业员工和渔（农）民的文化科技素质。

（5）加快教育体制改革，要把激励机制与政策倾斜有机统一起来，加大对农林牧渔院校的投入，提高农林牧渔院校教师待遇，建设高素质的教师队伍。要力争开创由学历教育向素质教育全面过渡的新局面。要以高等院校、科研院所为龙头，以农村基础教育、成人教育、职业教育为基础，以网络教育（远程教育）和继续教育为支柱，以省、地（市）、县高中等职业院校及乡、村农民学校为骨干，为渔业企业和渔（农）村有计划地培养大批高中初级技术人才，广泛开展以推广新技术和新工艺为中心的渔业实用技术培训和"绿色证书"教育，"农村科教远程培训教育"等来提高渔业企业员工和渔（农）村终身教育新体系。只有这样，才能保证渔业科学技术普及与推广，才能加速科技成果转化。

第三节　现代渔业科技创新

迈向渔业现代化新征程必须依靠创新驱动的内涵型增长，未来渔业高质量发展和现代化建设迫切需要科技支撑和引领。

一、渔业科技发展现状总体判断

中国是世界渔业大国，2021年，水产品总产量6 690万吨，其中水产养殖产量5 394.4万吨，占水产品总产量81%，捕捞产量1 295.9万吨，占水产品总产量19%。自1989年起，我国水产品产量跃居世界第一位。

中国也是世界渔业科技大国，但还不是渔业科技强国。与发达国家的技术比较，基础研究领域我国落后于发达国家，应用基础研究方面我国整体优于发达国家，或与发达国家相当。养殖技术总体领先，但不同品种各有优势。淡水鱼养殖中国具有绝对优势，海水鱼养殖总体落后，贝类中鲍鱼、扇贝等有一定的优势，藻类海带有明显优势，特种养殖海参、龟鳖类等有明显优势，海水珍珠养殖落后于日本。捕捞、加工、装备、信息技术领域相对落后，捕捞渔船多但装备差，渔业资源过度利用；加工及质量控制与国外相当或有一定差距；装备研发制造我国明显落后，渔船研发技术落后约20年，深水网箱养殖装备落后，水产品加工装备落后；渔场判别与鱼群追踪、物联网技术、水产品质量安全追溯体系等信息技术方面落后。

加快推进我国渔业产业转型，不仅是贯彻落实科学发展观的客观要求，同时也是我国渔业实现产业生态化、可持续发展的必然选择，而科技创新必将为渔业转型提供强大的技术支撑，是顺利转型的重要突破点和着力点。2021年11月6日，农业农村部渔业渔政管理局在上海组织开展"十四五"渔业发展研讨，听取院士专家对"十四五"渔业发展规划编制和渔业科技创新战略研究的意见建议。研讨指出，农业农村现代化离不开渔业现代化，要加强规划对渔业高质量发展和现代化建设的引领作用。"十四五"渔业发展的总体思路是，坚持新发展理念，以高质量发展为主题，以供给侧结构性改革为主线，以满足人民对优美水域生态环境和优质水产品的需求为目标，推动渔业发展质量变革、效率变革、动能变革，持续推进渔业治理体系和治理能力现代化，不断提高发展质量效益，持续推动渔业增效、渔民增收，加快形成以国内大循环为主体、国内国际双循环相互促进的渔业发展新格局,加快建设现代化渔业强国。

二、科技创新是促进渔业可持续发展有效途径

(一)创新思想观念,转变发展方式

科技创新,首要的是观念创新、思路创新。目前,我国渔业发展正处于从传统渔业向现代渔业转变的关键时期,坚持以科学发展观为指导,是促进渔业增长方式的转变、保证渔业可持续发展的前提。

1. 牢固树立以人为本观念

着眼于满足人民群众对水产品的需求,保护广大渔民发展水产养殖的积极性和根本利益,营造良好的产业发展环境。水域的丧失说明了在新一轮结构调整中,水产养殖业的地位和受重视的程度受到冲击。虽然水产养殖业经济总量在国民经济中的比重慢慢下降,但是它的一些作用是其他产业无法替代的。

2. 牢固树立人与自然和谐发展观念

彻底改变土地有价、资源廉价、环境无价(偿)的观念,对自然水域滩涂不能只索取不投入、只利用不保护,发展水产养殖要充分考虑养殖环境的承载能力,要将养殖发展过程中对水资源的消耗和环境损失纳入渔业经济发展水平评价体系,建立水产养殖与自然相对平衡的关系。

(二)创新产业布局,培植区域优势主导品种

具有地方特色明显、养殖规模大、科技含量高、产业化体系完善、市场竞争强等特点,做大做强主导产品,使之成为区域优势产业,是水产养殖业健康持续发展的重要途径,也是水产养殖业综合实力的一种体现。培植区域优势品种,是我国优化资源配置、保障水产品基本供给的重大举措。不但能够提升生产的组织化水平,促进产业链条延伸,而且能够发挥比较优势、增强水产品国际竞争力的客观要求。培育区域优势品种,优化渔业区域优势布局,要认识到,量大并不等于就占主导、占优势,如果不提升产品质量,区域主导产品和优势产业带建设就将成为空谈。要立足开发利用区域优势资源,挖掘国内外市场潜力,坚持因地制宜各有侧重,做好科学规划,进行合理布局,控制好产业发展规模,促进产业有序发展,培育具有较强竞争力和影响力的养殖品种,形成优势水产品产业带,建设一批无公害养殖基地、水产品出口原料基地,为消费者提供符合国内外质量安全标准的水产品。

(三)创新养殖技术,实施生态健康养殖

推行高效、生态、优质的健康养殖方式,是加快水产养殖增长方式由粗放型向集约型转变,构建资源节约、环境友好、可持续发展水产养殖业面临的关键环节。

1. 开展水产养殖品种选育,培育抗病、抗逆性强优良品种

种质是水产健康养殖的物质基础,是基本的生产资料。解决人工养殖条件下水生动物

的疾病问题,主要遵循两条技术路线:一是让养殖环境条件满足水生动物的生理生态要求;二是培育和选择适应于高密度集约式养殖条件的养殖品种。因此,必须选育和改良适应于各种养殖模式的养殖品种,使养殖品种和养殖方式配套。选育和推广抗病、抗逆性强的优良品种,不但能减少病害发生机会,降低养殖风险,增加养殖效益,同时也可避免大量用药对水体环境可能造成的污染以及水生动物药残对人类健康可能造成的危害,这对水产养殖业的可持续发展意义重大。

2. 合理搭配品种结构,实行科学放养

许多现行的水产养殖模式多数是从追求养殖产量和经济效益出发,品种搭配不合理,养殖生产方式单一,结果非但达不到所追求的高产高效,反而造成了养殖环境的恶化,影响了养殖产量和经济效益,同时还对自然环境产生了不良影响。可持续的科学养殖模式应当是品种结构搭配科学,投入和产量水平适中,各种养殖品种有机结合,通过养殖系统内部的废弃物的循环再利用,达到对各种资源的最佳利用,最大限度地减少养殖过程中废弃物的产生,在取得理想的养殖效果和经济效益的同时,达到最佳的环境生态效益。

3. 改造养殖设施,提升现代化养殖水平

养殖设施是开展养殖的重要物质基础,养殖设施的结构和设计,在很大程度上影响着养殖效果和环境生态效益。要开展健康养殖,实现养殖业可持续发展,必须对现行的养殖设施结构进行改造。新型的养殖设施,除了具有提供鱼类生长空间和基本的进排水功能之外,还应具有较强的水质调控和净化功能,使养殖用水能够内部循环使用。这种养殖设施既能极大地改善养殖效果,同时又能够减少对水资源的消耗和对水环境的不良影响。

4. 研发高效饲料,实施科学合理投喂技术

饲料是水产养殖生产中的重要环节,饲料质量的好坏和饲料投喂技术是否合理,是影响水产养殖效果和环境生态效益的一个最重要的因素。开展健康养殖,保持水产养殖的可持续发展,一方面要加大力度研发高效饲料,特别是进行绿色水产生物饲料添加剂的研制和开发;另一方面,大力研究和推广应用先进的饲料投喂技术和加强养殖品种摄食行为学的研究。

5. 加强病害防治,实施养殖科学管理

水产养殖过程中的病害问题已成为制约我国水产养殖发展的一个重要因素。因此,水产养殖中健康管理和病害防治技术是健康养殖的关键技术,而病害防治主要方法包括生态防治、免疫防治、药物防治。

其研究内容主要包括以下4个方面。

(1)养殖生产过程中的健康管理。恰当的鱼类健康管理要以环境、营养、经济和其他因子为目标来预防鱼病而不是注重治疗鱼病。

(2)研发微生态技术,调节水质环境。微生物生态技术和微生物制剂将成为健康养殖中病害防治的重要途径。

(3)研发水产疫苗,消除药残隐患。

（4）采用现代制药先进技术,研制无公害鱼药(绿色鱼药)。

（四）创新科技推广机制,适应市场发展要求

渔业科技和教学单位每年都有大量的科技研究成果,但这些农业科技成果真正转化为生产力的仅占一小部分,不能转化为生产力的关键是缺乏转化机制。

我国的渔业推广系统是从苏联学来的"三独立"类型,即教学、科研、推广独立。这种体制的弊病在于推广单位的科技知识不能及时更新。改革开放后,原有的渔业科技推广方式已不适应家庭承包经营的需求,在农业科技成果转化上存在"最后一道坎"的难题。但是,随着我国连续几年开展渔业科技入户示范工程,通过"专家培训、技术员入户、示范户带周边户、养殖户帮养殖户"等形式,这一难题有了新的答案。渔业科技入户示范工程是新时期一种行之有效的科技推广方式,它以提高科技示范户能力建设为核心,通过先进技术的示范推广,结合新型渔民培训工作,采取入户指导、技术培训、技术示范和经验交流等多种形式,建立起科技人员直接到户、良种良法直接到池、技术要领直接到人的科技成果快速转化机制,有效破解了渔业科技成果转化上存在的"最后一道坎"的难题。

（五）创新资源利用方式,发展渔业循环经济

渔业循环经济就是在渔业可持续发展思想的指导下,以渔业资源的高效和循环利用为核心,对渔业资源及其废弃物实行综合利用的生产活动过程。与传统渔业经济相比,渔业循环经济的不同之处在于:传统的渔业经济是一种由"资源—产品—污染排放"所构成的物质单向流动的经济。在这种经济中,人们以越来越高的强度开发和利用渔业资源,在生产、加工和消费过程中又把污染和废物大量地排放到环境中去,对渔业资源的利用常常是粗放的和一次性的,增长往往是简单的数量型增长,导致了许多渔业资源的短缺与枯竭,并酿成了灾难性环境污染后果。与此不同,渔业循环经济倡导的是一种建立在可持续发展基础上的经济发展模式,它要求把经济活动按照自然生态系统的模式,组织成一个"资源—产品—再生资源"的物质反复循环流动的过程,从而根本上消解长期以来资源、环境与发展之间的尖锐冲突。

三、现代渔业科技创新应用

渔业科技创新是发展现代渔业的有效途径,长期以来,现代渔业科技创新为我国渔业产业发展提供了强大动力。

"十四五"期间,一大批渔业科技成果创新加快转化推广应用,为产业转型升级和高质量发展提供了原始驱动力。

为畅通国内国际双循环,不断提升水产品品质和质量,水产精深加工产业化应用领域不断拓展。水产食品绿色加工的理论基础等方面研究逐步深入,成功开发了即食海参、鲍鱼罐头、调料扇贝食品等新产品,并实现工业化生产。建立了水产品追溯编码、信息采集等水产品质量安全追溯技术体系,研究开发了海参功效成分高效制备技术,金枪鱼质量保真与精深加工关键技术成功实现产业化应用,南极磷虾精深加工技术与产业化取得突破性进展,形成

了南极磷虾油、南极磷虾脱壳虾肉等成熟产品。

水产种质资源收集保存、基因资源发掘利用、育种技术研发及新品种培育等方面取得突出进展,水产生物基因组、种质创制等走在国际前列,培育水产新品种61个。初步形成了层次多样的水产种质保存技术体系,破译了牙鲆、凡纳滨对虾、刺参、栉孔扇贝、海带等的全基因组序列。草鱼、团头鲂等大宗淡水鱼种质资源开发利用进程加速,扇贝分子育种技术突破了水产生物全基因选择育种实际应用的技术瓶颈,建成国际上第一个水产生物的全基因组选择育种平台。

10年来,全国渔业科技加快关键技术突破、技术系统集成和科技成果转化,大宗淡水鱼、特色淡水鱼、海水鱼、虾、蟹、贝类6个现代农业产业技术体系不断健全,循环水、稻渔综合种养、多营养层级立体养殖等生态养殖模式不断推广,物联网养殖设备、大型深海养殖装备不断涌现,重点品种药物残留检测监测、水产苗种产地检疫水平不断提升,水产品质量安全追溯试点稳步推进。目前,我国渔业科技进步贡献率已超过60%以上。

(一)2021年主推技术

(1)漏斗形池塘循环水高效养殖技术。

(2)池塘鱼菜共生循环种养技术。

(3)稻田生态综合种养技术。

(4)池塘养殖水质调控与尾水生态治理技术。

(5)海水池塘养殖尾水生态治理技术。

(6)对虾工厂化循环水高效生态养殖技术。

(7)池塘工程化循环水养殖技术。

(8)鱼虾混养生态防控技术。

(二)2021年水产新品种

(1)虹鳟"水科1号"。

(2)禾花鲤"乳源1号"。

(3)翘嘴鳜"广清1号"。

(4)建鲤2号。

(5)半滑舌鳎"鳎优1号"。

(6)三角帆蚌"申浙3号"。

(7)菲律宾蛤仔"斑马蛤2号"。

(8)皱纹盘鲍"寻山1号"。

(9)文蛤"科浙2号"。

(10)海带"中宝1号"。

(11)全雌翘嘴鳜"鼎鳜1号"。

第三篇

现代渔业管理

第十章　现代渔业管理目标与对策

现代渔业是相对传统渔业而言,是遵循资源节约、环境友好和可持续发展理念,以完备的法律法规体系和有效的管理为保障,以现代科学技术和设施装备为支撑,运用先进的生产方式和经营管理手段,形成农工贸、产加销一体化的产业体系,实现经济、生态和社会效益和谐共赢的渔业产业形态。

我国渔业正处在从传统渔业向现代渔业过渡的转型期,而原有的传统渔业管理模式已逐渐显现出不适应现代渔业建设需要的态势,构建新的现代渔业管理模式已刻不容缓。

第一节　现代渔业管理现状与存在问题

一、现代渔业管理发展简史

19 世纪末,欧洲工业发达国家海洋捕捞业迅速发展,北海渔业资源的利用和保护的矛盾日益尖锐。1902 年欧洲八个国家成立了国际海洋考察理事会(ICES),开始了现代渔业管理的基础研究。这个理事会现在已成为世界上历史最久的国际渔业管理咨询机构,成员国达18 个,包括了北大西洋全部沿海国家,它不仅对这些国家的渔业管理政策产生重大影响,同时也直接左右了世界渔业管理的理论及其发展。

20 世纪 40 年代,国际渔业管理研究产生了两个重要结果:一是北海鲽类研究的结果表明,禁止在幼鱼生长发育的区域作业生产,将给渔业带来很大的好处,否定了"低龄鱼不用保护论",使规定最小捕捞长度在欧洲许多国家法律化。1937 年欧洲 14 个国家曾在伦敦开会讨论最小可捕长度和网目的国际协议。二是美国渔业科学工作者提出了限额捕捞的理论,并在北美太平洋拟庸鲽渔业管理中取得成效。

有效的渔业管理与现实常常发生冲突。第二次世界大战后,由于食品短缺,促使了对渔业资源的利用和捕捞强度的增加,欧洲甚至全球渔业管理没有取得明显效果,捕捞过度仍是世界传统渔业的主要问题。为了解决这个问题,20 世纪 50 年代中期,提出了 2 个解决办法:一是 Beverton 和 Holt(1957)提出的单位补充量产量模式,从捕捞年龄和捕捞死亡两个方面来探讨最适捕捞大小和最佳网目尺寸,以防止生长型过度捕捞;二是 Schaefer(1954)提出的剩余产量模式,通过确定最大持续渔获量,防止补充型过度捕捞。但是,这两个理论模式,在实施中均存在实际困难。大多数拖网渔业的捕捞种类组成复杂,大小不一,难以确定合适网目。另外,规定了网目,并不能限制渔捞力量的增加和过度捕捞,使前一种解决办法效果不够明显,而后一种办法,由于随着渔捞力量的增加,人们所观测到的"种群密度"不像实际资源量下降的那么多,致使最大持续渔获量估计偏高,仍难以避免补充型过度捕捞等实际问题。

防止捕捞过度的唯一办法是实行渔获量定额和渔捞力量的限制。渔捞力量限制从理论上更为可取,因为它直接控制了渔捞死亡,但是渔捞力量限制的实际效果极差,除非进行渔获量限额捕捞,似乎别无其他的选择。1975 年国际海洋考察理事会,在推行多年的控制最小捕捞尺寸和网目等管理措施之后,向其成员国政府、渔业团体和东北大西洋渔业委员会以及双边或多边条约国推荐总允许渔获量作为限额捕捞、进行渔业管理的主要措施。迄今,限额捕捞已成为现代渔业管理的主要手段。

20 世纪渔业管理中最重要的事件是海洋专属经济区的确认和《联合国海洋法公约》,世界上第一次把百分之九十九以上的渔业产量置于沿海国家管理之下,使管理成为沿海国家的职责,推动了全球渔业管理的发展。许多沿海国家和国际组织为了适应这 形势,重新制定或修改、调整渔业法和采取相应的措施。

近八十多年国际渔业管理的历史表明,对渔业资源需要进行管理的趋向不可逆转,而对将来,在世界海洋上或各沿海国家海里渔业管辖区内实行良好的管理将成为压倒一切的要求。

二、现代渔业管理现状

伴随着近海过度捕捞和养殖环境日趋恶化,渔业资源呈现逐渐衰退的趋势,中国从 20 世纪 80 年代就相继出台了一系列保护海洋资源、限定海洋渔业捕捞等方面的政策措施。

（一）投入控制

主要实施了捕捞许可证制度、"双控"制度、"生产成本"补贴制度和捕捞渔民"减船转产"制度。

1. 捕捞许可制度

该制度根据 1986 年《渔业法》及随后农业部在 2002、2004、2007 和 2013 年修订的《捕捞许可管理规定》中详细规定了捕捞业的准入制度,与中国协定的共同渔区或者公海从事捕捞作业的捕捞许可证,由国务院渔业行政主管部门批准发放;海洋大型拖网、围网作业的捕捞许可证,由省(自治区、直辖市)人民政府渔业行政主管部门批准发放;其他作业的捕捞许可证,由县级以上地方人民政府渔业行政主管部门批准发放。捕捞许可证不得买卖、出租和以其他形式转让,不得涂改、伪造、变造。

2. 捕捞渔船"双控"制度

该制度始于 1987 年,对海洋捕捞渔船数量和功率总量控制管理,2003 年经国务院同意,农业部下发了《关于 2003—2010 年海洋捕捞渔船控制制度实施意见》。2007 年农业部印发《关于进一步加强国内渔船管控实施海洋渔业资源总量管理的通知》(农渔发〔2017〕2 号)。

3."生产成本"补贴制度

该制度是 2006 年实施渔船燃油补贴政策后,直到 2015 年才按照《财政部农业部关于调整国内渔业捕捞和养殖业油价补贴政策促进渔业持续健康发展的通知》(财建〔2015〕499号),对原有燃油补贴制度进行政策调整,规范渔业生产成本补贴资金的发放,将专项转移支付和一般性转移支付相结合的综合性支持政策,调整后的渔船燃油补贴政策按照总量不减、存量调整、保障重点、统筹兼顾的思路进行。2015 年的渔船燃油补贴就涉及了转移支付,以2014 年为基数,将补贴资金的 20% 以专项补贴的形式用于渔船重新改造或者减船转产等方面,80% 通过一次性支付,用于渔船燃油补贴。

4.捕捞渔民"减船转产"制度

减船主要根据农业部和国家安全生产监督管理局于 2002 年 4 月 20 日联合颁布的《渔业船舶报废暂行规定》,对中国渔业船舶实行强制报废制度,由于受中日、中韩及中越北部湾等双边渔业协定生效的影响,中国约 3 万艘渔业船舶、30 多万海洋捕捞渔民被迫从原来的传统作业渔场退出,为妥善解决双边渔业协定生效后中国渔业面临的问题,财政部办公厅联合农业部办公厅分别于 2002 年 7 月 30 日和 2003 年 9 月 18 日颁发了《海洋捕捞渔民转产转业专项资金使用管理暂行规定》和《海洋捕捞渔民转产转业专项资金使用管理规定》。

(二)产出控制

实施了捕捞总量控制制度、捕捞限额制度及资源保护区管理制度。

1.捕捞总量控制制度

该制度源于 2000 年提出的捕捞总量"零增长"概念,之后农业部在 2016 年 12 月底发布的《全国渔业发展第十三个五年规划》中提到的"双控"制度规定,到 2020 年全国海洋捕捞总量要控制在 1 000 万 t,全国海洋捕捞机动渔船数量、功率分别压减 2 万艘、150 万 kW的指标等都是对捕捞总量控制制度的完善。

2.捕捞限额制度

该制度从 2017 年开始,在沿海省份部分市(县或海域),选择部分海洋捕捞品种开展限额捕捞管理试点。

3.资源保护区管理制度

水产种质资源保护区管理始于 2011 年,为保护和合理利用水产种质资源及其生存环境,在保护对象的产卵场、索饵场、越冬场、洄游通道等主要生长繁育区域依法划出一定面积的水域滩涂和必要的土地,予以特殊保护和管理的区域,目前已建成 535 个国家级水产种质资源保护区,涉及 300 多种物种,保护面积达 15 万多平方千米;水生动植物自然保护区管理始于 1997 年,为保护水生动植物物种,特别是具有科学、经济和文化价值的珍稀濒危物种、重要经济物种及其自然栖息繁衍生境而依法划出一定面积的土地和水域,予以特殊保护和管理的区域,截至 2016 年年底,已建成 23 个水生动植物自然保护区。

（三）技术措施控制

技术控制主要包括伏季休渔制度、增殖放流、渔货物最小尺寸及渔船升级改造管理等。

1. 伏季休渔制度

该制度始于 1995 年，为保护中国周边海域鱼类等资源在夏季繁殖生长而采取的措施，属中国管辖一侧的黄海、东海以及 12° N 以北的南海海域在每年的 6—9 月实施休渔制度，2017 年农业部对伏季休渔制度进行调整，海区的休渔开始时间统一为每年 5 月 1 日 12 时，除钓具外的所有作业类型，为捕捞渔船配套服务的捕捞辅助船同步休渔。

2. 增殖放流管理

2009 年《水生生物增殖放流管理规定》颁布，县级及以上政府利用水生生物增殖放流专项资金组织本辖区的"增殖放流"，采用放流、底播、移植等人工方式向海洋、江河、湖泊、水库等公共水域投放亲体、苗种等活体水生生物。

3. 渔获物最小尺寸管理

2017 年 4 月实施的水产行业标准《重要渔业资源品种可捕规格第 1 部分：海洋经济鱼类》规定了 15 种重要海洋经济鱼类最小可捕规格。

4. 渔船升级改造管理

从 2012 年起，国家每年安排一定资金用于渔民和企业海洋渔船更新改造补助，重点更新淘汰老、旧、木质渔船和对海洋资源破坏较重的作业类型渔船，更新改造"安全、节能、经济、环保"海洋标准化渔船。

三、现代渔业管理面临形势

按照现代渔业管理的内在本质要求，分析现代渔业管理面临的形势如下。

（一）渔业资源特征

关于渔业资源的特征可以归纳为以下 2 个方面。

1. 渔业资源是公共资源

作为公共资源，必须要求做到公平、公正地利用，这是现代社会的必然要求。然而、实现公平、公正利用的关键是要建立公平、公正的渔业资源配置制度，以此界定人们在公共资源利用上的相互关系，实现人们在公共资源利用上的平等。同时，作为公共资源，没有清晰的产权界定，利用过程中极易产生外部性问题而引发"公地悲剧"。因此，必须通过合理的制度设计消除外部性。这些制度我们称为"管理的制度层面"，主要是针对"人的管理"所建立的制度。

2. 渔业资源是可再生资源

渔业资源作为可再生资源，为了实现其永续利用，必须对渔业资源进行科学合理的利用。因为渔业资源是生物资源，按照自身的生物学规律进行资源的再生循环。因此，需要在弄清其生物学规律的基础上，采取科学合理的技术手段，保证资源的持续利用，实现渔业产业的持续发展。这些制度我们称为"管理的技术层面",主要是针对"物的管理"所建立的制度。

综观我国的渔业资源管理问题,无论是"大机小标""非法造船"等引发的"双控"失控问题,还是"转产转业"后的大量返流问题,其根源正是由于我国缺乏"管理的制度层面"的措施。长期以来,我们更多注重采取"管理的技术层面"的措施,比如"双控"制度、"伏休"制度、网具限制等措施。然而,由于缺乏公正、公平的资源配置制度,缺乏消除资源利用外部性的制度设计,这些技术层面的措施收效甚微。随着现代渔业的发展,现代渔业管理如果"制度层面"存在的问题得不到解决,则"技术层面"所采取的措施将事倍功半。

（二）经济制度转变

市场经济条件下,生产要素流动频繁,生产的发展突破行政区域的限制,这对计划经济时代建立起来的以行政区划管理为主的传统渔业管理组织体系提出了严峻的挑战。同时,随着我国城市化进程的推进,渔港经济区的发展,渔农村人口流动也在加剧,基地化、产业化的生产模式不断涌现。针对这些变化,必须突破地域限制以经济利益或权利为纽带构建新的渔业管理基层组织体系。

第二节　现代渔业管理目标

纵观国际上公认的九个渔业管理较好的国家,如美国、澳大利亚、挪威、日本等国,其渔业管理都具有完备的法律法规、明确的管理目标、先进的管理手段以及一支专业化、高素质的管理队伍。反观我国渔业管理,虽拥有世界上人数最多的渔业管理队伍和数量最多的海洋执法船艇,却依然属于粗放型管理模式。因此,我国要实现现代渔业管理,必须从建立适应现代海业发展需要的渔业管理目标入手。

一、科学决策机制

1.建立多元化的决策主体结构

公共决策覆盖和惠及的是公众和社会的利益,要体现其公共效力,就必须分散决策权,扩大决策主体,要重视非政府代表在决策中的地位和作用,构建多元决策主体结构。如美国和日本的渔业管理委员会体系都是非政府组织,其承担着渔业管理政策、计划制订和渔业法规起草的职能,人员构成包括渔业官员、渔业生产者代表、渔业专家以及相关利益者代表。目前我国政府有关渔业方面的决策已十分注重专家的参与,但尚不具备法定性和强制性;而渔民和渔业相关利益方的参与则相对缺乏,导致决策主体仍比较单一。单一决策主体结构易使决策权分配失衡,因此我国应加快建立多元决策主体结构,突出专家在决策过程中的主体地位,并逐步吸纳渔民代表和渔业相关利益方的参与。政府部门在决策过程中应避免"喧宾夺主",只需起到牵头组织、综合平衡的作用即可。

2. 建立科学规范的决策程序

科学规范的决策程序包括公正的决策规则、一致的决策标准和民主的决策过程。在这方面应特别注重以下两点,一是对专业性、技术性较强的重大渔业管理事项,应通过建立健全专家论证、技术咨询、决策评估等制度,以保障专家能够全程参与决策并发挥积极作用;二是对与渔民群众和相关利益主体密切相关的重大渔业管理事项,应通过建立健全决策公示、听证、答辩等制度,使渔民群众的根本利益能够在重大决策中得以实现。

3. 建立决策颁布前的评估机制

渔业管理特别是渔业资源管理具有高度的不确定性,因此必须依赖可靠的数据信息和谨慎的分析判断来降低这种不确定性。目前我国渔业决策的科学支撑主要依靠由中国水产科学院及海区、流域水产研究所和省级水产研究所形成的科研调查体系。

二、建立良好法制管理环境

1. 政府应充分履行渔业法治建设职能

在渔业行政管理中,政府应充分履行渔业法治建设职能,建立渔业法律法规废、改、立机制,不断健全并完善渔业法律法规。改革开放以来,我国渔业法治建设得到了较大发展,但大部分渔业法律法规的废、改、立主要围绕三个方面进行:为适应国家新出台的重大基本法律作修改;为解决渔业管理中暴露出的重大问题而事后补缺;为适应国际管理形势变化做调整。渔业法治建设大多以被动性修补为主,前瞻性、预见性、主动性的创建工作显得不足。

2. 要强化法律、法规、标准的宣传与培训

法律、法规、标准如不为人所共知,其效力必将大打折扣。对于已经制定或新修订出台的渔业法律、法规及相关标准,应及时面向渔民群众和相关利益主体开展广泛宣传和培训教育,以避免法律、法规及相关标准实施后却起不到指导实践、规范渔业经济运行作用的尴尬局面。

3. 要强化执法监督和违法惩处

维护法律法规的严肃性和权威性,主要依靠执法监督和违法惩处这两个重点环节。在执法监督的层面上,讲的是有法必依、执法必严;在违法惩处的层面上,讲的则是违法必究。对于那些违法情节严重、性质恶劣、社会危害性大的违法行为必须加大惩处力度,让那些敢于以身试法者承担较高的违法成本,才能以儆效尤,确保法律法规真正落到实处。

三、明确渔业权属关系

自 2007 年 10 月 1 日起正式施行的《物权法》在"用益物权编"中规定,依法取得的"使用水域、滩涂从事养殖、捕捞的权利"受法律保护(《物权法》第一百二十三条)。这是我国民事基本法律首次明确渔业养殖权和捕捞权(以下统称渔业权)为用益物权,对促进我国渔业持续健康发展、维护渔业生产者合法权益具有重大意义。但是,《物权法》有关渔业权的规定十分原则、笼统和抽象。就现阶段来看,无论在立法上,还是理论研究上,我国的渔业权制度

均处在初创阶段。其中,最典型的莫过于我国至今尚未明晰划分渔业权属关系。而明确的渔业权属关系,正是渔业实现分类管理,有效进行宏观调控、保障渔民合法权益的必然选择。如我国的近邻日本、韩国,都对渔业权属有着较为明晰的划分。我国要明确渔业权属关系,必须做好以下3方面工作。

1. 必须区分商业渔业与生计渔业的不同性质

制定生计渔业确权标准,必须明确生产者商业渔业权与生计渔业权的份额。历史上,我国渔业多以渔民生计渔业为主。但随着近年来商业资本逐步进入渔业行业,我国渔业已分化为商业渔业与生计渔业两大不同性质的生产关系。生计渔业是传统渔民自给自足、赖以生存的渔业生产活动,其目的是维持基本生计;而商业渔业则是商业资本投资渔业行业进行的渔业生产活动,其目的是投资获取利益回报。两者的目的有着显著的区别,因此理应加以明确区分。这里必须强调的是,区分商业渔业与生计渔业应以其性质作为标准,而非简单以生产主体来划分。要准确区分生计渔业与商业渔业,就必须制定生计渔业确权标准,以明确生产者商业渔业权与生计渔业权的份额。生计渔业确权标准的制定,必须统筹考虑传统渔民维持个人、家庭生计所必需的渔业权份额,并与商业渔业权进行定量切割,为今后有针对性的管理奠定基础。

2. 制定针对不同渔业权的管理政策

在明确区分商业渔业与生计渔业权属后,自然应针对不同渔业权制定符合其各自特点的不同的管理政策。在这方面,日本、韩国等国均有着较为成熟的做法。简而言之,就是针对生计渔业(日、韩称其为渔业权渔业)和商业渔业(日、韩称其为许可渔业)分别实施不同的管理制度。一方面通过渔业权渔业制度保障传统渔民在一定的公共水域从事特定渔业生产的独占和专有的权利;另一方面通过许可渔业制度限制商业资本任意进入渔业行业,控制捕捞强度,保护渔业资源。这应该也是我国今后制定不同渔业权管理政策的立足点和发展方向。如在当前阶段,可考虑在税费政策、渔用柴油补贴政策等方面向生计渔业倾斜。

3. 研究制定不同的权益保障制度

对于商业渔业与生计渔业应分别研究制定不同的权益保障制度,既要保障商业渔业权益,更要大力扶持保障生计渔业,因为这部分渔民在社会中属弱势群体。这里就重点围绕生计渔业权益保障问题做阐述。渔业权是渔民生存和发展的基本权益。但随着我国市场经济的发展、各种建设规划的实施、海洋资源的开发,以及其他种种原因,渔民的渔业权益受到越来越多的侵害和威胁。就捕捞权益而言,面临捕捞作业场所被挤占、渔业资源和环境恶化等威胁;就养殖权益而言,则存在水域滩涂养殖规划不尽完善、养殖水域滩涂征用不够合理等矛盾。

保护渔民渔业权益,已成为保障渔民群众生存、发展的迫切要求和政府工作面临的一项重大课题。一是要健全渔业权益损害补偿制度。应按照"谁开发、谁补偿"的原则,因地制宜地合理确定补偿标准。二是要建立以政府为主导的社会保障制度。要结合渔区实际,筹建渔民基本生活、医疗、养老等社会保障制度,对困难渔民生活给予必要保障,并根据经济社会的发展,不断改进、提高和完善。三是要引导失渔渔民实现再就业。在帮助转产渔民提高文化和劳动技能素质的同时,有计划地发展以转产渔民为主体的水产加工、海陆运输、渔文化旅游等产业,或组织渔民劳务输出、发展过境渔业等,从根本上解决转产渔民的出路问题。

四、科学确立渔业发展规模

过去几十年的实践告诉我们,渔业发展规模并非越大越好,盲目扩大规模导致的酷鱼滥捕,将给资源、环境造成近乎不可逆的不利影响。渔业作为一项资源、环境利用型产业,其发展必须实行规模(总量)控制,才能实现可持续发展。

1. 海洋捕捞规模应控制在渔业捕捞能力与资源再生能力相协调水平

达到能力协调水平就是既不破坏资源,又最大限度地利用资源。我国渔业发展要实现这一目标,一是应继续深化实施国家减船转产政策,重点控制商业性渔业生产。一方面要进一步严格捕捞许可制度,严把准入关;另一方面国家应重点针对商业渔业,加大政策性赎买力度,尽力控制并压减捕捞强度;二是通过税费调节控制并调整不合理的作业方式,逐步建立合理的渔业结构;三是按照先易后难的顺序,逐步实现以投入控制为主向产出控制的转变,推进实施配额捕捞制度。现今,世界上大多数渔业发达国家的渔业管理均以产出控制为主。而我国目前实施的"双控"制度仍属投入控制,在具体管理中,其效果并不理想。因此,由投入控制为主向产出控制转变是大势所趋,更是科学发展的必然要求。当务之急是要抓紧摸清我国渔业资源本底数据,如资源总量、单一品种可捕量等,为下一步探索实行总可捕量制度(TAC)、个体配额制度(IQ)奠定基础。同时应规范渔获物销售行为,建立指定、规范的水产品拍卖交易市场。拍卖的交易方式有利于保障渔民利益的最大化,而交易市场定点则有利于国家了解、掌握和统计产量数据,为总量控制、配额控制提供数据支撑,也从根本上为改革我国现行渔业产量统计制度创造条件。

2. 渔业养殖规模应与生态环境相协调水平

与海洋捕捞一样,渔业养殖也有其自身应该遵循的客观规律,即养殖规模不应超出生态环境所能承载的范围,不能危及周边的生态系统。为此,必须建立标准化养殖规范体系和环境监测预警机制。通过标准的制定来科学规范养殖模式,明确合理的养殖方式,摒弃落后的养殖行为。同时,建立环境监测预警机制,加强对养殖环境的动态监测,在渔业养殖可能对周边生态环境产生不利影响前提前发出预警信息,使各方能及时加以干预,将隐患排除在萌芽阶段,确保渔业养殖走环境友好型的可持续发展之路。

五、严格监督管理机制

1. 突出政府依法监管职能,维护公平正义和渔业生产秩序

在渔业快速发展过程中缺乏严格有效的监管,社会个体和群体行为必将走向无序和"失范"。在这一点上,渔业监督管理也不例外。具体而言,一是要通过监督管理保护渔业资源和水域生态环境;二是要通过监督管理维护渔业生产秩序,并保障渔业生产安全;三是要

通过监督管理保障水产品的质量安全。这三个方面都直接体现了对渔业内部和外部公共利益的维护，是渔业监督管理的重中之重。

2. 强化监管手段，综合运用海查、陆查等各种现代化监管方式

在管理方面，渔业监管手段较为单一，主要依靠海上登临检查，在执法管理上有一定的局限性。海上执法检查与陆上港口检查应各有侧重、互为补充。如查处"三无""三证不齐"渔船和"克隆船"，就应作为港口检查的重点，而海上执法检查的重点则应是查处违规作业的渔船。海上执法检查与陆上港口检查相结合，有利于提高执法效率，降低执法成本。同时，要积极创新监管模式，加快引入先进科技手段。对于经试点建设、推广应用条件已基本成熟且行之有效的渔船身份识别、渔船防碰撞、渔港动态监控等先进技术，要加速推广普及应用，以进一步丰富渔业监管手段，提高监管效率。

3. 依法监管，探索建立重大违规案件转入司法程序途径

整个渔业行政执法难的问题比较突出，逃避检查、阻碍执法现象较为普遍，暴力抗法事件时有发生且屡禁不止。要解决这些问题，就必须引入司法途径解决的渠道。一是对于那些性质超出行政执法管辖范畴的重大案件应提交司法途径解决，不能以行政法替代民法甚至刑法，以行政处罚替代民事赔偿和刑事责任；二是对于渔业管理内部涉嫌渎职、滥用职权等重大案件的，也应提交司法机关处理，不能存有"护短"思想，更不能一味地"大事化小、小事化了"。只有打通重大案件转入司法程序的途径，才能真正实行对外维护渔业行政执法的权威性，对内维护渔业执法队伍的纯洁性。

4. 提升素质，加强对渔业行政执法人员的业务素质和能力培养

现代渔业管理对渔业行政执法人员依法管理的能力和水平也提出了更高的要求。提高渔政队伍综合素质，增强渔政队伍执法能力，加强渔政队伍建设已刻不容缓。应尽快明确渔业行政执法人员的基本素质要求、行为规范要求，并通过完善考核机制、建立并强化督察制度等方式，增强渔业行政执法人员的大局意识、法治意识、责任意识和服务意识，提高依法行政、科学管理、服务渔业的能力和水平，努力打造一支有觉悟、懂政策、会管理的渔业行政管理队伍。

六、完善社会化服务体系

1. 进一步转变政府职能，提高服务效能

自进入 21 世纪以来，党中央、国务院明确将政府的主要职能定位于"经济调节、市场监管、社会管理和公共服务"，要求加快推进政企分开、政资分开、政事分开、政府与市场中介组织分开，把不该由政府管理的事项转移出去，把该由政府管理的事项切实管好，从制度上更好地发挥市场在资源配置中的基础性作用，更好地发挥公民和社会组织在社会公共事务管理中的作用，更加有效地提供公共产品。政府职能要实现向创造良好发展环境、提供优质公共服务、维护社会公平正义的根本转变。同样，新形势下我国政府渔业管理职能主要包括渔业法治建设、渔业经济调节、渔业公共服务、渔业监督管理等四大内容。如何进一步提高认

识,转变观念,加强渔业法治建设,改善渔业经济调节,提升渔业公共服务,强化渔业监督执法,着力打造法治型、指导型、服务型渔业管理部门,这些问题都是我们必须去面对、思考、研究和解决的。

2. 大力培育渔业组织,增强渔民自我管理能力

加快政府渔业管理职能转变,一个重要的途径就是借助于政府之外的社会力量,使其承担从政府剥离出来的部分职能,特别是应将渔业微观管理事项、技术性管理事项,放权于社会渔业组织,培育、发展和强化其管理和服务功能,实现政府与社会分工共管,让政府将有限的行政资源致力于最关键的管理领域,促进政府渔业管理职能转变和提升。渔民组织参与渔业管理,对转化渔业微观管理具有重要作用,并可降低政府监督管理成本,提高管理效果和效率。目前,我国一些涉外渔业重点地区也已相继成立涉外渔民协会,并在入渔指标分配、渔民维权、涉外渔业知识与安全生产技能培训、海上互助互救等方面做了大量富有成效的工作。由此可见,只要正确界定政府与渔民组织的关系,合理分配权利,给予渔民组织适当的自主权,就能够充分发挥渔民自我管理、自我服务的主观能动性,提高管理效果。

3. 发挥社会组织对渔业服务保障作用,合理承担社会责任

许多具体的渔业管理和服务事项既具有微观性又有很强的专业要求,政府包揽式的管理必然导致机构膨胀、效率降低和缺乏监管。如果将这些管理服务事项转移到社会中介组织,既可降低政府行政成本,又可提高监管、服务的效率和效果,还有利于促进管理的公平公正。而政府渔业管理职能部门则应通过建立资质认证与监督制度,加强对社会中介组织的监管,对管理的公平性与合法性予以监督和保障。

第三节　现代渔业管理体制改革创新

为促进现代渔业绿色高质量发展,我国在现代渔业管理体制上开展了系列改革和创新,以"十四五"期间现代渔业发展扶持政策及补助资金为例,分析如下。

一、改革政策

(一)指引政策

为指引"十四五"期间现代渔业发展,国家针对现代渔业管理体制中渔业发展补助资金规范管理、渔业发展相关支持政策及规范实施进行了改革创新,具体文件有《财政部 农业农村部关于印发〈渔业发展补助资金管理办法〉的通知》(财农〔2021〕24号)、《财政部 农业农村部关于实施渔业发展支持政策推动渔业高质量发展的通知》(财农〔2021〕41号)、《农业农村部办公厅 财政部办公厅关于做好2021年渔业发展补助政策实施工作的通知》(农办计财〔2021〕24号),山东省相对应文件有《山东省财政厅 山东省农业农村厅关于印发山东省落实渔业发展支持政策推动渔业高质量发展实施方案的通知》(鲁财农〔2021〕58号)、《山东

省农业农村厅 山东省财政厅关于做好2021年渔业发展补助政策实施工作的通知》(鲁农计财字〔2021〕32号)。

1.渔业发展补助资金规范管理

渔业发展补助资金,是指中央财政对建设国家级海洋牧场、现代渔业装备设施、渔业基础公共设施、渔业绿色循环发展、渔业资源调查养护和国际履约能力提升等进行适当奖补的共同财政事权转移支付资金,实施期限至2025年。

财政部负责编制资金预算,对农业农村部提供的资金分配建议方案进行审核,并下达预算和绩效目标,组织开展预算绩效管理工作,指导地方加强资金管理等相关工作。地方财政部门负责渔业发展补助资金预算的分解下达、审核拨付、预算绩效管理等工作,并对资金分配的政策合规性和有效性进行监督。

农业农村部负责渔业产业发展规划编制,指导、推动和监督开展渔业发展工作,负责资金测算、提出资金分配建议方案,做好任务完成情况监督,绩效目标管理、绩效监控和绩效评价,落实绩效管理结果应用等工作,对地方上报有关材料进行审核,会同财政部下达年度工作任务。地方农业农村部门主要负责本地区(含农垦)渔业发展补助资金相关规划或实施方案编制、项目组织实施和监督等,研究提出绩效指标分解安排建议方案,并对方案的真实性和准确性负责,做好本地区预算执行和绩效管理具体工作。

2.渔业发展支持政策

2015年,国家对渔业补贴政策进行了改革调整,按照总量不减、存量调整、保障重点、统筹兼顾的思路,将补贴资金用于渔民减船转产、渔业装备和基础设施建设、渔船生产成本补贴等方面,取得了显著的经济、社会和生态效益,特别是在稳定渔区社会、增加渔民收入、养护水域生态资源、促进渔业转型升级等方面发挥了不可替代的作用,但也出现了一些新的情况和问题。为进一步推动渔业高质量发展,提高渔业现代化水平,构建渔业发展新格局,"十四五"期间继续实施渔业发展相关支持政策。

(1)科学合理安排国家补助资金。渔业发展补助资金主要支持纳入国家规划的重点项目以及促进渔业安全生产等设施设备更新改造等方面。一是支持建设国家级海洋牧场。重点支持国家级海洋牧场人工鱼礁、配套平台等内容,修复海洋生态环境,养护海洋渔业资源。二是支持建设现代渔业装备设施。重点支持开展近海捕捞渔船和远洋渔船以及渔船防污、消防、救生通道、生产生活等设施设备更新改造,支持深水网箱和大型智能养殖装备等深远海养殖设施装备建设,支持水产品初加工和冷藏保鲜等设施装备建设。三是支持建设渔业基础公共设施。重点支持列入国家规划的沿海渔港经济区,对区域内渔港公益性基础设施开展更新改造和整治维护,支持建设远洋渔业基地。四是支持渔业绿色循环发展。重点支持集中连片的内陆养殖池塘标准化改造和养殖业尾水达标治理,智能水质监测与环境调控系统配备等方面。五是支持渔业资源调查养护和国际履约能力提升。重点支持履行国际公约养护国际渔业资源的远洋渔船。引导合理利用海洋渔业资源,支持开展渔业资源调查监测等。

（2）加大地方资金扶持力度。其他一般性转移支付主要支持地方政府统筹推动本地区渔业高质量发展。一是对遵守渔业资源养护规定的近海渔船发放渔业资源养护补贴,并严格控制补贴力度。二是由地方统筹用于渔业发展和管理的其他支出。主要用于近海渔民减船转产、水产养殖业绿色发展、渔政执法船艇码头等装备配备及运维、渔业信息化、水产品加工流通、近海渔船及船上设施更新改造、渔业资源养护等方面,落实国家渔业政策,完成相关工作任务目标。

3. 渔业发展支持政策实施情况

（1）国家级海洋牧场。重点支持符合条件的国家级海洋牧场建设,主要对人工鱼礁管理维护平台、海藻等种（移）植修复海洋牧场信息化等建设内容给予适当补助,促进海洋渔业资源养护,修复海洋生态环境。

（2）渔业基础公共设施。一是国家级沿海渔港经济区建设。重点支持国家级沿海渔港经济区防灾减灾能力提升、生产加工流通、垃圾污水综合治理、生产生活生态协同发展、运营与监管智能化等,打造港产城一体化发展的现代化渔港经济区。二是远洋渔业基地建设。重点支持经有关部门批准的远洋渔业基地,提高我国远洋渔船海外生产配套保障服务能力。

（3）现代渔业装备设施。一是近海捕捞渔船和船上设施设备更新改造（含港澳流动渔船）。重点支持高能耗、安全状况差的老旧渔船更新改造为玻璃钢、铝合金、聚乙烯等节能环保安全新材料渔船,以及资源破坏强度大的渔船更新改造为资源友好型捕捞渔船。二是远洋渔船和船上设施设备更新改造。重点支持更新改造远洋渔船,加快推广北斗导航等智能终端设备,提升远洋渔业安全生产水平。三是深远海养殖设施设备建设。重点支持购置重力式网箱和桁架类养殖装备,提高养殖业装备水平,促进深远海养殖空间拓展。四是水产品初加工和冷藏保鲜设施设备建设。围绕保障满足国内市场需求,重点支持水产养殖主产县大宗淡水及海水养殖产品就地加工,对具备加工冷藏能力的渔业企业及合作社等购置暂养净化、冷藏冷冻、生态环保等设施和原料处理、分级分割、灭菌包装等设备给予适当补助。

（4）渔业绿色循环发展。2021年,重点选择养殖面积1万亩以上的县实施内陆水产养殖池塘改造提升整县推进试点,支持集中连片养殖池塘开展标准化改造和尾水达标治理,促进养殖尾水资源化利用或达标排放;通过政策支持,试点县养殖尾水资源化利用或达标排放率达到80%以上。

（5）渔业资源调查养护和国际履约能力提升。一是渔业资源调查监测。重点支持开展公海渔业资源调查、过洋性渔业资源调查、全球重要鱼种资源动态监测评估和全国海洋渔业资源调查,动态掌握渔业资源状况;二是国际履约能力提升。对履行国际公约养护国际渔业资源的远洋渔业企业进行奖补,引导远洋渔船开展负责任捕捞,养护国际海洋渔业资源。

（二）重点专项政策

国家重点针对海洋渔业资源养护补贴政策和绿色循环发展工作的文件有《农业农村部办公厅 财政部办公厅关于实施海洋渔业资源养护补贴政策的通知》（农办计财〔2021〕44号）、《农业农村部办公厅、财政部办公厅关于开展渔业绿色循环发展试点工作的通知》（农办计财〔2021〕65号），山东省对应文件有《山东省农业农村厅 山东省财政厅山东省海洋渔业资源养护补贴实施方案》（鲁农计财字〔2021〕43号）、《山东省农业农村厅 山东省财政厅山东省渔业绿色循环发展试点方案》（鲁农计财字〔2022〕16号）。

1. 海洋渔业资源养护补贴政策

为加大海洋渔业资源养护力度，引导渔民自觉遵守海洋伏季休渔等资源养护措施，促进海洋捕捞行业持续健康发展，按照"生态优先、民生为本、总体稳定、分类实施、便于执行"的原则，自2021年起，农业农村部、财政部实施海洋渔业资源养护补贴政策。

海洋渔业资源养护补贴依据海洋伏季休渔和负责任捕捞两项指标发放。其中，海洋伏季休渔指标是指渔船执行国家海洋伏季休渔制度有关规定（含自主休渔）的情况，体现降低捕捞强度的成效；负责任捕捞指标是指渔船执行进出港报告、船位监测、渔捞日志、产品合法性标签、水生野生动物保护等管理制度措施的情况。海洋渔业资源养护补贴政策采取后补助的方式，对上一年度严格执行海洋伏季休渔制度和负责任捕捞制度措施的国内海洋捕捞渔船予以适当补贴。为做好与"十三五"相关政策的衔接，2021年作为过渡期，各省（自治区、直辖市和计划单列市）可根据本省实际情况发放2020年补贴。自2022年发放2021年补贴开始，各省（自治区、直辖市和计划单列市）应当按照文件规定和要求发放补贴。

2. 绿色循环发展工作

重点选择养殖面积1万亩以上的县（西部地区5千亩以上的县）实施试点。优先支持国家级水产健康养殖和生态养殖示范区所在县、已出台池塘养殖尾水治理规划和明确具体支持政策的县、政府和市场主体切实加大资金投入的县。

（1）养殖池塘标准化改造。重点开展整形清淤以及护坡道路、沟渠管道、泵房泵站、管理用房等设施的养殖池塘改造相关项目。

（2）尾水达标治理。重点开展底排吸污、曝气增氧、生态沉淀过滤、鱼菜共生等养殖尾水治理等相关项目。

（3）水质监控和环境调控系统。支持建设水质自动监测系统、养殖水域环境监测系统、视频监控系统、增氧控制系统、精准投饲系统、远程智能控制系统等。

（4）建立管护机制。按照"建管一体"的要求，统一谋划建设、运营和管护。统筹考虑政府事权、资金来源、受益群体等因素，合理确定管护主体，压实管护责任。充分发挥市场机制作用，鼓励社会各类主体参与管护。

二、补助资金

以山东省为例，补助资金重点支持方向及项目如下。

（一）渔业发展补助资金（专项转移支付资金）

重点支持项目有国家级海洋牧场、近海捕捞渔船和船上设备更新改造、远洋渔船和船上设备更新改造、重力式深水网箱和桁架类大型养殖设备、水产品初加工和冷藏保鲜等设施装备建设、渔港经济区、远洋渔业基地、集中连片的内陆养殖池塘标准化改造和养殖业尾水达标治理、我国近岸近海外海渔业资源调查、履行国际公约养护国际渔业资源的远洋渔船奖补远洋渔业资源调查监测等。

（二）成品油价格调整对渔业发展补助资金（一般性转移支付资金）

重点支持项目有上年度遵守渔业资源养护规定的近海渔船发放渔业资源养护补贴、近海渔民减船转产、根据省里确定的重点工作明确的重点项目（按照项目因素测算分配）、股权投资试点及其他统筹下达市级项目资金。

第四节　国外渔业先进管理经验

一、西班牙现代渔业管理制度

欧共体（EC）建议在改革共同渔业政策（CFP）的最新的绿皮书中使用市场工具，并建议这个监管系统能够补充保障条款，促进欧共体国家渔业更好发展。大西洋渔业是改革共同渔业政策（CFP）的主要辐射地，历史上拥有"无敌舰队"的西班牙，渔业管理制度在大西洋渔业中有着典型的示范作用。

（一）西班牙渔业监管

西班牙渔业受着不同机构的监管（欧盟，中央政府，地方政府），同时共享管理责任。尽管多样化很普遍，但对系统的共同认知仍然是和传统的渔业监管机制联系在一起的。通常涉及有关资源（总可捕量，配额，最小尺寸，渔具）的规范要求严格，对有关渔船和渔民间配额分配的规范，具有较大的干预能力。

根据渔场的地理位置，来确定管理的责任（操作和功能法规的确定）。在第三国和国际水域，对相关沿海国家和国际机构来说，监管和责任是一一对应的。一是沿海国家通过特许经营许可证建立西班牙渔船的捕鱼权，并设置了全球资源配额。其次，欧共体把已经被认可的总可捕量分配给各会员国，而西班牙船只之间的配额的分配就是西班牙政府的责任；二是欧共体规定了其水域每年每个品种在某一区域的总可捕量，并根据欧盟条约建立的标准分派西班牙渔船的许可证及其配额。有一个保密的船舶名单，这个名单中的船舶可以访问这些水域，并且可以通晓关于船只之间配额分配，而这个配额是取决于西班牙政府的。

国家渔场的监管受控于共同渔业政策准则，尤其是那些受制于总可捕量的物种。尽管如此，考虑到大量的物种不受欧盟配额的管制，西班牙政府的监管范围仍然很宽。这些水域是中央政府和地方政府共同管理的。根据不同地理标准及监管事宜来分配责任。渔场被划分为近岸水域（这个区域介于海岸线和基线之间，基线是指划定领海开始的地方）和外部水域（这个区域介于基线和专属经济区的界限之间）。

在大西洋渔场作业的西班牙渔民，对不同的监管措施和主管部门（欧共体，中央政府和地方政府）在管理决策过程中担当的角色，有着截然不同的看法。

（二）西班牙渔业监管选择的评估方法和结果

西班牙在大西洋作业的渔业对于渔业监管分析需要通过一些方法进行,他们的看法和态度,以及渔民的个人特征(人口、船舶特征、态度和观念)等反应的影响范围,可以分别通过李克特量表和 logistic 回归模型进行评估。

1. 李克特量表

李克特量表是经常被用在心理学中的行为科学,用以估量渔民对特定的渔业政策和管理方法的看法和态度。这种评估方法主要包括以下三个方面。

一是渔民对目前渔业立法足够的认知程度;二是渔民关于是否不同的监管部门(欧洲,中央或地区政府)应该或多或少地强调拟定管理法规过程的看法;三是通过系统的个人配额或者立足于劳作(捕捞天数),评估在可能的新法规情况下,渔民或生产者组织之间权利转让的可能性。

西班牙渔民关于法规和其决策的过程的看法,涉及很多各式各样的因素:人口、船舶特性和渔具。通过分析这些变量,特别是有关渔业管理决策过程和监管的可能性评估(劳作/个人非转让配额或通过转让权利),研究管理系统哪个具体特征影响渔民的看法和态度。

在大西洋渔场规定每段区域作业的船舶数量,及其主要的技术特征。大多数捕捞渔队是属于较小的船只,船只长度在 12 米以下,以及有 1 到 3 名机组人员组成。每个渔区这些渔船的活动通常都是一致的,并且船主不保存收入和成本的详细账目,可以直接调查渔民协会,包括每个渔区的船只。

在西班牙水域作业的渔船,它们使用固定的刺网、延绳钓、拖网和围网渔具。非西班牙的欧洲水域中渔船在欧洲水域作业,其余的船只在国际水域水面沿着旗鱼的迁徙路线,用延绳钓的方式作业。而在任何情况下,渔船在这一水域都不会受到欧洲水域渔业法规的影响。

李克特量表的调查聚焦于不同层次的监管决策过程,获取参与调查渔民的看法和态度的信息。为了做到这一点,搜集的信息集中在人口特征(年龄)、业务特性(船长/水手、船员人数、船只特性长度和总注册吨位)和船只使用渔具的类型(手工、围网、表层延绳钓、沿海延绳钓、沿海拖网、定刺网、大独家延绳钓、大独家拖网、冷冻拖网和冷冻表层绳钓)。

李克特量表研究的是渔民对目前渔业立法的看法,其分析内容包括"渔具的选择性措施""总渔获量的措施""有关船只技术特性的措施""有关捕捞许可证的措施""渔船上安全要求的措施"。

2. logistic 回归模型

为了确定渔民的个人特征(人口、船舶特征、态度和观念)等反应的影响范围,最合适的方法是使用标准误差的 logistic 回归模型。

依据捕鱼方式,大多数渔民是愿意接受欧盟地方政府更加有力的管理政策。而从进行人口因素和船体特征的分类分析来看,渔民对渔具选择性监管措施的看法表明,大多数渔民对现有管理法规表示满意。

实际操作中,西班牙渔业部门规定应加强监管措施并且由司法机构(欧盟、中央或地方)具体负责实施。关于渔民对这种思路的态度,大部分渔民对此持积极态度,认为应当大幅加强区域政府在制定渔业法规方面的职能。然而,在对由欧共体制定监管规则的理解上,渔民们有不同的理解,相反,当涉及增加国家级的管理法规时,渔民更多持否定态度,也就是说,在西班牙政府职能方面,大部分渔民并不赞成加强政府对渔业生产管理的干预。

一是在创建捕捞配额或捕捞作业管理系统(捕捞天数或每天的总功率数)及实施办法方面。多数渔民认为个体可转让渔获配额的实施具有积极的意义。Logistic回归模型分析结果表明,渔民的态度并不显著依赖于调查所考虑的人口因素。他们的观点在根本上取决于渔船的大小规模和特点。渔民对捕捞作业管理系统表现出更多的支持,因其对越小的渔船实施越小的总登记吨位。相反,有较大的渔船,如配备冷冻机装备的表层延绳钓船、具有冷冻能力的拖网渔船和大型底拖网渔船,对个体可转让渔获配额表现出更大支持。分析结果表明,在表层延绳钓渔民和大型底拖网渔船主中,更多的人支持个体年度作业管理系统。只有沿海拖网渔民更赞成个体多年度作业管理系统。与此相反,在使用围网、大型独拖网和具备冷冻能力拖网渔船的渔民中,个体可转让渔获配额系统方面具有更高的统计学显著性。沿海拖网渔船和表面拖网渔船的渔民更倾向于支持年度可转让配额系统和多年度可转让配额系统。因此,从渔民想法来看,在欧盟水域和国际水域的渔民在一般情况下都表现出对个体可转让渔获配额更多的偏好。

二是对个体配额制度或个体捕捞作业管理制度的接受程度方面。这与渔民认为哪个管理机构(欧盟、中央或地方政府)应承担更大管理职责这一问题的理解上的差别有很大关系。政府认为应当增加管理规则,渔民认为监管制度应当包括可转让或其他方式的个体配额管理制度。事实上,声称需要大幅增加地方政府层面管理调控的渔民的行为,可以理解为他们想要撇开西班牙当局的管理,以及受到来自欧洲当局更低程度的管理,伴随着一种他们被排除于参与制定关乎他们自身活动的管理决策之外的看法。他们没有得到相应重视以及不能参与管理措施制定的想法在其他欧盟国家同样存在,如法国、英国、荷兰和丹麦。

研究结果表明,渔民对个体可转让配额制度的建立持肯定态度,特别是在规模化渔业生产作业的渔民群体中。在这方面的文献中,实施以权利为基础的管理系统被认为是一个最佳的选择,因为个体分配有利于捕捞作业合理化,通过协调集体解决方案和配额转让办法,为产能过剩问题提供经济高效的解决方案。近期的一些研究证实了这些结论。此外,拥有规模较小渔船的渔民支持捕捞作业管理系统(捕捞天数或天千瓦),可通过针对不同类型渔船制定多种多样的捕捞目标物种,实现该管理系统的合理化,反过来,个体可转让渔获配额也决定了总可捕捞的物种数量将会更少。

(三)西班牙渔业监管制度

在其他问题中,欧共体最近的共同渔业政策改革建议建立了实施一种以权利为基础的管理系统,同时避免这样一个系统对沿海渔业社区造成负面影响的可能性。就其本身而言,在考虑到海洋资源管理或组织适当捕鱼活动可能性的情况下,该项管理措施的成功或失败,也依赖于渔民在决策过程中参与程度的深浅。

通过分析在大西洋渔场作业的西班牙渔民对现行监管措施的看法,包括当局应增加(或不)渔业管理的程度,当局应当引进可转让配额权利的可能性,正如在欧共体最新共同渔业政策改革建议中所列出。

得到的分析结果具有异质性,特别是在考虑到渔民所持有的更多有关个体管理系统和个体配额管理的态度时更为多样化,而通常这些活动各具特征,即渔船的尺度数据特征和所采用的渔具类型各不相同。一般来说,以船队方式作业的规模化生产的渔船大多支持实施个体可转让渔获配额系统。对这一现象的解释是,从历史情况来看这些船队主要受到总登记吨位的限制,而且他们拥有雄厚的经济承受能力来支持他们参与一种基于个体权利的管理系统。

唯一的例外是在沿海拖网渔船主中,渔民更倾向于个体配额可转让的管理系统。对此现象的解释是,这些渔船是混合型作业方式,捕捞对象主要是南方的鳕鱼种群,因而受制于鳕鱼种群恢复计划,与前期产能相比得到的总可捕量相对较低,不仅是捕捞作业时间缩短,而且增加了丢弃鳕鱼的数量,因为会寻找其他捕捞目标物种。对于他们来说,小规模的捕捞作业(手工,固定刺网,延绳钓)也更适合于可转让或以其他方式的个体捕捞作业管理系统。对这一现象的解释是,这些船队受益于其所拥有的相对广泛的多种目标物种,反过来说,他们受总登记吨位制约的影响相对更小,特别是在小型个体捕捞船队中。

与管理制度的关系,大部分渔船宁愿各自的地方政府提高监管水平,而不是由中央政府来管理,而当前正是中央政府拥有渔业监管方面的权力。在大西洋渔场作业的渔民也都支持欧盟增加其监管程度,虽然还是在与地方政府管理程度相比较。

二、美国现代渔业管理制度

美国国家海洋和大气管理局(NOAA)国家海洋渔业局法律实施办公室实施超过35个联邦法,其中,以1976年制定的《马格努森-史蒂文斯渔业保护和管理法案》为主导建立了美国的商业和休闲渔业的管理规则,国家海洋渔业局超过50%的渔业管理遵从该法案。

美国大气海洋局国家海洋渔业局的海域范畴为国家范畴的海域离海岸3～9海里以外至国家海域边界200海里以内的200海里专属经济区(EEZ)。目标是以科学为基础,监测、评估、统计渔业资源,确立国家渔业管理计划,以确保渔业的长期的生物学、经济及可持续,防治与修复过度捕捞,提高长期经济和社会效益。

美国商业渔业和休闲渔业管理中最为关键的政策是通过美国各区域海洋渔业管理委员会实施"渔业资源评估管理""国家渔业管理计划""捕捞份额制度"与"国家渔业观察员项目"等政策。

(一)渔业资源评估管理

美国海洋渔业管理职责是科学评估渔业资源状态,实施"恢复重建"渔业资源。自

1996年麦格努森-史蒂文斯法案修订后,美国开始渔业资源评估,使用包括渔业、科学调查、研究和生物数据等方面信息,为区域渔业管理委员会制定每年渔业资源捕捞限额管理提供科学依据。截止到2015年底,美国渔业资源可持续性指数(FSSI)已经达到758,比2000年的382.5提高了98%。根据2016年4月美国国会公布的美国渔业资源状态年度报告,2015年有2个品种的渔业资源"恢复重建";对"过度捕捞状态"的313个品种的渔业资源评估结果显示,285个(91%)品种鱼类资源不存在过度捕捞,28个(9%)品种鱼类资源正处于"过度捕捞状态";对于"已经处于过度捕捞状态"的313个品种的鱼类资源评估结果是,194个(84%)品种的渔业资源并没有处于"完全过度捕捞状态",38个(16%)品种的渔业资源处于"完全过度捕捞状态"。

国家海洋渔业局可持续办公室根据联邦渔业管理计划每个季度更新渔业资源状态,通过渔业资源可持续性指数评估占总捕捞量85%的199个品种的重要商业渔业和休闲渔业资源是否存在"正在过度捕捞状态"——年度渔获率过高、"完全过度捕捞状态"——种群密度、规模过小、"恢复重建渔业资源状态"——过度捕捞已经达到该目标鱼类种群的最大可持续捕捞量。当国家海洋渔业局判定该区域渔业资源处于过度捕捞状态,则该区域渔业管理委员需要采取"修复重建"计划,并确定重建级别,以确保渔业资源可持续开发的最大持续产量。

(二)国家渔业管理计划

"国家渔业管理计划"(FMPs)是在确保美国重要海洋渔业品种的总量控制基础上形成对重要海洋渔业区域的管理措施,是美国海洋渔业管理的核心。截止到2016年7月,美国联邦渔业基于478个海洋渔业品种实施总可捕捞量控制,由8个区域管理委员会总计实施了46个渔业管理计划,见表10-1。

1. 明确基本渔业信息以及对渔业和渔区科学评估

渔业基本信息主要包括渔船类型、船长、鱼类加工者、禁渔期、禁渔区、捕捞渔船作业网具及数量等;渔业现状的评估主要包括渔船数量、捕鱼网具作业类型及数量、网具尺寸限制、捕捞限额以及涉及鱼类种类及栖息区域、管理成本、渔业收入、休闲渔业收益和外籍捕鱼的性质和范围等;渔区的评估主要包括该渔区未来最大化可持续渔业的最优产量,在该条件下每年美国渔船捕捞最优产量的能力和程度以及美国渔船之外的国际渔船捕捞程度,评估每年美国渔业加工能力下美国渔船最优捕捞量;对该鱼类品种在此渔区是否存在多度捕捞情况及多度捕捞测量标准以及确定标准的原则,渔区内鱼类资源繁殖能力和过度捕捞标准的关联等,如已经被委员会确认过度捕捞,则采用终止过度捕捞、修复与重建渔区的管理措施。"国家渔业管理计划"对区域渔业资源保护与管理制定了详细的政策、法规,对防止海区内过度捕捞及促进本地区的渔业可持续发展起到了至关重要的作用。结合各海洋渔业区域差异,具体渔业管理计划虽然不同,但总体上执行的渔业管理计划都应包含。

表 10-1　美国"国家渔业管理计划"实施情况

管理者	渔业计划
太平洋渔业管理委员会	鲑鱼渔业管理计划 西海岸高度洄游鱼种的渔业管理计划 太平洋沿岸渔业生态系统管理计划
新英格兰渔业管理委员会	西北部多种鱼管理计划海扇贝管理计划 安康鱼管理计划 鲱鱼管理计划 栖息地管理计划 电鳗管理计划
西太平洋渔业管理委员会	美国萨摩亚群岛的渔业生态系统计划 夏威夷群岛的渔业生态系统计划 马里亚纳群岛的渔业生态系统计划 西太平洋区域的太平洋远洋生态系统计划 太平洋离岛区的生态系统计划
北太平洋渔业管理委员会	2010 年太平洋大比目鱼阿拉斯加生存收成 大比目鱼裸盖鱼 IFQ 计划 白令海峡阿留申群岛底栖鱼管理计划 阿拉斯加湾底栖鱼管理计划 白令海阿留申岛的螃蟹渔业管理计划 阿拉斯加区域的扇贝渔业管理计划 三文鱼渔业管理计划
中大西洋渔业管理委员会	大西洋鲭鱼、鱿鱼和鲳鱼管理计划 竹荚鱼类管理计划 自旋角鲨管理计划 牙鲆欧黑鲈鱼 蛤、海蛤管理计划 金线鱼管理计划 扁鲨管理计划
南大西洋渔业管理委员会	沿海迁移性海洋资源 珊瑚的珊瑚礁管理计划 海豚管理计划 金蟹管理计划 栖息地马尾藻管理计划 虾管理计划 甲鱼和石斑鱼 大鳌虾管理计划
加勒比海渔业管理委员会	皇后海螺壳渔业管理计划 珊瑚渔业管理计划 大鳌虾渔业管理计划 岩礁鱼渔业管理计划 圣托马斯-圣约翰渔业管理计划 圣克罗伊渔业管理计划

管理者	渔业计划
墨西哥湾渔业委员会	水产养殖管理计划 重要鱼类栖息地（EFH）修正案 岩礁鱼类管理方案 虾渔业管理方案 龙虾渔业管理方案 珊瑚类管理提案

2. 入渔期与入渔区确定

入渔期主要对应禁渔期的规定，要结合现有科学信息评估禁渔区域保护利益的标准，确保禁渔期与禁渔区目标的一致性，评估禁渔期和禁渔区利弊及对其他管理措施以及对该渔区的使用者、各种捕捞活动、渔业科学和渔区及海洋保护等方面的影响；结合相邻州渔业管理保护措施，根据不同州渔期情况，结合渔场距离，因地制宜规定"禁渔期"。入渔区主要是建立有限准入渔场系统，这个系统包括现有渔场作业现状，渔场内捕捞习俗及历史捕捞状况，渔区经济情况，本渔区的渔船在其他渔区从事捕捞作业的能力，本渔区相关的捕捞组织，公平合理的渔区准入权的分配及其他相关因素。

3. 数据统计与监测

所有有关商业、休闲及特许捕捞渔业的相关数据，包括渔网具作业类型和数量、捕捞的鱼类品种和重量、涉及捕捞作业的渔业区域、捕捞时间、捕捞数量、加工预估数据和实际应用数据，以及其他相关的渔业经济信息；除非因船只设备的承载量和功能受限外，所有捕捞渔船上携带一名观察者，搜集渔船捕捞生产作业及该渔区重要数据。

4. 资源、环境的养护与政策执行

资源、环境的养护主要是限制对1年生命周期的鱼类品种进行捕捞，最大程度地降低渔业生产对此栖息地可能产生的不利影响，并且参与到鼓励保护和扩大此栖息地的行动；保护深海渔业资源诸如深海珊瑚，以防止渔业作业对其造成的损害。政策的实施与执行主要是预测该渔区的生产总量趋势，详细制订长期捕捞计划，详细说明年度捕捞限制和计划，确保不再出现过度捕捞情况，如实施该计划后再出现过度捕捞则采取追责；渔业政策调整以不能破坏其他渔场保护措施及其他渔业从业人员。

（三）捕捞份额制度

美国海洋渔业捕捞份额制度主要通过各海洋区域管理计划开展。这些管理计划主要涵盖了包括渔业部门、合作社和渔民等所有渔业利益相关者的限制准入权项目（LAPPs）中的个体捕捞配额项目（IFQs）和个体可转配额项目（ITQs）以及渔业社区发展捕捞份额项目（CDQs）。截止到2016年7月，美国对主要海洋渔业品种开展的渔业份额计划见表10-2。

渔业份额管理的目标清晰、明确，总体上是要减少渔船容量过度导致的过度捕捞问题，重建、恢复或维持海洋环境与渔业资源；在可持续的基础上可取得食品和其他产品的供应以及可能获得的休闲益处；避免对渔业资源和海洋环境造成不可逆或长期的不利影响；以及对这些资源的未来使用提供多样性选择。渔业份额管理并不适应所有渔业行业。限制准入权管理的目标是通过限制渔获量从而控制过度捕捞，随着过度捕捞问题的解决，个体捕捞配额持有者可以通过转让持有的渔业份额获得相应经济补偿；社区发展份额管理的目标在于补偿那些在近海或周边水域开发过程中经济利益受到影响的社区。限制准入权是指允许渔业利益相关者获取某类渔业资源的总可捕捞量中一定比例数量的捕捞数量，以联邦许可证的形式进行管理，包括个体捕捞配额、个体可转让配额以及社区发展配额。个体捕捞配额是指在确定的时期和指定的区域内赋予特定的捕捞主体如渔民、渔船或渔业企业允许其从总可捕捞量中分配一定百分比的捕捞鱼类的权利；个体可转让配额是个体捕捞配额的一种特殊形式，个体捕捞配额拥有者可以将其持有的固定配额进行市场转让交易。社区发展配额是从总可捕捞量中留取一定的份额分配给近海区域那些依赖渔业资源的收获或处理以满足社会和经济需要的社区，包括渔船所有者、经营者和船员以及基于渔业社区的鱼类加工者。

表 10-2　美国捕捞份额制度实施情况（1990—2016 年）

海洋区域	海洋渔业捕捞份额计划	实施年份
中大西洋	海洋蛤蜊类和蚶类渔业个体可转让配额制度（ITQ）	1990
	金枪鱼实施个体捕捞份额制度（IFQ）	2009
	东北部海区多物种部门	2010
新英格兰	东北部一般类别大西洋扇贝个体捕捞配额制度（IFQ）	2010
	西部阿拉斯加社区发展配额制（CDQ）	1992
	阿拉斯加比目鱼和裸盖鱼个体配额制度（IFQ）	1995
北太平洋	美国渔业法案通过的鳕鱼合作社	1999
	白令海峡和阿留申群岛实施螃蟹的合理化配额	2005
	阿拉斯加海湾中心岩鱼（试点实施于 2007 年）	2012
	非鳕鱼捕集器/处理器底栖鱼合作社（修正案 80）	2008
南大西洋	美洲多锯鲈实施个体转让配额（ITQ）	1992
	红绸鱼个体捕捞配额（IFQ）	2007
墨西哥湾	石斑鱼和方头鱼的个体捕捞配额（IFQ）	2010
	裸盖鱼允许堆叠	2001
太平洋	太平洋底栖鱼拖网合理化计划	2011
	大西洋高度洄游鱼种（蓝鳍）金枪鱼个体捕捞份额制（IFQ）	2016

（四）国家渔业观察员项目

美国海洋渔业数据统计与监测制度主要依赖于国家渔业观察员项目（NOP），该项目通过渔业观察员搜集与监测商业捕捞、误捕及渔业加工数据。自 1972 年至今，每年在海上有 47 个不同品种的鱼类资源超过 77 000 个观察员天数。观察员监测所有美国海岸渔业活动、为渔业保护与管理统计、搜集所有渔业数据。

截至 2016 年 7 月，美国实施了 21 个观察员项目，主要分布于北太平洋西海岸、夏威夷海域、东北部海域的新英格兰、中大西洋、东南部海域以及大西洋、墨西哥湾与加勒比海域。观察员项目任务是为制定国家重要政策和程序提供数据支撑，政策必须反映出区域性观察员项目的需求，确保国家重要区域数据质量。观察员目标主要有协调国家观察员项目顾问小组，协调国家观察员项目与每一个区域观察员项目；拓展并支持国家标准及政策制定高质量、低成本、高效率的观察员项目，明确、细化渔业观察员项目的资源观测活动。

三、国际现代渔业管理制度与主要政策比较

中国是世界海洋渔业大国，从海洋捕捞量来看，根据 2015 年 FAO 数据统计，中国捕捞量占世界的 18% 左右，其他主要海洋渔业国主要有美国（5%）、加拿大（0.9%）、欧盟（15%）、日本（3%）、韩国（1.7%）。通过比较美国、加拿大、欧盟、日本、韩国与中国海洋渔业资源管理体制与主要政策，以期为中国海洋渔业政策调整提供借鉴。

（一）管理体制比较

1. 美国、加拿大、欧盟、日本、韩国海洋渔业管理体制

从海洋渔业资源管理体制来看，各国（地区）管理体制与管理机构各不相同（表 10-3）。美国海洋渔业资源管理主要依托于国家海洋和大气管理局国家渔业局和区域海洋渔业资源管理委员会，加拿大海洋渔业资源管理依托于海洋与渔业部，欧盟海洋渔业资源管理主要依托于欧盟的共同渔业管理机构，日本海洋渔业资源管理依托于海区渔业调整委员会等，韩国海洋渔业资源管理依托于国家海洋与渔业部，中国的海洋渔业资源管理依托于农业农村部渔业渔政管理局等。

从海洋渔业资源管理模式来看，各国（地区）的管理模式不尽相同，本质上各国（地区）都是以政府为主导的中央与地方两级到三级的行政管理模式，其表现为有许多自治组织和许多共存的决策中心，而这些组织规模各不同，但都在既有的规则之下运行。美国管理模式中，除联邦海洋渔业管理外，区域海洋渔业管理发挥重要作用；加拿大管理模式中，主要是"联邦-州"两级管理模式；欧盟海洋渔业管理中主要"共同渔业"管理模式；日本海洋渔业管理中，渔民自治组织发挥了重要作用；韩国海洋渔业管理中，是"多机构综合"管理模式；中国海洋渔业管理模式，是农业部渔业渔政管理局与地方海洋渔业管理部门及国家海洋局的分级管理。

2. 各国与中国海洋渔业管理体制比较

各国与中国海洋渔业管理体制比较见表 10-3。首先，中国当前海洋渔业管理机构是农业部渔业渔政管理局，管理对象主要是海洋渔业资源与涉及渔业的船舶、网具等，其管理的重点在于渔业而非海域。其次，中国海洋渔业管理模式属于传统的中央政策制定与指导，地方海洋渔业管理部门政策落实的分级管理行政体制，与美国相比，缺少各省份交叉即相同海域的区域管理机构，与日本、韩国比较，中国规范化的渔民自治组织相对较少。

表 10-3　美国、加拿大、欧盟、日本、韩国与中国海洋渔业资源管理体制比较

国家和地区	管理模式	主管部门	管理职能
美国	"联邦-区域"管理模式	国家海洋和大气管理局国家渔业局、区域海洋渔业管理委员会	联邦水域管理的海洋渔业行政管理工作由国家海洋和大气管理局国家渔业局负责,主要职能是负责联邦海域的渔业管理、渔业研究和管理计划等,主要政策制定、修订和执行由各海区的区域海洋渔业管理委员会负责
加拿大	"联邦-州"两级管理模式	渔业与海洋部(DFO)	首要职能是渔业管理和海洋环境立法,负责全国渔业生产和渔业资源保护及海洋生态环境保护;协调联邦政府和州渔业管理部门及海域使用者之间在管理中的协调工作;管理渔具类型,设定总可捕捞量(TAC)、禁渔期以及捕捞鱼类的长度标准和重量等。而隶属于渔业与海洋部的海岸警卫队主要职责是海上执法
欧盟	"共同渔业"管理模式	共同渔业管理机构(CFCA)	协助成员国履行共同渔业政策的义务和责任,协调和监测成员国之间的渔业管理,协助成员国并向欧盟委员汇报各成员国的渔业、管理和监测行为,同时举报非法捕捞行为。CFCA 是一个超国家组织,在第三国水域,执行委员则代表欧盟,加入第三方国际渔业组织,管制和监测在他国水域运作的欧盟船队
日本	"两层三级"自治管理模式	海区渔业调整委员会、渔协组织	海区渔业调整委员会:主要职能是负责设计国家渔业政策、协调渔业资源的利用并规划制定渔业权渔场分配及渔业执照的发放等。渔协:负责制定渔协组织规则及当地沿岸海域作业规章、负责当地水产资源的管理与增殖、规定渔具条件、渔场季节性和区域性禁捕等
韩国	"多机构综合"管理模式	国家海洋与渔业部	内设职能部门有渔业资源局、水产政策局、海洋政策局、海洋警察厅等机构,主要负责制定渔业政策,相关筹资安排并协调各方利益,管理近海渔业资源,签署实施中日韩渔业协定,监控渔业违法行为,建立渔业秩序以及水产品生产等相关工作,处理海洋治安、海洋污染等问题
中国	政府主导的"分级管理"模式	农业农村部渔业渔政管理局、地方海洋与渔业管理部门、国家海洋局	① 渔业渔政管理局:拟订并监督实施渔业发展战略、管理政策及法律法规。组织实施渔业捕捞许可证制度,拟订休渔禁渔制度,负责渔船、渔机、渔具监督管理,组织渔船装备更新改造。② 地方海洋渔业管理部门:执行农业农村部下达的各项海洋渔业法规与政策;组织、引导、协调当地渔政管理工作;起草全省(自治区、直辖市)及地方性海洋渔业发展规划和法规并实施;监测保护海洋环境及渔业资源;负责渔船检验、监督海洋渔业执法情况、维护渔业生产秩序、处罚渔业行为以及办理和注销捕捞许可证等相关事宜。③ 国家海洋局:负责海域滩涂使用、海洋执法等

（二）主要政策比较

1. 美国、加拿大、欧盟、日本、韩国海洋渔业主要政策

（1）美国。

一是投入控制方面，主要有观察员制度。观察员制度通过渔业科学观察员搜集与监测商业捕捞、误捕及渔业加工数据。自 1972 年至今，每年在海上有 47 个不同品种的鱼类资源超过 77 000 观察员天数在观察员项目中被监测，观察员监测所有美国海岸渔业活动，为渔业保护与管理统计、搜集所有渔业数据。

二是产出控制方面主要有捕捞统计、总可捕捞量和配额管理等制度。

① 捕捞统计制度。渔业处的渔业研究单位为评估渔业资源状况，确定捕捞总量，要求船员必须填写捕捞日志等一套详细的生产统计表，为海事执法检查和返回渔港时上交进行汇总做准备。未填写或填写不正确者被视为违规并受到处罚。

② 总可捕捞量（Total Allowable Catches, TAC）制度。是美国渔业资源管理最重要的制度，即以观察员制度为基础，获得渔业资源准确统计数据，基于此数据，国家渔业局海域机构科学地设置了每个经济物种的总可捕捞量（常具体量化到某海域和某时期内）。有统计数据显示，某一特定时期的渔获物总量已达到总可捕捞量的总额，国家渔业局立即宣布在该期间该海域的该品种停止捕捞。

③ 配额制度。主要有 3 类，一是个体捕捞配额（Individual Fishing Quota，简称 IFQs），指在确定的时期和指定的区域内，赋予特定的捕捞主体，如渔民、渔船或渔业企业允许其从总可捕捞量中分配一定百分比的捕捞指标，捕捞一定数量的鱼类品种的权利；二是个体可转配额项目（Individual Transferable Quota，简称 ITQs），指在确定的时期和指定的区域内，赋予特定的捕捞主体，如渔民、渔船或渔业企业允许其从总可捕捞量中分配一定百分比的捕捞指标，捕捞一定数量的鱼类品种的权利；三是渔业社区发展捕捞配额（Fishing Community Development Quota，简称 CDQs），是从总可捕捞量中留取一定的配额分配给近海区域那些依赖渔业资源的收获或处理以满足社会和经济需要的社区，包括渔船所有者、经营者和船员以及基于渔业社区的美国鱼类加工者。

（2）加拿大。

一是投入控制方面，主要有观察员制度与扩张性的渔业补贴制度。

① 观察员制度主要是指海洋渔业管理部门在其管辖的海域内选取部分渔船对其设立观察员。观察员的工作是在渔船进行渔业活动时全程跟随，调查了解并详细记录和检查渔船的实际情况和问题（如捕捞作业活动、网具情况和捕捞量等），如果发现涉嫌违法违规行为，观察员虽无渔业执法权，但可随时向上级报告。

② 扩张性的渔业补贴制度是指 20 世纪 70 年代末以前，加拿大就已经开始实施补贴制度，最开始的主要目的是为了扩大渔业的生产规模，增加捕捞产量，目标是增加渔民的收入。

二是产出控制方面，主要有 TAC、单个渔船配额（IVQ）与缩减性的渔业补贴等制度。

① TAC 制度和单个渔船配额制度有机结合，是以 TAC 制度为基础的精细化渔业管理模

式,首先,根据评估品种确定最基本的禁渔制度;其次,根据资源评估确定具体的TAC;第三,将TAC进一步细分为若干较小的渔区,将TAC分配给各个海区渔船,每艘渔船将根据不同鱼类品种申请,并获得不同的有限的配额。并且,IVQ制度只能按年度分配给具有捕鱼许可的渔船,根据不同的品种、不同捕鱼区域和捕鱼方法,政府所收取的IVQ年费也会改变。

② 缩减性的渔业补贴制度,主要是通过限制产量减少捕捞渔民从业数量,以解决近年来捕捞能力快速提升造成的近海过度捕捞问题。

(3)欧盟。

一是投入控制方面,主要有入渔区管理制度和减船管理。

① 入渔区管理制度中严格制定了入渔权利与入渔区范畴,为保护各主权国家渔民的利益,欧盟的任何成员国的渔船都有进入其他成员国水域的平等入渔权利。入渔区范畴,主要是根据欧盟于1983年对在1973年制定的《准入条约》草案修订将各成员国入渔海域扩大到近岸12海里,而12海里外的海域则受到欧盟渔业法规的严格限制,其主要目的是保护渔业资源,特别是对幼鱼及产卵群体资源。

② 减船管理目的是使渔船捕捞能力与渔业资源状况相适应,防止过度捕捞,削减捕捞能力,重整和发展成员国的特定渔船队和水产业,欧盟从1983年通过第一次减船开始,已先后实施了多次渔船削减计划。

二是产出控制方面,主要有捕捞许可证制度与TAC渔业配额制度。

① 欧盟于1995起开始全面实施捕捞许可证制度。这一制度适用于在欧盟水域作业的所有欧盟成员国和非欧盟成员国的渔船。

② 欧盟共同渔业政策(CFP)的主要内容之一就是TAC渔业配额制度。欧盟委员会每年都会以法规的形式制定每个鱼种的TAC,然后由渔业部长理事会分配给理事会的每个成员国,成员国再分配给渔民、渔船、渔业组织。欧盟对配额采取一些灵活措施,基于每一鱼种的总可捕捞量和配额管理方案将配额分配给国内各地区和部门,且会考虑到一些成员国在某些海域的传统捕捞权问题。

三是技术措施控制方面,欧盟成员国保护渔业资源的措施主要有限制网目尺寸,限制渔获物最小可捕身长和重量,限制捕鱼区和捕鱼期,限制某些渔具和渔船的作业方式。

(4)日本。

一是投入控制方面,有渔业权制度与渔业许可证制度。

① 渔业权制度指在沿海占用某些水域的从事渔业活动的渔民团体实施的渔业权制度(捕捞许可证制度),拥有渔业权的一般是在渔民团体共同经营的渔场,可分为区划渔业权和共同渔业权。

② 渔业许可证制度的目的是保护渔业资源,预防有捕捞强度过大的渔船及对渔业资源破坏力较强的渔具出现。该制度的实施主要是限制渔船大小、数量、作业方式、作业时间及渔具网目尺寸等。

二是产出控制方面,有TAC制度。日本设定7种水产品的捕捞许可量,占日本渔船生产总量的 40% 左右。TAC 设定的对象是必须加以管理的品种,是以渔获量、资源状况及外国渔船捕捞的品种 3 项为基准考虑而设定的。同时,针对 TAC 管理鱼种的作业渔船还需签署各海域的管理协定。日本采用几种 TAC 制度,有对总量控制的 TAC、渔民社区渔船、渔民捕捞量等,此外,还对网具也实施 TAC。

(5)韩国。

一是投入控制方面,有许可证制度和减船政策。

① 许可证制度主要是从事渔业相关生产的单位或个人,经国家认证后方可从事生产。许可证最长有效期为 5 年,期间不许进行交易。许可证制度是根据海域区位及渔船吨位实施分级管理和审批,远洋作业渔船的捕捞许可证是经由国家海洋与渔业部的审批下发的,而近海海域渔船作业需向当地政府申请。许可证不仅用于捕捞认证,而且还包括渔船作业类型、捕捞方法、捕捞期限、证书有效期限、作业水域、渔获物种类等很多规定。

② 减船政策,是由政府主导推进的,一般分为两种,即全面减船和特别减船。全面减船指渔业生产内部需求的减少,特别减船则是由于国家间渔业协定之间的渔场损失而造成的减船,两者最终目标都是为保护渔业资源和提高近海渔业生产率和竞争力。

二是产出控制方面,有 TAC 与配额管理。韩国于 1999 年正式引入了 TAC 制度。依照《水产资源管理法》的规定,综合考虑水产资源精密调查和评价的结果,以及自然和社会因素,对一定的鱼种和海域设定 TAC。韩国实施 TAC 制度从 1999 年的 5 个品种增加到 2009 年的 11 个品种。TAC 制度推行时韩国制定了一系列相关法律法规,如 1995 年《渔业法》,1996 年的总统令《渔业资源保护令》,1998 年的海洋水产部令《关于总渔获量的相关规定》。从 1998 年开始与 TAC 制度一并实施。为了有效地保护海洋渔业资源,除上述制度外,韩国对资源恢复性的季节性休渔以及打击“三无”渔船,限制使用捕捞强度高的捕捞工具做了相关规定。

2. 各国海洋渔业政策与中国比较

纵观各国海洋渔业的主要政策(表 10-4)可知,渔业政策几乎都是从“投入”与“产出”控制角度制定的。

(1)从投入控制管理来看。各国几乎都是采取限制入渔、压减渔船、财政补贴等措施去控制投入从而控制海洋捕捞强度,保护渔业资源。首先,中国在入渔准入管理上,虽然实施了捕捞许可证制度,但与欧盟入渔准入比较,中国捕捞业准入门槛不高,准入制度并不详细。其次,在渔获物统计上,与美国和韩国的观察员制度比较,中国缺乏准确性。最后,在减船转产管理上,欧盟和韩国的减船计划(政策)更依赖于捕捞能力与捕捞资源匹配的科学数据,中国缺乏减船依据与渔船数量和功率的历史数据,按照比例减少渔船数量,而非按照渔业资源过度捕捞程度测算的渔船数量。

(2)从产出控制管理来看。各国几乎都实施了 TAC 制度与捕捞限额管理。中国 TAC 制度的实施,虽然总体上可以控制捕捞总量,减缓渔业资源过度捕捞的程度,但这主要是依据渔业资源生物量与历史捕捞量确定,缺乏连续的渔业资源总量评估以及捕捞总量调查,对于未来捕捞总量控制还缺乏科学数据支撑。此外,也制约了限额捕捞制度的试点及全面实施。

（3）从技术措施控制管理来看。各国通过禁渔区域禁渔期管理、限制渔船与渔具等技术标准进行管理。中国在技术措施控制管理上,相对比较完善,但在休渔期与休渔区管理上,中国的伏季休渔制度,采取了从南到北所有海域的一刀切管理,虽然便于渔业管理,但从渔业资源种群的繁殖洄游规律来看,种群、海域与气候的差异,休渔期应该有所不同;渔具的管理上,中国虽然有严格的网具网目尺寸规定,但由于海洋作业难于监管及多部门执法难于协调,违规渔具捕捞作业很难控制;在渔获物种类的管理上,中国鱼类品种众多,目前只规定了15种重要海洋经济鱼类的最小可捕规格,对众多品种的资源和保护只能起到非常有限作用。

表 10-4　美国、加拿大、欧盟、日本、韩国与中国海洋渔业政策比较

政策	美国	加拿大	欧盟	日本	韩国	中国
投入	观察员度、市场监管制度	渔业补贴制度、观察员制度	入渔规则、捕捞努力量控制、减船计划	渔业权和渔业许可证制度	捕捞许可证制度、观察员制度、减船政策	捕捞许可证制度、"双控"制度、生产成本补贴制度、减船转产制度
产出	TAC制度、配额制度	TAC制度、单个渔船配额制度	TAC制度、配额制度	TAC制度、配额制度	TAC制度、配额制度	TAC制度、捕捞限额制度、保护区管理
技术措施	限制副渔获物、禁渔区与禁渔期	渔业捕捞区域	最小渔具尺寸、最小可捕体长和体重、禁渔区和禁渔期	限制作业时间、渔船规模和渔具尺寸	限制捕捞强度以及网具网目大小	伏季休渔制度、"增殖放流"管理、经济鱼类最小尺寸、渔船升级改造管理

第十一章　水产苗种管理

随着我国水产养殖业的迅速发展,水产苗种的质量问题受到国家和水产养殖生产者及养殖水产品消费者的普遍重视。特别是我国加入WTO以后,水产苗种管理是水产养殖管理的重要内容之一,对水产苗种的质量管理,成为水产品质量监督检查中的一项重要内容,也是我国渔业行政主管部门及其渔政监督管理机构的重要职能之一。加强水产苗种管理,对开发和保护水产种质资源,规范水产苗种的生产、经营,减少和防止水产病害传播,维护生态平衡,科学、及时地推广水产原、良种,提高水产苗种质量和良种覆盖率,实现水产增养殖良种化,维护水产苗种生产者、经营者和使用者的合法权益,促进养殖渔业持续健康发展具有重要意义。

第一节　现代水产种业发展管理纲要

一、国家水产种业发展管理纲要

"国以农为本,农以种为先"。种子是农业科技的"芯片",是确保国家粮食安全和重要农产品供给的基石。据统计,我国从1982年到1986年连续5年,2003年到2022年连续19年,共计24年的中央一号文件中,除了有2年没有提到种业外,有22年都对种业发展做出了政策安排。水产种业是现代渔业发展的"芯片",是渔业供给侧结构性改革的源头,是渔业科技创新水平的集中体现,是现代渔业发展的决定性要素,水产种业已成为我国保障国家粮食安全、稳定全国水产品物价、实施乡村振兴战略的重要组成部分。

2012年国务院发布了《关于加快推进现代农作物种业发展的意见》,确定了种业是国家战略性、基础性核心产业的重要地位,指明了现代种业的发展方向,提出了种业发展的新思路,也为水产种业转型提升提供了难得的机遇。2013年习近平总书记在中央农村工作会议上提出,"要下决心把民族种业搞上去,抓紧培育具有自主知识产权的优良品种,从源头上保障国家粮食安全"。2020年中央1号文件《关于抓好"三农"领域重点工作　确保如期实现全面小康的意见》指出了推进水产绿色健康养殖;加强农业生物技术研发,大力实施种业自主创新工程,实施国家农业种质资源保护利用工程。习近平总书记在2020年中央经济工作会议上提出,"要开展种源卡脖子技术攻关,立志打一场种业翻身仗"。2021年中央1号文件《关于全面推进乡村振兴　加快农业农村现代化的意见》提出打好种业翻身仗。2021年7月9日,习近平主持召开中央全面深化改革委员会第二十次会议强调,统筹指导构建新发展格局,推进种业振兴。2021 年 10 月 28 日,全国水产种业振兴行动工作推进会在青岛市召开,马有祥副部长在讲话中指出,"要贯彻党中央、国务院决策部署,全面客观分析我国水产种业发展机遇和挑战;要明确新任务,采取有力举措,集中力量破难题、补短板、强优势、控风险、增效益,落实水产种业振兴行动五大行动任务(水产种质保护利用行动、水产种种业创新攻关行动、水产种苗基地提升行动、水产种业企业扶优行动和水产种业市场监督行动)"。

二、山东水产种业发展管理刚要

2016 年山东省海洋与渔业厅印发实施《山东省水产种业提质增效转型升级实施方案(2016—2020 年)》,为深入贯彻中央和全省农村工作会议精神,巩固提升我省水产种业传统优势与综合竞争力,保障"海上粮仓"建设指明了方向。2020 年,进一步增强种业自主创新能力和综合竞争力,加快推进现代种业创新发展,切实解决好种子问题,山东省人民政府办公厅印发《关于加快推进现代种业创新发展的实施意见》(鲁政办字〔2020〕172 号),提出"进一步增强种业自主创新能力和综合竞争力,加快推进现代种业创新发展,切实解决好种子问题"。推进实施省级水产种业扶优行动基础设施提升项目,申报成功的领军企业可获最高 1 000 万元奖补、水产原良种场最高可获 500 万元奖补,进一步改善中小企业育种条件、提升创新能力和育繁推一体化水平。

三、烟台水产种业发展管理纲要

2019 年,烟台市委海洋委印发了《烟台市加快推进水产养殖业绿色发展实施方案》,加快推动烟台市水产养殖业绿色发展;2021 年市政府办公室印发《关于加快推进现代种业创新发展的实施意见》《烟台市农业产业发展激励政策十三条》《烟台市海洋牧场"百箱计划"项目三年行动方案》,对加快推进我市现代水产种业创新发展提出了新要求和保障措施;2020 年以来,烟台市海洋发展和渔业局制定印发《烟台市养殖水域滩涂规划(2018—2030 年)》《2021 年烟台市水产绿色健康养殖技术推广"五大行动"实施方案》《第一次全市水产养殖种质资源普查实施方案(2021—2023 年)》,对水产种业发展布局、重点建设内容及推进方向均作出了相关要求。

2021 年,烟台市市政府办公室印发《关于加快推进现代种业创新发展的实施意见》,对加快推进我市现代种业创新发展做出具体安排。烟台市研究编制了《烟台市现代渔业种业发展规划》,规划布局北方水产种业基地创新发展核心区、烟台沿海水产种业发展带和东部、西部、南部、北部、中部五大种业发展集聚区。重点打造中国北方水产种质资源保护基地、国家级水产原良种繁育基地、水产种业科创基地和全球水产种质资源引进中转基地。研究制定了《关于促进现代渔业种业发展的意见》,积极争取市财政资金 1 000 万元专项用于水产种业提升,计划在鱼虾贝藻参方面开展 3～5 个优良品种技术攻关,支持 10～12 个品种开展种质资源保存、保护工作。制定印发《关于加快推进现代种业创新发展的实施意见》《烟台市农业产业发展激励政策十三条》《烟台市海洋牧场"百箱计划"项目三年行动方案》等相关现代水产种业创新发展政策文件,制定了增强种业自主创新能力和综合竞争力的措施、给予为装备型海洋牧场提供优质渔业种苗的鱼类苗种繁育基地基础设施建设等工程造价30%的"先建后补"支持,"经海"系列量产型深海智能网箱平台供应苗种问题预计将得到逐步改善。市财政连续3年每年安排1 000万元用于水产种业提升行动,同时分别给予新认定省级和国家级水产原良种场30万元、100万元奖励支持

（一）水产养殖种质资源普查

烟台市印发实施了《第一次全市水产养殖种质资源普查实施方案（2021—2023年）》。2021年,启动并完成水产养殖种质资源基本情况普查;按照国家和省级主管部门要求,配合国家和省级调查组采集并制作遗传材料纳入国家和省级水产种质资源库保存。2022年,发现一批特色优异种质资源,并收集一批活体种质资源纳入保种场保护。2023年,全面完成第一次全市水产养殖种质资源普查任务,数据库,编制报告,建立种类名录,完成基本情况普查工作,总计完成6 351户入户普查和系统录入。

（二）省级以上水产原良种场

截至2021年,烟台市省级以上水产原良种场达到28处,占全省近30%,分区域及品种数量情况见图11-1、图11-2。

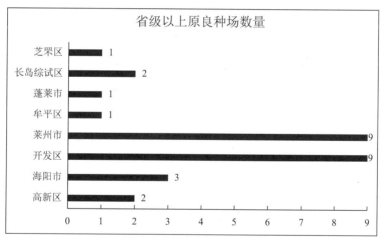

图 11-1 烟台市各区市省级以上原良种场数量图（截至 2021 年）

（三）种质资源保护

烟台作为渔业大市,共有国家级水产种质资源保护区8处,保护区面积25 643公顷。其中芝罘区1处、开发区1处、海阳市1处、福山区1处、莱阳2处和长岛县2处,保护刺参、皱纹盘鲍、光棘球海胆、褐牙鲆、钝吻黄盖鲽、许氏平鲉、五龙河鲤、清水河河蚬、三角鲂9个品种。

根据《水产种质资源保护区管理暂行办法》,在水产种质资源保护区内从事修建水利工

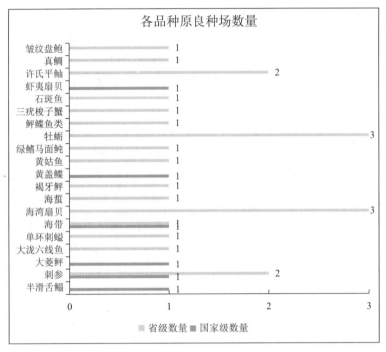

图 11-2　烟台市分品种省级以上原良种场数量图（截至 2021 年）

程、疏浚航道、建闸筑坝、勘探和开采矿产资源、港口建设等工程建设的，或者在水产种质资源保护区外从事可能损害保护区功能的工程建设活动的，应当按照国家有关规定编制建设项目对水产种质资源保护区的影响专题论证报告，并将其纳入环境影响评价报告书。禁止在水产种质资源保护区内从事围湖造田、围海造地或围填海工程。禁止在水产种质资源保护区内新建排污口。2021 年，烟台市涉及五龙河鲤国家级水产种质资保护区内新建莱西至荣成铁路、辽东湾渤海湾莱州湾国家级水产种质资源保护区内建设龙口港区南作业区 3 个泊位建设工程和辽东湾渤海湾莱州湾国家级水产种质资源保护区内建设龙口 LNG 项目专题论证，均落实了渔业资源补偿资金。

第二节　水产苗种许可制度

水产苗种生产对水产苗种供应的数量和质量具有重要影响，我国对水产苗种生产实行许可制度。其原则是严格规范审批程序，坚持凭证生产、经营，全面实施水产苗种生产许可制度。渔业行政管理部门应认真履行法定职责，严格执行发证规定，规范发证程序管理，加强事中事后监管。

一、法律法规

水产苗种管理的法律依据主要包括《渔业法》《水产苗种管理办法》《水产原、良种审定办法》《水产原、良种场生产管理规范》等涉及水产原、良种管理的规章也是水产苗种管理的法律规范。

（一）法律

主要依据《渔业法》（1986年1月通过，2013年12月修订），《渔业法》第二章"养殖业"对水产苗种管理进行了原则性规定，内容涉及水产新品种的推广、水产苗种生产和进出口等方面管理的基本要求，并对水产苗种管理的相关法律责任进行了规定。

1. 水产苗种生产

为保证水产苗种的种质质量和生产秩序，《渔业法》第十六条第三款：水产苗种的生产由县级以上地方人民政府渔业行政主管部门审批。但是，渔业生产者自育、自用水产苗种的除外。

2. 水产苗种进出口

《渔业法》第十六条规定："水产苗种的进口、出口由国务院渔业行政主管部门或者省、自治区、直辖市人民政府渔业行政主管部门审批。"第十七条规定："水产苗种的进口、出口必须实施检疫，防止病害传入境内和传出境外，具体检疫工作按照有关动植物进出境检疫法律、行政法规的规定执行。引进转基因水产苗种必须进行安全性评价，具体管理工作按照国务院有关规定执行。"

3. 水产苗种管理相关法律责任

《渔业法》第四十四条规定了违反有关水产种苗管理规定的相关法律责任："非法生产、进口、出口水产苗种的，没收苗种和非法所得，并处五万元以下罚款；经营未经审定的水产苗种的，责令立即停止经营，没收违法所得，可并处五万元以下罚款。"

（二）地方性法规

主要依据《山东省实施〈渔业法〉办法》（2002年11月通过，2018年1月修订）。其中第十五条规定，从事水产苗种生产的单位、个人，必须向县级以上人民政府渔业行政主管部门提出申请，经批准后方可生产，但自育、自用的水产苗种除外。

（三）部委规章

主要依据《水产苗种管理办法》（2005年1月农业部令第46号）。为加强水产品种选育和苗种生产、经营、进出口管理，提高水产品种质量，维护水产苗种生产者、经营者和使用者的合法权益，1992年，农业部根据《中华人民共和国渔业法》制定发布了《水产种苗管理办法》。2004年12月21日，农业部修订后的《水产苗种管理办法》于2005年1月5日公布并施行。

其中，第十一条规定，单位和个人从事水产苗种生产，应当经县级以上地方人民政府渔业行政主管部门批准，取得水产苗种生产许可证。但是，渔业生产者自育、自用水产苗种的除外。省级人民政府渔业行政主管部门负责水产原、良种场的水产苗种生产许可证的核发工作；其他水产苗种生产许可证发放权限由省级人民政府渔业行政主管部门规定。

（四）规范性文件

主要依据《山东省人民政府关于取消和下放行政审批事项的决定》（2013 年 7 月省政府令第 264 号），其中规定将"水产苗种生产许可"下放至设区市、县级海洋与渔业主管部门。

二、水产苗种许可证审批

（一）审批条件

1. 组织管理

（1）苗种生产单位应具有完善的组织管理机构和专职人员，有健全的岗位责任制。管理人员，应具备相应的政治业务素质、较高的专业技术水平和管理水平，有强烈的事业心、责任心和创新意识。

（2）有相应的专业技术队伍和经验丰富并取得一定成效的专业技术人员，专业技术人员应占职工总数的 10% 以上。省级以上水产原良种场的专业技术人员应达到 15% 以上。

（3）有明确的发展规划、规章制度、健全的岗位责任制、技术管理、质量管理、财务管理、档案管理等规章制度。

（4）苗种生产单位应严格执行相应的国家标准、行业标准、地方标准，或结合生产实际情况制定的本企业生产技术规范和技术操作规程。

（5）建立健全养殖生产记录和养殖用药记录制度。建立严格的标准化生产档案，对育苗生产从亲种引进、苗种培育到进入市场的各个生产环节登记造册。

（6）严格按照农业部《水产养殖质量安全管理规定》的要求组织生产。养殖用药按照《无公害食品渔用药使用准则》（NY5071—2002）要求，禁止使用国家明令禁止或者淘汰的渔药、添加剂以及高残毒的投入品。

2. 科研监测能力

（1）具备较强的科技意识和科研素质，拥有完整和合理的科研梯队，并与科研机构建立广泛合作关系。

（2）配备有必要科研仪器、设备，具备良好的实验条件，档案完整。

（3）具有开展科研中试、科研成果转化和新技术、新模式示范推广能力。

（4）为增强科研开发能力，提高产业竞争力，每年投入的科研资金不少于销售收入的 5%。

3. 生产要求

苗种生产技术标准化、设备现代化、生产规模化。形成规模化经营，产业化发展的格局。积极开展良种培育、名优新品种的引进，逐步实现繁育品种良种化，苗种质量标准化，提高良种繁育率。育苗生产规模，育苗水体 500 立方米以上，良种繁育率占总繁育量的 60% 以上。

4. 产地环境

苗种生产单位周围应无污染，场区绿化、环境优美整洁，有良好的进排水条件。交通便利,水电、通信设施齐备。

（二）审批程序和管理方法

1.审批程序

水产苗种生产对水产苗种供应的数量和质量具有重要影响,我国对水产苗种生产实行许可制度。其原则是严格规范审批程序,坚持凭证生产、经营,全面实施水产苗种生产许可制度。单位和个人从事水产苗种生产,应当经县级以上地方人民政府渔业行政主管部门批准,取得水产苗种生产许可证。渔业生产者自育、自用水产苗种的除外。其中水产原良种场的苗种生产证由省级人民政府渔业行政主管部门负责核发;其他单位和个人水产苗种生产许可证的发放权限由省级人民政府渔业行政主管部门进行规定。申请许可的基本条件如下。

（1）申请从事水产苗种生产的单位和个人应当填写水产苗种生产申请表,并提交证明其符合规定条件的材料。

（2）委托具有资质资格的检测机构,对申请单位的产地环境和水质进行检测,对申请许可的苗种进行检测,出具检验报告。

（3）县级以上地方人民政府渔业行政主管部门应当按照规定的审批权限,自受理申请之日起 20 日内对申请人提交的材料进行审查,并经现场考核后做出是否发放水产苗种生产许可证的决定（专家小组现场考察,做出结论）。

（4）省级人民政府渔业行政主管部门负责水产原、良种场的水产苗种生产许可证的核发工作;其他水产苗种生产许可证发放权限由省级人民政府渔业行政主管部门规定。

2.管理方法

（1）水产苗种生产许可证由省级人民政府渔业行政主管部门统一印制。水产苗种生产申请表格式由省级人民政府渔业行政主管部门统一制定。

（2）水产苗种生产许可证的许可有效期限为三年。期满需延期的,应当于期满三十日前向原审批机关提出申请,办理续展手续。

（3）水产苗种生产单位和个人应当按照许可证审批的范围、种类等进行生产。如果需要变更生产范围、种类的,应当向原审批机关办理变更手续,不得擅自变更。

（三）监管依据

1.依据文件

《农业农村部办公厅关于印发〈农业农村部深化"证照分离"改革实施方案〉的通知》（农办法〔2021〕5 号）。

2.主要措施

（1）开展"双随机、一公开"监管,发现违法违规行为要依法查处。

（2）对风险等级高、投诉举报多的企业实施重点监管。

（3）依法及时处理投诉举报,处理结果依法向社会公开并记入企业信用记录。

3. 执法依据

《渔业法》(1986 年 1 月通过,2013 年 12 月修订)第十六条第一款"国家鼓励和支持水产优良品种的选育、培育和推广。水产新品种必须经全国水产原种和良种审定委员会审定,由国务院渔业行政主管部门公告后推广";第四十四条第二款"经营未经审定的水产苗种的,责令立即停止经营,没收违法所得,可以并处五万元以下的罚款"。

三、水产苗种监督管理

根据我国《渔业法》和《水产苗种管理办法》等法律规定和我国渔业行政管理的实践,我国水产苗种管理的内容主要包括:水产种质资源保护和品种选育、水产苗种生产经营管理、水产苗种进出口管理等。随着生物技术的发展及其在水产养殖上的应用,转基因水产苗种管理也逐渐成为水产苗种管理的重要内容之一。

(一)种质资源保护和品种选育与推广

水产苗种的来源主要有两个:一是捕自天然水域的水产苗种,二是通过人工选育的新品种。水产种质资源保护和品种选育管理是水产苗种管理的核心内容,是水产苗种来源的重要保障。

1. 水产种质资源保护

《水产苗种管理办法》规定,国家对水产种质资源的搜集、整理、鉴定、保护、保存和合理利用进行计划管理,禁止任何单位和个人侵占和破坏水产种质资源。为保护水产种质资源及其生存环境,《渔业法》和《水产苗种管理办法》都规定,国家在具有较高经济价值和遗传育种价值的水产种质资源的主要生长繁殖区域建立水产种质资源保护区,未经农业农村部批准,禁止在水产种质资源保护区从事捕捞活动。如果因为养殖、科研等法定特殊需要,在天然水域捕捞有重要经济价值的水产苗种的,必须经国务院渔业行政主管部门或者省、自治区、直辖市人民政府渔业行政主管部门批准,在指定的区域和时间内,按照限额捕捞。

此外,进行水下爆破、勘探、施工作业等建设项目,对水产种质资源产生不利影响的,作业单位应当事先同有关县级以上人民政府渔业行政主管部门协商,采取措施,防止或者减少对水产种质资源的损害;造成损失的,由有关县级以上人民政府责令赔偿。

2. 水产品种的选育和推广

关于水产养殖品种的选育和推广,《渔业法》确立的基本方针是国家鼓励水产优良品种的选育、培育和推广,并要求县级以上人民政府渔业行政主管部门应当有计划地组织科研、教学和生产单位选育、培育水产优良新品种。但是,为了保护水生生物多样性和水域生态系统,保护水产种质资源,维护水产优良品种选育、培育和推广的正常秩序,国家对水产苗种的选育和推广进行必要的管理。主要包括以下 2 方面内容。

(1)杂交选育管理。为保护水产种质资源,维护水生生物多样性,杂交生产商品水产苗种的亲本,必须是纯系群体,禁止用可育的杂交种作为繁育亲本。在养殖可育的杂交个体和通过生物工程等技术改变遗传性状的个体及后代的场所,必须建立严格的隔离和防逃措施,禁止将其投放于河流、湖泊、水库、海域等自然水域。

（2）水产原种、良种审定和推广管理。早在1991年，农业部成立了全国水产原、良种审定委员会，负责对水产新品种进行审定。水产新品种必须经全国水产原种和良种审定委员会审定，审定合格的经农业部公告后，方可推广。

3. 水产原、良种场管理

为保证水产原、良种供应，《水产苗种管理办法》规定，省级以上人民政府渔业行政主管部门应根据水产增养殖生产发展的需要和自然条件及种质资源特点，合理布局和建设水产原、良种场。水产原、良种场分为国家级和省级，负责保存或选育种用水产遗传材料和亲本，向水产苗种繁育单位提供亲本。

（二）水产苗种质量管理

为保证苗种质量，水产苗种的生产应遵守农业农村部制定的生产技术操作规程。国家级、省级水产原、良种生产应遵守农业部制定的《水产原、良种生产管理规范》。县级以上人民政府渔业行政主管部门应当组织有关质量检验机构对辖区内水产苗种场的亲本、椎体、幼体质量进行检验。

四、水产苗种进出口管理

水产苗种的进出口管理包括水产苗种进出口审批、进口水产苗种的安全影响评估以及进口水产苗种入境后的监管。

（一）进出口水产苗种审批

为保护我国水产种质资源和生态系统，防止外来物种带来的生态危害和病害，根据《渔业法》和《水产苗种管理办法》的规定，进、出口水产苗种必须经农业部或省、自治区、直辖市人民政府渔业行政主管部门批准。未获批准不得进行水产苗种的进出口。对于水产苗种进出口审批，实行按名录分类管理的制度。

1. 水产苗种进出口名录和审批权限

《水产苗种管理办法》规定，农业部会同国务院有关部门制定水产苗种进出口名录，并定期公布。水产苗种进出口名录分为Ⅰ、Ⅱ、Ⅲ类。列入Ⅰ类的不得进出口；列入Ⅱ类的和未列入名录的进出口由农业农村部审批；列Ⅲ类的进出口由省级人民政府渔业行政主管部门审批。目前上述名录正在制定当中，尚未正式发布。

2. 进口水产苗种名录申请办法和要求

申请进口水产苗种的单位和个人，应当提交水产苗种进口申请表、水产苗种进口安全影响报告（包括对引进地区水域生态环境、生物的种类的影响，进口水产苗种可能携带的病虫害性等）、与境外签订的意向书或赠送协议书复印件、进口水产苗种所在国（地区）主管部门出具的产地证明、营业执照复印件等申请材料，向省级人民政府渔业行政主管部门提出申请。

进口未列入水产苗种进口名录的水产苗种的,对进口申请单位的条件有特别的要求。

（1）具有完整的防逃、隔离设施,试验池面积不少于 3 公顷。

（2）具备一定的科研力量,具有从事种质、疾病及生态研究的中市级技术人员。

（3）具备开展种质检测、疫病检疫以及水质检测工作的基本仪器设备。

此外,进口未列入水产苗种进口名录的水产苗种的单位还应提供进口水产苗种所在国家或地区的相关资料,包括进口水产苗种的分类地位、生物学性状、遗传特性、经济性状及开发利用现状、栖息水域及该地区的气候特点、水域生态条件,以及进口水产苗种人工繁殖、养殖情况和进口国家或地区水产苗种疫病发生情况。

3. 进出口水产苗种审批程序

进出口水产苗种的单位和个人应当向省级人民政府渔业行政主管部门提出申请。省级人民政府渔业行政主管部门对进出口水产苗种的申报材料进行审查核实,按审批权限直接审批或初步审查后将审查意见和全部材料报农业部审批。对于由省级人民政府渔业行政主管部门直接审批的水产苗种进出口情况,在每年年底前报农业农村部备案。

（二）进口水产苗种的安全影响评估

为保证水产种质资源安全和保护水生生物多样性,防止外来生物入侵,《水产苗种管理办法》规定,对申请进口水产苗种的农业部收到省级人民政府渔业行政主管部门报送的材料后,在 5 日内委托全国水产原种和良种审定委员会组织专家对申请进口的水产苗种进行安全进行评估,根据评估结果做出是否同意进口的决定。

（三）进出口水产苗种检疫

为防止病害传入境内和传出境外,进出口苗种都应该实施检疫制度。具体工作按照《中华人民共和国进出境动植物检疫法》等法律法规的规定执行。这项工作由当地的出入境检验检疫局负责。

（四）进口水产苗种入境后监管

《水产苗种管理办法》规定,我国对水产苗种进口实行属地管理。进口单位和个人在苗种检疫合格后,要立即向所在所在地的省级人民政府渔业行政主管部门报告,由省级人民政府渔业行政主管部门或委托的县级以上地方人民政府渔业行政主管部门具体负责入境后的监督检查。

第三节　水产苗种产地检疫制度

为防止水产苗种病害及病害传播,《水产苗种管理办法》规定,县级以上地方政府渔业行政主管部门应当加强对水产苗种的产地检疫。水产苗种经营者在国内异地之间引进水产苗种的,应当先到当地渔业行政主管部门办理检疫手续,经检疫合格后方可运输和销售。检疫人员应当按照检疫规程实施检疫,对检疫合格的水产苗种出具检疫合格证明。

一、水产苗种产地检疫意义

水产苗种是指水生动物的亲本、稚体、幼体、受精卵、发眼卵及其他遗传育种材料等。依法实施水产苗种产地检疫，是为了预防、控制和扑灭水生动物疫病，保障水生动物及其产品安全，保护人体健康，维护公共卫生安全。水产苗种流通性大，疫病传播风险高，水产苗种产地检疫是从源头控制疫病传播的重要措施之一。

二、水产苗种申报检疫条件

以下2种情况需申报检疫。

（1）出售或者运输水产苗种的，货主应当提前20天申报检疫。

（2）养殖、出售或者运输合法捕获的野生水产苗种的，货主应当在捕获野生水产苗种后2天内申报检疫。合法捕获的野生水产苗种实施检疫前，货主应当将其隔离在符合条件的临时检疫场地（具体条件见《动物检疫管理办法》）。

检疫的范围、对象和规程，依照农业农村部《鱼类产地检疫规程（试行）》《甲壳类产地检疫规程（试行）》和《贝类产地检疫规程（试行）》执行。

三、申请检疫流程

县级渔业主管部门（或水生动物卫生监督机构）应当根据水生动物产地检疫工作需要，合理设置水生动物检疫申点，并向社会公布水生动物检疫申报点、检疫范围和检疫对象。

货主应当按照规定时限向县级渔业主管部门（或水生动物卫生监督机构）申报检疫，提交检疫申报单。申报检疫采取申报点填报、传真、电话等方式申报。采用电话申报的，需在现场补填检疫申报单。

四、官方兽医查验资料

检疫过程中官方兽医应查验以下相关资料和生产设施状况，分2种情况：

（一）出售或者运输水产苗种

（1）查验养殖场的《水域滩涂养殖证》《水产养殖生产记录》等资料。

（2）检查生产设施是否符合农业农村部有关水生动物防疫的规定。

（3）查验《水产苗种生产许可证》（对于从事苗种生产的）。

（4）核查过去12个月内引种来源地的《动物检疫合格证明》。

（5）了解进出场、饲料、用水、疾病防治、消毒用药、疫苗和卫生管理等情况。

（6）核实养殖场过去12个月内未发生相关水生动物疫情。

（二）养殖、出售或者运输合法捕获野生水产苗种

官方兽医查验合法捕捞的相关证明材料和捕捞记录，并检查临时检疫场地是否符合条件。

五、检疫工作流程及收费标准

水产苗种产地检疫主要包括以下6个步骤。

（1）申报受理。

（2）查验相关资料和生产设施状况。

（3）临床检查。包括群体检查、个体检查、快速试剂盒检查和水质环境检查。

（4）实验室检测。

（5）检疫结果处理。

（6）检疫记录。包括检疫申报单、检疫工作记录等。

根据《财政部 国家发展改革委关于取消和暂停征收一批行政事业性收费有关问题的通知》（财税〔2015〕102号）规定，开展动物及动物产品检疫不得收取检疫费。

六、实验室检测要求

以下2种情况需送实验室检测。

（1）对鱼类怀疑患有鲤春病毒血症、锦鲤疱疹病毒病、传染性造血器官坏死病及临床检查发现其他异常情况的；对甲壳类怀疑患有白斑综合征、传染性肌肉坏死病及临床检查发现其他异常情况的；对贝类临床检查发现异常情况的（注：农业农村部的水产苗种产地检疫的范围、对象和规程有调整的，以最新规定为准）。

（2）跨省、自治区、直辖市运输的水产苗种。但以下情况除外：已纳入国家或省级水生动物疫病监测计划，过去2年内无《产地检疫规程》规定疫病的；群体和个体检查均正常，现场采用经农业农村部批准的核酸扩增技术快速试剂盒进行检测，结果为阴性的。

未纳入国家或省级水生动物疫病监测计划，需要临时采样送实验室检测的，货主与检测机构办理委托检测，依法缴纳费用。

七、检疫结果处理流程

经检疫合格的，由官方兽医出具《动物检疫合格证明》。经检疫不合格的，由官方兽医出具《检疫处理通知单》，并按照有关技术规范处理。具体做法有以下3点。

（1）可以治疗的，诊疗康复后可以重新申报检疫。

（2）发现不明原因死亡或怀疑为水生动物疫情的，应按照《动物防疫法》《重大动物疫情应急条例》和农业农村部相关规定处理。

（3）病死水生动物应在渔业主管部门（或水生动物卫生监督机构）监督下，由货主按照《染疫水生动物无害化处理规程（SC/T 7015—2011）》技术规范，用焚毁、掩埋或其他物理、化学等方法进行无害化处理。

水生动物启运前，渔业主管部门（或水生动物卫生监督机构）应监督货主或承运人对运载工具进行有效消毒。

跨省、自治区、直辖市引进水产苗种到达目的地后,货主或承运人应当在24小时内向所在地县级渔业主管部门(或水生动物卫生监督机构)报告,并接受监督检查。

八、水产苗种检疫合格判定标准

经检疫符合下列条件为合格。

(1)该苗种生产场近期未发生相关水生动物疫情。

(2)临床健康检查合格。

(3)农业农村部《鱼类产地检疫规程(试行)》《甲壳类产地检疫规程(试行)》和《贝类产地检疫规程(试行)》规定需要经水生动物疫病诊断实验室检验的,检验结果符合要求。

九、水产苗种检疫处罚依据

依照我国相关法律法规,经营和运输水产苗种未附检疫证明、跨省引进水产苗种到达目的地后未报告等行为应受到处罚具体法律法规条文如下。

《动物防疫法》第七十八条违反本法规定,屠宰、经营、运输的动物未附有检疫证明,经营和运输的动物产品未附有检疫证明、检疫标志的,由动物卫生监督机构责令改正,处同类检疫合格动物、动物产品货值金额百分之十以上百分之五十以下罚款;对货主以外的承运人处运输费用一倍以上三倍以下罚款。

《动物检疫管理办法》第四十八条,违反本办法第十九条、第三十一条规定,跨省、自治区、直辖市引进用于饲养的非乳用、非种用动物和水产苗种到达目的地后,未向所在地动物卫生监督机构报告的,由动物卫生监督机构处五百元以上二千元以下的罚款。

十、购入水产苗种未经检疫处理流程

购入的水产苗种依法应当检疫而未经检疫的,应及时上报县级渔业主管部门(或水生动物卫生监督机构),由县级渔业主管部门(或水生动物卫生监督机构)依法进行补检,并依照《动物防疫法》处理处罚补检合格的,由官方兽医出具《动物检疫合格证明》;补检不合格的,按照农业农村部有关规定进行处理。

第十二章　渔业资源管理

第一节　渔业资源管理制度

一、制度提出背景

经过过去几十年的开发和利用,世界渔业资源出现严重衰退。根据FAO统计,目前世界渔业资源的75%被过度或充分利用,仅余下25%的资源也受到现有强大捕捞强度的威胁。面对日益枯竭的渔业资源,各国纷纷出台了符合本国国情的政策方针,来对其进行保护和挽救。世界沿海国家(地区)在渔业管理和其执法体制方面既有共同的规律,也存在着较大的差异,这种状况主要与各国(地区)的政治体制、传统习惯以及渔业经济在其国民经济中的地位等因素有密切关系。随着《联合国海洋法公约》的签订和生效,海洋专属经济区制度的确立,沿海渔业国家普遍地加强了渔业管理和执法,以更有效保护其渔业资源,维护其国家海洋权益。各沿海国家(地区)根据本地区的实情,出台了一系列关于渔业资源养护的法律法规。例如,美国进行海洋资源管理的立法包括《水下土地法1953》《海岸带管理法1972》《渔业养护与管理法1976》等。一些国家还联合制定了一些相关的区域性法规,如《北太平洋溯河性种群养护公约》(1992年2月11日订于莫斯科)、《养护大西洋金枪鱼国际公约》(1966年5月14日订于里约热内卢)。

我国海域辽阔,江河湖泊广布,渔业资源丰富,有水生生物2万多种。特有程度高、子遗物种数量大、生态系统类型齐全,是我国渔业资源的显著特点,在世界生物多样性中占有重要地位。随着我国经济社会的发展和人口的不断增长,废水排放量呈逐年增加趋势,主要江河湖泊均遭受不同程度污染,近岸海域有机物和无机磷浓度明显上升,无机氮普遍超标,赤潮等自然灾害频发,渔业水域污染事故不断增加,水生生物的主要产卵场和索饵育肥场功能明显退化,水域生产力急剧下降,部分水域呈现生态荒漠化趋势。

农业部和环境保护部联合发布的2005年度《中国渔业生态环境状况公报》显示:由于我国许多地方长期采取粗放型、掠夺式的捕捞方式,传统优质渔业品种资源衰退程度加剧,渔获物的低龄化、小型化、低值化现象严重,捕捞生产效率和经济效益明显下降。当前渤海水域生产力水平已不足20世纪80年代的1/5,长江流域捕捞产量已不足20世纪50年代的1/4。我国渔业资源持续衰退,水域生态环境不断恶化,海洋和内陆水域"荒漠化"现象日益严重,已成为制约渔业可持续发展面临的最严酸挑战,使2 000多万渔业人口赖以生存和发展的产业基础受到严重威胁。

自 20 世纪 70 年代,特别是改革开放以来,我国开始重视制定和实施渔业资源养护政策,通过了一大批涉及渔业资源养护的法律法规。主要目标是要对渔业资源进行养护和合理利用,促进渔业可持续发展,维护国家生态安全。经过几十年的渔业资源养护,部分渔业资源已得到增殖和修复。

农业部和环境保护部联合发布的 2015 年度《中国渔业生态环境状况公报》显示:中国渔业生态环境状况总体保持稳定,除部分水域氮和磷等营养物质超标比例较高外,其余主要监测指标在大部分渔业水域均优于相应标准;与 2014 年相比,石油类污染面积有所减少,其他监测指标变化不大。全国增殖放流鱼、虾、贝等经济水生动物及濒危水生动物共计 361.2 亿尾(只),投入资金约 10.9 亿元,分别比上年增加 5.2% 和 1%。部分省(自治区、直辖市)共发生渔业水域污染事故 79 起,造成直接经济损失 16 431.72 万元,落实赔偿资金 3 187.13 万元。因环境变化造成可测算天然渔业资源经济损失约 116.18 亿元,其中海洋天然渔业资源经济损失约为 105.12 亿元,内陆天然渔业资源经济损失约为 11.06 亿元。

二、管理制度与措施

《中华人民共和国宪法》第九条规定:"国家保障自然资源的合理利用,保护珍贵的动物和植物。禁止任何组织或者个人用任何手段侵占或者破坏自然资源。"对我国环境与资源保护做出了明确法律规定。继而我国通过并修订了一批涉及渔业资源养护和管理的法律,主要有《环境保护法》《海洋环境保护法》《野生动物保护法》《水土保持法》《水污染防治法》《环境影响评价法》《农业法》等。同时也制定和批准了一批涉及渔业资源养护的行政法规,主要有《水污染防治法实施细则》《水生野生动物保护实施条例》《自然保护区条例》《征收排污费暂行办法》《海洋倾废管理条例》等。各部门和各地区也结合本部门或本地区的实际情况,制定和颁布了一大批养护渔业资源和维护生物多样性的规章和地方性法规。如:1995年 9 月 28 日农业部发布的《长江渔业资源管理规定》;1997 年 10 月 17 日农业部发布的《中华人民共和国水生动植物自然保护区管理办法》;1999 年 6 月 24 日农业部发布并于 2004年 7 月修订的《中华人民共和国水生野生动物利用特许办法》;2002 年 12 月 1 日起施行《渔业捕捞许可管理规定》;2003 年 6 月 1 日起施行《远洋渔业管理规定》(中华人民共和国农业部令第 27 号);2004 年 2 月 12 日农业部发布的《渤海生物资源养护规定》。这一系列养护管理的重要制度和措施取得了一定成效,局部范围内水生生物资源衰退的状况得到缓解,但由于这些法律规定过于分散,水生生物资源严重衰退的趋势并没有从根本上得到遏制。2013 年 12 月 28 日进行了第四次修正的《中华人民共和国渔业法》等。

三、《中国水生生物资源养护行动纲要》

农业部历时三年多的时间,编制完成并于 2006 年 3 月发布了《中国水生生物资源养护行动纲要》(以下简称《纲要》)。《纲要》在总目标——进一步加强水生生物资源养护工作和合理利用,促进渔业可持续发展和维护国家生态安全的统领下,分为3个阶段性目标。

(一)近期目标

到 2010 年,水域生态环境恶化、渔业资源衰退、濒危物种数目增加的趋势得到初步缓解,过大的捕捞能力得到压减,捕捞生产效率和经济效益有所提高。

全国海洋捕捞机动渔船数量、功率和国内海洋捕捞产量,分别由 2002 年年底的 22.2 万艘、1 270 万 kW 和 1 306 万 t 压减到 19.2 万艘、1 143 万 kW 和 1 200 万 t 左右;每年增殖重要渔业资源品种的苗种数量达到 200 亿尾(粒)以上;省级以上水生生物自然保护区数量达到 100 个以上;渔业水域污染事故调查处理率达到 60% 以上。

(二)中期目标

到 2020 年,水域生态环境逐步得到修复,渔业资源衰退和濒危物种数目增加的趋势得到基本遏制,捕捞能力和捕捞产量与渔业资源可承受能力大体相适应。

全国海洋捕捞机动渔船数量、功率和国内海洋捕捞产量分别压减到 16 万艘、1 000 万 kW 和 1 000 万 t 左右;每年增殖重要渔业资源品种的苗种数量达到 400 亿尾(粒)以上;省级以上水生生物自然保护区数量达到 200 个以上;渔业水域污染事故调查处理率达到 80% 以上。

(三)长远目标

经过长期不懈努力,到 21 世纪中叶,水域生态环境明显改善,水生生物资源实现良性、高效循环利用,濒危水生野生动植物和水生生物多样性得到有效保护,水生生态系统处于整体良好状态。基本实现水生生物资源丰富、水域生态环境优美的奋斗目标。

在此目标体系下,《纲要》提出了三项重点行动,包括 10 多项具体措施。

第一项:渔业资源保护与增殖行动。具体措施包括重点资源保护、渔业资源增殖和负责任捕捞管理。2008 年共增殖放流 197 亿尾(粒),2009 年超过 250 亿尾(粒),尤其是放流中华鲟、海龟等珍稀水生野生动物的行动,引起广泛关注。

第二项:生物多样性与濒危物种保护行动。具体措施包括自然保护区建设、濒危物种专项救护、濒危物种驯养繁殖、经营利用管理和外来物种监管。全国建有各级、各类自然保护区 140 多个,有效实施水生生物物种资源的保护。

第三项:水域生态保护与修复行动。具体措施包括水域污染与生态灾害防治、工程建设资源与生态补偿、水域生态修复和推进科学养殖。

具体措施包括以下 3 个方面。

1. 重点渔业资源保护

(1)坚持并不断完善禁渔区和禁渔期制度。针对重要渔业资源品种的产卵场、索饵场、越冬场、洄游通道等主要栖息繁衍场所及繁殖期和幼鱼生长期等关键生长阶段,设立禁渔区和禁渔期,对其产卵群体和补充群体实行重点保护。继续完善海洋伏季休渔、长江禁渔期等现有禁渔区和禁渔期制度,并在珠江、黑龙江、黄河等主要流域及重要湖泊逐步推行此项制度。

（2）加强目录和标准化管理。修订重点保护渔业资源品种名录和重要渔业资源品种最小可捕标准，推行最小网目尺寸制度和幼鱼比例检查制度。制定捕捞渔具准用目录，取缔禁用渔具，研制和推广选择性渔具。调整捕捞作业结构，压缩作业方式对资源破坏较大的渔船和渔具数量。

（3）保护水产种质资源。在具有较高经济价值和遗传育种价值的水产种质资源主要生长繁育区域建立水产种质资源保护区，并制定相应的管理办法，强化和规范保护区管理。建立水产种质资源基因库，加强对水产遗传种质资源、特别是珍稀水产遗传种质资源的保护，强化相关技术研究，促进水产种质资源可持续利用。采取综合性措施，改善渔场环境，对已遭破坏的重要渔场、重要渔业资源品种的产卵场制订并实施重建计划。

2. 渔业资源增殖

（1）统筹规划、合理布局。合理确定适用于渔业资源增殖的水域滩涂重点针对已经衰退的重要渔业资源品种和生态荒漠化严重水域，采取各种增殖方式，加大增殖力度，不断扩大增殖品种、数量和范围。合理布局增殖苗种生产基地，确保增殖苗种供应。

（2）建设人工鱼礁（巢）。制订国家和地方的沿海人工鱼礁和内陆水域人工鱼巢建设规划，科学确定人工鱼礁（巢）的建设布局、类型和数量，注重发挥人工鱼礁（巢）的规模生态效应。建立多元化投入机制，加大人工鱼礁（巢）建设力度，结合减船工作，充分利用报废渔船等废旧物资，降低建设成本。

（3）发展增养殖业。积极推进以海洋牧场建设为主要形式的区域性综合开发，建立海洋牧场示范区，以人工鱼礁为载体，底播增殖为手段，增殖放流为补充，积极发展增养殖业，并带动休闲渔业及其他产业发展，增加渔民就业机会，提高渔民收入，繁荣渔区经济。

（4）规范渔业资源增殖管理。制定增殖技术标准、规程和统计指标体系，建立增殖计划申报审批、增殖苗种检验检疫和放流过程监理制度，强化日常监管和增殖效果评价工作。大规模的增殖放流活动，要进行生态安全风险评估；人工鱼礁建设实行许可管理，大型人工鱼礁建设项目要进行可行性论证。

3. 负责任捕捞管理

（1）实行捕捞限额制度。根据捕捞量低于资源增长量的原则，确定渔业资源的总可捕捞量，逐步实行捕捞限额制度。建立健全渔业资源调查和评估体系、捕捞限额分配体系和监督管理体系，公平、公正、公开地分配限额指标，积极探索配额转让的有效机制和途径。

（2）继续完善捕捞许可证制度。严格执行捕捞许可管理有关规定，按照国家下达的船网工具指标以及捕捞限额指标，严格控制制造、更新改造、购置和进口捕捞渔船以及捕捞许可证发放数量，加强对渔船、渔具等主要捕捞生产要素的有效监管，强化渔船检验和报废制度，加强渔船安全管理。

（3）强化和规范职务船员持证上岗制度。加强渔业船员法律法规和专业技能培训，逐步实行捕捞从业人员资格准入，严格控制捕捞从业人员数量。

（4）推进捕捞渔民转产转业工作。根据国家下达的船网工具控制指标及减船计划，加快渔业产业结构调整，积极引导捕捞渔民向增养殖业、水产加工流通业、休闲渔业及其他产业转移。地方各级人民政府加大投入，落实各项配套措施，确保减船工作顺利实施。建立健全转产转业渔民服务体系，加强对转产转业渔民的专业技能培训，为其提供相关的技术和信息服务。对因实施渔业资源养护措施造成生活困难的部分渔民，当地政府统筹考虑采取适当方式给予救助，妥善安排好他们的生活。

四、政策效益分析

通过《纲要》的实施，增殖放流对生态的改善作用明显，资源恢复速度已加快，渔民受益范围不断扩大。据《中国渔业报》报道，至 2008 年 10 月底，秋汛共回捕海洋增殖资源 11.27 万 t，实现产值 32.27 亿元，综合直接投入与产出比达到 1:22，受益渔民近 60 万人，渔民年人均增收 520 元以上。淡水渔业增殖品种回捕 1.2 万 t，实现产值 8 000 万元。截止到 2007 年年底，农业部累计投入国债资金 2 亿多元，建立水生生物保护区 200 多个，其中国家级 14 个，省级 40 多个，市（县）级 150 多个，总面积 10 万多平方千米。

农业农村部渔业渔政管理局、全国水产技术推广总站和中国水产学会联合发布的 2021 年《中国渔业统计年鉴》显示：全年渔业生产总体平稳，水产品产量由降转增，当年全社会渔业经济总产值 27 543.47 亿元，其中海洋捕捞产值 2 197.20 亿元，海水养殖产值 3 836.20 亿元，淡水捕捞产值 403.94 亿元，淡水养殖产值 6 387.15 亿元，水产苗种产值 692.74 亿元。2020 年，全国水产品总产量 6 549.02 万 t，比上年增长 1.06%。其中，养殖产量 5 224.20 万 t，同比增长 2.86%，捕捞产量 1 324.82 万 t，同比降低 5.46%，养殖产品与捕捞产品的产量比例为 79.8:20.2；海水产品产量 3 314.38 万 t，同比增长 0.97%，淡水产品产量 3 234.64 万 t，同比增长 1.15%，海水产品与淡水产品的产量比例为 50.6:49.4。

第二节　海洋伏季休渔制度

一、海洋伏季休渔制度提出背景

（一）休渔制度提出背景

我国是海洋渔业大国，多年来海洋捕捞产量一直保持在较高水平，海洋捕捞机动渔船超过 20 万艘，从业人员 300 多万人。海洋渔业在保障水产品市场供给和国家食物安全、改善城乡居民膳食结构和营养水平、增加农渔民就业和收入等方面发挥了重要作用。但是因捕捞强度过大、海域污染等原因，我国海洋渔业资源总体呈衰退之势，制约了渔业可持续发展。海洋伏季休渔制度就是在这种形势下，根据我国国情和渔业实际制定并实施的。根据《渔业法》有关规定并报经国务院同意，我国自 1995 年起开始在黄海和东海全面实施伏季休渔制度,1999年起在南海实施伏季休渔制度。此后,历经数次调整,休渔时间逐步延长,休渔作业类型逐步增加,休渔范围逐步扩展到渤海、黄海、东海和南海四大海域,休渔渔船涉及沿海11个省(自治区、直辖市)和香港、澳门特别行政区,取得了良好的生态、经济和社会效益,受到广大渔民群众和社会各界普遍欢迎。

（二）伏季休渔制度调整

海洋伏季休渔制度是我国最重要的渔业资源保护管理制度,制度调整关系着成千上万渔民群众的生产生活和水产品市场的有效供给。近年来,随着社会环境保护意识的增强,很多渔民群众、渔业资源专家、渔业管理部门和社会有识之士认识到了海洋生物资源过度开发的严峻形势,建议调整海洋伏季休渔制度、延长休渔时间、增加休渔作业类型的呼声一直很高而且一直没有停止。为加大海洋生物资源保护力度,农业部在深入调查研究并广泛征求渔民群众等有关方面意见的基础上,于2009年对海洋伏季休渔制度进行了调整。调整的主要内容包括:一是黄渤海、东海和南海三个海区的休渔时间统一向前延长半个月,使三大海区的休渔时间分别达到两个半月至三个半月。其中,黄渤海二个月,东海二个半月,南海二个半月;定置作业休渔时间由不少于两个月调整为不少于两个半月。二是休渔作业类型统一调整为除单层刺网和钓具外的所有作业类型,其中笼壶类和黄渤海、东海的灯光围(敷)网新增纳入休渔作业类型,休渔时间为2个月。

二、海洋伏季休渔规定（以山东省为例）

为贯彻落实《中国水生生物资源养护行动纲要》和农业部《关于调整海洋伏季休渔制度的通告》的有关规定,山东省制订了具体实施方案。

（1）北纬35度以北的渤海和黄海海域伏季休渔时间为6月1日12时至9月1日12时。除单层刺网(渤海单层流网的网目尺寸须90毫米以上)和钓钩外,禁止其他渔具在伏季休渔期间从事捕捞活动。

（2）渤海毛虾禁渔期为6月1日12时至8月16日12时。

（3）山东省禁渔区线内的黄海海域定置作业休渔时间为6月1日12时至8月20日12时。其中鳀鱼落网(老牛网)休渔时间为6月1日12时至9月1日12时。

（4）我省禁渔区线内海蜇的开捕期由省渔业行政主管部门根据当年度的资源状况另行制定。

（5）在省对虾增殖保护区内拖网持证回捕增殖对虾的可捕期为9月1日12时至10月31日12时,张网、刺网持证回捕增殖对虾的可捕期为8月20日12时至10月31日12时。

（6）自6月1日12时至8月20日12时,禁止单层流网在我省底拖网禁渔区线内从事损害增殖苗种的作业。

（7）捕捞底层鱼虾类的"地笼"属取缔渔具,严禁销售和使用。

三、海洋伏季休渔制度作用和意义

据统计,2009年我国休渔的海洋捕捞机动渔船达11万多艘,休渔渔民近100万人,调整后的海洋伏季休渔制度总体执行平稳顺利。海洋伏季休渔制度实施10多年来,取得了良好的生态效益、经济效益和社会效益。海洋伏季休渔的作用主要体现在以下几方面。

1. 保护海洋生物种群资源,改善了海洋生态环境

我国海洋生物有2万多种,是世界上海洋生物多样性最丰富的国家之一,以海洋生物为主体的海洋生态系统在维护自然界物质循环、净化环境、缓解温室效应方面发挥着重要作用。伏季休渔时间选定在每年春夏季带鱼、大黄鱼、小黄鱼、鲳鱼、蓝点马鲛等主要海洋生物的亲体繁殖期和幼体生长期,有效保护了其产卵群体和幼体,增加了补充群体数量,使海洋生物多样性、渔业发展质量和结构得到明显改善。据监测,休渔后黄渤海的对虾、梭子蟹、蓝点马鲛资源都有明显好转,东海带鱼平均资源量比休渔制度实施前提高了40%以上,南南粤东和北部湾渔场多种经济鱼类资源都有明显恢复,主要经济鱼类渔获比例有较大幅度提高。同时伏季休渔减少了拖网等休渔渔具对海洋生物栖息环境的破坏,有效保护并改善海洋生态环境,对于维护国家生态安全具有重要作用。

2. 稳定海洋渔业生产,促进了渔业增产增收

伏季休渔有效遏制了渔业资源过度开发的势头,为海洋生物资源提供了休养生息机会,促进了海洋捕捞生产保持总体稳定,部分经济品种产量和捕捞生产效率有所提高。近十年来,我国海洋捕捞产量一直稳定在1 100万t以上,带鱼产量2008年比1994年增加了35.8%,小黄鱼产量增加了244%。伏季休渔期间休渔渔船不出海生产,减少了渔需物资的消耗,降低了捕捞生产成本。据测算,休渔期间渔船可减少柴油消耗100万t以上,网具、冰水、人工费用等开支也都大幅度减少。同时,休渔期间损失的产量通过开捕后的秋冬汛生产得到了补偿,且渔获个体增大,渔获物质量和价值提高,有力促进了渔民增收节支。以广西壮族自治区为例,每年开捕后的9～10月份,功率150kW的单拖渔船航次产值为4.5万～5.5万元,270～320 kW的渔船产值为7万～9万元,高的可达11万～15万元。

3. 增强社会环境保护意识,产生了良好的国际影响

实施伏季休渔十多年来,通过广泛宣传教育和实践,伏季休渔在渔民群众和社会中产生了良好反响,在全社会形成了养护资源和生态环境的良好氛围。同时,我国实施的海洋伏季休渔制度,休渔范围之广、休渔渔民和渔船数量之多,在全世界都是独一无二的,对养护黄海、东海和南海等周边海域的生物资源发挥了重要作用,充分表明了我国政府养护海洋生物资源与生态环境的决心和不懈努力,在国际上树立了负责任大国的良好形象。

四、伏季休渔管理执法程序(山东省)

（一）法律依据

根据《中华人民共和国渔业法》《山东省实施〈渔业法〉办法》《中华人民共和国行政处

罚法》和《农业行政处罚程序规定》等法律法规。严肃查处各种违法行为,保护渔业资源,规范渔业行政执法机构和执法人员的行为。

（二）适用范围

凡对伏休期间（6月1日12时至9月1日12时）所发生渔业违法行为均可进行行政处罚。执法机构为依法取得行政处罚权的渔业行政主管部门及其所属的渔政渔港监督管理机构。

（三）执法程序

（1）发现公民、法人或者其他组织涉嫌有违法行为依法应当给予行政处罚的,填写行政处罚立案审批表,报本行政处罚机关负责人批准立案。

（2）对案件情况进行全面、客观、公正地调查,收集证据,执法人员询问证人或当事人,制作询问笔录。笔录经被询问人阅核后,由询问人和被询问人签名或者盖章。被询问人拒绝签名或盖章的,由询问人在笔录上注明情况。

（3）对案件发生场所进行现场检查或者勘验检查,制作现场检查（勘验）笔录,当事人拒不到场或拒绝签名盖章的,应当在笔录中注明,并可以请在场的其他人员见证。

（4）调查结束后,认为案件事实清楚,证据充分,制作案件处理意见书,报处罚机关负责人审批。案情复杂或者有重大违法行为需要给予较重行政处罚的,应当由处罚机关负责人集体讨论决定。

（5）在做出行政处罚决定之前,渔业行政处罚机关应当制作行政处罚事先告知书,送达当事人,告知拟给予的行政处罚内容及其事实、理由和依据,并告知当事人可以在收到告知书之日起三日内,进行陈述、申辩。符合听证条件的,告知当事人可以要求听证。当事人无正当理由逾期未提出陈述、申辩或者要求听证的,视为放弃上述权利。

（6）违法事实清楚,证据确凿,决定给予行政处罚的,制作行政处罚决定书。

（7）行政处罚决定书应当在宣告后当场交付当事人;当事人不在场的,应当在七日内送达当事人,并由当事人在送达回证上签名或者盖章;当事人不在的,可以交给其成年家属或者所在单位代收,并在送达回证上签名或者盖章。送达时应一并告知当事人诉权。

（8）按规定收缴罚款。当事人逾期不履行处罚决定的,每逾期一日按罚款数额的3%加处罚款。

（9）对需要扣押的渔船、渔具、证书等,填写扣押（查封）通知书并送达。扣押渔船的,应交看管单位一份。

（10）行政处罚履行完毕,经领导研究决定可解除扣押渔船的,由执法人员向看管单位送达解除扣押决定,看管单位在向被扣押者收取看管费用后予以放行。

（11）对违规渔船处理完后,渔业行政执法人员要在渔业捕捞许可证违规记录栏中予以登记,并利用手持执法终端设备,对违规情况在IC卡中进行录入。

（12）案件终结后,案件调查人员填写行政处罚结案报告。

（四）处罚标准

（1）对在伏休期间违反关于禁渔区、禁渔期的规定进行捕捞的，或者使用炸鱼、毒鱼、电鱼等破坏渔业资源方法进行捕捞的，或者使用禁用的渔具、捕捞方法和小于最小网目尺寸的网具进行捕捞或者渔获物中幼鱼超过规定比例的，一律按《渔业法》第三十八条第一款规定没收渔获物和违法所得，150马力以上渔船每船处30 000～50 000元，40～149马力渔船每船处10 000～30 000元，39马力以下每船处3 000～10 000元罚款；对带头非法捕捞、违规影响大、破坏资源严重及逃避、抗拒渔政检查的，没收其渔具，吊销捕捞许可证，直至没收渔船；构成犯罪的，依法追究刑事责任。

（2）对在伏休期间无捕捞许可证擅自进行捕捞的，一律按《渔业法》第四十一条规定没收渔获物和违法所得，150马力以上渔船，每船处30 000～100 000元罚款；40～149马力渔船，每船处10 000～50 000元罚款；39马力以下渔船，每船处5 000～15 000元罚款；情节严重的，可没收渔具和渔船。

（3）凡在伏季休渔期间违反捕捞许可证关于作业类型、场所、时限和渔具数量的规定进行捕捞的，一律按《渔业法》第四十二条规定没收渔获物和违法所得，可以并处五万元以下的罚款；情节严重的可以并处没收渔具，吊销捕捞许可证。

（4）凡在伏季休渔期间制造、销售禁用渔具的，一律按《渔业法》第三十八条第三款规定没收非法制造、销售的渔具和非法所得，并处一万元以下的罚款。

（5）凡在伏季休渔期间向违法作业渔船供油、供冰的，一律依照《山东省渔业资源保护办法》第二十三条规定给予警告，对非经营性的并处1 000元以下罚款，对经营性的并处30 000元以下罚款。

（6）凡在伏季休渔期间销售、代冻未经依法处理的违法捕捞渔获物的，一律按照《山东省渔业资源保护办法》第二十四条规定给予警告，并处违法水产品市场价格1倍以上3倍以下罚款，但最高不得超过30 000元。

（7）凡违反前面（1）（2）（3）项规定，对渔业资源造成损失的，一律按《山东省实施〈中华人民共和国渔业法〉办法》第三十七条和《山东省渔业资源保护办法》第二十六条规定收取渔业资源损失赔偿费，渔业资源损失赔偿费按照致死渔获物市场价格的1至3倍收取；致死渔获物中的重点保护品种未达到可捕标准的，按照达到可捕标准的市场价格计算。

（8）对违反保护水产资源法规，在禁渔区、禁渔期或者使用禁用的渔具、方法捕捞水产品，构成最高人民检察院、公安部《关于公安机关管辖的刑事案件追诉标准的规定（一）》第六十三条情形的，依其规定由公安机关立案追诉。

（五）违规情节认定标准

1.违规渔船有下列行为之一的，视为情节严重

（1）拒绝、逃避检查或破坏调查现场的。

（2）非法捕捞水产品数量较大的（水产品按照市值达到5 000元不满10 000元）。

（3）在网次或者航次中未达到可捕标准的重点保护品种比例高于40%低于60%的。

（4）伏季休渔期间违规两次以上的。

（5）造成较大社会影响的。

2. 违规渔船有下列行为之一的,视为情节特别严重

（1）使用暴力抗拒渔政检查的。

（2）非法捕捞水产品数量巨大的(水产品按照市值达到10 000元以上)。

（3）在网次或者航次中未达到可捕标准的重点保护品种比例高于60%的。

（4）伏季休渔期间违规三次以上的。

（5）组织或带头聚众违规作业的。

（6）造成恶劣社会影响的。

（六）执法监督

（1）省管委会将组织专门人员对省、市、县三级执法人员在伏季休渔期间开具的《渔业行政处罚决定书》及相关执法文书和罚没单据进行检查,凡发现诸如提前开具处罚决定、扣押凭证或不填违规(处罚)时间、功率、不按统一标准处罚等违法行为的,一经查实,予以严肃处理,对造成一定后果的,予以吊销其执法证件;渔政船吊销其执法资格;检查员所在单位予以全省通报,并取消当年度其所有先进评选资格;有权钱交易者,移交司法机关处理。

（2）对群众举报的执法人员违法乱纪案件以及未按本执法规程执法的,省管委会将根据具体情况进行查处,一经查实,要追究执法单位负责人和直接责任人的责任。

（七）休渔渔船监督管理

（1）各级伏季休渔领导小组应推行网格化管理,将应休渔渔船进行划片包干、落实到每个渔政检查员(即伏休责任人),在休渔渔船停泊港口现场逐艘落实停泊情况,包括每艘渔船伏休期间停靠的具体港口、渔船联系人及联系人电话(手机),填写伏休渔船停港情况登记表。伏休责任人要坚持每天清点船数,对有变动的渔船必须查明原因,确保随时掌握渔船动向,将渔船动态管理落到实处。

（2）6月1日12时前所有休渔渔船必须进港集中,休渔期间不得擅自离港或转移停泊地点,如有特殊原因需转港的,应说明移动的理由、目的地、航行路线和时限,并附上船舶所有人所在地村民委员会(居民委员会)或单位的相关证明,经当地县级伏季休渔领导小组批准方可离开锚地。凡未经批准的,一律视为违规,实行扣港集中看管。

（3）加强对异地停港渔船的管理。凡我省休渔渔船在伏休期间必须返回我省港口停港休渔,如因坞修等原因确需在外省停港休渔的,须由渔船所有人向所在地县级渔政机构提前申请,由所在地渔政机构现场核实,并提供检查情况报告(含照片、录像、坞修合同等资料),报市级渔政机构审核后,上报省厅渔政处审批。

（4）省内跨市异地停港渔船,应提前报渔船所在地市级渔政机构同意,由其指定异地休渔港口集中监管。所在地渔政机构应及时了解其休渔情况,对停港渔船比较集中的地区应派出专门工作组加强对该批渔船的监管,严防其擅自离港或从事违规作业。

（5）凡未经国家渔业行政主管部门批准,所有渔船不得擅自到他国管辖海域或公海海域生产。伏休期间赴朝鲜以东海域作业渔船须持项目批准文件,安装卫星定位系统,由项目企业负责人经所在地渔业主管部门逐级上报我厅,由我厅在渔船出港前3天将批准的项目企业和渔船名单在港口公示后,在农业部规定的指定卸货港口（我省为石岛渔港、威海渔港）出港,并由省渔政处指定渔政船进行监管。项目渔船须编队出港,将作业渔具放入舱中,途中不得进行捕捞作业。

（6）项目渔船出境后至9月1日12时前不得进入黄渤海沿海任何港口,9月16日12时前不得进入东海沿海任何港口。如确因特殊情况需在上述时间之前进出港的渔船,须由项目企业负责人向企业所在地渔政机构提出申请,逐级报省渔政处同意后,上报黄渤海区渔政局审批,获得批准后,在渔政执法人员监督下,直接驶回指定港口,不得中途停留或在我国海域生产;冷藏运输船需在渔政机构监督下,进入指定卸货港口。项目渔船出境后必须全程开通卫星定位系统,未按规定开通卫星定位系统,一次的予以告诫,两次的予以警告,三次以上取消下年度朝鲜以东海域入渔资格,经查实借朝鲜以东海域作业之名在国内作业的渔船,由渔船所在地渔业主管部门负责召回,并按照《山东省伏季休渔管理执法规程》予以严厉处罚。

（7）休渔期间所有休渔渔船的网具必须捆扎入库存放,在陆上确属无地存放的,可捆扎整齐放置船舱封存。严禁将休渔作业类型变更为非休渔作业类型。

（8）加大对渔业捕捞辅助船的管理力度,严厉查处非法收购、运输、销售违规渔获物甚至直接从事捕捞生产的行为。

（9）9月1日至9月16日期间,我省休渔渔船不得进入北纬35度线以南海域作业。

（八）陆地检查

（1）陆地检查由市、县伏休工作领导小组组织渔政、渔监、船检并联合工商、边防等机构的执法人员,在辖区内的港湾、码头、船厂等渔船停泊点进行24小时巡回检查,重点检查伏休期间是否有休渔渔船违规出海生产的;是否有销售、代冻未经依法处理的违法捕捞渔获物的;是否有制造、销售禁用、取缔的渔具等违法行为。

（2）设渔港监督管理机构的渔港内停泊渔船的检查与监控由渔监机构负责。各级渔监机构要切实履行好职责,责任到人,每日要将港内渔船动向向各级伏季休渔领导小组汇报,对应休渔渔船未经批准擅自离港或生产经营单位在港内向应休渔渔船供油、供冰的行为予以严督细查,将问题和苗头消灭在萌芽状态。

（3）利用渔船停港的有利时机,重点对渔船标识刷写、渔船安全设施配备等情况开展检查,严厉打击"三无"船舶、套牌、涂改船名号、船籍港等违法渔船。对于检查中发现的"三无"船舶,一律集中扣押处理。

（4）休渔期间要重点对渔船通信、救生、消防、信号等安全设备配备及使用情况、船员特别是职务船员配备及安全技能实操情况进行检查,加强伏休期间渔船港口、港湾集中停泊点的防风、防火、防盗工作,严格渔船安全设备的配备,消除事故隐患,切实保障广大渔民群众的生命、财产安全。

（九）海上监督检查

（1）省、市、县要合理调配渔政船,突出重点,采取有效措施,进行辖区内的海上联合检查。

（2）所有违规渔船必须实行"海查陆处",海上涉嫌违规渔船一律扣押回港后由陆地工作组负责处理,不得在海上处罚后放行。对顶风而上,带头违规,情节严重的渔船,一经查实,一律实行异地看管扣押,并严格按照《山东省伏季休渔执法规程》的规定予以处罚。对伏休期间违规渔船实行黑名单制度,伏休期间违规渔船,根据财政部、农业部制定的《渔业成品油价格补助专项资金管理办法》,视情节不予补助或扣减补助。

（十）水产品批发市场管理

各级渔业行政主管部门及其渔政监督管理机构,要根据农业部、国家工商行政管理局联合颁布的《水产批发市场管理办法》精神,积极联合工商行政管理部门,加强对水产品批发市场等流通环节的监督检查,对收购、销售非法捕捞水产品的行为进行查处,对非休渔渔船,要加强幼鱼比例检查,重点加强幼鲅鱼的检查。

（十一）农业农村部调整海洋伏季休渔制度(〔2021〕1号)

为进一步加强海洋渔业资源保护,促进生态文明和美丽中国建设,根据《中华人民共和国渔业法》有关规定和国务院印发的《中国水生生物资源养护行动纲要》有关要求,本着"总体稳定、局部统一、减少矛盾、便于管理"的原则,决定对海洋伏季休渔制度进行调整完善。现将调整后的海洋伏季休渔制度通告如下。

五、休渔海域

渤海、黄海、东海及北纬 12 度以北的南海(含北部湾)海域。

六、休渔作业类型

除钓具外的所有作业类型,以及为捕捞渔船配套服务的捕捞辅助船。

七、休渔时间

（1）北纬 35 度以北的渤海和黄海海域为 5 月 1 日 12 时至 9 月 1 日 12 时。

（2）北纬 35 度至 26 度 30 分之间的黄海和东海海域为 5 月 1 日 12 时至 9 月 16 日 12 时;桁杆拖虾、笼壶类、刺网和灯光围(敷)网休渔时间为 5 月 1 日 12 时至 8 月 1 日 12 时。

（3）北纬 26 度 30 分至北纬 12 度的东海和南海海域为 5 月 1 日 12 时至 8 月 16 日 12 时。

（4）小型张网渔船从 5 月 1 日 12 时起休渔,时间不少于三个月,休渔结束时间由沿海各省、自治区、直辖市渔业主管部门确定,报农业农村部备案。

（5）特殊经济品种可执行专项捕捞许可制度，具体品种、作业时间、作业类型、作业海域由沿海各省、自治区、直辖市渔业主管部门报农业农村部批准后执行。

（6）捕捞辅助船原则上执行所在海域的最长休渔时间规定，确需在最长休渔时间结束前为一些对资源破坏程度小的作业方式渔船提供配套服务的，由沿海各省、自治区、直辖市渔业主管部门制定配套管理方案报农业农村部批准后执行。

（7）钓具渔船应当严格执行渔船进出港报告制度，严禁违反捕捞许可证关于作业类型、场所、时限和渔具数量的规定进行捕捞，实行渔获物定点上岸制度，建立上岸渔获物监督检查机制。

（8）休渔渔船原则上应当回所属船籍港休渔，因特殊情况确实不能回船籍港休渔的，须经船籍港所在地省级渔业主管部门确认，统一安排在本省、自治区、直辖市范围内船籍港临近码头停靠。确因本省渔港容量限制、无法容纳休渔渔船的，由该省渔业主管部门与相关省级渔业主管部门协商安排。

（9）根据《渔业捕捞许可管理规定》，禁止渔船跨海区界限作业。

（10）沿海各省、自治区、直辖市渔业主管部门可以根据本地实际，在国家规定基础上制定更加严格的资源保护措施。

八、实施时间

上述调整后的伏季休渔规定，自本通告公布之日起施行，《农业部关于调整海洋伏季休渔制度的通告》（农业部通告〔2018〕1 号）相应废止。

第十三章 现代渔业生产监督管理

现代渔业与传统渔业有着本质上的区别,在现代渔业管理中,渔业企业的基本业务活动就是生产让消费者放心、满意的水产品和其他产品。加强生产管理,强化质量意识,注重绿色产品生产与开发,才能使渔业企业不断提高经济效益和扩大社会效益。本章主要介绍了现代渔业管理的特征、目标与任务,养殖证制度、养殖生产组织管理和渔用投入品的管理。

第一节 现代渔业生产过程管理与控制

一、现代渔业管理特征

现代渔业是相对于传统渔业而言的,它是在市场经济条件下,随着我国现代科学技术的进步、国内外水产品市场需求的变化提出来的。早在 2007 年农业部牛盾副部长就在全国农业工作会议渔业专业会议上指出:新时期,我国渔业要实现又好又快发展,就必须立足中国国情,坚持科学发展,切实转变渔业发展方式,着力提高渔业现代化水平,实现传统渔业向现代渔业的转变,走中国特色渔业现代化道路。近几年,农业农村部又陆续提出水产养殖绿色健康发展五大行动、渔业高质量发展等行动与理念。现代渔业是相对传统渔业而言,是遵循资源节约、环境友好和可持续发展理念,应以完备的法律法规体系和有效的管理为保障,以现代科学技术和设施装备为支撑,运用先进的生产方式和经营管理手段,形成农工贸、产加销一体化的产业体系,实现经济、生态和社会效益和谐共赢的渔业产业形态。同时,现代渔业同时兼具动态变化特征,随着我国经济、科技和社会的不断发展而有着不同阶段性的内涵与要求。

现代渔业与传统渔业有着本质上的区别。明确地说,现代渔业应该以现代科学技术改造渔业,以现代管理方法管理渔业,以现代市场经济体制运作渔业,提高渔业机械作业效率、劳动生产率,使渔业经济效益、生态效益、社会效益同步提高,实现可持续发展。与传统渔业相比,现代渔业具有明显优势。

（一）管理技术性

现代渔业不同于传统渔业的捕捞或养殖来自月劳动者直接生产的经验积累,主要以现代的科学技术作为发展的基础。且现代渔业严格遵循科学原理,在渔业生产中应用科学技术代替直接经验。另外,随着渔业商品经济的发展,渔业逐渐形成为一个独立的产业,涉及的捕捞技术、养殖技术和水产品加工技术都与传统时期相比发生很大变化。

（二）管理先进性

现代渔业能够理性地开发和利用渔业资源，而且要求企业有严密的组织和科学的管理，要求生产各部门各环节有节奏、连续、有序地进行。在摆脱以生产为先导的渔业形态下，以科研成果来指导生产，如水产资源调查成果、渔业区划成果、渔具标准化研究成果等，从而使组织和管理渔业生产的理念更加理性化。

现代渔业管理一般总结为以下6大要素。

1. 管理制度公平化

公平发展是现代渔业管理的最基本要求，公平、公正的公共资源初始配置制度是实现公平发展的基石。要把渔业权的理念理解成是渔民的生存权，要把渔民的人权体现到资源配置制度中，做到在公共资源利用面前渔民人人平等。

2. 管理模式产权化

对渔业管理从行政管理转向资源产权化管理，要建立资源产权制度。资源产权制度是权利制度和资源管理制度的结合，是渔业权实现的有效途径。通过资源产权化管理，实现管理制度层面和技术层面的有机统一，使技术管理得到制度的支撑，同时制度管理反映了技术的要求，两者相辅相成。

3. 管理对象全面化

现代渔业管理需突破传统的注重对"物的管理"转向对"人和物的全面管理"，建立全面的渔业权即资源产权化管理制度。同时，按照渔业权制度建立的要求进行改革，完善对物的技术管理途径和办法，使管理更加科学化。

4. 管理内容多样化

现代渔业管理不仅仅是资源和生产的管理，更涉及人的权利维护、公平发展等问题，而且还涉及安全、质量的管理，甚至需要从生态层面进行管理。

5. 管理途径自治化

由于原有的渔业基层管理组织体系被打破，所以必须按照市场经济的要求构筑现代渔业基层管理新组织。基本方法为：一方面以经济利益为纽带，建立渔民的合作组织；同时以权利制度为纽带建立渔民的自治管理组织。具体在管理上，以渔民自治为主导，强化自治组织权力。

6. 管理手段信息化

现代渔业管理必须实现管理手段的信息化，这是必然要求。管理的现代化以管理的信息化为标志，必须全面建设现代渔业管理的信息化体系，充分运用信息化手段，实现渔业管理的现代化。

二、现代渔业生产管理任务和要求

渔业生产管理也可以称之为渔业生产内部管理，主要是对渔业企业的生产活动，从产品品种、规格、数量、质量、成本和生产期限等要求出发，对生产过程进行计划、组织和控制等工作的总称。渔业生产管理有广义生产管理与狭义生产管理之分。广义生产管理是指以渔业企业生产系统为对象包括所有与产品或劳务的生产密切相关的各方面工作的管理。狭义生产管理是指以渔业产品或劳务的生产过程的管理。其内容主要包括渔业生产过程的组织、渔业生产计划、渔业生产控制等。要科学地进行生产管理，就要认真研究管理对象的特征，以使能开展有针对性的管理活动。

（一）渔业生产管理任务

渔业生产管理的基本任务是根据企业营销计划的要求，充分地发掘、利用与组织好企业的各项资源能力与潜力，按照订单规定的供货时间等方面的要求，及时、保质保量地向销售系统提供产成品。在生产过程中真正做到优质、高产、低耗和高效益，为有效地提高企业经营的适应能力与竞争能力提供保证。

（二）渔业生产管理要求

1. 生产过程的连续性

生产过程的连续性是指产品生产的各阶段、各环节的流动，在时间上紧密衔接，不发生停顿或等待时间。这对于以生物体为生产对象的渔业生产来说，意义尤为重要。在渔业生产过程中，往往一个环节处理失误会造成难以估量的损失。农谚道，"人误地一时，地误人一年"，这对于渔业生产来说也有同样的意义。

2. 生产过程的比例性（协调性）

生产过程的比例性（协调性）是指生产过程各阶段、各环节之间，在生产能力上以及各工种工人的配备上应有适合于产品生产要求的比例关系。渔业生产的不同阶段，在对劳动力、设备、能源动力和原材料等企业能力资源的利用上，存在较大的差异。必须精心计划、合理安排，保证生产的顺利进行。

3. 生产过程的均衡性（节奏性）

生产过程的均衡性（节奏性）是指企业及生产各环节的生产进度均匀，负荷充分，不出现时紧时松或先紧后松现象，减少或消除处理突发事件的次数和时间，才能准确地完成生产计划规定的各项指标，不断提高生产管理水平。

4. 生产过程的知识性

生产过程的知识性是指组织生产时，要对市场需求的多变性具有适应能力。

5. 生产过程的经济性

渔业生产周期长，对产品生产成本不可预料的影响因素多，渔业生产过程必须处处注意贯彻经济性原则，尽量用最小的消耗取得更大的生产成果。

（三）渔业生产过程构成

渔业企业的生产过程是指从准备生产这种产品开始，一直到产品生产出来为止的全部过程。它的基本内容是人们的劳动过程，也需要借助自然力的作用参与。其构成如下。

1. 技术准备过程

技术准备是指在产品投产前所做的各项技术准备工作。如产品设计、工艺准备、调整劳动组织和设备配备等。

2. 基本生产过程

基本生产过程是将劳动对象变为企业基本产品的生产过程。

3. 辅助生产过程

辅助生产过程是保证基本生产过程正常进行所需的各种辅助产品的生产过程及辅助性生产活动。如工具、动力生产、设备维修、备件制造等。

4. 生产服务过程

生产服务过程是为基本生产和辅助生产服务的各种生产活动。如原材料、半成品等物资的供应、运输和仓库管理等。

第二节　养殖证制度

一、养殖证制度

养殖证制度是我国水产养殖业管理中最基本的一项管理制度。养殖证是水产养殖生产中使用国家规划用于水产养殖的水域、滩涂从事养殖生产的法律凭证,是判断水域、滩涂的水产养殖使用功能的基础依据。养殖证管理是维护水产养殖生产正常秩序,对养殖生产进行事先管理的重要手段。

二、养殖证制度法律依据

实施养殖证制度的法律规定主要体现在《中华人民共和国渔业法》中。在《渔业法》2000年修改之前,就有"养殖使用证"的相关规定。2000年《渔业法》修改后,将原来的"养殖使用证"修改为"养殖证",同时进一步对养殖证管理进行了明确规定。2002年,农业部制定发布了《完善水域滩涂养殖证制度试行方案》,对养殖证管理的实施进行了详细、具体的规定,成为目前我国养殖证管理最重要的指导文件。

《渔业法》是我国渔业生产和管理的基本法,也是水产养殖证制度的基本法律依据。《渔业法》第十一条规定,国家对水域利用进行统一规划,确定可以用于养殖业的水域和滩涂。单位和个人使用国家规划确定用于养殖业的全民所有的水域、滩涂的,使用者应当向县级以上地方人民政府渔业行政主管部门提出申请,由本级人民政府核发养殖证,许可其使用该水域、滩涂从事养殖生产。集体所有的或者全民所有由农业集体经济组织使用的水域、滩涂,可以由个人或者集体承包,从事养殖生产。第十二条进一步规定,县级以上地方人民政府在核发养殖证时,应当优先安排当地的渔业生产者。此外,《渔业法》第四十条对违反养殖证规定的法律责任也进行了规定。

三、养殖证制度意义

（一）水域、滩涂功能规划是养殖证制度的前提和基础

《渔业法》确定了我国渔业生产实行"以养殖为主，养殖、捕捞、加工并举，因地制宜，各有侧重"的方针，同时，水产养殖业生产的基本政策是"国家鼓励全民所有制单位、集体所有制单位和个人充分利用适于养殖的水域、滩涂，发展养殖业"。与捕捞生产的流动性不同，水产养殖需要固定的水域、滩涂等生产空间和相对固定的养殖生产设施。因此，水产养殖对水域、滩涂的使用具有一定的独占性，同时对水域环境质量有一定的要求。而水域、滩涂的用途相当广泛，不仅可用于水产养殖，也可用于其他经济生产活动，包括有航运、行洪、水利、制盐、采砂、承载污染、围垦、旅游，等等。在缺乏水域、滩涂功能规划的情况下，水产养殖往往会与利用相同水域的其他生产活动相互矛盾，甚至相互排斥。例如，水产养殖活动会对同一水域的航行、行洪产生妨碍，而围垦、采砂、水利建设、排污等会对水产养殖产生危害。

随着我国经济社会的快速发展，建设用地不断扩张，很多地方可以发展水产养殖的或已经开展水产养殖的水域、滩涂被不断挤占，使水产养殖的进一步发展受到限制，部分现有水产养殖生产被迫停止，水产养殖生产者的权益受到侵害。导致这种情况发生的重要原因之一，就是水域、滩涂缺乏统一规划。为此，发展水产养殖业，首先必须对水域利用进行统一规划，确定用于养殖的水域、滩涂，避免其他生产活动与水产养殖活动的相互冲突，确保养殖生产者的合法权益。养殖生产者则应该利用国家规划确定用于养殖的水域滩涂，而不是随意利用水域、滩涂开展水产养殖生产。

（二）养殖证是使用全民所有的水域、滩涂发展养殖的法定许可凭证

单位和个人因从事水产养殖业而使用水域、滩涂的，对水域、滩涂使用权的获得有两种情况。一是使用国家规划确定用于养殖业的全民所有的水域、滩涂发展养殖业的，需要向政府申请养殖证，由政府通过核发养殖证许可其使用该水域、滩涂从事养殖生产；二是对于集体所有的或者全民所有由农业集体经济组织使用的水域、滩涂，可以通过承包的方式，由单位或个人发展养殖业。由此不难看出，养殖证是生产者使用全民所有水域、滩涂的养殖使用功能的基本依据。持证人从事养殖生产的合法权益受法律保护，并可以按规定享受国家有关水产养殖业发展的优惠扶持政策。

（三）政府在审核、核发养殖证应遵循当地的渔业生产者优先安排的原则

当地生产者优先原则，一方面体现了对当地传统养殖生产者在实施养殖证管理中的传统合法权益的保护，另一方面也是对我国渔业结构调整中捕捞生产者向水产养殖转产的现实问题的充分考虑。

四、养殖证制度功能和作用

（一）养殖证是生产者使用水域、滩涂从事养殖生产活动的合法凭证

持证人从事养殖生产的合法权益受法律保护，可以按规定享受国家有关水产养殖业的

发展的投资、技术服务、病害防治、培训教育等优惠扶持政策。

（二）养殖证是判断水域、滩涂的养殖使用功能的基础依据

当水域、滩涂因国家建设及其他项目征用或受到污染造成损失时，养殖者可凭养殖证申请补偿或索取赔偿。渔业污染事故的调查机构应以养殖证为受理案件的基础，养殖证的登记内容则是调查处理事故的重要依据。

（三）养殖证是发展生产的前提

持有养殖证是生产者申请水产苗种生产审批、水生野生动物驯养繁殖证、水产品原产地证书、无公害农产品基地资格等的前提并可依此享受国家税收等方面优惠政策。

（四）持证人应遵守有关法律规定

在使用水域、滩涂从事养殖生产时应按规划合理布局，科学投饵、用药，不得造成水域环境污染，并严格按照养殖证所规定的养殖区域、类型、方式等内容进行生产活动。

五、养殖证制度主要内容

（一）养殖证发放范围

根据农业部《完善水域滩涂养殖证制度试行方案》的规定，利用水域、滩涂从事养殖生产活动的单位和个人，都必须依法取得养殖证。根据水域、滩涂的权属性质的不同，具体分为以下2种情况。

（1）全民所有的水域、滩涂，依照《渔业法》和《土地管理法》的规定，确定水域滩涂养殖使用权。

（2）集体所有或者全民所有由农业集体经济组织使用的水域、滩涂，依照《渔业法》《土地管理法》和有关土地承包经营的规定，确定水域滩涂养殖承包经营权。

（二）养殖证申请与审核发放

单位和个人使用国家规划确定用于水产养殖的全民所有的水域、滩涂从事养殖生产的，应当提出申请，经审核批准后，取得养殖证。使用集体所有或全民所有由农业集体经济组织使用的水域、滩涂从事养殖生产中，承包人按规定签署承包合同后，到所辖地县级以上人民政府进行注册登记，领取养殖证。

（三）养殖证申请与审核发放原则和程序

全民所有的水域、滩涂养殖证的申请与审核发放原则和程序如下。

1. 养殖证申请人、审核与批准主体

（1）养殖证申请人。养殖证的申请人是欲使用国家规划确定用于水产养殖的全民所有的水域、滩涂从事养殖生产的单位和个人。

（2）养殖证申请的审核主体。养殖证申请的审核主体是县级以上人民政府渔业行政主管部门。

（3）养殖证申请的批准主体。养殖证申请的批准主体是县级以上人民政府。

2. 养殖证审核发放原则

新规划用于养殖的水域、滩涂养殖证的审核发放，应遵循以下原则。

（1）以公平、公正、公开为基本原则。

（2）优先考虑当地渔业生产者。包括：因当地渔业产业结构调整需转产从事养殖业的当地渔业生产者，因养殖规划调整需另行安排养殖场所的当地渔业生产者以及养殖水域、滩涂毗邻村、乡（镇）的传统养殖渔民和农业集体经济组织。

（3）对应用高新技术或具有养殖专业技术特长的单位和个人，以及规模化经营水产养殖的单位和个人，在优先安排当地生产者的前提下，可适当优先考虑。

（4）对同一养殖水域、滩涂因不同的养殖方式造成的使用功能交叉，如底播与筏式养殖，原则上不得确定给两个或两个以上的使用者。

3. 养殖证的审批发放权限

对于养殖水域、滩涂明确属于某一级人民政府行政管辖范围内的情况，申请人应向水域、滩涂所属地县级以上人民政府渔业行政主管部门提出申请，由本级人民政府核发养殖证。

养殖水域、滩涂跨行政区的，包括毗邻交界地域、或毗邻交界管辖不明地域、或有争议地域的国有水域或滩涂，养殖证由毗邻的两个或两个以上县级以上人民政府经协商后以共同的名义批准发放。对于因管辖不明或有争议的国有养殖水域或滩涂，且协商不成的，由毗邻的两个或两个以上县级以上人民政府的共同上一级人民政府批准生效。

4. 养殖证申请

单位和个人使用国家规划确定用于水产养殖业的全民所有的水域、滩涂从事养殖生产的，应向县级以上地方人民政府渔业行政主管部门提出申请，并填写申请书。单位申请的，还应提交与养殖规模相适应的资信证材料，养殖技术条件说明等。

养殖证申请书的内容，具体来讲一般应包括以下 8 个方面。

（1）申请养殖使用水域、滩涂位置。

（2）申请使用的水域、滩涂面积。

（3）申请使用年限。

（4）申请养殖种类。

（5）申请水域、滩涂欲采用养殖方式。

（6）与养殖规模相适应的资信证明材料、技术条件说明（单位申请）。

（7）申请人身份证明材料。

（8）法律、法规规定其他材料

5. 养殖证审核

养殖证申请首先由县级以上地方人民政府渔业行政主管部门进行审核。渔业行政主管部门收到单位和个人的水产养殖证申请书后，应当认真审查申请材料，并组织有关人员进行现场勘察和核实,确认标界。经审核后,应在受理申请后的 30 日内签署审核意见。

6. 养殖证批准

县级以上地方人民政府是养殖证的批准机关。养殖证申请经审核符合规定条件的,县级以上地方人民政府渔业行政主管部门应报请有审批权的人民政府批准。对不符合规定的,渔业行政主管部门应在 30 日内书面告知申请人,并说明理由。

为确保渔业资源和水域、滩涂的合理地利用,在进行养殖证审核与批准时,应注意不得在全民所有水域、滩涂中的鱼、虾、蟹、贝、藻类等的自然产卵场、繁殖场、索饵场及重要的洄游通道核发养殖证,也不得在航道、锚地、港口以及重要的水产苗种场、传统捕捞作业渔场、水产种质资源保护区等重要渔业水域核发养殖证。对同一养殖水域、滩涂因不同的养殖方式造成的使用功能交叉,如底播与筏式养殖,原则上不得确定给两个(含)以上的使用者。

7. 养殖证的登记和公告

对于批准颁发的养殖证,渔业行政主管部门应登记造册,颁证的水域、滩涂要作图标志。经登记的养殖证应及时向社会公告,一般在登记后的一个月内,以适当的方式向社会公告。

六、养殖证书基本内容和有效期

(一)养殖证书基本内容

养殖证是养殖生产者进行养殖生产的法定依据,应由农业农村部统一印制,其内容应包括以下 6 个方面。

(1)持证单位或个人的基本情况。

(2)对于承包集体所有或全民所有由农业集体经济组织使用的水域、滩涂的,应载明发包方情况。

(3)养殖、水域滩涂的地理概位及平面界定图。

(4)养殖水域、滩涂的面积及范围,水域、滩涂应用方位坐标表示。

(5)养殖类型、养殖方式、养殖品种、养殖密度。

(6)养殖证的有效期限、年审记录、养殖证编号。

(二)养殖证有效期

对于全民所有的水域、滩涂,养殖证的有效期限应依据养殖水域、滩涂的生态环境、养殖品种和方式、投资风险、收益等综合因素进行核定。根据《试行方案》的规定,养殖证有效期的最高年限分别为:浅海、滩涂 15 年,深海 30 年,池塘 30 年,湖泊、水库、河沟 10 年,临时养殖区 2 年。对于集体所有或全民所有由集体经济组织使用的水域、滩涂的养殖证,有效期应与承包合同期限一致。养殖证登记事项如有变动,需提前一个月到原发证机关办理变更手续。养殖证期满后需要继续使用该水域滩涂从事生产活动的,持证人应当在有效期满前 60 日向原发证机关申请办理延期手续。

第三节 养殖生产组织和管理

水产养殖质量安全管理主要是对水产养殖生产过程的管理。2003年7月14日,农业部第十八次常务会议审议通过了《水产养殖质量安全管理规定》,由原农业部长杜青林签署农业部31号令进行发布。该规定于2003年9月1日起生效,成为我国水产养殖质量安全监督管理的重要法规依据。其内容包括养殖用水、养殖生产、渔用饲料和水产养殖用药等水产养殖过程的各个方面。

一、养殖生产过程的组织

（一）养殖生产过程空间组织

水产养殖企业生产过程的空间组织,主要是指如何安排养殖场的生产布局和生产组织形式。即对养殖场中的亲鱼池、苗种池、孵化设施、成鱼池、灌排设施、饲草果蔬种植地及其他综合经营项目的生产场地等如何合理安排它们的地理位置;如何根据养殖场站具体情况合理安排生产组织形式。

1. 生产布局

养殖生产布局要从养殖场现有水域、陆地状况结合经营项目、经营规模有利于节约劳力、节约时间、缩短运输距离、有利于承包经营出发来考虑。

布局时主要考虑以下要求。

（1）产卵池、孵化池或孵化环道要紧邻亲鱼池,并且要安排在最接近水源处,使注、排水方便和搬运亲鱼、产卵方便。

（2）鱼种池要介于鱼苗池和成鱼池之间,既便于鱼苗下塘,又便于鱼种出塘分塘。

（3）根据产品结构与生产规模合理确定各类鱼池、土地的比例。

（4）利用池埂、小水塘、"十边"空地等灵活安排种草、种菜、养猪、养鸭等生产项目。

2. 生产组织形式

养殖生产组织形式一般分为两种基本形式。

（1）阶段性生产组织形式。阶段性生产组织形式是指将养殖生产全过程分为繁殖、鱼种培育、成鱼养殖三大阶段,相应地将养殖劳动力组织为繁殖组、鱼种培育组和成鱼养殖组。繁殖组主要负责亲鱼培育、产卵孵化、鱼苗培育与销售;鱼种组主要负责鱼种培育与销售;成鱼组主要负责商品鱼生产与销售。各组均可实行承包经营。

（2）全程式生产组织形式。全程式生产组织形式是指将养殖生产从亲鱼培育、繁殖、鱼种培育、成鱼养殖的生产全过程统一组织起来,统一进行生产与销售。根据养殖规模与资源情况,可实行统一承包经营或划片分队（组）承包经营。

（二）养殖生产过程组织管理要求

1. 生产前准备工作

做好生产前的准备工作。主要工作有以下 10 个方面。

（1）全面了解、掌握企业各项资源能力和生产资料的储备情况。

（2）了解、掌握市场营销信息，依据企业市场营销计划规定的营销目标，制定生产设计和生产作业计划。

（3）完善各项生产技术标准和技术操作规程。

（4）合理安排生产布局。

（5）做好养殖生产设备、设施的检修或修整工作。

（6）确定最优生产模式。

（7）养殖苗种、饵、肥、水、电及其他渔需物资的供应。

（8）完善劳动组织建设，落实生产技术责任制。

（9）根据计划期生产任务的要求，对有关人员进行技术、新管理模式等方面的知识学习和培训。

（10）抓好池塘清整消毒，使塘内无污渣、无杂草、无敌害、无残饵、无残药。

2. 加强养殖生产日常管理工作

养殖生产日常管理工作主要有以下 3 个方面。

（1）勤巡塘，坚持"四看"（看天气、看季节、看鱼活动情况、看水质），准确掌握生产对象的生长情况与环境状态。

（2）坚持"四定"（即投饵定时、定位、定质、定量），逐日做好饲养管理记录。

（3）做好"三防"（即防病、防盗、防逃）饲养管理工作，在北方地区要做好"三早"工作（早出池、早放苗、早投喂）。

3. 制订并落实、贯彻好阶段性生产作业计划

根据生产计划规定的任务和目标，制订阶段性生产作业计划是生产计划的具体化，是生产计划的完善和补充。它是根据生产计划的要求与生产条件的实际情况，规定企业各生产环节在短时间内（月、旬、周、日）具体的生产任务，确保生产计划的完成，是企业组织日常生产活动的依据。生产作业计划内容包括以下 3 个方面。

（1）作业项目、进行顺序和完成期限。

（2）明确作业地点、任务数量和质量要求。

（3）完成各项任务所需要的劳动、机械设备及生产资料的组织和调度。

（三）渔业综合经营

渔业综合经营是指渔业企业根据市场经济的要求，遵循生物共生互利原理、生态系统动态演替导向原理等生态系统理论，以渔业生产为基础，积极拓宽市场服务面，因地制宜地开展种植养殖加工流通服务等经营活动，充分开发利用企业资源，促进渔业生态系统的内部物质循环和能量转化，建立起经济而高效的渔业生态工程技术系统，促进企业可持续发展。

1. 综合养鱼

综合养鱼是以渔业生产为主,进行渔、农、林(或桑)、牧多种产业开发,通过共生互利开发不同产品,对企业资源进行综合利用,走以渔为主综合经营之路。发展农业、牧业,解决养鱼肥料,是自力更生解决养鱼饲料、肥料的可靠、经济的途径。畜禽粪便可用于养鱼或种植饲料作物的肥料;饲料作物养鱼、养畜禽;鱼池池底淤泥,用于种植饲料作物和林木种植。在综合养鱼系统内形成一个相互协调、彼此依存的生物生态循环结构。通过物质能量转化或食物连锁关系把各个生产环节紧密地联系起来,形成一个以渔业为中心的渔、农、牧、林(桑)结构的比较完善的人工生态系统,形成良性的物质循环。鱼、肉、禽、蛋、奶、粮、菜、桑、竹、木同时并举,实现产品多元化。

综合养鱼包括实行渔、农、牧、林综合经营;开展各种产品和废弃物的综合利用;采取多种鱼类混养的立体生态综合养鱼技术措施等三个层次的内容。

综合养鱼的好处是:充分利用废弃物,建立良性的生产结构;多品种养殖,提高单产;增加就业机会;降低成本,提高效益。

综合养鱼目前可分为3大系统,12个主要模式。

(1)渔-农综合经营系统。有三种模式:鱼、草轮作;鱼饲料作物综合经营;桑基鱼塘。

(2)渔-牧综合经营系统。其中鱼、禽综合经营有鱼、鸭综合经营和鱼、鹅综合经营两个模式;渔畜综合经营有鱼、猪综合经营和鱼、牛综合经营两个模式。

(3)渔-农-牧综合经营系统。主要模式有:鱼、鸭、饲料综合经营;菜、猪、鱼综合经营;饲料、鸡、猪、鱼综合经营;鸭、猪、草、鱼综合经营。

2. 多种经营

综合养鱼是一种以渔为主的多种经营。但多种经营的范围不局限于综合经营养鱼。一些渔业企业不仅经营农业、牧业、林业,而且办休闲渔业,办工业、商业、餐饮、服务业,做到农、林、牧、工、商乃至餐饮、旅游、服务相结合,实现渔、工、商、旅游、餐饮、服务、内外贸一体化。所以企业的多种经营在概念上比综合养鱼更广阔。尤其在市场经济情况下更值得提倡。多种经营是渔业企业生产发展的客观要求,它有利于充分利用企业的自然资源、劳动资源、财务资源和扩大就业;有利于渔业企业组织均衡生产;有利于通过工、商贸、旅游、餐饮、服务诸业为发展积累资金,对加快渔业经济的发展,早日实现渔业现代化,具有极为重要的意义。

二、渔业水质标准

(一)渔业水质标准的制定

水是生命的摇篮,地球上一切生命活动都离不开水。水对于渔业生产来说,更有着至关重要的作用。俗话说,鱼儿离不开水。水域是渔业生产最基本也是最重要的物质条件。因此,渔业水域水质的优劣对于渔业生产活动和生产成果,产生重大影响。

由于近代工业的发展造成渔业水域严重污染,在有些地方,这种污染还在加剧,水体污染不仅破坏了水生生物正常生长和繁殖条件,而且水体中有害物质还会通过水生生物的生物活动在生物体中沉积起来,从而大大降低了这些水产品的质量,甚至人、畜误食会引起中毒,危及健康和生命。渔业水域和水体与其他行业有着共享性,水体污染也会危及其他行业,形成社会公害。

为贯彻执行《中华人民共和国环境保护法》《水污染防治法》《海洋环境保护法》和《渔业法》,防止和控制渔业水域水质污染,保证鱼、贝、藻类正常生长、繁殖和水产品质量,国家环境保护部门制定了《渔业水质标准》(GB 11607—89)中华人民共和国国家标准,1989 年 8 月 12 日批准,1990 年 3 月 1 日实施。

我国渔业水域水质污染较严重,制约着我国渔业经济的发展,为了使渔业经济健康发展,必须加强对渔业水域水质的治理和保护,我国颁布的《渔业水质标准》,就是运用法律手段强化渔业水域水质的治理保护工作。

《渔业水质标准》是我国环境保护法、渔业法、水产资源保护法等法规中关于水体水质治理保护规定的具体化,是国务院环境保护部门联合其他相关机构颁布的部门行政法规,具有法律效力。

(二)渔业水质标准性质和适用范围

1. 适用范围

该标准适用鱼虾类的产卵场、索饵、越冬场、洄游通道和鱼、虾、贝、藻类的水产增养殖区等海、淡水的渔业水域。

2. 宗旨和性质

根据国家保护环境和自然资源,防治污染和其他公害的有关规定,使渔业水质水域符合鱼、虾、贝、藻类正常生长和繁殖的要求,不影响水产品的质量,保障人民身体健康,促进渔业生产的发展。有关部门、单位必须采取有效措施,认真贯彻落实本标准。

(三)渔业水质标准主要内容

1. 渔业水质保护

防止渔业水质污染,保护渔业水质,为鱼、虾、贝、藻类水产品提供正常的生长繁殖条件,对可造成污染的各种废水、废液、废弃物的排放处理做出以下规定。

(1)任何企、事业单位和个体经营者排放的工业废水、生活污水和有害废弃物,必须采取有效措施,保证最近渔业水域的水质符合本标准。

(2)未经处理的工业废水、生活污水和有害废弃物严禁直接排入鱼、虾类的产卵场、索饵场、越冬场和鱼、虾、贝、藻类的养殖场及珍贵水生动物保护区。

(3)严禁向渔业水域排放含病原体的污水;如需排放此类污水,必须经过处理和严格消毒。

2. 标准实施

(1)本标准由各级渔政监督管理部门负责监督与实施,监督实施情况,定期报告同级人民政府环境保护部门。

（2）在执行国家有关污染物排放标准中,如不能满足地方渔业水质要求时,省、自治区、直辖市人民政府可制定严于国家有关污染排放标准的地方污染物排放标准,以保证渔业水质的要求,并报国务院环境保护部门和渔业行政主管部门备案。

（3）本标准以外的项目,若对渔业构成明显危害时,省级渔政监督管理部门应组织有关单位制定地方补充渔业水质标准,报省级人民政府批准,并报国务院环境保护部门和渔业行政主管部门备案。

（4）排污口所在水域形成的混合区不得影响鱼类洄游通道。

三、《水产养殖质量安全管理规定》

2006年12月,农业部发布了《水产养殖质量安全管理规定》。在中华人民共和国境内从事水产养殖的单位和个人,都应遵守本标准。农业部主管全国水产养殖质量安全管理工作,县级以上地方各级人民政府渔业行政主管部门主管本行政区域内水产养殖质量安全管理工作。

（一）健康养殖

健康养殖是根据养殖对象正常活动、生长、繁殖所需的生理、生态要求,采用科学的养殖模式和系统的规范化管理技术,使其在人为控制生态环境下健康快速生长。

所谓水产健康养殖,就是在整个养殖过程中,通过采用投放无疫病健壮苗种、投喂优质饲料及人为控制养殖环境条件等技术措施,使养殖生物保持最适宜生长和发育的状态,实现减少养殖病害发生、提高产品质量的一种养殖方式。健康养殖同传统养殖相比包含了更广泛的内容,包括生态意义上的健康、种质及生长过程健康、产品对人类的健康三个层面。健康养殖应纳入"系统"加以理解:系统包括养殖设施、养殖品种、养殖环境(水域理化环境与生物环境)。健康养殖的必备条件包括先进的生产资料(如优良配套设备、优良种质、配合饲料、鱼药及添加剂等)、先进的生产技术(如水处理技术、标准化养殖技术、病害防治技术等)、先进的管理模式(组织管理方式、方法、措施等)。

健康养殖更注重获得健康的养殖产品(无病害、无农药残留),以保证人类食品安全;更注重保持良好的养殖生态环境,保持养殖品种相对稳定的优良性状,以实现水产养殖最佳的经济效益、社会效益与生态效益。

（二）生态养殖

生态养殖是指根据不同养殖生物间的共生互补原理,利用自然界物质循环系统,在一定的养殖空间和区域内,通过相应的技术和管理措施,使不同生物在同一环境中共同生长,实现保持生态平衡、提高养殖效益的一种养殖方式。

（三）水产养殖操作基本要求

1. 水产养殖环境要求

场址选择:养殖区域内及上风向、水源上游,没有对产地环境造成威胁的污染源,主要包括工业"三废"、农业废弃物、医疗机构污水及废弃物、城市垃圾和生活污水等。产地环境应不直接受上述污染源的影响，还应考虑周围农业、民用、工业用水的排放和土地浸蚀和溢流情况；土地使用状况以及重金属、杀虫剂和除草剂的残留程度；周围农业生产的农药等化学试剂使用情况，尤其是常用化学剂种类及其操作方法对水产养殖产品的影响。

2. 投入品采购与储存

生产单位应制定投入品采购、自制生产和贮存作业指导性文件，并做相关出入库登记。采购的投入品(主要包括渔用配合饲料、饲料添加剂、渔药及其化学剂、生物制剂等)应来自具备生产许可证或进口登记许可证的生产单位或具有产品质量检验合格证及产品批准文号，不应购买停用、禁用、淘汰或标签内容不符合相关法规规定的产品和未经批准登记的进口产品。

对饲料、饲料添加剂、渔药及其他化学剂、生物制剂保存仓库应保持通风、干燥、清洁、卫生，并分类存放、避免混杂、污染，并采取相应的保藏方式，专人专管，做好进出库登记，并按照"先进先出"的原则，过期饲料、饲料添加剂、渔药等应及时销毁。

3. 养殖过程管理

养殖生产区宜封闭管理，不在养殖区饲养畜禽等动物，从业人员宜每年体检，患传染性疾病的人员不宜从事养殖操作；定期对养殖工具、饲料台消毒处理，工具专池专用，或消毒后再换池使用，防止交叉污染；养殖污水应控制处理后排放。根据养殖品种、养殖模式、养殖条件等综合确定养殖密度；苗种应在进场前进行检验检疫，投入品使用应符合相关要求，渔药遵循处方；定期监测养殖水质等并做好记录；发生病害后应彻底消毒工具或养殖池，如发生疑似疫病，应按程序报告并采取隔离、消杀、限制产品进出等控制、扑灭措施。

为加强对水产养殖生产进行全程监督，以及在出现了水产养殖质量安全事故后的调查中保证有据可查，即确保养殖水产品生产过程的可追溯性，《水产养殖质量安全管理规定》要求水产养殖单位和个人应建立填写水产养殖生产记录制度。

在水产养殖生产记录中，应记载养殖种类、苗种来源及生产情况、饲料来源及投喂情况、水质变化等内容。水产养殖生产记录应当妥善保存，直到所记录的该批水产品全部销售后2年以上。

(四)水产养殖质量安全管理体系

生产单位应在满足相关法律法规和标准的基础上，建立并实施文件化的水产养殖质量管理体系，以识别和控制该体系应用范围内的所有显著危害，保证生产单位的产品不会对消费者造成危害。

1. 管理职责

生产管理者的职责有：制定文件化的产品安全方案，已确定生产单位安全危害识别、评估和控制等方面的方针与义务；确定质量安全管理体系的应用范围，详细说明质量安全管理体系覆盖的产品和生产场地；确保生产单位的产品安全方针与法律法规和客户的视频安全要求相一致，经营目标与产品安全方针相适应；确保各层人员理解并执行产品安全方针，并建立、实施和保持安全管理体系配备必要的资源。

2. 质量安全管理小组

生产单位应成立由管理人员、技术人员、购销人员及有关专家组成的质量安全管理小组，负责制定、建立、保持和评审水产养殖质量安全管理体系。中小型养殖企业也可聘用合格的专家或委托有资质的机构协助建立水产养殖质量安全管理体系。

四、地方水产养殖业管理条例和规定

（一）山东省渔业养殖与增殖管理办法

2008年7月21日省政府第17次常务会议通过了《山东省渔业养殖与增殖管理办法》（山东省人民政府令第206号），自2008年10月10日起施行。

1. 适用范围

根据《中华人民共和国渔业法》等法律、法规，结合本省实际制定了本办法。本省管辖范围内从事渔业养殖与增殖及其他相关活动，应当遵守本办法。本办法是《渔业法》的一个地方条例，如有冲突，必须服从《渔业法》。

2. 养殖管理

（1）苗种生产实行许可证制度。苗种应当采用人工培育方式获得，不得使用天然苗种进行养殖；未取得渔业苗种生产许可证的，不得从事经营性渔业苗种生产活动。

（2）单位和个人使用全民所有的水域、滩涂从事渔业养殖的，应当依法取得养殖证。

（3）养殖单位应当建立水产品生产记录，对渔业养殖投入品的名称、来源、用法、用量、使用和停用日期，疫病发生和防治情况以及收获、捕捞日期等进行如实记载，生产记录应当保存2年。

3. 渔业增殖管理

（1）渔业增殖坚持统一规划、因地制宜、保护生态、分级实施原则。通过放流、底播、移植、投放人工鱼礁以及划定渔业增殖保护区等方式，涵养渔业资源，实现可持续利用。

（2）渔业增殖应当使用本地原种亲本及其子一代，不得使用外来物种、杂交种、转基因种和经检验检疫不合格的亲本或者苗种。用于养殖的渔业亲本、苗种和成体，不得擅自投放到自然水域。

4. 质量管理

（1）在养殖中禁止使用或者限制使用的药品、生物制剂、防腐剂、保鲜剂，养殖单位和个人应当严格按照国家规定的标准和要求执行。禁止使用假、劣渔用兽药。禁止将原料药直接用于养殖或者向养殖水域直接泼洒抗生素类药物。禁止销售含有违禁药物或者药物残留量超过标准的水产品。

（2）水生动物及其产品应当依法进行检疫。应当检疫而未检疫的，必须强制补检。经检疫不合格的水生动物及其产品，应进行无害化处理；无法做无害化处理的，应予以销毁。

（3）销售的水产品必须符合水产品质量安全强制性标准；运输、销售水产品过程中，不

得使用违禁药物。有毒赤潮发生区域内的水产品,任何单位和个人不得擅自采捕和销售。

(4)水产品生产单位以及从事水产品收购的单位和个人,应当按照国家和省有关规定对单体或者批次的水产品进行包装标识,标明品名、产地、生产者、生产日期、保质期和产品质量等级等内容。禁止伪造或者冒用无公害水产品、绿色食品、有机水产品标识;严禁销售不合格水产品。

5. 管理职能

(1)县级以上人民政府渔业行政主管部门应当采取措施,完善水产品质量检测机制和水产品药物残留监控制度,定期组织对水产品药物残留进行检测,保障水产品质量安全。

(2)县级以上人民政府渔业行政主管部门应当加强水产品质量安全的监督检查工作。在监督检查中,可以对生产、销售的水产品进行现场检查,调查了解水产品质量安全的有关情况,查阅、复制与水产品质量安全有关的记录和其他资料;对经检测不符合水产品质量安全标准的水产品,有权查封、扣押,并可以责令生产者或者销售者召回其水产品。

(3)县级以上人民政府渔业行政主管部门应建立生产经营者违法行为记录制度,对违法行为的情况予以记录公布。

(4)县级以上人民政府渔业行政主管部门应当加强对渔用兽药使用和渔用兽药残留检测的监督检查工作,及时查处渔业养殖过程中的违法用药行为。

(5)渔业行政主管部门在监督检查工作中发现违法生产、销售渔用兽药或者违法生产、销售、使用渔用饲料和饲料添加剂的,应当及时通知同级兽医行政管理部门,由兽医行政管理部门依法予以处理。

6. 法律责任

(1)违反本办法规定,擅自使用天然苗种进行养殖生产的,由渔业行政主管部门责令限期改正,给予警告,没收渔业苗种和水产品,并处以 1 000 元以上 2 万元以下的罚款。

(2)单位或者个人有下列行为之一的,由渔业行政主管部门责令限期改正,给予警告,没收渔业苗种和水产品,并按下列规定处以罚款:

使用外来物种、杂交种、转基因种和经检验检疫不合格的亲本或者苗种用于渔业增殖的,处以 2 000 元以上 3 万元以下的罚款;

擅自将用于养殖的渔业亲本、苗种或者成体投放到自然水域的,处以 2 000 元以上 1 万元以下的罚款;

擅自采捕或者销售有毒赤潮发生区域内水产品的,处以 2 000 元以上 1 万元以下的罚款。

(3)使用有毒、有害或者其他可能污染水域环境的材料建设人工鱼礁的,由渔业行政主管部门责令限期改正,给予警告,处以 5 000 元以上 3 万元以下的罚款。

(4)渔业行政主管部门及其他有关部门的工作人员在渔业养殖与增殖监督管理工作中,玩忽职守、滥用职权、徇私舞弊的,由其所在单位或者上级主管部门给予处分;构成犯罪的,依法追究刑事责任。

（二）烟台市推进水产养殖业绿色健康发展方案

为深入贯彻落实农业农村部等 10 部委《关于加快推进水产养殖业绿色发展的若干意见》（农渔发〔2019〕1 号）、省农业农村厅等 12 部门《山东省加快推进水产养殖业绿色发展实施方案》（鲁农渔字〔2019〕43 号）的精神，加快烟台推进水产养殖业绿色发展，促进产业转型升级，结合我市实际，制订本实施方案。中共烟台市委海洋发展委员会印发了《烟台市加快推进水产养殖业绿色健康发展实施方案》（烟海洋委〔2020〕3 号）。

1. 发展目标

建设全国优质高端水产品绿色生产供应区、渔业转型升级先行区、渔业科技创新先导区、渔业生态文明示范区。到 2022 年，水产养殖业生产空间布局进一步优化，主产区水产养殖尾水达标排放，省级以上水产健康养殖示范场总数达到 35 处以上，健康养殖示范面积达到 68% 以上，产地水产品抽检合格率保持在 98% 以上。到 2035 年，加大利用深远海资源，水产养殖开发强度与空间资源、渔业资源相适应，渔业生态环境走向更好、生物多样性基本恢复，有效促进水域生态文明。

2. 主要任务

（1）实施水产养殖业规划引领行动。

① 严格落实养殖水域滩涂规划制度。全面完成市、县两级养殖水域滩涂规划编制发布工作。统筹生产发展与环境保护，科学划定禁止养殖区、限制养殖区和养殖区，避让生态保护红线。严格限制养殖水域滩涂占用，严禁擅自改变养殖水域滩涂用途，保障水产养殖生产空间。

② 注重优化水产养殖生产布局。探索开展水产养殖容量评估，科学确定近海水域、水库养殖规模和密度。不断拓宽产业发展空间，从浅海滩涂向深海、底层和岸基利用拓展养殖空间，在莱州湾海域重点发展贝类、海参生态养殖，在长岛海域重点发展海珍品生态养殖、贝藻间养和深远海智能网箱养殖，在市区海域重点发展工厂化循环水集约化养殖和海参底播生态养殖。在黄海南部海域重点发展牡蛎等贝类筏式和海参底播生态养殖。积极实施渔业"走出去"战略，支持有条件的企业开发海外养殖、捕捞、加工、经贸等领域，拓展我市与日、韩、东盟渔业合作空间。

（2）实施水产种业创新支撑行动。

① 着力提高种业创新支撑能力。依托全市 7 处国家级、14 处省级水产原良种场，实施渔业种业创新工程，引导龙头企业和科研院所、高校强强联合，加快推进开发区"蓝色种业硅谷"建设。支持种业龙头企业开展石斑鱼、海带、海参、狼鳗、中国对虾、绿鳍马面鲀、大菱鲆等品种重大育种创新攻关，开展鱼、虾、贝、藻、参、蟹等大宗水产生物现代种业创新与示范，推进种质科技创新中心与支撑服务平台建设。

② 不断提升水产原良种生产能力。按照装备工程化、技术精准化、生产集约化、管理智能化要求，充分发挥我市在优良品种选育和规模化生产中的示范引领作用，建设优良品种繁育基地，推进国家级海参原良种场安源水产境外上市，增强海参苗种市场竞争力。不断完善

水产苗种生产许可管理,推进"育繁推一体化"和标准化生产,大力推进渔业种业产业化,建设我国北方重要的水产健康苗种供应基地。

(3)实施水产养殖业提质增效行动。

① 大力发展生态高效绿色养殖。充分发挥烟台特色优势,大力推进海洋牧场建设,按照规模化、工程化、智慧化、绿色化发展方向,探索创新多元联动发展模式,成立烟台深蓝海洋牧场公司,推进实施海洋牧场"百箱计划",建设海洋牧场示范之城。按照"一个品种一个产业"的发展思路,发挥我市在海参、海水贝类、鱼类养殖方面的优势,着力培育优势主导产业,重点抓好海参、鲍鱼、对虾、海水鱼、扇贝等主导品种养殖和深水抗风浪网箱养殖,推进深远海大型智能养殖装备应用示范。推广工厂化循环水养殖和多营养层次养殖等生态养殖模式。探索实行轮作轮养、阶段性休养,降低传统养殖区水域滩涂利用强度。开展水产健康养殖示范创建,推进水产养殖用药减量和配合饲料替代冰鲜幼杂鱼行动。做大做强烟台海参产业,海参育苗、养殖和加工流通全产业链产值达到200亿元。加快推进现代渔业园区建设,整合各类优势资源向渔业园区集聚,将园区打造成布局集中、建设集约、项目集聚、环境集美、科技和人才富集的新型渔业经济板块。

② 加快提升装备化和信息化水平。重点支持养殖尾水处理和网箱粪污残饵收集等环保设施设备升级改造,支持中集来福士等海洋装备龙头企业加快研发并建造深远海养殖工船、大型智能网箱和多功能海洋牧场管理平台等水产养殖离岸装备。研究推进水产养殖与观测网、物联网、大数据等信息技术的深度融合,探索建设智慧渔业应用基地。

③ 加大水产养殖疫病防控力度。建设市级区域水生生物疫病防控中心,探索县级区域水生动物疫病防控中心建设,提高疫病防控和突发疫情处置能力。建设渔业官方兽医队伍,全面启动水产苗种产地检疫。探索推进无规定疫病水产苗种场试点和病死养殖水生动物无害化处理。

④ 着力培育新型渔业经营主体。重点培育养殖龙头企业、渔民专业合作社、家庭渔场、专业大户等新型经营主体,构建以家庭经营为基础、合作与联合为纽带、社会化服务为支撑的现代养殖业经营体系。通过兼并、联合、重组、控股等方式组建大型产业集团。鼓励发展渔业产业化经营联合体,示范推广莱州泽覃、长岛北城等国家级渔民专业合作社示苑社"大渔带小渔"和党支部领办合作社发展模式,积极构建"龙头企业 + 科研院所 + 合作社 + 基地"经营模式,不断提高渔业组织化、集约化水平。

(4)实施水产养殖业环境攻坚行动。

① 持续推进养殖尾水及废弃物治理。落实属地监管职责和生产者环境保护主体责任,推进依法开展水产养殖项目环境影响评价工作。加强养殖尾水监测,指导养殖尾水排放口规范设置。推进养殖节水减排,实现养殖尾水资源化利用或达标排放。指导推进贝壳、网衣等养殖生产副产物及废弃物集中处理和资源化利用。不断强化水产养殖生态修复功能。加强水产种质资源保护区建设,严格保护重要水产种质资源、珍稀濒危海洋生物和典型水域生态系统。依托海洋牧场,积极探索发展碳汇渔业,提升渔业生态修复能力。开展"放鱼养水"

示范与推广,提升水库水源地及城市水系水生生态系统功能。逐步建立制度化、科学化、常态化、社会化的公益性放流制度,引导社会资金投入,规范社会性放流行为,防止外来水生物种入侵。鼓励各县市区通过举办"放鱼节"等形式,开展群众性水生生态修复行动。

（5）实施水产养殖业质量安全保障行动。

① 注重强化渔用投入品管理。严格落实兽药、兽用处方药以及饲料使用管理和经营许可制度。加强水产养殖用饲料、兽药等投入品管理,依法规范水环境改良剂的使用。健全投入品使用记录和风险监测制度,严厉打击违法使用投入品的行为。

② 全面加强水产品质量安全监管。不断完善产品市场准入、产地准出、质量追溯等制度。强化属地监管职责,落实生产经营者质量安全主体责任。推进养殖水产品质量安全标准制修订和标准化生产。严格检测机构资质管理、跟踪评估和能力验证,加大产地养殖水产品质量安全风险监测、评估和监督抽查力度。推进水产品质量安全信息化管理,建立水产品质量安全追溯体系,探索推进渔业行业诚信体系建设。

（6）实施水产养殖业"新六产"行动。

① 积极促进产业融合发展。推动水产养殖业同渔业二、三产业融合发展,实现产业链拓宽、价值链增值。支持水产品冷链物流体系建设,引导活鱼消费向便捷加工产品消费转变。大力发展海洋生物产业,积极开发海洋药物、保健品、海洋生物新材料等功能产品。推动龙头企业与电商平台和商超对接合作。注重海陆统筹,依托海洋牧场特别是游钓型海洋牧场,以休闲渔业示范基地为重要载体,加大休闲码头、游客中心和海上垂钓平台等基础和配套设施建设力度,促进休闲渔业同旅游、体育和文化产业的深度融合,着力构建"海洋牧场 + 海洋装备 + 旅游"的现代休闲渔业发展模式,打造烟台特色休闲渔业,推动现代渔业转型升级。

② 加快实施烟台渔业品牌战略。加强渔业品牌资源整合,通过品牌授权等方式,扩大烟台渔业品牌的集中度和认知度。培育全国和区域优质特色渔业品牌,塑造"仙境海岸 鲜美烟台"整体形象。加大地域品牌推介力度,着力打造以烟台海参、烟台扇贝、烟台海肠、莱州梭子蟹等为主的渔业品牌。鼓励企业制订中长期品牌发展规划,挖掘水产品地理标志保护资源。支持企业开展质量认证和国际认证,加强绿色水产品品牌保护和宣传推介。

3. 保障措施

① 注重科技创新和支撑。深入实施渔业科技"展翅"行动,强化科技支撑平台和人才队伍建设。充分发挥烟台科研院所孵化平台作用,联合中国科学院烟台海岸带研究所、中国海洋大学、中国水产科学院黄海水产研究所、烟台大学、鲁东大学等开展海洋牧场、水产种业、渔业资源修复和养殖环境治理等关键技术攻关。发挥各类工程技术研究中心、重点实验室等创新平台作用,推进水产养殖企业院士工作站、博士后工作站建设,加大对良种选育、渔业装备等重点领域技术创新。围绕主导品种和主推技术,加快建立"创新团队 + 基层渔技推广体系 + 高素质渔民培训"的新型渔业科技服务模式,积极推广渔业良种良法、物联网信息技术等。推进"一带一路"渔业合作,开展国际合作项目,共建联合实验室。

② 加强政策资金支持。各县市区要将水产养殖纳入绿色产业指导目录,加大对基础设施的政策和资金支持,将符合条件的水产养殖装备纳入农机购置补贴范围。鼓励金融机构创新金融产品。鼓励保险机构开展水产养殖保险。探索将水产养殖保险纳入政策性保险范围。

③ 强化组织领导。各有关部门要认真履行职责,积极贯彻落实农渔发〔2019〕1 号、鲁农渔字〔2019〕43 号文相关要求,完善各项政策措施,加强执法监管,依法保护养殖者权益。各县市区人民政府要把水产养殖业绿色发展纳入当地经济和社会发展规划,纳入生态文明建设、乡村振兴战略的目标评价内容,研究制定本地区促进水产养殖业绿色发展的实施方案。

第四节　渔用投入品及管理

水产养殖投入品的质量安全对保障产地水产品质量安全,保护水域生态环境,促进水产养殖持续、稳定、健康发展,具有十分重要的意义。2019 年 2 月农业农村部等十部门联合印发了《关于加快推进水产养殖业绿色发展的若干意见》,明确提出要强化投入品管理,特别是强化水产养殖用饲料、兽药等投入品质量的监管,加强水产养殖用药的指导,严厉打击制售假劣水产养殖用饲料、兽药和违法用药及其他投入品的行为。目前,我国已经逐步建立了一整套针对性强、可操作性高的法律法规体系,使水产养殖投入品的监管有法可依,确保水产养殖投入品的质量安全。本章主要介绍渔药、饲料等水产养殖投入品的基本知识以及其研制、生产、经营等相关的法律、行政法规与部门规章,以便水产养殖投入品生产者以及行业监管部门能够严格贯彻执行,促进水产养殖投入品产业的健康发展。

水产养殖投入品是水产养殖生产过程中使用或者添加的物质,主要包括饲料和饲料添加剂、渔药等。

一、水产饲料

水产饲料是水产动物维持生命和生长、繁殖的物质基础。水产动物饲料主要分为天然饵料和配合饲料。

1. 天然饵料

水产养殖动物的天然饵料主要包括浮游植物、大型藻类、浮游动物及其他有机物质。天然饵料分为植物性饵料和动物性饵料两大类。植物性饵料又分为海洋酵母和单细胞藻类两类。动物性饵料主要包括轮虫、卤虫、桡足类、枝角类等。

2. 配合饲料

配合饲料是以水生动物的营养生理特点为基础,根据水生动物不同生长发育阶段的营养需要,把能量饲料、蛋白质饲料、矿物质饲料等多种营养成分按比例配合,通过渔用饲料机械加工,制成的营养全面、适口性好的成品饲料。按渔用配合饲料的营养成分来分类,可分为 3 大类。

（1）全价渔用饲料又称完全渔用饲料或"平衡渔用饲料"指渔用饲料中营养全面、配比合理，能满足水生动物不同生长发育阶段营养需要的配合饲料。

（2）添加剂渔用饲料指营养补充渔用饲料，主要补充渔用饲料中某些微量元素和常量元素含量。

（3）预混剂渔用饲料又称预混剂，用于微量（或常量）元素和某种渔用饲料的预混合，这种预混合的饲料再和其他渔用饲料一起制备的成品饲料。

二、饲料添加剂

饲料添加剂是指为了某种特殊需要而添加于饲料内的某种或某些微量物质。其主要作用是，补充配合饲料中营养成分的不足，提高饲料利用率，改善饲料口味，提高适口性，促进水产动物正常发育和加速生长，改进产品品质，防治水产动物疾病，改善饲料的加工性能，减少饲料贮藏和加工运输过程中营养成分的损失。

根据添加的目的和作用机制把饲料添加剂分为 2 大类：营养性添加剂和非营养性添加剂。

（1）营养性添加剂是对饲料主体成分的补充，保证水产动物生长所需要的所有营养成分，以满足其生长的需要，如氨基酸、维生素、矿物质等。

（2）非营养性添加剂是在饲料主体物质之外，添加一些饲料主体没有的物质，用于保持饲料质量、改善饲料结构等。非营养性添加剂包括生长促进剂、促消化剂、益生菌制剂、诱食剂、黏合剂、抗氧化剂等。

三、渔用药品

渔药是指专用于渔业方面，有助于水生动植物机体健康成长的药物。其范围限定于增养殖渔业，而不包括捕捞渔业和渔产品加工业所使用的物质。

（一）渔药分类

根据使用目的，渔药主要分为 9 大类。

（1）环境改良剂以改良养殖水域为目的所使用的药物。包括底质改良剂、水改良剂和生态条件改良剂。

（2）消毒剂以杀灭水体中的微生物（包括原生动物）为目的所使用的药物。包括氧化剂、双链季铵盐、有机碘等。

（3）抗微生物药指通过内服、浸浴或注射，杀灭或抑制体内微生物繁殖、生长的药物。包括抗病毒药、抗细菌药、抗真菌药等。

（4）抗寄生虫药指通过药浴或内服，杀死或驱除体外或体内寄生虫的药物，以及杀灭水体中有害无脊椎动物的药物。包括抗原虫药、抗蠕虫药和抗甲壳动物药等。

（5）代谢改善和保健药指以改善养殖对象机体代谢、增强机体体质、加快病后恢复、促进生长为目的而使用的药物。通常以饲料添加剂方式使用。

（6）生物制品通过物理、化学手段或生物技术制成微生物及其相应产品的药剂，通常有特异性的作用。包括疫苗、免疫血清等。广义的生物制品还包括微生态制剂。

（7）微生态制剂是一类获得微生物制剂，具有改善机体微生态平衡的作用。主要是细菌或真菌，对动物有益、可改善动物的代谢、无致病性、对致病性微生物有一定程度的抑制作用，从而达到预防疾病的目的。微生物制剂除活的细菌等外，一般还包括促进这些微生物生长的物质，称为益生元，如寡糖。活的微生物制成的微生态制剂则称为益生菌。

（8）中草药指为防治水生动植物疾病或为养殖对象提供保健而使用的药用植物，也包括少量动物及矿物。

（9）其他包括抗氧化剂、麻醉剂、防霉剂、增效剂等药物。

（二）渔药主要剂型

根据药物形态，渔药剂型分为液体剂型、固体剂型、半固体剂型。

（1）液体剂型液体剂型以液体（如水、乙醇、甘油和油类等）为分散介质，药物在一定条件下分别以分子或离子、胶粒、颗粒、液滴等状态分散于液体介质中，如溶液剂、注射剂（又称针剂）、煎剂和浸剂（由中草药煎煮或浸润的液体剂型）等。

（2）固体剂型水产药物中，固体剂型种类最多，应用最广主要用于口服给药，也有部分是泼洒（或浸浴）给药；口服是指药物混合在饲料中加工制成固体药饵，用于疾病的防治。现有的固体剂型有散剂、片剂、颗粒剂、微囊剂等。

（3）半固体剂型半固体剂型又称软性剂型，主要有软膏剂和糊剂，其中糊剂是水产药物中常见的剂型。糊剂是一种含较大量粉末成分（超过 25%）的制剂。

四、影响水产养殖投入品质量安全因素

（一）法律法规体系有待进一步完善

国家对水产养殖投入品的质量安全工作极为重视，发布了《兽药管理条例》《饲料和饲料添加剂管理条例》等一系列文件，对规范水产养殖投入品的生产，监管水产养殖投入品的生产和经营活动起到了很好的作用。然而，按照我国现行的法律法规，除执行准入许可的水产养殖投入品外，很多产品的监管缺乏法律依据而在执法监管的范围之外，因而不断有各种各样的新化合物出现并应用到养殖生产当中，一旦使用后如出现问题，很难找到对应的残留检测方法、限量标准以及法律层面的解决处理办法。

（二）水产养殖投入品的有关标准统一协调性不够

我国水产养殖投入品相关的标准分为国家标准、行业标准、地方标准和企业标准。目前，各行业、各地区对投入品的标准技术指标要求不尽相同，这些标准相互间联系、统一协调性不够，对产品的质量要求不一，有时检测结果混乱，还没有从整个产业链对水产养殖投入品进行系列化的标准统一工作。

（三）涉及水产养殖投入品管理的部门繁多，监管混乱

我国水产养殖投入品是由多个部门分行业、分段进行管理，例如，渔药的生产、经营、产品注册管理在兽医行政部门，饲料和饲料添加剂的生产、产品批准备案在畜牧或饲料管理部门，而药物、饲料是否按规范使用以及有毒有害物质残留检测在渔业管理部门，一些水环境投入品的生产、标准备案管理在工业、质监、工商等部门，产品的最终质量安全还涉及食品卫生等部门。行业管理跨度大，执法主体多头，在各自管理范围内管理手段有限，监管还未能有效统一，面对众多企业和千家万户的分散生产经营，监督管理点多面广，监管难度颇大。

五、饲料和饲料添加剂管理法律法规

（一）饲料和饲料添加剂管理条例

1999 年 5 月 29 日，《饲料和饲料添加剂管理条例》发布（中华人民共和国国务院令第266 号），并经过 4 次修订。根据《饲料和饲料添加剂管理条例》（2017 年修订版）第十四条、第二十二条，水产饲料和添加剂生产、经营应符合以下条件。

1. 水产动物饲料、饲料添加剂

生产设立水产动物饲料、饲料添加剂生产企业，应当符合饲料工业发展规划和产业政策，并具备下列条件。

（1）有与生产水产动物饲料、饲料添加剂相适应的厂房、设备和仓储设施；

（2）有与生产水产动物饲料、饲料添加剂相适应的专职技术人员；

（3）有必要的产品质量检验机构、人员、设施和质量管理制度；

（4）有符合国家规定的安全、卫生要求的生产环境；

（5）有符合国家环境保护要求的污染防治措施；

（6）国务院农业行政主管部门制定的饲料、饲料添加剂质量安全管理规范规定的其他条件。

2. 水产动物饲料、饲料添加经营

水产动物饲料、饲料添加剂经营者应当符合下列条件。

（1）有与经营水产动物饲料、饲料添加剂相适应的经营场所和仓储设施；

（2）有具备水产动物饲料、饲料添加剂使用、贮存等知识的技术人员；

（3）有必要的产品质量管理和安全管理制度。

（二）绿色食品饲料及饲料添加剂使用准则

本标准于 2018 年 9 月 1 日起代替《绿色食品畜禽饲料及饲料添加剂使用准则》（NY/T471—2010）《绿色食品渔业饲料及饲料添加剂使用准则》（NY/T2112—2011）。

《绿色食品饲料及饲料添加剂使用准则》由中国绿色食品发展中心制定，并通过农业农村部的行业标准审定。所使用的饲料和饲料添加剂等生产资料必须符合《饲料卫生标准》《饲料标签标准》、各种饲料原料标准、饲料产品标准和饲料添加剂标准有关规定。所用饲

料添加剂和添加剂预混合饲料必须来自有生产许可证的企业,并且具有企业、行业或国家标准,产品批准文号,进口饲料和饲料添加剂产品登记证及配套的质量检验手段。同时还应遵守以下准则。

1. 生产 A 级绿色食品饲料使用准则

(1)优先使用绿色食品生产资料的饲料类产品。

(2)至少 90% 的饲料来源于已认定的绿色食品产品及其副产品,其他饲料原料可以是达到绿色食品标准的产品。

(3)禁止使用转基因方法生产的饲料原料。

(4)禁止使用以哺乳类动物为原料的动物性饲料产品饲喂反刍动物。

(5)禁止使用工业合成的油脂。

(6)禁止使用畜禽粪便。

2. 绿色食品的饲料添加剂使用准则

(1)优先使用符合绿色食品生产资料的饲料添加剂类产品。

(2)所选饲料添加剂必须是《允许使用的饲料添加剂品种目录》中所列的饲料添加剂和允许进口的饲料添加剂品种。

(3)禁止使用任务药物性饲料添加剂。

(4)禁止使用激素类、安眠镇静类药品。

(5)营养性饲料添加剂的使用量应符合 NY/T14、NY/T33、NY/T34、NY/T65 中所规定的营养需要量及营养安全幅度。

(三)饲料卫生标准

2017 年 10 月 14 日,经国家质检总局、国家标准委批准,修订后的《饲料卫生标准》正式发布,2018 年 5 月 1 日正式实施。新版《饲料卫生标准》含渔用饲料修订内容,主要集中在以下 4 个方面。

(1)增加了污染物项目,有毒有害物质控制项目增至无机污染物、天然植物毒素、真菌毒素、有机氯污染物和微生物等 5 类 24 个,涵盖技术指标 164 个,其中 80% 达到全球最严的欧盟标准水平。

(2)扩大了适用饲料种类,对饲料原料、添加剂预混合饲料、浓缩饲料、精料补充料和配合饲料实现全覆盖。

(3)细化了各项目在不同饲料原料以及不同动物类别和不同生长阶段饲料产品中的限量值,修改或增补限量值达百余个。

(4)增加和修改了部分项目的检测方法。特别是新标准修改了总砷的限量,删除了原标准对砷制剂的例外性规定,杜绝了砷制剂在饲料中的添加和使用。

(四)渔用配合饲料通用技术要求

本标准规定了渔用配合饲料的分类与命名、质量基本要求、试验方法、检验规则、标签、包装、贮存及运输,其中 7.4 检验规则中规定了饲料合格与否的判定规则。

（1）饲料检测结果判定的允许误差按 GB/T 18823 的规定执行。

（2）所检项目的检验结果全部符合标准规定的判为合格批。

（3）安全指标有一项不符合要求或有霉变等现象时,该批产品判断为不合格,且不应再使用。

（4）其他指标不符合标准规定时,可取同批样品复验一次。按复验结果为准,判定该产品是否合格。

（五）饲料企业 HACCP 管理通则

饲料危害分析及关键控制点(Hazard Analysis and Critical Control Point, HACCP)的定义为:鉴别、评价和控制对食品安全至关重要的危害的一种体系;主要由危害分析和关键控制点两部分组成;可用于鉴定饲料危害,且含有预防方法,以控制这些危害的发生。HACCP 并非一个零风险系统,而是设法使饲料安全危害的风险降到最低限度,是一个使饲料生产过程免受生物、化学和物理性危害污染的管理工具。饲料企业良好操作规范是实施 HACCP 管理的先决条件,应在认真执行饲料企业良好操作规范的基础上实施 HACCP 管理才能取得良好效果。

饲料安全,即饲料产品安全,鉴于 HACCP 是预防性饲料产品安全控制系统,不需要大的投资即可实施,其简单有效,符合我国国情。通过饲料工业 HACCP 管理体系的建立和实施,将有利于解决目前存在的饲料安全问题,为消费者提供安全卫生的动物产品。在饲料工业中建立和推行 HACCP 管理是一种与国际接轨的做法,有利于我国动物产品的出口。

六、渔药管理法律法规

（一）兽药管理条例

根据《兽药管理条例》(2016 年修订版)第二章、第三章、第四章,新渔药的研制、渔药生产、渔药经营应符合以下 3 方面规定。

1. 新渔药研制

（1）国家鼓励研制新渔药,依法保护研制者的合法权益。

（2）研制新渔药,应当具有与研制相适应的场所、仪器设备、专业技术人员、安全管理规范和措施。研制新渔药,应当进行安全性评价。从事渔药安全性评价的单位应当遵守国务院兽医行政管理部门制定的渔药非临床研究质量管理规范和渔药临床试验质量管理规范。

（3）研制新渔药,应当在临床试验前向省、自治区、直辖市人民政府兽医行政管理部门提出申请,并附具该新渔药实验室阶段安全性评价报告及其他临床前研究资料;省、自治区、直辖市人民政府兽医行政管理部门应当自收到申请之日起 60 个工作日内将审查结果书面通知申请人。研制的新渔药属于生物制品的,应当在临床试验前向国务院兽医行政管理部门提出申请,国务院兽医行政管理部门应当自收到申请之日起 60 个工作日内将审查结果书面通知申请人。研制新渔药需要使用一类病原微生物的，还应当具备国务院兽医行政管理部门规定的条件，并在实验室阶段前报国务院兽医行政管理部门批准。

（4）临床试验完成后，新渔药研制者向国务院兽医行政管理部门提出新渔药注册申请时，应当提交该新渔药的样品和下列资料。

① 名称、主要成分、理化性质。

② 研制方法、生产工艺、质量标准和检测方法。

③ 药理和毒理试验结果、临床试验报告和稳定性试验报告。

④ 环境影响报告和污染防治措施。

研制新渔药属于生物制品的，还应当提供菌（毒、虫）种、细胞等有关材料和资料。菌（毒、虫）种、细胞由国务院兽医行政管理部门指定机构保存。

研制用于食用动物的新渔药，还应当按照国务院兽医行政管理部门的规定进行渔药残留试验并提供休药期、最高残留限量标准、残留检测方法及其制定依据等资料。

国务院兽医行政管理部门应当自收到申请之日起 10 个工作日内，将决定受理的新渔药资料送其设立的兽药评审机构进行评审，将新渔药样品送其指定的检验机构复核检验，并自收到评审和复核检验结论之日起 60 个工作日内完成审查。审查合格的，发给新渔药注册证书，并发布该渔药的质量标准；不合格的，应当书面通知申请人。

（5）国家对依法获得注册的、含有新化合物的渔药的申请人提交的其自己所取得且未披露的试验数据和其他数据实施保护。

自注册之日起 6 年内，对其他申请人未经已获得注册渔药的申请人同意，使用前款规定的数据申请渔药注册的，渔药注册机关不予注册；但是，其他申请人提交其自己所取得的数据的除外。除下列情况外，渔药注册机关不得披露本条第一款规定的数据。

① 公共利益需要；

② 已采取措施确保该类信息不会被不正当地进行商业使用。

2. 渔药生产企业应具备条件

从事渔药生产的企业，应当符合国家渔药行业发展规划和产业政策，并具备下列条件。

（1）与所生产的渔药相适应的兽医学、药学或者相关专业的技术人员。

（2）与所生产的渔药相适应的厂房、设施。

（3）与所生产的渔药相适应的渔药质量管理和质量检验的机构、人员、仪器设备。

（4）符合安全、卫生要求的生产环境。

（5）渔药生产质量管理规范规定的其他生产条件。

符合前款规定条件的，申请人方可向省、自治区、直辖市人民政府兽医行政管理部门提出申请，并附具符合前款规定条件的证明材料；省、自治区、直辖市人民政府兽医行政管理部门应当自收到申请之日起 40 个工作日内完成审查。经审查合格的，发给兽药生产许可证；不合格的，应当书面通知申请人。

3. 渔药经营企业应具备的条件

经营渔药的企业,应当具备下列 4 方面条件。

（1）与所经营的渔药相适应的渔药技术人员。

（2）与所经营的渔药相适应的营业场所、设备、仓库设施。

（3）与所经营的渔药相适应的质量管理机构或者人员。

（4）渔药经营质量管理规范规定的其他经营条件。

符合前款规定条件的,申请人方可向市、县人民政府兽医行政管理部门提出申请,并附具符合前款规定条件的证明材料;经营兽用生物制品的,应当向省、自治区、直辖市人民政府兽医行政管理部门提出申请,并附具符合前款规定条件的证明材料。

县级以上地方人民政府兽医行政管理部门,应当自收到申请之日起 30 个工作日内完成审查。审查合格的,发给渔药经营许可证;不合格的,应当书面通知申请人。

（二）兽用新生物制品管理办法

根据《兽药管理条例》第二十二条的规定,水产动物新生物制品研制应符合以下 6 方面要求。

（1）新制品应经过实验室试验、养殖车间试验、中间试制、区域试验等研究过程,取得完整的数据,提出制造及检验规程草案。

（2）实验室试验应包括菌（毒、虫）种的选育和鉴定,毒力、抗原性、免疫原性、稳定性、特异性试验和生产工艺,制品的安全性、效力（实验动物及使用对象动物）、免疫期和保存期试验等。

（3）养殖车间试验应用 3～5 批实验室制造的新制品对生产条件下的使用对象水产动物进行试验,观察其安全性和效力。

（4）中间试制应按实验室生产工艺在生物药品厂或农业部认可的具备一定条件的中试车间试制 5～10 批（诊断制剂不少于 3 批）制品,定型生产工艺。批量小且工艺复杂的诊断制剂,可在具备条件的实验室中间试制,批数同上。

（5）区域试验应用 3 批以上中间试制产品进行较大范围、不同品种的使用对象水生动物试验,进一步观察制品的安全性和效力。

（6）进行养殖车间试验必须经试验所在地县主管部门批准;进行区域试验必须经试验所在地省、自治区、直辖市主管部门批准。试验中因制品质量而产生的不良后果,由研制单位负责。

（三）兽用生物制品经营管理办法

《兽用生物制品经营管理办法》已于 2007 年 2 月 14 日经农业部第 3 次常务会议审议通过,自 2007 年 5 月 1 日起施行。根据该办法第四条、第五条、第六条、第八条、第九条、第十二条、第十三条、第十六条,其水产动物制品经营应符合以下 8 方面规定。

（1）农业部负责全国水产动物制品的监督管理工作。县级以上地方人民政府兽医行政管理部门负责本行政区域内水产动物制品的监督管理工作。

（2）国家强制免疫用水产动物制品由农业部指定的企业生产，依法实行政府采购，省级人民政府兽医行政管理部门组织分发。发生重大动物疫情、灾情或者其他突发事件时，国家强制免疫用水产动物制品由农业部统一调用，生产企业不得自行销售。农业部对定点生产企业实行动态管理。

（3）省级人民政府兽医行政管理部门应当建立国家强制免疫用水产动物制品储存、运输等管理制度。分发国家强制免疫用水产动物制品，应当建立真实、完整的分发记录。分发记录应当保存至制品有效期满后2年。

（4）农业部指定的生产企业只能将国家强制免疫用水产动物制品销售给省级人民政府兽医行政管理部门和符合第七条规定的养殖场，不得向其他单位和个人销售。水产动物制品生产企业可以将本企业生产的非国家强制免疫用生物制品直接销售给使用者，也可以委托经销商销售。

（5）水产动物制品生产企业应当建立真实、完整的销售记录，应当向购买者提供批签发证明文件复印件。销售记录应当载明产品名称、产品批号、产品规格、产品数量、生产日期、有效期、收货单位和地址、发货日期等内容。

（6）经销商只能经营所代理水产动物制品生产企业生产的水产动物制品，不得经营未经委托的其他企业生产的兽用生物制品。

（7）养殖户、养殖场、动物诊疗机构等使用者采购的或者经政府分发获得的水产动物制品只限自用，不得转手销售。

（8）养殖户、养殖场、动物诊疗机构等使用者转手销售水产动物制品的，或者渔药经营者超出《兽药经营许可证》载明的经营范围经营渔用生物制品的，属于无证经营，按照《兽药管理条例》第五十六条的规定处罚。

（四）兽药标签和说明书管理办法

《兽药标签和说明书管理办法》于2002年9月27日业经农业部常务会议审议通过，自2003年3月1日起施行。根据该办法第二章第四条、第五条、第六条、第七条、第八条、第九条以及第三章，渔药产品标签和说明书应符合以下2方面有关要求。

1. 渔药标签基本要求

（1）渔药产品（原料药除外）必须同时使用内包装标签和外包装标签。

（2）内包装标签必须注明渔用标识、兽药名称、适应证（或功能与主治）、含量/包装规格、批准文号或《进口兽药登记许可证》证号、生产日期、生产批号、有效期、生产企业信息等内容。

安瓿、西林瓶等注射或内服产品由于包装尺寸的限制而无法注明上述全部内容的，可适当减少项目，但至少须标明渔药名称、含量规格、生产批号。

（3）外包装标签必须注明渔用标识、渔药名称、主要成分、适应证（或功能与主治）、用法与用量、含量/包装规格、批准文号或《进口兽药登记许可证》证号、生产日期、生产批号、有效期、停药期、贮藏、包装数量、生产企业信息等内容。

（4）渔用原料药的标签必须注明渔药名称、包装规格、生产批号、生产日期、有效期、贮藏、批准文号、运输注意事项或其他标记、生产企业信息等内容。

（5）对贮藏有特殊要求的必须在标签的醒目位置标明。

（6）渔药有效期按年月顺序标注。年份用四位数表示，月份用两位数表示，如"有效期至 2002 年 09 月"或"有效期至 2002.09"。

2. 渔药说明书基本要求

（1）渔用化学药品、抗生素产品的单方、复方及中西复方制剂的说明书必须注明以下内容：兽用标识、兽药名称、主要成分、性状、药理作用、适应证（或功能与主治）、用法与用量、不良反应、注意事项、停药期、外用杀虫药及其他对人体或环境有毒有害的废弃包装的处理措施、有效期、含量／包装规格、贮藏、批准文号、生产企业信息等。

（2）渔药说明书必须注明以下内容：渔用标识、渔药名称、主要成分、性状、功能与主治、用法与用量、不良反应、注意事项、有效期、规格、贮藏、批准文号、生产企业信息等。

（3）渔用生物制品说明书必须注明以下内容：渔用标识、渔药名称、主要成分及含量（型、株及活疫苗的最低活菌数或病毒滴度）、性状、接种对象、用法与用量（冻干疫苗须标明稀释方法）、注意事项（包括不良反应与急救措施）、有效期、规格（容量和头份）、包装、贮藏、废弃包装处理措施、批准文号、生产企业信息等。

第十四章　水产品质量安全管理

　　食品是人类生存与发展必不可少的基本需求资源,我国自古就有"民以食为天"的说法。随着人类文明的进步,社会的发展,科技的日新月异,不仅食品的产量增大,而且种类变得更为丰富,人们对食品的需求开始从"只要吃得饱"转变为"也要吃得好",从基本的粮食需求转变为多种多样的丰富的食品的需求。但同时,社会的进步、工业化的发展带来了环境污染、原料污染、各类药物、工业添加剂等一系列食品安全的隐患,加上食品本来具有的生物性和化学性方面的风险如病菌、重金属超标等风险,以及近年来国内国际食品安全事件频发,影响范围大而后果严重,引起了人们对食品安全的重视。人们对食品"吃得好"的需求内涵扩大,食品安全成为人们对食品的重要需求之一,其中水产品作为一种重要的食品来源,在人们的日常生活中扮演着重要的角色。

　　水产品因其特殊属性存在着比其他食品种类更大的安全风险,近年来水产品安全事件也频繁发生,例如多宝鱼事件、福寿螺事件、福尔马林添加事件等,水产品安全时刻牵动着人们的神经,更应引起足够的重视,加强水产品安全管理刻不容缓。水产品质量安全不仅关系到水产业的健康发展,更直接关系人民群众的日常生活和生命安全,关系社会和谐稳定和民族发展。加强水产品质量安全管理,将进一步规范水产品产销秩序,更加有效地保证公众水产品消费安全,保障最广大人民群众的根本利益。扎实抓好水产品质量安全工作,发展"高产、优质、高效、生态、安全"的现代渔业,坚持数量与质量并重,是进一步转变经济增长方式,调整和优化产业结构,促进现代渔业高质量发展的客观要求,也是积极适应和满足市场需求,确保水产品稳定、持续、安全供给,提高渔民收入和实现乡村振兴的现实需要。加强水产品质量安全管理,提高水产品质量安全水平,有利于全面提升水产品竞争力,促进优势水产品出口,更好地拓展我国优势水产品的市场空间,是应对渔业对外开放和参与国际竞争的重大举措。

第一节　水产品质量安全概念

一、食品与食品安全

（一）食品

　　根据《食品卫生法》的定义,食品指各种供人食用或者饮用的成品和原料以及按照传统既是食品又是药品的物品,但是不包括以治疗为目的的物品。

根据《食品工业基本术语》的定义,食品是指可供人类食用或饮用的物质,包括加工食品,半成品和未加工食品。不包括烟草或只作药品用的物质。

从食品卫生立法和管理的角度,广义的食品概念还涉及所生产食品的原料、食品原料种植。养殖过程接触的物质和环境,食品的添加物质。所有直接或间接接触食品的包装材料,设施以及影响食品原有品质的环境。

（二）食品安全

"食品安全"是一个复杂的概念,它是随着人类经济社会的发展被逐步认知并不断被强化和拓展的。国际上食品安全包含有两个方面的含义,分别来源于两个英语概念:一是指一个国家或地区的食物保障,即是否具有足够的食物供应。因为在发展中国家（包括欠发达国家)阶段和人类社会发展初期,人们更多关注的是"量的安全",即"食物安全"或者"粮食安全"（Food Security)。随着温饱问题的逐步解决,以及食源性疾病的陆续多次大范围地发生,"食品安全"的另一层涵义开始被关注,即"质的安全"（Food Safety)。也就是食品中有毒、有害物质对人体健康的公共卫生问题。

根据世界卫生组织（WHO)的定义,食品安全是指"食物中毒、有害物质对人体健康影响的公共卫生问题"。联合国粮农组织（FAO)在 1974 年 11 月世界粮食大会上通过的《世界粮食安全国际约定》,从食物数量满足人们基本需要的角度,第一次提出了"食物安全"概念,这也是广义的食品安全。其具有三个层次的含义。

1. 从数量角度

要求人们既能买得到,又能买得起需要的基本食品。

2. 从质量角度

要求食物的营养全面、结构合理、卫生健康、符合安全。

3. 从发展角度

要求在获取食物的同时要注重保护生态环境和资源利用的可持续性。

国际食品法典委员会（CAC)在其《食品卫生通则》中对食品安全的定义为"食品安全是在根据预期用途制作或食用时,食品不会引起消费者伤害的保证"。这也意味着在食品的种植养殖和生产加工、流通以及餐饮服务过程中,食品对消费者的伤害包括对食品的人为蓄意污染及非人为蓄意污染引起。对食品不会引起消费者伤害的保证,应该既包括对非人为蓄意污染的预防、控制、防范,即食品质量管理;也应包括对人为蓄意污染的预防、控制、防范,即食品防护。

《中华人民共和国食品安全法》第十章附则第九十九条中对食品安全的定义为"食品安全,指食品无毒、无害,符合应当有的营养要求,对人体健康不造成任何急性、亚急性或者慢性危害"。

二、水产品与水产品质量安全

（一）水产品

水产品一般指用于食用的海水或淡水的经济动植物及其加工品。国家质检总局在《进出境水产品检验检疫管理办法》中对水产品的定义：指供人类食用的水生动物（不含活水生动物及其繁殖材料）及其制品，包括头索类、脊椎类、甲壳类、脊皮类、脊索类、软体类等水生动物和藻类等水生植物及其制品。其中食用水生动物是指用于食用的活的鱼类、软体类、甲壳类及其他在水中生活的无脊椎动物等。

根据美国食品药品监督局（FDA）对水产和水产品的定义，水产是指除鸟类、哺乳类以外，淡水或海水中供人类食用的有鳍类、甲壳类和其他类型的水产生物（包括但不限于鱼类、虾类、龟娄、海蜇、海参、海胆及卵）和所有软体动物。而水产品是以水产为主要成分的人类食品。

水产品的生物学特性及其主要作为营养食品及无污染的安全、优质食品的特殊消费地位，使其质量特性有着独特的含义与内容，主要体现在以下3方面。

1.鱼的鲜活度

鱼要活，是消费的一般要求；鱼要鲜，是消费的最低要求。在鲜活鱼的消费上，消费者还要求鱼体健壮优美、不畸形。目前，较多海水鱼不易做到活鱼销售，只能保鲜销售。鱼的鲜度要求如下。

（1）鱼鳃。鲜鱼的鳃的色泽鲜红或粉红，鳃盖紧闭，黏液较少呈透明状。鱼鳃呈灰色或暗红色的为不新鲜鱼。

（2）鱼眼。新鲜鱼的眼睛澄清而透明，且稍向外凸出，周围无充血和发红现象。若眼球混沌灰暗，向内塌陷，则为不新鲜鱼。

（3）鱼鳞。鲜鱼的鱼鳞紧密完整，具有光亮，且不易脱落。不新鲜鱼的鱼鳞松驰，层次不明显且有脱落，没有光泽。

（4）鱼体表皮及肌肉状态。鲜鱼体表清洁，黏液较少；鱼皮及肌肉有弹性，用手按压后能立即复原，不留痕迹；肛门周围呈一圈坑形，硬实发白；无影响外观的机械伤。不新鲜的鱼体表黏液增多，透明度下降；鱼背较软，鱼皮及肌肉弹性较小，用手按压后复原较慢，或不能完全恢复。

（5）肉质。新鲜鱼组织紧密而有弹性，肋骨与脊骨处鱼肉组织结实。肉质疏松，容易脱离脊骨与肋骨的为不新鲜鱼。

2.品种

在海洋渔业方面，我国仅海洋鱼类就有2 000多种，其中可食用的有近千种，主要捕捞的鱼类仅100多种，还有种类繁多的虾、蟹、贝、藻等。在淡水渔业方面，全国淡水鱼共有500多种，其中半数左右是具有经济价值的食用鱼类。常见的和产量较高的有40～50种。

3. 规格等级

水产品的规格是按重量或长度来进行等级划分。

（二）水产品质量安全

水产品质量安全水产品质量安全的概念,国内学者一般有三种认识。一是把质量安全作为一个整体概念,属于一个词组,是指水产品安全、优质、营养的各要素的综合。目前,我国的现行标准大多采用这概念,但这与国际上通行的说法并不一致。二是质量中的安全因素。即水产品安全的概念包含于质量概念。在影响质量的各个因子中.强调突出安全性要素。这一理解符合现行工作重点和实际。三是认为是质量和安全的组合。质量安全属于不同的两个概念。这种说法符合国家通用原则,代表了管理学分类的方向。

对于水产品质量安全概念的理解,国际社会基本达成以下共识。

1. 水产品质量安全是个综合概念

水产品质量安全包括水产品卫生、质量、营养等相关方面的内容和水产品从养殖场到餐桌全过程的各个环节。

2. 水产品质量安全是个政治概念

一个国家水产品的质量安全水平如何,直接关系到政府监管部门的执政水准,很大程度会影响人民对政府的执政能力的判断。

3. 水产品质量安全是个社会概念

水产品质量安全会因时而异,是不断发展的,因此就要求各个国家结合自身实际,根据不同时期水产品质量安全的特点,立足当下,制定适应不同时期的监管政策。

4. 水产品质量安全是个经济学概念

水产品质量安全的经济学概念指的是有足够的收入来保障所购入的水产品是安全优质的。

5. 水产品质量安全是个法律概念

政府监管部门需要制定一系列法律法规,用以规范水产品生产销售各环节的行为,系统性的保障水产品质量安全。

综合上述认识,水产品质量安全的概念可以表述为水产品的内在品质与外在因素对人体健康的影响状况,从养殖场到餐桌全链条各环节中,均不能存在导致消费者病亡或危及消费者及其后代的隐患,即不能含有可能损害或威胁人体健康的有毒、有害物质或因素。

三、不得上市销售的水产品要求

（1）含有国家禁止使用的渔药、兽药或者其他化学物质的。

（2）渔药、兽药等化学物质残留或者含有重金属等有毒有害物质不符合水产品质量安全标准的。

（3）含有致病性寄生虫、微生物或者生物毒素不符合水产品质量安全标准的。

（4）使用的保鲜剂、防腐剂、添加剂等材料不符合国家有关强制性的技术规范的。

（5）其他不符合水产品质量安全标准的。

四、水产品质量安全管理体系

（一）水产品质量安全管理

水产品质量安全管理就是为保证和提高水产品生产的产品质量和安全所进行的评估、调查、计划、组织、协调、控制、检查、处理及信息反馈等各项活动的总称，是水产品生产管理的重点环节和中心任务。水产品质量安全管理是全面提高和保证水产品质量、卫生和安全的前提，是一种被广泛认可的科学有效的管理方法，具有先决性、全面性、系统性、完整性、长期性和科学性的特点。

（二）水产品质量安全综合管理体系

水产品质量安全综合管理体系是指为建立并实施水产品质量安全综合管理所包含的所有活动。即在特定区域、品种、环节、养殖户和企业通过整合行政和检测资源，对区域内农药、兽药产供销实行全封闭、无缝式的管理；积极推行水产品标准化生产、加工和储藏运输等出口管理等源头管理，从而保证水产品的质量与安全。

（三）水产品质量安全监管

世界卫生组织（WHO）和联合国粮农组织（FAO）指出水产品质量安全监管是指由政府监管机构为确保水产品安全优质并符合人类食用要求，按照法律规定对水产品生产、加工、流通、销售等各个环节进行的强制性监管。一般意义上的监管是指监管主体为使某一事物能正常运转，基于某些规则，对其进行的调节或控制。监管含有监督和管理双重意思，但在我国，监管更主要的是管理的意思。水产品质量安全监管从狭义上讲是指政府监管部门对水产品的质量安全的监督管理行为，政府监管机构通过制定相关法律法规、对行政许可进行设定和审查、对水产品实施检验检测等手段对水产品质量安全进行监管。从广义上讲，水产品质量安全监管除政府部门的监管外，还包括除社会上第三方监管力量对水产品质量监督管理。

第二节　水产品质量监测

一、水产品质量监测方式

为切实加强水产品质量安全监督管理，提高水产品质量安全水平，确保市民安全消费，国家建立农产品质量安全监测制度。县级以上人民政府渔业行政主管部门应当按照保障农产品质量安全的要求，制订并组织实施农产品质量安全监测计划，对生产中或者市场上销售的农产品进行监督抽查。除监督抽查外，常见的水产品质量监测还包括风险监测、快速检测和企业自检等形式。

（一）监督抽查

监督抽查指质量技术监督部门为监督产品质量,依法组织对中华人民共和国境内养殖、生产、销售的产品进行有计划的随机抽样、检查,并对抽检结果公布和处理的活动。监督抽查结果由国务院农业行政主管部门或者省、自治区、直辖市人民政府农业行政主管部门按照权限予以公布。监督抽查检测应当委托从事农产品质量安全检测的机构,必须具备相应的检测条件和能力,由省级以上人民政府农业农村行政主管部门或者其授权的部门考核合格,监督抽查不得向被抽查人收取费用,抽取的样品不得超过国务院农业农村行政主管部门规定的数量。上级农业行政主管部门监督抽查的农产品,下级农业行政主管部门不得另行重复抽查。

监测种类及检验项目监督抽检包括水产苗种质量安全监督抽检和产地水产品质量安全监督抽检,抽检产品的范围是在监督抽查目录内(以北方水产品质量安全状况为例)。

（1）水产苗种质量安全监督抽查:主要包括海参、大菱鲆、对虾(中国对虾、日本、南美白对虾)、黑鲷、许氏平鲉、斑石鲷、石斑鱼、梭子蟹、大泷六线鱼、圆斑星鲽、绿鳍马面鲀、松江鲈鱼、钝吻黄盖鲽、半滑舌鳎、牙鲆、黄姑鱼、鲢鳙鱼、鲫鱼、鲽鱼、三疣梭子蟹等。

（2）产地水产品质量安全监督抽查:主要包括海参、大菱鲆、半滑舌鳎、鲽鱼、三疣梭子蟹、对虾(中国对虾、日本、南美白对虾)、许氏平鲉、斑石鲷、石斑鱼、鲢鳙鱼、鲤鱼、草鱼等。

（二）风险监测

为进一步掌握水产品质量安全风险状况,了解掌握食品中潜在的危险因子,及时进行风险评价、风险预警,进一步提高水产品质量安全水平。国家建立食品安全风险监测制度,对食源性疾病、食品污染以及食品中的有害因素进行检测。风险监测指为了及时发现和掌握产品质量安全风险,通过产品检验检测、数据分析、资料收集等方式,系统和持续地收集食源性疾病、食品污染以及食品中有害因素的监测数据及相关信息,并进行综合分析和通报的活动。

（三）快速检测

快速检测是指包括样品制备在内,能够在短时间内出具检测结果的行为。食品安全快速检测分为现场快速检测和实验室快速检测。实验室快速检测着重于利用一切可以利用的仪器设备对检测样品进行快速定性与定量;现场快速检测着重于利用一切可以利用的手段对检测样品快速定性与半定量。现场的食品快速检测方法要求如下。

（1）实验准备简化,使用的试剂较少,配制好的试剂保存期长。

（2）样品前处理简单,对操作人员要求低。

（3）分析方法简单、准确和快速。

（四）企业自检

企业自检指的是企业自身通过企业内部检测部门对每批出厂产品随机抽样进行检测,从而判定产品合格和不合格的一种方法。企业通过自检不合格的产品不得出厂,食品生产者通过自检自查、公众投诉举报、经营者和监督管理部门告知等方式知悉其生产经营的食品属于不安全食品的,应当主动召回。食品生产者应当主动召回不安全食品而没有主动召回的,县级以上市场监督管理部门可以责令其召回。

二、水产品抽样要素

养殖水产品抽样是水产品质量安全监测流程中重要组成部分,其抽样的真实性、代表性、规范性直接关系到样品的检测结果。抽样包含法、人、物、抽、单、制、封、储、运、交等环节要素,做好抽样要素至关重要。

（一）法

法就是法律法规。养殖水产品抽样是依据国家的相关法律法规及行业标准,如:《水产品抽检规范》（GB/T 30891—2014）、《农产品质量安全监测管理办法》、《产地水产品质量安全监督抽查工作暂行规定》等。

（二）人

人就是与抽样有关的人员,包括抽样人员、被抽检单位人员、执法人员等。抽样人员要求经过专业培训,熟悉业务。

（三）物

物就是抽样工具及配套物资,包括抛网、罾网、网兜、手抄网等捕捞工具、GPS定位设备、抽样函（文件）、抽样单、送样单、付费单、不留样声明、封条、印章等。

（四）抽

抽就是抽样,到水产养殖场现场捕捞水产品,捕捞方式有渔网、撒网、流刺网、罾网、鱼笼、垂钓等多种作业方式,按照要求,随机、科学、规范抽取具有代表性的养殖水产样品。

（五）表

表就是填写抽样时的各种表格,如抽样单、不留样声明、付费单、样品标签、产地检查记录表等,如遇到拒接抽检,还要填写拒绝抽样认定表,表格填写要规范、真实。

（六）制

制就是制样,抽取的养殖水产品必须现场制样。按照规范要求,把制好每个样品分成"检样""留样"和"封样"三份,用于检测和复检。

（七）封

封就是封样。制好的样品,均匀放入样品袋中,贴上标签、封条,原样送实验室检测。

（八）储

储就是制好的水产样品的储存或保存,保障送至实验室时,样品完好,不变质。

（九）运

运就是样品运输。样品及时通过运输工具完好无缺、保质保量送达实验室。

（十）交

交就是交接。把完好无损、质量保证的样品交给实验室接样员。完成养殖水产品抽样的整个流程。

简简单单养殖水产品的抽样，却包含法、人、物、抽、单、制、封、储、运、交等环节要素，各个环节相互关联，各种要素息息相关，整个流程一环扣一环，所以，要规范抽样，规避风险，把控关键控制点，保障水产品质量安全。

三、水产品抽样规范

（一）抽样要求

1. 抽样原则

抽样应严格按照 GB/T 30891—2014 规定的程序和方法执行，确保抽样的公正性和样品的代表性、真实性、有效性。

2. 抽样人员要求

每个抽样组由 2 人或 2 人以上组成，抽样人员应经过专门培训，具备相应资质。抽样过程中抽样人员应携带身份证、工作证或单位介绍信、任务书和抽样通知书等证件，出示或佩戴资质证或执法证。

3. 抽样工具要求

根据样品特性，需准备以下工具：天平、样品袋、封样袋（盒）、保温箱、橡胶手套、照相及定位设备、抽样表（单）、封条等。应用无菌容器盛装用于微生物检验的样品，并做好保温工作。

（二）抽样过程

样品要求活体样品应选择能代表整批产品群体水平的生物体，不得特意选择特殊的生物体（如畸形、有病的）作为样本；鲜品的样品应选择能代表整批产品群体水平的生物体，不能特意选择新鲜或不新鲜的生物体作为样品；作为进行渔药残留检验的样品应为已经过停药期的、养成的，即将上市进行交易的养殖水产品；处于生长阶段的，或使用渔药后未经过停药期的养殖水产品可作为查处使用违禁药的样本；用于微生物检验的样本应单独抽取，取样后应置于无菌的容器中，且存放温度为 0～10 ℃，应在 48 h 内送到实验室进行检验。

（三）抽样记录

抽样时填写抽样单、样品袋标签和封样袋（盒）标签，填好的标签分别粘贴在样品袋和封样袋（盒）上。抽样单一式四份，由抽样人员和受检单位代表共同填写，一份交受检单位，一份随同样品转运或由抽样人员带回检测单位，一份抽样单位留存，一份交渔政部门。

样品袋标签填写内容为样品名称、样品编号、抽样人姓名和抽样日期；封样袋（盒）填写的主要内容为样品名称、样品编号、抽样人和受检单位代表姓名、抽样单位和受检单位的名称及封样日期；同一样品填写在抽样单、样品袋标签、封样袋（盒）标签上的样品名称和样品编号必须一致。

（四）样品封存

封样前，抽样人员和受检单位代表共同确认样品的真实性、代表性和有效性；将每份样品分别封存，粘贴封条，抽样人员和受检单位代表分别在封条上签字盖章；封存好的样品应处于低温状态，保证样品不变质；封存包装材料应清洁、干燥，不会对样品造成污染；包装容器应完整、结实、有一定抗压性。

第三节　水产品质量安全追溯监测

一、水产品质量安全追溯体系概念

水产品质量安全追溯是指在水产品供应的整个过程中对产品的各种相关信息进行记录存储的质量保障系统。追溯目的是在出现产品质量问题时，通过标示和电子技术手段能够快速有效地查询到发生问题的原料或加工环节，必要时进行产品召回，实施有针对性惩罚措施，由此来提高产品安全质量水平。水产品质量安全追溯也是在生产、加工及销售的各个环节中，对水产食品、饲料及添加剂以及其他有可能成为食品或饲料组成成分的所有物质的追溯或追踪能力。

《农业农村部办公厅关于做好 2018 年水产品质量安全可追溯试点和养殖经营主体动态数据库建设试点工作的通知》对水产品质量安全可追溯体系的要求是，水产品质量安全可追溯试点要以责任主体和流向管理为核心、以追溯二维码为载体，推动追溯管理与市场准入相衔接，逐步实现水产品"从池塘到餐桌"全过程追溯管理，切实做到"信息可查询、来源可追溯、去向可跟踪、责任可追究"。

根据这一标准，水产品质量安全追溯体系至少应发挥以下 3 方面作用。

（1）提供水产品生产、储运、销售等所有环节的重要信息。

（2）追溯水产品产销相关所有责任方。

（3）可以通过较为便利的途径进行反向信息的查询，获取有关水产品和相关责任方的信息。

二、水产品追溯体系建设制约因素

（一）产品自身特点带来的因素

从产业结构来说，有捕捞业也有养殖业，两者发展规模均较为可观，捕捞业业务范围已涉及远洋渔业,而养殖业在我国多个省、市均有分布。从水产品种类来看,鱼类、虾类、贝类、鳖类等均属于水产品的范围。从提供的产品和服务的方式来说,有鲜活产品、冰鲜产品、冷藏产品、水产品加工制品等,在相关的休闲旅游产业中也提供和水产品有关的服务。我国水产品品类多样,涉及多种行业、多个环节,这为建立安全可追溯体系带来一定难度。

（二）责任主体分散

水产品从生产到餐桌,中间要经过养殖(捕捞)、储存、运输、销售等环节,每一个环节又涉及众多的企业。建立水产品质量安全可追溯体系需各环节相关主体之间的相互配合与协调,同时不同环节主体的监管部门可能也会有所不同。责任主体的分散给建立统一的水产品质量安全可追溯体系带来了困难。

（三）部门协调沟通存在薄弱环节

与水产品质量安全有关的问题有:因生产、储运带来的产品本身质量问题;产品商标、包装使用不合法;销售过程中未如实描述产品的品质等有关信息等。不同问题涉及的监管主体不同,由此产生的纠纷性质也有所不同。农业、渔业、卫生、市场监管等多部门相互质检协调与配合之下才能实现水产品质量安全的可追溯,而实现多部门的配合和协调难度较大。

（四）构建平台技术困难

根据对水产品质量可追溯体系的要求,通过该体系,消费者应该可以便捷查询有关水产品的生产主体生产批次、苗种来源、物流信息、捕捞、监管主体、质检信息等相关信息。无论通过任何途径提供以上信息的查询,均需要一个强大的后台支撑。这一后台支撑包括产品品质的迅速检测,大量的数据快速录入,相关信息的及时提供与更新等,这需要巨大的人力资源的投入,更需要相应的技术保障。

（五）主体参与积极性不高

水产品质量安全可追溯体系的有效运行基础是相关信息的及时准确录入,这些信息的录入主体主要是生产者、储运者、销售者等。一方面,需要采集的信息数量大,采集持续时间长,通过相关程序完成信息采集需要对工作人员进行专业培训,这都给信息采集带来了一定的难度,影响了相关主体采集信息的主动性;另一方面,采用传统方式采集大量的信息,需要较高的人工成本,采用现代化的采集设备,又会增加企业的设备投入成本,面对成本压力,企业自身的采集信息的积极性也不高。同时,对所有相关节点的相关主体的信息采集及时性、真实性进行有效监管也存在一定困难。而目前的市场来看,水产品未实现质量可追溯并未对水产品的销售量造成直接的影响,因此,虽然从长远来说,水产品质量安全可追溯体系有利于水产品的质量安全,但是并不能给生产者、销售者和储运者带来直接的收益,因此,相关责任主体参与水产品质量安全可追溯体系建设的积极性并不高。

（六）地区之间权责协调难

实现水产品质量安全可追溯,需要获取水产品从生产到消费整个链条不同环节的相关信息,不同环节的信息来源于不同的信息主体,单一环节受到的制约因素不同。同时,这些主体从属于不同行业,或者同一个行业下的不同企业主体,在空间上所属不同区域,又分属不同的监管主体管辖,不容易确认不同主体之间的权责,协调起来难度比较大。如果相关标准不统一,权责协调不一致,极容易造成整个体系无法顺畅运行。

三、水产品质量安全追溯实例

山东省烟台市水产品质量安全追溯平台台由烟台市海洋发展和渔业局倡导、烟台直线智能科技有限公司技术开发,烟台市水产品质量追溯平台开通于 2015 年,经过不断升级完善,平台已涵盖以海参、鱼类、虾类、蟹类、贝类、藻类为主的全部水产品源头企业和产品的追溯和监管。平台的运营理念是"服务产业,造福民生",平台的主要作用是引导企业规范生产过程、公开批次化可追溯信息链,并面向全国消费者推荐烟台本土优质水产企业、面向大众推荐优质、安全、可追溯的水产品。

烟台市水产品质量追溯平台主要包括公众溯源平台、监管平台、企业端、质检端、数据采集端。

(一)公众溯源平台(公众端)

消费者通过各种渠道购买可追溯水产品后,可以通过手机扫码了解该产品的合格证信息、完整可追溯信息,做到买得放心、吃得放心。除了追溯查询外,主要用于展示企业,推广优质产品,发布新闻动态、食品标准、政策法规、消费知识、监管动态,推介海洋牧场等,见图14-1。

图 14-1　烟台市水产品质量追溯平台

（二）监管平台

海洋发展和渔业局能够监管全市企业信息，可以按照区市进行排列检索。各区市局能够监管本区市企业的信息。主要功能：企业信息监管、地图检索、产品信息检索、生产批次监管、合格证监管、养殖过程记录监管、投入品使用监管等，见图14-2。

图14-2　烟台市水产品质量监管平台

（三）企业端

企业端适合各类型水产品养殖企业、育苗企业、养殖合作社、养殖户进行食用水产品合格证和追溯信息管理，生产日志管理；适合水产品加工企业从原料、加工、包装、销售等各环节可追溯关键信息管理。

主要功能：企业信息管理、责任人管理、供应商管理、基本养殖信息管理、养殖单元（场、车间、池）管理、产品信息管理、基础追溯信息（生产批次、出厂合格证）管理、养殖过程记录、投入品及使用管理、产品去向管理（车辆、客户、销售批次）等。

（四）质检端

检验检测信息管理系统适合检验检测部门批量录入产品检验检测信息、上传质检报告。

主要功能：企业检索、新建企业（账号）、产品检索、新增产品、药残检测信息录入管理、污染物监测信息录入管理、上传质检报告等，见图14-9。

（五）信息采集端

系统适合第三方批量录入企业可追溯信息。

主要功能：企业信息管理、责任人管理、供应商管理、基本养殖信息管理、养殖单元（场、车间、池）管理、产品信息管理、投入品（苗种、饲料、添加剂、渔药）管理、销售信息（客户管理、销售记录）管理。

第四节　水产品质量认证

我国水产品质量安全认证主要有无公害农产品、绿色食品和有机食品三种基本类型，即"三品"认证。从水平定位、产品结构、技术制度、认证方式和发展机制来看，各有特点。无公害农产品以初级食用农产品为主；推行"标准化生产、投入品监管、关键点控制、安全性保障"的技术制度；采取产地认定与产品认证相结合的方式；认证属于公益性事业，不收取费用，实行政府推动的发展机制。绿色食品以初级农产品为基础、加工农产品为主体；推行"两端监测、过程控制、质量认证、标志管理"的技术制度；采取质量认证与证明商标管理相结合的方式；以保护农业生态环境、增进消费者健康为基本理念，采取政府推动与市场拉动相结合的发展机制。有机食品以初级和初加工农产品为主；强调常规农业向有机农业转换，推行基本不用化学投入品的技术制度，保护生态环境和生物多样性，维护人与自然的和谐关系；注重生产过程监控，一年一认证；按照国际惯例，采取市场化运作。目前"三品"认证结构和发展模式，既适应了我国水产养殖业发展水平和水产品质量安全状况，也满足了不同消费者类型和层次的市场选择，是水产品质量安全认证发展的客观必然。尤其是农业部自2002年开始全面推进"无公害食品行动计划"以来，无公害渔业产品认证已经在水产养殖领域产生了重要影响，取得了良好的社会与生态效益及一定的经济效益。水产养殖从业者依据本企业生产实际以及市场定位，有选择地进行产品质量认证，按照标准组织生产，特别是按照无公害水产品的要求组织水产养殖生产已成为我国现代渔业的发展方向和趋势，是保障水产品质量安全的有效措施，也是践行绿色发展理念的有效途径。

近年来虽然已取得了一些进展，然而在某些方面还存在一些漏洞。一是在"三品"发展过程中存在宣传不到位和认识不统一，部分消费者对"三品"概念还存在误区。单就绿色食品而言，一些消费者就从绿色食品的字面意思来单纯地认为绿色水产品就是在生产中不使用化学合成的渔药、肥料、生长调节剂、饲料添加剂等物质而生产出来的纯天然水产品，更有甚者则是把绿色食品单纯地认为是绿颜色的食品；二是标准和标准体系不完善，且标准水平总体不高还不能与国际接轨；三是地区、行业和产品之间发展不平衡、监督管理有待进一步强化，也是今后长期"三品"产品发展存在的薄弱环节。

一、认证产品概念与标志

（一）无公害食品和无公害水产品

无公害食品是指产地环境、生产过程、产品质量等符合国家有关标准和规范的要求，经认证合格获得认证证书，并允许使用无公害农产品标志的，未经加工或初加工的食用农产品。

无公害水产品是指产地环境、生产过程和产品质量符合国家有关规范和标准的要求，经认定合格的未经加工或者初加工的食用水产品。

标志基本图案见图 14-3。

图 14-3 无公害农产品标识

（二）绿色食品和绿色水产品

绿色食品是遵循可持续发展原则，按照特定生产方式生产，经专门机构认定，许可使用绿色食品标志商标的无污染的安全、优质、营养类食品。绿色食品特定的生产方式是指按照标准生产、加工，对产品实施全程质量控制，依法对产品实行标志管理，实现经济效益、社会效益和生态效益的同步生长。

绿色水产品指的是经专门机构认定，许可使用绿色食品标志的无污染、安全优质的营养水产品。绿色水产品具有出自良好渔业生态环境、实行"从水体到餐桌"全程质量控制、具有高价值、高附加值和绿色水产品标志受到法律保护等特点。因此，绿色食品水产品具备了"安全与营养"的双重质量保证和"环境与经济"的双重效益。

为了与一般的普通食品相区别，绿色食品实行标志管理。绿色食品标志由特定的图形来表示。绿色食品标志图形由三部分构成：上方的太阳、下方的叶片和中心的蓓蕾。标志图形为正圆形，意为保护、安全。整个图形描绘了一幅明媚阳光照耀下的和谐生机，告诉人们绿色食品是出自纯净、良好生态环境的安全、无污染食品，能给人们带来蓬勃的生命力。绿色食品标志还提醒人们要保护环境和防止污染，通过改善人与环境的关系，创造自然界新的和谐。绿色食品标志商标作为特定的产品质量证明商标，1996 年已由中国绿色食品发展中心在国家工商行政管理局注册，从而使绿色食品标志商标专用权受《中华人民共和国商标法》保护,这样既有利于约束和规范企业的经济行为,又有利于保护广大消费者的利益。目前,绿色食品商标已在国家知识产权局商标局注册的有以下十种形式,见图14-4。

图 14-4 绿色食品标识

2019年,绿色食品标志图形及绿色食品中、英文组合著作权于2019年4月17日在国家版权局登记保护成功,有效期为50年。

（三）有机食品和有机水产品

有机食品指来自有机农业生产体系,根据有机农业生产要求和相应标准生产加工,并且通过合法的有机食品认证机构认证的农副产品及其加工品。

有机水产品是指来自有机水产生产体系,根据有机水产品标准生产、加工,经独立机构认证的水产品及其加工品。有机水产品的生产应遵循自然规律和生态学原理,采取一系列维持水生生态系统平衡和优化水生生态系统结构的措施,从而使该系统得以持续稳定地发展。

认证标志包括中国有机产品认证标志和COFCC标识两部分。

中国有机产品认证标志标有中文"中国有机产品"字样和英文"ORGANIC"字样,图形与颜色要求见图14-5。

图 14-5 中国有机产品标识

COFCC标识标有中文名称"中绿华夏"和英文简写"COFCC"字样,图形与颜色要求见图14-6。

图14-6　中绿华夏标识

获得有机转换认证证书的产品只能按常规产品销售,不得使用中国有机产品认证标志以及标注"有机""ORGANIC"等字样和图案。标识为"有机"的产品应在获证产品或产品的最小销售包装上加施中国有机产品认证标志及其有机码(每枚有机产品认证标志的唯一编号)、COFCC名称或标识。中国有机产品认证标志可以根据产品的特性,采取粘贴或印刷等方式直接加施在产品或产品的最小销售包装上。不直接零售的加工原料,可以不加施。印制的中国有机产品认证标志应当清楚、明显。印制在获证产品标签、说明书及广告宣传等材料上的中国有机产品认证标志,可以按照比例放大或者缩小,但不应变形、变色。对于散装或裸装产品,以及鲜活动物产品,应在销售场所设立有机产品销售专区或陈列专柜,并与非有机产品销售区、柜分开。应在显著位置摆放有机产品认证证书复印件。

二、认证程序

(一)无公害农产品认证

无公害农产品管理工作,由政府推动,并实行产品认定的工作模式。农业农村部负责全国无公害农产品发展规划、政策制定、标准制修订及相关规范制定等工作,中国绿色食品发展中心负责协调指导地方无公害农产品认定相关工作。各省、自治区、直辖市和计划单列市农业农村行政主管部门负责本辖区内无公害农产品的认定审核、专家评审、颁发证书及证后监督管理等工作。县级农业农村行政主管部门负责受理无公害农产品认定的申请。县级以上农业农村行政主管部门依法对无公害农产品及无公害农产品标志进行监督管理。各级农业农村行政主管部门应当在政策、资金、技术等方面扶持无公害农产品的发展,支持无公害农产品新技术的研究、开发和推广。承担无公害农产品产地环境和产品检测工作的机构,应当具备相应的检测条件和能力,并依法经过资质认定,熟悉无公害农产品标准规范。从事无公害农产品认定的机构不得收取费用,检测机构的检测按国家有关规定收取费用。

1. 产地条件

产地环境条件符合无公害农产品产地环境的标准要求;区域范围明确;具备一定的生产

规模。

2. 生产管理要求

生产过程符合无公害农产品质量安全控制规范标准要求;有专业的生产和质量管理人员,至少有一名专职内检员负责无公害农产品生产和质量安全管理;有组织无公害农产品生产、管理的质量控制措施;有完整的生产和销售记录档案;从事无公害农产品生产的单位,应当严格按国家相关规定使用农业投入品。禁止使用国家禁用、淘汰的农业投入品。

3. 产品认定

(1)符合无公害农产品产地条件和生产管理要求的规模生产主体,均可向县级农业农村行政主管部门申请无公害农产品认定。

(2)生产主体(以下简称申请人)应当提交以下材料:无公害农产品认定申请书;资质证明文件复印件;生产和管理的质量控制措施,包括组织管理制度、投入品管理制度和生产操作规程;最近一个生产周期投入品使用记录的复印件;专职内检员的资质证明;保证执行无公害农产品标准和规范的声明。

(3)县级农业农村行政主管部门应当自收到申请材料之日起十五个工作日内,完成申请材料的初审。符合要求的,出具初审意见,逐级上报到省级农业农村行政主管部门;不符合要求的,应当书面通知申请人。

(4)省级农业农村行政主管部门应当自收到申请材料之日起十五个工作日内,组织有资质的检查员对申请材料进行审查,材料审查符合要求的,在产品生产周期内组织两名以上人员完成现场检查(其中至少有一名为具有相关专业资质的无公害农产品检查员),同时通过全国无公害农产品管理系统填报申请人及产品有关信息。不符合要求的,书面通知申请人。

(5)现场检查合格的,省级农业农村行政主管部门应当书面通知申请人,由申请人委托符合相应资质的检测机构对其申请产品和产地环境进行检测;现场检查不合格的,省级农业农村行政主管部门应当退回申请材料并书面说明理由。

(6)检测机构接受申请人委托后,须严格按照抽样规范及时安排抽样,并自产地环境采样之日起三十个工作日内、产品抽样之日起二十个工作日内完成检测工作,出具产地环境监测报告和产品检验报告。

(7)省级农业农村行政主管部门应当自收到产地环境监测报告和产品检验报告之日起十个工作日完成申请材料审核,并在二十个工作日内组织专家评审。

(8)省级农业农村行政主管部门应当依据专家评审意见在五个工作日内做出是否颁证的决定。同意颁证的,由省级农业农村行政主管部门颁发证书,并公告;不同意颁证的,书面通知申请人,并说明理由。

(9)省级农业农村行政主管部门应当自颁发无公害农产品认定证书之日起十个工作日内,将其颁发的产品信息通过全国无公害农产品管理系统上报。

(10)无公害农产品认定证书有效期为三年。期满需要继续使用的,应当在有效期届满三个月前提出复查换证书面申请。在证书有效期内,当生产单位名称等发生变化时,应当向省级农业农村行政主管部门申请办理变更手续。

4. 标志管理

(1)获得无公害农产品认定证书的单位,可以在证书规定的产品及其包装、标签、说明书上印制或加施无公害农产品标志;可以在证书规定的产品的广告宣传、展览展销等市场营销活动中、媒体介质上使用无公害农产品标志。

(2)无公害农产品标志应当在证书核定的品种、数量范围内使用,不得超范围和逾期使用。

(3)获证单位应当规范使用标志,可以按照比例放大或缩小,但不得变形、变色。

(4)当获证产品产地环境、生产技术条件等发生变化,不再符合无公害农产品要求的,获证单位应当立即停止使用标志,并向省级农业农村行政主管部门报告,交回无公害农产品认定证书。

5. 监督管理

(1)获证单位应当严格执行无公害农产品产地环境、生产技术和质量安全控制标准,建立健全质量控制措施以及生产、销售记录制度,并对其生产的无公害农产品质量和信誉负责。

(2)县级以上地方农业农村行政主管部门应当依法对辖区内无公害农产品产地环境、农业投入品使用、产品质量、包装标识、标志使用等情况进行监督检查。

(3)省级农业农村行政主管部门应当建立证后跟踪检查制度,组织辖区内无公害农产品的跟踪检查;同时,应当建立无公害农产品风险防范和应急处置制度,受理有关的投诉、申诉工作。

(4)任何单位和个人不得伪造、冒用、转让、买卖无公害农产品认定证书和无公害农产品标志。

(5)国家鼓励单位和个人对无公害农产品生产、认定、管理、标志使用等情况进行社会监督。

(6)获证单位违反本办法规定,有下列情形之一的,由省级农业农村行政主管部门暂停或取消其无公害农产品认定资质,收回认定证书,并停止使用无公害农产品标志:无公害农产品产地被污染或者产地环境达不到规定要求的;无公害农产品生产中使用的农业投入品不符合相关标准要求的;擅自扩大无公害农产品产地范围的;获证产品质量不符合无公害农产品质量要求的;违反规定使用标志和证书的;拒不接受监管部门或工作机构对其实施监督的;以欺骗、贿赂等不正当手段获得认定证书的;其他需要暂停或取消证书的情形。

(7)从事无公害农产品认定、检测、管理的工作人员滥用职权、徇私舞弊、玩忽职守的,依照有关规定给予行政处罚或行政处分;构成犯罪的,依法移送司法机关追究刑事责任。

(8)其他违反本办法规定的行为,依照《中华人民共和国农产品质量安全法》《中华人民共和国食品安全法》等法律法规处罚。

（二）绿色食品认证

绿色食品是指无污染、优质、营养食品,经国家绿色食品发展中心认可,许可使用绿色食品商标的产品。申报绿色食品要具备两个条件:第一,申请人必须是企业法人、合作社或家庭农场。也就是说,个人是不能完成申请的。第二,申请企业首先要到所属县一级农业局环保站申请备案。后续等待上级的进一步审核。

1. 绿色水产品的标准

产品或产品原料的产地,必须符合农业农村部制定的《绿色食品生态环境标准》。水产养殖及水产品加工,必须符合农业农村部制定的《绿色食品生产操作规程》。产品必须符合农业农村部制定的《绿色食品质量和卫生标准》。产品外包装,必须符合国家食品标签通用标准,符合绿色食品特定的包装、装潢和标签规定。

这些仅仅是理论上的绿色水产品标准。由于绿色水产品的生产程序较复杂,存在的问题也较多,它不仅涉及养殖业的养殖环境和条件,而且还与饲料加工、苗种培育、鱼药生产、环保科学、营养学、食品卫生科学相结合。

2. 绿色水产品的认证程序

（1）申请认证企业向市、县(市、区)绿色食品办公室(以下简称绿办),或向省绿色食品办公室索取并下载绿色食品申请表。

（2）市、县(市、区)绿办指导企业做好申请认证的前期准备工作,并对申请认证企业进行现场考察和指导,明确申请认证程序及材料编制要求,并写出考察报告报省绿办。省绿办酌情派员参加。

（3）企业按照要求准备申请材料,根据绿色食品现场检查项目及评估报告自查、草填,并整改,完善申请认证材料;市、县(市、区)绿办对材料审核,并签署意见后报省绿办。

（4）省绿办收到市、县(市、区)的考察报告、审核表及企业申请材料后,审核定稿。企业完成5套申请认证材料(企业自留1套复印件,报市、县绿办各1套复印件,省绿办1套复印件,中国绿色食品发展中心1套原件)和文字材料软盘,报省绿办。

（5）省绿办收到申请材料后,登记、编号,在5个工作日内完成审核,下发文审意见通知单(附件6)同时抄传中心认证处,说明需补报的材料,明确现场检查和环境质量现状调查计划。企业在10个工作日内提交补充材料。

（6）现场检查计划经企业确认后,省绿办派2名或2名以上检查员在5个工作日内完成现场检查和环境质量现状调查,并在完成后5个工作日内向省绿办提交绿色食品现场检查项目及评估报告、绿色食品环境质量现状调查报告。

（7）检查员在现场检查过程中同时进行产品抽检和环境监测安排,产品检测报告、环境质量监测和评价报告由产品检测和环境监测单位直接寄送中国绿色食品发展中心同时抄送省绿办。对能提供由定点监测机构出具的一年内有效的产品检测报告的企业,免做产品认证检测;对能提供有效环境质量证明的申请单位,可免做或部分免做环境监测。

（8）省绿色食品管理部门将企业申请认证材料(含绿色食品标志使用申请书、企业及生产情况调查表及有关材料）、绿色食品现场检查项目及评估报告、绿色食品环境质量现状调查报告、省绿办绿色食品认证情况表报送中心认证处；申请认证企业将申请绿色食品认证基本情况调查表报送中心认证处。

（9）中心对申请认证材料做出"合格""材料不完整或需补充说明""有疑问，需现场检查""不合格"的审核结论，书面通知申请人，同时抄传省绿办。省绿办根据中心要求指导企业对申请认证材料进行补充。

（10）对认证终审结论为"认证合格"的申请企业，中心书面通知申请认证企业在60个工作日内与中心签订绿色食品标志商标使用许可合同，同时抄传省绿办。

（11）申请认证企业领取绿色食品证书。

（三）有机食品认证

有机农产品是食品的最高档次，在我国刚刚起步，即使在发达国家也是一些高收入、追求高质量生活水平人士所追求的食品。申报有机认证条件是，企业或合作社可以向有机认证机构提出申请，机构对企业提交的申请进行文件审核，如果审核通过则委派检查员进行实地检查并进行形式检查，进行颁证决议和制证发证。有机认证过程严格，成本也较高。

1. 有机食品认证标准

有机水产品养殖业标准最初是由国际有机农业认证机构 Naturland 联合会提出的，其首要要求是不使用化学品，尤其禁止使用无机化学肥料以及杀虫剂。随着传统农业向有机农业的转变，有机水产品养殖业也迅速发展，越来越多的水产养殖业者愿意进行有机认证。但由于有机水产养殖业是一个全新的概念和领域，其标准也随着工业的发展及消费者和环境利益需要而不断地改写与完善。

国际有机农业运动联合会于 2000 年初步制定了有机水产养殖业标准。该标准从宏观角度提出了一些具体的规定和要求，包括标准应用范围、有机水产养殖的转换、养殖场的选择、养殖与繁殖、营养与饲料、环境保护、捕捞和加工等。

2. 有机食品认证程序

（1）申请者向认证中心提出正式申请，填写申请表和交纳申请费。

（2）认证中心核定费用预算并制订初步的检查计划。

（3）申请者交纳申请费等相关费用，与认证中心签订认证检查合同，填写有关情况调查表并准备相关材料。

（4）认证中心对材料进行初审并对申请者进行综合审查。

（5）实地检查评估。认证中心在确认申请者已经交纳颁证所需的各项费用后，派出经认证中心认可的检查员，依据《有机食品认证技术准则》，对申请者的产地、生产、加工、仓储、运输、贸易等进行实地检查评估，必要时需对土壤、产品取样检测。

（6）编写检查报告。检查员完成检查后，编写产地、加工厂、贸易检查报告。

（7）综合审查评估意见。认证中心根据申请者提供的调查表、相关材料和检查员的检查报告进行综合审查评估，编制颁证评估表，提出评估意见提交颁证委员会审议。

（8）颁证委员会决议。颁证委员会对申请者的基本情况调查表、检查员的检查报告和认证中心的评估意见等材料进行全面审查,做出是否颁发有机证书的决定。

（9）颁发证书。根据颁证委员会决议,向符合条件的申请者颁发证书。获证申请者在领取证书之前,需对检查员报告进行核实盖章,获有条件颁证申请者要按认证中心提出的意见进行改进做出书面承诺。

（10）有机食品标志的使用。根据有机食品证书和《有机食品标志管理章程》,办理有机标志使用手续。

第五节　无公害水产品生产和管理

近年来伴随着水产养殖业的发展,养殖领域也在不断扩张,水产养殖大幅增加农民的经济收入,同时还丰富了人们的餐桌,大幅改善民众的日常饮食条件。然而,经济的飞速发展,水资源不可避免受到污染,且污染现象日益严重,对水资源依赖较大的水产品质量受到较大影响。由于无公害理念深入人心,需要加强无公害水产品生产和管理,用以提升养殖经济效益和质量安全水平。

一、发展无公害水产品意义

（一）符合国家宏观政策

就食品生产已经形成一个共识,即由于无公害的食品生产能较好地协调经济发展、环境保护和食品安全、人体健康之间的关系,因而开始普遍受到国家的重视,其发展势头是稳定上升的。无公害水产品以全面提高我国水产品质量安全水平为核心,以"菜篮子"产品为突破口,以市场准入为切入点,从产地和市场两个环节入手,对水产品实行"从塘口到餐桌"全过程质量安全控制。

（二）市场容量和潜力巨大

我国城乡居民营养水平已接近世界平均水平,其中热量摄入部分超过 FAO 制定的中国人热量摄入,也超过我国生理学会测定的中国人对热量的合理需要量,这说明我国城乡居民新的消费特征,即注重质量、安全将不可避免地体现在人们的消费行为上。无公害水产品已备受青睐,成为市场的宠儿,世界经济一体化格局使无公害水产品的安全卫生性在国际市场上具有广阔市场前景。

（三）经济和社会效益显现

由于无公害水产品的安全性标准高于普通水产品的卫生标准,相对避免了隐性和累积性危害,符合人们在水产品消费上,从满足数量的低水平需求向追求高质量、高水平需求的转变。无公害水产品标志商标为水产品实现较高的附加值创造了条件,目前市场表明:无公害水产品比一般水产品价格高 5%～20%,而且市场需求旺盛。因此,在具备符合标准的良好渔业生态环境条件下,生产加工无公害水产品供给城乡居民消费,既有利于健康,又有益于保护生态环境,既有益于质量型渔业的发展和渔业增值,又有益于渔业可持续发展。

二、无公害水产品生产技术

(一)亲本培育技术

亲本培育需要谨慎选择水源,选择无污染、无病毒的安全水源开展培育工作。开展工作前需要先做好准备工作,彻底清洁水产养殖场,确保卫生达标,用以提升培育质量满足无公害生产体系标准。培育养殖亲本过程中需要做好饲料质量管控工作,确保饲料能够全面保障营养,可根据亲本类型选择不同种类与比例的饲料。亲本需要根据其类型选择池塘或工厂化饲养,完成繁殖后迅速采取圈养措施,制作水产养殖管理文件,全程记录养殖情况,为培育管理提供全面的养殖记录。

(二)产地选择

无公害水产品产地环境优化选择技术是无公害水产品生产前提。产地环境质量要求包括无公害水产品渔业用水质量、大气环境质量及渔业水域土壤环境质量等要求。淡水渔业水源水质要求包括水质的感官标准:色、嗅、味(不得使鱼、虾、贝、藻带有异色、异臭、异味)。可使用专业的水质检验设备开展水质检验工作,开展水质检验工作时需要注意分析天气对水质的影响。无公害水产品生产对大气环境质量规定了 4 种污染物的浓度限值,即总悬浮颗粒物(TSP)、二氧化硫(SO_2)、氮氧化物(NOX)和氟化物(F)的浓度应符合《环境空气质量标准(GB 3095—1996)》的规定。无公害水产品生产对渔业水域土壤环境质量规定了汞、镉、铅、砷、铬(六价)、铜、锌及六六六、滴滴涕的含量限值,其残留量应符合《土地环境质量标准(GB 15618—1995)》规定。

(三)饲料投喂

水产动物生产需要依靠饲料投喂,投喂方式以及饲料的质量对于水产品质量影响较大。投喂劣质饲料对水产动物的生长周期会造成严重的影响,同时还会产生大量的废弃物,不仅影响水产品品质,还会对整个养殖环境造成恶性影响,养殖环境生态系统会遭受破坏。投喂饲料前需要检查饲料的质量和新鲜程度,饲料投喂方式与间隔周期则需要根据水产品动物的摄食情况、水质以及天气等因素进行综合判断,掌握规律后进行科学投喂。

(四)运输暂养加工技术

优质的新鲜水产生产基地所生产的水产品在捕捞后的各项物理和化学质量能够满足需求方质量要求,但是在水产品的运输过程中,为保证水产品的存活率和新鲜度需要使用一定的保鲜手段,不正当商家使用有害化学物质进行保存会导致水产品品质不达标。针对这种情况需要使用运输暂养加工技术,运输水产品过程中,需要保障存储容器的清洁度,装车操作前需要对容器进行彻底清洁。活的水产品运输过程中水质需根据运输保存标准进行严格管控,或水产品需要提前两小时喂食,采取一定的检验手段,确保运载材料对水产品不具有毒性。运输过程中禁止使用麻醉药品对水产品进行镇静处理，运输过程中需要做好预防污染工作，保障水产品质量。

（五）病害防治技术

水产品养殖业受病虫害影响较大，会对养殖业造成较大的经济损失。开展无公害水产养殖，务必做好病虫害防治工作。预防病虫害需要严格做好消毒工作，水体、饲养工具、饲料以及饵料均需要进行统一严格消毒，当养殖环境发生较为剧烈的变化时，可使用中草药制剂进行干预，以减缓水产品的应激反应。遇梅雨季节，可将饲料与中草药制剂混合，即使水产动物使用霉变饲料，抵抗力上升后也不易发病。治疗水产动物疾病选用药物需遵循低毒、无毒的原则，严禁使用抗生素药物治疗水产动物。选用鱼药需坚持低残留、低毒的原则，以保护水域环境，不影响水域环境生态。养殖过程中不能直接使用抗生素对养殖水体投放，可选择人体低毒无害药物投放，如养殖水体中，保障水产动物体内不会积累毒性，提升水产品质量。

三、无公害水产品养殖存在问题

（一）化学饲料使用量较高

在水产养殖发展中不免会使用到相应的化学肥料，同时定期的消毒也会使用到相应的消毒药剂。这些药剂的会残留在动物的体内，在后期的动物食品制作过程中，会影响人类的生命健康。除此之外，在饲料的使用方面，也会使用到各种化学添加剂的饲料，去补充动物体内的各种元素。但是由于大部分的动物自身的消化能力以及对蛋白质的利用吸收率非常的低。因此，所喂养的饲料中的各种化学元素使用后，很难被动物自身所吸收。而随着动物的粪便排出体外，粪便在空气中会进行进一步的氧化挥发，各种化学元素就会被挥发到大气之中，尤其是氨气等在大气中的增加会影响到人们的身体健康。

（二）化学药品造成污染

在发展水产养殖业时，由于我国对于水产养殖目前现阶段的经验不足但却取得了一定发展的现状来看，我国在进行水产养殖时会投放大量的饲料或者增进水中微生物繁殖的养料，这就导致了水体富营养化的现象加剧，在养殖水域可能会暴发大规模藻类，这部分藻类虽然可以有助于解决养殖水产的水生物饲料问题，减轻劳动者的成本，但是如果劳动者没有控制好藻类暴发的具体数量，就会导致水体遭受到这些藻类的污染，导致水中的生态平衡被破坏，最终导致水产养殖业收获量减产的恶果。而水中藻类的生长是难以控制的，水草的生长只需要简单的养分和光照就能够快速大量的繁殖，而水产养殖者在针对藻类的消除上，往往采用投放更多的化学药品，这样的管理方式很有可能导致水域不再适合发展水产养殖业。

四、无公害水产品生产管理措施

（一）完善管理制度

可借助国家管理部门作用，利用法律对养殖户进行约束。水产监管部门需要加强对无公害水产养殖基地的关注度,严格监管水产养殖业,针对水产养殖所需的饲料和药物应用时按严格的质量监控制度加以管控,全方面保障水产养殖的安全。除从生产源头进行管理外,还可从销售渠道进行水产品质量管控,对于虚假宣传无公害水产养殖的商家需要加大打击力度,同时加强无公害水产品宣传力度,向消费者普及无公害水产品的有关知识,使其掌握辨认水产品质量的方法,避免消费者被无良商家忽悠。

（二）科学调节水质

在水产养殖中存在着很多环节和步骤,其中加强水质调节是一个比较重要的环节。运用物理、化学方法进行水质调节或者是通过微生物制剂对水质进行调节等都是科学的调节方法。除此之外,如果想呈现出良好的生态调控,还可以借助浮动草床技术来对水质进行相应的调节。该项调节技术遵循了自然环境规律,并且通过人工进行一系列的调节过程以净化水质,真正实现调优水质的目的,而且这种调节方式并不需要花费大量的成本,就可以取得较为显著的效果,操作流程也非常简单,从而高效率地利用了养殖水域。如果养殖户想贯彻绿色生态养殖的理念,就必须在养殖过程中合理地应用该项技术。

（二）科学采用环保饲料

养殖人员要在养殖水产品之前主动了解养殖方面的信息,例如如何科学地选择合适的养殖饲料,以及如何对水产品采用正确的投喂方式,以确保水产品能良好地生长,提高养殖人员的经济效益。在水产品的生产时期,要根据该养殖产品制定的具体营养标准来选择环保型饲料或者是纯天然的饲料,与此同时,还可以在这些饲料中添加一些益生菌,在提升饲料利用效率的同时也增强养殖产品的免疫力。养殖户切记不能在饲料中添加一些具有激素或者是抗生素的药物,要贯彻落实绿色养殖的养殖理念,否则将会危害养殖产品的食用安全。

（四）科学防治病虫害

在养殖水产品的时候一定要做好疾病预防工作,同时还要在养殖的过程中检查水产品,以及时发现并采取措施消除病害,使用生态防治或者是选择中草药等多种途径来防治病害是当下比较推崇的治理方式,在防治过程中应用并推广健康养殖技术是非常重要且必要的,它能为水产品提供一个良好的生存环境。与此同时,还要切记不能够盲目地使用药品,一定要在使用药品之前对养殖产品进行相关的检查,从而确定使用药品的种类及方法。

（五）加强技术培训

国家相关部门需要向水产养殖户大力推广无公害水产养殖技术,用以全面提升水产养殖质量,在提升经济效益的同时又可保护养殖生态环境,可谓一举两得。为养殖户提供技术培训时,可邀请资深养殖专家,成立专门的培训机构,形成体系化培训制度。技术人员可深入水产养殖基地,向有关人员传授专业的无公害水产养殖技术。加大培训宣传力度,通过村委会通知栏、网络以及地推模式进行推广。

第六节　农产品合格证制度

为深入贯彻落实《中共中央　国务院关于深化改革加强食品安全工作的意见》和中共中央办公厅、国务院办公厅《关于创新体制机制推进农业绿色发展的意见》有关要求,推进生产者落实农产品质量安全主体责任,牢固树立质量安全意识,农业农村部于 2019 年决定在全国试行食用农产品合格证制度。

一、总体思路

深入贯彻落实习近平总书记关于农产品质量和食品安全"四个最严"指示精神,按照《中共中央　国务院关于深化改革加强食品安全工作的意见》和中共中央办公厅、国务院办公厅《关于创新体制机制推进农业绿色发展的意见》有关要求,落实《市场监管总局　公安部　教育部　农业农村部关于在"不忘初心、牢记使命"主题教育中开展整治食品安全问题联合行动的通知》整治措施,进一步创新完善农产品质量安全制度体系,在全国范围试行合格证制度,督促种植养殖生产者落实主体责任、提高农产品质量安全意识,探索构建以合格证管理为核心的农产品质量安全监管新模式,形成自律国律相结合的农产品质量安全管理新格局,全面提升农产品质量安全治理能力和水平,为推动农业高质量发展、促进乡村振兴提供有力支撑。

二、基本原则

(一)坚持整体推进,因地制宜

按照全国"一盘棋"要求,在全国范围内统一试行,统一合格证基本样式,统一试行品类,统一监督管理,实现在全国范围内通查通识。要求各地根据实际,探索行之有效的推进办法。

(二)坚持突出重点,逐步完善

在试行主体上,选择农产品市场供给率高、商品化程度高的种植养殖生产者,在试行品类上,选择消费量大、风险隐患高的主要农产品先行开展试行。边试行、边改进,取得经验后逐步放大。

(三)坚持部门协作,形成合力

农业农村部门负责督促指导合格证开具和出具工作,同时与市场监管部门做好协调配合,逐步实现合格证制度与市场准入有效衔接。

三、试行范围

(一)试行区域

全国范围。

（二）试行主体

食用农产品生产企业、农民专业合作社、家庭农场列入试行范围,其农产品上市时要出具合格证。鼓励小农户参与试行。

（三）试行品类

蔬菜、水果、畜禽、禽蛋、养殖水产品。

四、开具要求

食用农产品合格证是指食用农产品生产者根据国家法律法规、农产品质量安全国家强制性标准,在严格执行现有的农产品质量安全控制要求的基础上,对所销售的食用农产品自行开具并出具的质量安全合格承诺证。

（一）基本样式

全国统一合格证基本样式见图14-7,大小尺寸自定,内容应至少包含:食用农产品名称、数量(重量)、种植养殖生产者信息(名称、产地、联系方式)、开具日期、承诺声明等。若开展自检或委托检测的,可以在合格证上标示。鼓励有条件的主体附带电子合格证、追溯二维码等。

食用农产品合格证

食用农产品名称:

数量（重量）:

生产者盖章或签名:

联系方式:

产地:

开具日期:

我承诺对产品质量安全以及合格证真实性负责:

□不使用禁限用农药兽药

□不使用非法添加物

□遵守农药安全间隔期、兽药休药期规定

□销售的食用农产品符合农药兽药残留食品安全国家标准

图14-7　食用农产品合格证基本样式

（二）承诺内容

种植养殖生产者承诺不使用禁限用农药兽药及非法添加物,遵守农药安全间隔期、兽药休药期规定,销售的食用农产品符合农药兽药残留食品安全国家强制性标准,对产品质量安全以及合格证真实性负责。

（三）开具方式

种植养殖生产者自行开具，一式两联，一联出具给交易对象，一联留存一年备查。

（四）开具单元

有包装的食用农产品应以包装为单元开具，张贴或悬挂或印刷在包装材料表面。散装食用农产品应以运输车辆或收购批次为单元，实行一车一证或一批一证，随附同车或同批次使用。

五、实施步骤

（一）建立主体名录

各地农业农村部门建立健全本辖区种植养殖生产者名录数据库，包括种植养殖生产者名称、地址、类型、生产品种等信息，确保试行范围规定的主体全面覆盖。有条件的地方可以结合现有信息化手段实现电子化管理。

（二）加强培训指导

农业农村部编写培训教材，制作教学视频，开通合格证制度网络课程。各地农业农村部门发挥村"两委"和村级协管员作用，将合格证制度告知书、明白纸发放给辖区内所有种植养殖生产者，做好对食用农产品生产企业、农民专业合作社、家庭农场等开具主体的指导服务，推动合格证制度全面试行。组织开展合格证制度大培训，实现试行主体全覆盖，确保合格证填写规范、信息完整、真实有效。试行初期，有条件的地方可根据需要印制合格证，免费供生产者领取使用。

（三）强化监督检查

各地农业农村部门将开具并出具合格证纳入日常巡查检查内容，既要检查种植养殖生产者是否按要求开具并出具合格证，也要核查合格证的真实性，严防虚假开具合格证、承诺与抽检结果不符等行为。对于虚假开具合格证的，纳入信用管理。对于承诺合格而抽检不合格的农产品，依法严肃查处，同时帮助种植养殖生产者查找原因、整改问题。通过合格证制度的试行，与《食用农产品市场销售质量安全监督管理办法》实施的工作衔接。

（四）集中宣传引导

各地农业农村部门开展合格证制度宣传，特别是在生产基地、农村主要路口等显著位置摆放宣传展板、张贴相关宣传彩图，做到醒目易懂。在地方电视媒体制作播放合格证宣传片，实时报道合格证制度试行工作进展情况，充分发挥社会监督作用，营造全社会共同落实合格证制度的共治氛围。

第七节　水产品质量安全管理技术和法规

一、水产品质量安全管理制度

（一）水产品产地管理

县级以上人民政府渔业行政主管部门应当加强对渔业投入品使用的管理和指导,建立健全渔业投入品的安全使用制度。国务院渔业行政主管部门和省、自治区、直辖市人民政府渔业行政主管部门应当定期对可能危及水产品质量安全的苗种、渔药、饲料和饲料添加剂等渔业投入品进行监督抽查,并公布抽查结果。

水产品生产企业和渔民专业合作经济组织应当建立水产品养殖生产记录,如实记载下列3方面事项。

（1）使用投入品名称、来源、用法、用量、使用和停用日期。

（2）鱼类疫病发生和防治。

（3）捕捞日期。水产品生产记录应当保存二年或二年以上。禁止伪造水产品生产记录。

水产品生产者应当按照法律、行政法规和国务院渔业行政主管部门的规定,合理使用渔业投入品,严格执行渔业投入品使用安全间隔期或者休药期的规定,建立水产养殖用药记录,防止危及水产品质量安全。禁止在水产品生产过程中使用国家明令禁止使用的渔业投入品。水产品生产企业和渔民专业合作经济组织,应当自行或者委托检测机构对水产品质量安全状况进行检测;经检测不符合水产品质量安全标准的水产品,不得销售。在销售过程中应建立水产品销售记录。

水产科研教育机构和水产技术推广机构应当加强对水产品生产者质量安全知识和技能的培训。渔民专业合作经济组织和水产品行业协会对其成员应当及时提供生产技术服务,建立水产品质量安全管理制度,健全水产品质量安全控制体系,加强自律管理。

（二）水产品包装和标识管理

水产品生产企业、渔民专业合作经济组织以及从事水产品收购的单位和个人销售的水产品,按照规定应当包装或者附加标识的,须经包装或者附加标识后方可销售。包装物或者标识上应当按照规定标明产品的品名、产地、生产者、生产日期、保质期、产品质量等级等内容;使用添加剂的,还应当按照规定标明添加剂的名称。

水产品在包装、保鲜、贮存、运输中所使用的保鲜剂、防腐剂、添加剂等材料,应当符合国家有关强制性的技术规范要求。属于转基因生物的水产品,应当按照转基因生物安全管理的有关规定进行标识。销售的水产品必须符合水产品质量安全标准,生产者可以申请使用无公害水产品标志。水产品质量符合国家规定的有关优质水产品标准的,生产者可以申请使用相应的水产品质量标志。禁止冒用无公害、绿色、有机等质量标志。

（三）水产品批发市场管理

目前我国大中城市的水产品主要通过批发市场流通。水产品批发市场是联系水产品生产、运输、消费等链条的关键环节，批发市场承担起相关的把关责任，就意味着向前可以追溯生产者的责任，向后可以保护消费者的消费安全。水产品批发市场作为提供水产品交易场所的独立法人单位，应当承担进入市场的水产品的质量安全责任，并有义务保证市场上水产品的质量安全。

水产品批发市场应当设立或者委托水产品质量安全检测机构，对进场销售的水产品质量安全状况进行抽查检测；发现不符合水产品质量安全标准的，应当要求销售者立即停止销售，并向渔业行政主管部门报告。

从事水产品批发业务的销售企业应当建立产品销售台账，如实记录批发的产品品种、规格、数量、流向等内容。进货台账和销售台账保存期限不得少于2年。销售者应当向供货商按照产品生产批次索要符合法定条件的检验机构出具的检验报告或者由供货商签字或者盖章的检验报告复印件；不能提供检验报告或者检验报告复印件的产品，不得销售。这是法律上的强制性要求。违反上述规定的，由市场监督管理部门依据各自职责责令停止销售；不能提供检验报告或者检验报告复印件销售产品的，没收违法所得和违法销售的产品，并处货值金额3倍的罚款；造成严重后果的，由原发证部门吊销许可证照。

根据国务院的"三定"方案和监管惯例，水产批发市场的日常监管应由市场管理部门负责。渔业部门对水产批发市场的监管，主要是监管其是否履行了"设立或者委托水产品质量安全检测机构，对进场销售的水产品质量安全状况进行抽查检测；发现不符合水产品质量安全标准的，应当要求销售者立即停止销售，并向渔业行政主管部门报告"。

（四）水产品销售市场管理

水产品销售企业对其销售的水产品，应当建立健全进货检查验收制度；经查验不符合水产品质量安全标准的，不得销售。销售者必须建立并执行进货检查验收制度，审验供货商的经营资格，验明产品合格证明和产品标识，并建立产品进货台账，如实记录产品名称、规格、数量、供货商及其联系方式、进货时间等内容。

销售者应当向供货商按照产品生产批次索要符合法定条件的检验机构出具的检验报告或者由供货商签字或者盖章的检验报告复印件；不能提供检验报告或者检验报告复印件的产品，不得销售。这是法律上的强制要求。违反上述规定的，由市场监督管理部门依据各自职责责令停止销售；不能提供检验报告或者检验报告复印件销售产品的，没收违法所得和违法销售的产品，并处货值金额3倍的罚款；造成严重后果的，由原发证部门吊销许可证照。

根据法律规定和监管惯例，水产品销售企业销售行为的监管主要职权归市场管理部门，其违法违规的处理、处罚权归市场管理部门，渔业管理部门除按计划针对预警分析、提高预警能力，进行必要的抽样或联合抽样检测外，不应介入销售市场的日常监管。

（五）运输环节管理

水产品在包装、保鲜、贮存、运输中所使用的保鲜剂、防腐剂、添加剂等材料,应当符合国家有关强制性的技术规范。运输是流通环节的一部分。渔业部门对运输环节的监管是通过对生产者的销售、运输的终点——批发市场、集贸中心等的销售的监管来实现。

机场、码头、车站等对于国家有关强制性要求,如检疫合格证等,有权查验,有义务履行质量安全监管职责。

（六）水产品质量安全监测管理

国家建立水产品质量安全监测制度。县级以上人民政府渔业行政主管部门应当按照保障水产品质量安全的要求,制订并组织实施水产品质量安全监测计划,对生产中或者市场上销售的水产品进行监督抽查。监督抽查结果由国务院渔业行政主管部门或者省、自治区、直辖市人民政府渔业行政主管部门按照权限予以公布

监督抽查检测应当委托符合规定条件的水产品质量安全检测机构进行,不得向被抽查人收取费用（检测费）,抽取的样品不得超过国务院渔业行政主管部门规定的数量。上级渔业行政主管部门监督抽查的水产品,下级渔业行政主管部门不得另行重复抽查。

从事水产品质量安全检测的机构,必须具备相应的检测条件和能力,由省级以上人民政府渔业行政主管部门或者其授权的部门考核合格。水产品质量安全检测机构应当依法经计量认证合格。水产品检测必须按国家和农业农村部有关技术规范和要求进行检测。不得伪造检测结果。

二、水产品质量安全相关法律法规

水产品质量安全相关法律法规主要包括《中华人民共和国食品安全法》《中华人民共和国农产品质量安全法》等基础法律法规,还有海关总署发布的《进境冰鲜水产品指定监管场地名单》及有关进口水产品检验检疫要求的公告,原农业部和农业农村部发布的水产品养殖相关法规等,此外,还有地方发布的《上海市水产品质量安全监督管理办法》《广东省水产品质量安全条例》《山西省水产品质量安全管理办法》等相关法规。

（一）基础法律法规

《中华人民共和国食品安全法》（主席令第二十一号）

《中华人民共和国食品安全法实施条例》（国务院令第 721 号）

《中华人民共和国农产品质量安全法》（主席令第四十九号）

《国务院关于加强食品等产品安全监督管理的特别规定》（国务院令第 503 号）

（二）水产品生产经营相关法律法规

《食品生产许可管理办法》（国家市场监督管理总局令第 24 号）

《总局关于印发食品生产许可审查通则的通知》（食药监食监一〔2016〕103 号）

《2201 水产加工品生产许可证审查细则》（2004 版含 1 号修改单及补充说明）（国质检

监〔2004〕557 号附件）

《2202 其他水产加工品生产许可证审查细则》（2006 版）（国质检食监〔2006〕646 号附件）

《食品生产经营监督检查管理办法》（国家市场监督管理总局令第 49 号）

《食品召回管理办法》

《食品安全抽样检验管理办法》（国家市场监督管理总局令第 15 号）

（三）水产品进出口相关法律法

海关总署关于公布《中华人民共和国进出口食品安全管理办法》的令（海关总署第 249 号令）

海关总署关于公布《中华人民共和国进口食品境外生产企业注册管理规定》的令（海关总署第 248 号令）

《中华人民共和国进出境动植物检疫法》（主席令第 53 号）

《中华人民共和国进出境动植物检疫法实施条例》（国务院令第 206 号）

《中华人民共和国进出口商品检验法》（主席令第六十七号）

《中华人民共和国进出口商品检验法实施条例》（国务院令第 447 号）

《海关总署关于公布进口冰鲜水产品指定监管场地名单的公告》

《海关总署关于公布进境冰鲜水产品指定监管场地名单》（更新至 2021 年 1 月 14 日）

《海关总署关于进口柬埔寨养殖水产品检验检疫要求的公告》（海关总署公告 2022 年第 45 号）

《海关总署关于进口肯尼亚野生水产品检验检疫要求的公告》（海关总署公告 2022 年第 34 号）

《海关总署关于进口古巴野生水产品检验检疫要求的公告》（海关总署公告 2021 年第 93 号）

《海关总署关于进口古巴养殖水产品检验检疫要求的公告》（海关总署公告 2021 年第 92 号）

《海关总署关于进口文莱养殖水产品检验检疫要求的公告》（海关总署公告 2021 年第 59 号）

《重新对外公布办理通关证明的水产品海关商品编码》（农业部公告 1696 号）

《实施合法捕捞通关证明联网核查的水产品清单》（农业部 海关总署公告第 2157 号）

农业部 海关总署公告第 1389 号《对进口蓝鳍金枪鱼、冷冻大眼金枪鱼、剑鱼以及南极犬牙鱼建立验核机制》

《国家卫生计生委办公厅关于进口生食水产品中致病菌限量问题的复函》（国卫办食品函〔2014〕821 号）

《农业部办公厅关于为输智水产品办理合法来源证明的通知》（农办渔〔2010〕89 号）

（四）水产养殖相关法律法

《中华人民共和国渔业法》（主席令第二十五号）

《中华人民共和国渔业法实施细则》

《水产养殖质量安全管理规定》（农业部令第 31 号）

《国务院办公厅关于进一步加强农药兽药管理保障食品安全的通知》（国办发明电〔2017〕10 号）

《农业农村部办公厅关于加强养殖刀鲚管理的通知》（农办渔〔2021〕7 号）

《农业农村部渔业渔政管理局关于做好刀鲚养殖单位核查与产品标识工作的通知》

农业农村部关于印发《2022 年国家产地水产品兽药残留监控计划》《2022 年国家水生动物疫病监测计划》的通知（农渔发〔2022〕7 号）

农业农村部办公厅关于印发《实施水产养殖用投入品使用白名单制度工作规范（试行）》的通知（农办渔〔2021〕8 号）

《农业农村部关于加强水产养殖用投入品监管的通知》（农渔发〔2021〕1 号）

农业部办公厅关于印发《产地水产品质量安全监督抽查工作暂行规定》的通知（农办渔〔2009〕18 号）

《农业部办公厅关于加强喹乙醇使用监管的通知》（农办医〔2009〕23 号）

《农业部办公厅关于加强水产品加工技术研发体系建设和管理的通知》（农办渔〔2011〕25 号）

《农业农村部关于进一步加快推进水域滩涂养殖发证登记工作的通知》（农渔发〔2020〕6 号）

《实施合法捕捞证明的水产品清单》（农业部　海关总署公告第 2146 号）

《卫生部办公厅关于加强水产品监督管理工作的紧急通知》

（五）地方法规

《上海市水产品质量安全监督管理办法》（沪府令〔2022〕66 号）

上海市农业农村委员会关于印发《上海市实施水产养殖用投入品使用白名单制度工作规范（试行）》的通知（沪农委〔2021〕330 号）

《广东省水产品质量安全条例》（广东省人民代表大会常务委员会第 81 号公告）

陕西省农业农村厅办公室关于印发《陕西省水产养殖用投入品使用白名单制度工作规范》的通知

《陕西省食品药品监督管理局办公室关于进一步加强水产品市场质量安全监管工作的通知》（陕食药监办发〔2015〕103 号）

《省农委办公室关于进一步加强畜禽产品和水产品质量安全工作的通知》（黔农办发〔2018〕157 号）

《河南省市场监督管理局下发紧急通知 加强市场销售水产品质量安全监管》

黑龙江省农业农村厅关于印发《渔业投入品安全使用管理制度》的通知(黑农厅规〔2019〕3号)

黑龙江省农业委员会关于印发《黑龙江省产地水产品质量安全管理办法》的通知

《山西省水产品质量安全管理办法》(晋政发〔2008〕20号)

第十五章 海洋渔业发展规划

产业规划是指综合运用各种理论分析工具,从实际状况出发,充分考虑国际国内及区域经济发展态势,对当地产业发展的定位、产业体系、产业结构、产业链、空间布局、经济社会环境影响、实施方案等做出一年以上的科学计划。

海洋渔业发展规划是产业规划的一种,各项海洋渔业发展规划的制定和实施,是在立足海洋渔业产业实际基础上,阐明国家战略意图和政府工作重点,指明海洋渔业发展指导思想、目标和原则,确定海洋渔业的发展方向和发展重点,明确海洋渔业区域布局和产业布局,提出关键问题的对策措施。各项海洋渔业发展规划在促进海洋渔业可持续发展、构建现代海洋产业体系、维护绿色可持续的海洋生态环境、推进海洋安全发展等方面具有重要作用。

第一节 海洋功能区划

一、海洋功能区划由来

不论简单海域,还是复杂海域,就其自然面貌,它们与陆地相比都大为不同。一层厚度不一的海水,使得水体之中、之下的海底的资源与环境条件完全隐蔽起来。除了一望无际、起伏不平的海面外,其他我们很难再看到别的什么。在任何一个海域之中、之下,其环境特性、资源状况和社会功能价值,我们无法直观了解并进行判断。具体到海域使用管理,也将无法开展管理活动。通过调查研究最终选择了海洋功能区划作为管理海域使用的科学基础和依据。通过实施功能区划,揭示了海区固有的自然属性及其与社会、经济发展因素的关系,为充分、合理地开发利用海洋空间和资源,有效保护海洋生态环境,加强海洋综合管理提供了重要的科学依据。海洋功能区划的性质使之能够为海洋开发与保护正确选定海域,提供客观的标准和依据。

二、海洋功能区划概念

（一）海洋功能区

海洋功能区是指根据海洋的自然资源条件、环境状况和地理位置,并考虑到海洋开发利用现状和社会经济发展需求所划定的,具有特定主导功能,有利于资源的合理开发利用,能够发挥最佳效益的区域。

（二）海洋功能区划

海洋功能区划是指依据海洋自然属性和社会属性，以及自然资源和环境特定条件，界定海洋利用的主导功能和使用范围。它是结合海洋开发利用现状和社会经济发展需要，划分出具有特定主导功能，适应不同开发方式，并能取得最佳综合效益区域的一项基础性工作，是海洋环境管理的基础。

通俗来讲，海洋功能区划是确定特定海域用途，即海域"适合做什么"的基础性工作。为保证这项工作的科学性，在研究、管理和实践中应海洋与渔业

综合考虑海域的地理位置、自然资源禀赋、海洋生态环境、海岸带开发利用现状和沿海地区经济发展需求，依据《海洋功能区划技术导则》等有关技术标准，确定海域的最佳功能。通过科学编制和实施海洋功能区划，可保护和改善海洋生态环境，促进海洋资源的合理开发利用和海洋经济的可持续发展。

（三）法律法规关于海洋功能区划概念

（1）《中华人民共和国海洋环境保护法》指出："海洋功能区划，是指依据海洋自然属性和社会属性，以及自然资源和环境条件，界定海洋利用的主导功能和使用范畴。"

（2）根据《海洋功能区划技术导则》（GB 17108—1997），海洋功能区是指根据海域及相邻陆域的自然资源条件、环境状况和地理区位，并考虑到海洋开发利用现状和经济社会发展的需要，而划定的具有特定主导功能，有利于资源的合理开发利用，能够发挥最佳效益的区域。

海洋功能区划基本含义，概括而言，根据海域（在海岸带区域有时还应包括必要的陆域）的地理区位、地理条件、自然资源与环境等自然属性，并适当兼顾海洋开发利用现状和区域经济、社会发展需要，而划定、划分的具有特定主导（或优势）功能，有利于海域资源与环境的合理开发利用，并能充分发挥海域最佳效能的工作。

三、海洋功能区划目的和意义

（一）海洋功能区划目的

海洋功能区划的目的是根据区划区域的自然属性，结合社会需求，确定各功能区域的主导功能和功能顺序，为海洋管理部门对各海区的开发和保护进行管理和宏观指导提供依据，实现海洋资源的可持续开发与保护。

我国实行海洋功能区划的目的，一是为制定全国海洋开发战略、政策和规划创造条件；二是宏观指导海洋的开发活动，建立良好的开发秩序，充分利用海洋资源和空间，发挥其综合效益，形成合理的产业结构和生产布局；三是协调各海洋产业、沿海各地区之间在海洋开发利用活动中的关系，为加强和实施海洋综合管理提供科学依据；四是为保护海洋环境，确定海洋水质类型，维持良好的海洋生态系统提供依据。

（二）海洋功能区划意义

（1）促进我国各沿海省（自治区、直辖市）海洋管理机构的逐步健全。

（2）成为制定海洋管理法规、海洋发展战略、海洋开发规划和科技兴海规划的基础。

（3）成为协调各部门、各地区之间关系，合理安排海洋产业布局的依据。

（4）成为进行海洋资源管理、海域使用审批、海洋自然保护区设置、海洋环境保护、海洋工程项目的审批、海底排污管道建设审批等环节的主要依据。

（5）为制定和实施全国性和各沿海地方性海洋管理法规奠定了基础。

四、海洋功能区划法律地位

（一）国务院赋予国家海洋行政主管部门职责

20 世纪 90 年代初期，海洋功能区划被纳入海洋行政管理的基本职责后，国务院便将此工作交国家海洋行政主管部门承担。国家海洋局从 1989 年开始，组织沿海 11 个省、自治区、直辖市人民政府的海洋管理部门，以及部分高等院校和科研机构开展了全国海洋功能区划。1998 年国务院机构改革再次肯定了这项分工。

（二）《中华人民共和国海洋环境保护法》首次赋予海洋功能区划以法律职责

早在 1999 年全国人大常委会修改《中华人民共和国海洋环境保护法》时，将海洋功能区划作为开发利用、保护海洋的重要基础工作，首次赋予海洋功能区划以法律的职责，确定了其法律地位。

（三）《中华人民共和国海域使用管理法》完善法律地位

2001 年 10 月 27 日由中华人民共和国第九届全国人民代表大会常务委员会第二十四次会议通过，并于自 2002 年 1 月 1 日起施行的《中华人民共和国海域使用管理法》对海洋功能区划的编制原则、编制和审批的程序及其地位和作用作了全面、明确的规定。

（四）各级海洋功能区划逐步实施

2012 年 3 月 3 日，国务院批准了《全国海洋功能区划（2011—2020 年）》，这是继 2011 年国家"十二五"规划提出"推进海洋经济发展"战略后，国家依据《海域使用管理法》《海洋环境保护法》等法律法规和国家有关海洋开发保护的方针、政策，对我国管辖海域未来 10 年的开发利用和环境保护做出的全面部署和具体安排。伴随着海洋功能区划的编制，我国各省（自治区、直辖市）海洋管理机构逐步健全。沿海地区积极主动地实施海洋功能区划工作，不仅使其逐步成为制定、海洋管理政策、法规、规划的基础，而且成为协调各部门和各地区之间关系、合理布局海洋产业、开展海洋资源管理、科学审批海域使用、建设海洋自然保护区、加强海洋环境保护、推进海洋工程和海底排污管道建设项目的主要依据。

《中国海洋 21 世纪议程》认为，海洋综合管理还体现在联合组织编制海域功能区划、海洋开发规划，协商解决开发过程中出现的各种矛盾和问题以及在更高层次上进行决策磋商等许多重要方面,从而肯定了海洋功能区划在综合管理中发挥的重要作用。

五、编制范围和原则

（一）范围

我国海洋功能区划的范围包括我国管辖的内水、领海、毗邻区、专属经济区、大陆架及其他海域（香港、澳门特别行政区和台湾省毗邻海域除外）。

（二）原则

根据《中华人民共和国海域使用管理法》第十一条规定,海洋功能区划按照下列5方面原则编制。

1. 自然属性原则

按照海域的区位、自然资源和自然环境等自然属性,科学确定海域功能。海域特定区域自然属性的特殊性和不同区域自然属性的差异性是划定各种功能区的先决条件。也可以说自然属性才是海洋功能区分的主要标准。海洋自然属性的内涵是丰富的,主要包括区位、自然资源和自然环境3个方面。

（1）区位。即地理区位或某一海域在空间的地理位置。海洋作为一个地理综合体,既有经向和纬向的区域分带,也有垂直的分带。以我国东部海域为例,其纬向海域可分为热带、亚热带、温带海域;其经向海域,可分为海岸带、中近海和中远海;其垂直分带,则可分为极浅海、浅海、深海、海沟和大洋（存在台湾岛以东的西北太平洋）等。不论哪种方向的分带现象,都会导致不同海域的自然环境与资源的相关规律。凡处于同一个地域（或海域）单元的,其环境和资源（特别是生物资源）往往表现出某种程度上的一致性或相似性,而分处在不同的海域者,则表现出某种程度的差异和区别,这便形成不同区位的海域。不同的区位,决定了它所处位置的重要程度,社会经济发展的程度,所以,它是划分海洋功能区必须考虑的重要因素。

（2）自然资源。海洋功能区的核心在于它有什么用途（功能）,这种用途是由它包含的资源的类型和丰度所决定的。所以,海洋功能区划中自然资源是非常重要的因素。海洋功能区划时,必须全面分析、认识该海域的一切资源,既包括生命资源的渔业资源、生物资源等,也包括非生命资源的矿产资源、港口资源、动力资源、化学资源、旅游资源等。海洋功能区单元,绝大部分是由这些资源对象划定的,比如港口区、航运区、油气区、固体矿产区、盐田区、海洋能区、地下卤水区、旅游区、海水养殖区、海洋捕捞区等。在自然资源运用到海洋功能区划中时,一定要掌握各类资源类别、分布、储（蕴）藏量、时空变化、可利用条件等,如果仅了解资源类别,其他条件不清楚时,开发利用的功能也无法选择。

（3）自然环境。海洋自然环境是由海洋水文气象、海水化学、海洋生物、海洋地质地貌、海洋灾害和海洋污染等条件所组成。海洋环境与陆地环境相比,两者有显著的差别。海洋环境具有组成要素复杂性,自然变化过程相对更为迅速、局部区域有时会十分激烈等特点。

由此也造成了人们对海洋环境状况及其变化的了解和认识,其难度大大增加。海洋自然环境状况直接影响海洋资源的开发利用程度和方向,在海洋功能区划时,必须充分重视海洋自然环境要素。

2. 社会属性原则

根据经济和社会发展的需要,统筹安排各有关行业用海。按国标《海洋功能区划技术导则》对海洋功能区的规定,社会属性在划定海洋功能区时,要"考虑到海洋开发利用现状和经济社会发展的需要"。它不是可有可无的条件,而是必要条件,只有按照经济和社会发展的需要来选择何种功能(或功能顺序),才能使划分的功能区更具有可操作性和实践性。"根据经济和社会发展的需要,统筹安排各有关行业用海"原则,除其作为普遍性原则外,在运用到海洋功能区划上,主要针对下面3种情况:

一是当一个具体海域单元的主导功能(即处于最具价值优势的功能)出现2个或2个以上时,仅就自然属性难以决断其取舍的排序,那么,就需要根据经济与社会需要的紧迫程度和国家优先政策来加以确定。例如我国在编制小比例尺海洋功能区划时,各地都遇到,近海的一些海域,既有港口与航运功能,也有增养殖功能,而且两者对该海域都有优势。当时国家经济发展确立了交通、能源先行的政策,据此就把该海域划定为港口航运区。

二是相邻海域功能单元,如果有一海域已投入开发利用并已形成产业规模,而且有一定的开发历史,那么,尚待确定的功能区海域就要考虑其协调性问题,在若干功能方向中,合理选定能够与已有产业匹配的优势功能。

三是依据沿海地区的经济区划及社会发展目标和海区(比如渤海区、北黄海区、南黄海区、长江三角洲海区等)开发利用的生产布局和局部海域生产结构的合理性需要,必将对海域新的开发利用内容有某些范围的要求,海域优势功能的选择范围就会有所缩小,以使海洋经济的发展适应海区生产布局方向和沿海地方经济与社会发展的全国定向,充分说明海洋功能区划的社会属性原则,具有非常重要作用。

3. 生态环境保护和可持续利用原则

保护和改善生态环境,保障海域可持续利用,促进海洋经济的发展。该项原则实际包含两个侧面,即生态环境保护和可持续利用,促进海洋经济发展只是其达到的目标之一。

(1)海洋生态环境保护。所谓生态环境系指任何区域的生物,其全部生态因素和其分布区的生存环境条件的统一总体。地球上的陆地和海洋区域的动、植物的生存、演化都紧密地依赖于周围的环境,两者相互联系、相互作用,组成密不可分的统一体。环境由许多要素构成,直接作用于动、植物生命过程的那些环境因素称之生态因素,如空气、热、水、土壤、生物条件和人类影响等,它们都是生态环境的基本内容。在早期,原始的自然生态环境是长期自然演化的结果,生态环境内部各要素间基本是平衡的。后来随着人类大规模开发利用,生态系统内部、生态环境诸要素之间彼此的平衡被打破了,从而使生态环境失衡,进而危害动物、植物为主体的生物界和人类的生存和发展,直至今天生态环境已成为人类持续发展的基本障碍。所以在近30多年来,联合国及其有关国际组织一直坚持不懈地警告全球生境的危机及提倡大力加强生态环境保护的重要性与紧迫性。如 1972 年 5 月《人类环境宣言》原则之六:"为了保护不使生态环境遭到严重的或不可挽回的损害,必须制止在排除有毒物质或其他物质所及散热量或集中程度超过环境能使之无害的能力。应该支持各国人民反对污染的正义斗争";1992 年 6 月《里约环境与发展宣言》原则七又强调:"世界各国都要""本着全球伙伴精神,为保存、保护和恢复地球生态系统的健康和完整进行合作。鉴于导致全球环境退化的各种不同因素,各国负有共同的但是又有差别的责任。"海洋功能区划是为合理开发利用海洋和保护海洋生态环境一项基础性和科学性的工作。

（2）海洋可持续发展原则。可持续发展的概念是 20 世纪 80 年代后期提出,90 年代被联合国正式确立的人类继续发展的思想,现在已被国际社会普遍接受并付诸实施。其基本含义是"既能保证使之满足当前的需要,而又不危及下一代满足其需要的能力"。可持续发展既是人类今天和未来发展的要求和目标,也是发展应实行的原则和方法。可持续发展原则,目前已成为国际社会的共同遵守准则,编制海洋功能区划无疑也不能例外。

4. 保障海上交通安全原则

保障海上交通安全。在经济全球化的背景下,海洋交通运输,承担着各大州之间的贸易货物运量的 88% 以上。在此种形势下,畅通和安全的海上交通运输是发展海洋经济的重要条件。所以,编制海洋功能区划时,就应该充分注意港口和锚地建设的需要及安全航运的需要。

5. 保障国防安全用海原则

保障国防安全,保证军事用海需要。沿海国家毗邻海域,其领海外界之内海域,按照《联合国海洋法公约》规定:"沿海国的主权及于其陆地领土及其内水以外邻接的一带海域（该《公约》第三条又规定每一国家有权确定其领海的宽度,直至从按照本公约确定的基线量起不超过 12 海里的界限为止）……称为领海;此项主权及于领海的上空及其海床和底土"。

《中华人民共和国领海及毗连区法》规定,我国领海宽度确定为 12 海里,我国对领海的主权及于领海上空、领海的海床、底土。由国际法和国内法给领海的法律地位可见,领海外界向陆一侧的海域是沿海国家的国土的组成部分。领海之外的国家管辖海域其自然资源的主权利用亦属于沿海国家。只要有国家主权权益的地方,就存在政治、军事安全的保障设施和力量的条件,确保国家的主权不受侵犯,利益不受损害。尤其是当国家在此区域存在诸多不定因素和国家政治、经济和国际关系总体战略,必须通过该海洋区域实现时,这一海洋区域的战略价值就会异乎寻常地凸显出来。这些因素必然反映在海域的使用安排上和海洋功能区划上。对于海洋功能区划编制有关国家安全和其军事利用区的划定,就不能不在统筹兼顾之中,予以优先的考虑。虽然在本法的海洋功能区划适用原则中是最后一款规定,但其事物本质的规定性,又客观决定了该原则的优先性。

六、海洋功能区域布局

我国全部管辖海域划分为农渔业、港口航运、工业与城镇用海、矿产与能源、旅游休闲娱乐、海洋保护、特殊利用、保留等八类海洋功能区。

（一）农渔业区

农渔业区是指适于拓展农业发展空间和开发海洋生物资源，可供农业围垦，渔港和育苗场等渔业基础设施建设，海水增养殖和捕捞生产，以及重要渔业品种养护的海域，包括农业围垦区、渔业基础设施区、养殖区、增殖区、捕捞区和水产种质资源保护区。

农业围垦区主要分布在江苏、上海、浙江及福建沿海。渔业基础设施区主要为国家中心渔港、一级渔港和远洋渔业基地。养殖区和增殖区主要分布在黄海北部、长山群岛周边、辽东湾北部、冀东、黄河口至莱州湾、烟（台）威（海）近海、海州湾、江苏辐射沙洲、舟山群岛、闽浙沿海、粤东、粤西、北部湾、海南岛周边等海域；捕捞区主要有渤海、舟山、石岛、吕泗、闽东、闽外、闽中、闽南一台湾浅滩、珠江口、北部湾及东沙、西沙、中沙、南沙等渔场；水产种质资源保护区主要分布在双台子河口、莱州湾、黄河口、海州湾、乐清湾、官井洋、海陵湾、北部湾、东海陆架区、西沙附近等海域。

农业围垦要控制规模和用途，严格按照围填海计划和自然淤涨情况科学安排用海。渔港及远洋基地建设应合理布局，节约集约利用岸线和海域空间。确保传统养殖用海稳定，支持集约化海水养殖和现代化海洋牧场发展。加强海洋水产种质资源保护，严格控制重要水产种质资源产卵场、索饵场、越冬场及洄游通道内各类用海活动，禁止建闸、筑坝以及妨碍鱼类洄游的其他活动。防治海水养殖污染，防范外来物种侵害，保持海洋生态系统结构与功能的稳定。农业围垦区、渔业基础设施区、养殖区、增殖区执行不劣于二类海水水质标准，渔港区执行不劣于现状的海水水质标准，捕捞区、水产种质资源保护区执行不劣于一类海水水质标准。

（二）港口航运区

港口航运区是指适于开发利用港口航运资源，可供港口、航道和锚地建设的海域，包括港口区、航道区和锚地区。

港口区主要包括大连港、营口港、秦皇岛港、唐山港、天津港、烟台港、青岛港、日照港、连云港港、南通港、上海港、舟山港、温州港、福州港、厦门港、汕头港、深圳港、广州港、珠海港、湛江港、海口港、北部湾港等；重要航运水道主要有渤海海峡（包括老铁山水道、长山水道等）、成山头附近海域、长江口、舟山群岛海域、台湾海峡、珠江口、琼州海峡等；锚地区主要分布在重点港口和重要航运水道周边邻近海域。

深化港口岸线资源整合，优化港口布局，合理控制港口建设规模和节奏，重点安排全国沿海主要港口的用海。堆场、码头等港口基础设施及临港配套设施建设用围填海应集约高效利用岸线和海域空间。维护沿海主要港口、航运水道和锚地水域功能，保障航运安全。港口的岸线利用、集疏运体系等要与临港城市的城市总体规划做好衔接。港口建设应减少对海洋水动力环境、岸滩及海底地形地貌的影响，防止海岸侵蚀。港口区执行不劣于四类海水水质标准。航道、锚地和邻近水生野生动植物保护区、水产种质资源保护区等海洋生态敏感区的港口区执行不劣于现状海水水质标准。

（三）工业与城镇用海区

工业与城镇用海区是指适于发展临海工业与滨海城镇的海域，包括工业用海区和城镇用海区。

工业与城镇用海区主要分布在沿海大、中城市和重要港口毗邻海域。

工业和城镇建设围填海应做好与土地利用总体规划、城乡规划、河口防洪与综合整治规划等的衔接，突出节约集约用海原则，合理控制规模，优化空间布局，提高海域空间资源的整体使用效能。优先安排国家区域发展战略确定的建设用海，重点支持国家级综合配套改革试验区、经济技术开发区、高新技术产业开发区、循环经济示范区、保税港区等的用海需求。重点安排国家产业政策鼓励类产业用海，鼓励海水综合利用，严格限制高耗能、高污染和资源消耗型工业项目用海。在适宜的海域，采取离岸、人工岛式围填海，减少对海洋水动力环境、岸滩及海底地形地貌的影响，防止海岸侵蚀。工业用海区应落实环境保护措施，严格实行污水达标排放，避免工业生产造成海洋环境污染，新建核电站、石化等危险化学品项目应远离人口密集的城镇。城镇用海区应保障社会公益项目用海，维护公众亲海需求，加强自然岸线和海岸景观的保护，营造宜居的海岸生态环境。工业与城镇用海区执行不劣于三类海水水质标准。

（四）矿产与能源区

矿产与能源区是指适于开发利用矿产资源与海上能源，可供油气和固体矿产等勘探、开采作业，以及盐田和可再生能源等开发利用的海域，包括油气、固体矿产区、盐田区和可再生能源区。

油气区主要分布在渤海湾盆地（海上）、北黄海盆地、南黄海盆地、东海盆地、台西盆地、台西南盆地、珠江口盆地、琼东南盆地、莺歌海盆地、北部湾盆地、南海南部沉积盆地等油气资源富集的海域；盐田区主要为辽东湾、长芦、莱州湾、淮北等盐业产区；可再生能源区主要包括浙江、福建和广东等近海重点潮汐能区，福建、广东、海南和山东沿海的波浪能区，浙江舟山群岛（龟山水道）、辽宁大三山岛、福建崳山岛和海坛岛海域的潮流能区，西沙群岛附近海域的温差能区，以及海岸和近海风能分布区。

重点保障油气资源勘探开发的用海需求，支持海洋可再生能源开发利用。遵循深水远岸布局原则，科学论证与规划海上风电，促进海上风电与其他产业协调发展。禁止在海洋保护区、侵蚀岸段、防护林带毗邻海域开采海砂等固体矿产资源，防止海砂开采破坏重要水产种质资源产卵场、索饵场和越冬场。严格执行海洋油气勘探、开采中的环境管理要求，防范海上溢油等海洋环境突发污染事件。油气区执行不劣于现状海水水质标准，固体矿产区执行不劣于四类海水水质标准，盐田区和可再生能源区执行不劣于二类海水水质标准。

（五）旅游休闲娱乐区

旅游休闲娱乐区是指适于开发利用滨海和海上旅游资源，可供旅游景区开发和海上文体娱乐活动场所建设的海域。包括风景旅游区和文体休闲娱乐区。

旅游休闲娱乐区主要为沿海国家级风景名胜区、国家级旅游度假区、国家 5A 级旅游景区、国家级地质公园、国家级森林公园等的毗邻海域及其他旅游资源丰富的海域。

旅游休闲娱乐区开发建设要合理控制规模,优化空间布局,有序利用海岸线、海湾、海岛等重要旅游资源;严格落实生态环境保护措施,保护海岸自然景观和沙滩资源,避免旅游活动对海洋生态环境造成影响。保障现有城市生活用海和旅游休闲娱乐区用海,禁止非公益性设施占用公共旅游资源。开展城镇周边海域海岸带整治修复,形成新的旅游休闲娱乐区。旅游休闲娱乐区执行不劣于二类海水水质标准。

（六）海洋保护区

海洋保护区是指专供海洋资源、环境和生态保护的海域,包括海洋自然保护区、海洋特别保护区。

海洋保护区主要分布在鸭绿江口、辽东半岛西部、双台子河口、渤海湾、黄河口、山东半岛东部、苏北、长江口、杭州湾、舟山群岛、浙闽沿岸、珠江口、雷州半岛、北部湾、海南岛周边等邻近海域。

依据国家有关法律法规进一步加强现有海洋保护区管理,严格限制保护区内影响干扰保护对象的用海活动,维持、恢复、改善海洋生态环境和生物多样性,保护自然景观。加强海洋特别保护区管理。在海洋生物濒危、海洋生态系统典型、海洋地理条件特殊、海洋资源丰富的近海、远海和群岛海域,新建一批海洋自然保护区和海洋特别保护区,进一步增加海洋保护区面积。近期拟选划为海洋保护区的海域应禁止开发建设。逐步建立类型多样、布局合理、功能完善的海洋保护区网络体系,促进海洋生态保护与周边海域开发利用的协调发展。海洋自然保护区执行不劣于一类海水水质标准,海洋特别保护区执行各使用功能相应的海水水质标准。

（七）特殊利用区

特殊利用区是指供其他特殊用途排他使用的海域。包括用于海底管线铺设、路桥建设、污水达标排放、倾倒等的特殊利用区。

在海底管线、跨海路桥和隧道用海范围内严禁建设其他永久性建筑物,从事各类海上活动必须保护好海底管线、道路桥梁和海底隧道。合理选划一批海洋倾倒区,重点保证国家大中型港口、河口航道建设和维护的疏浚物倾倒需要。对于污水达标排放和倾倒用海,要加强监测、监视和检查,防止对周边功能区环境质量产生影响。

（八）保留区

保留区是指为保留海域后备空间资源,专门划定的在区划期限内限制开发的海域。保留区主要包括由于经济社会因素暂时尚未开发利用或不宜明确基本功能的海域,限于科技手段等因素目前难以利用或不能利用的海域,以及从长远发展角度应当予以保留的海域。

保留区应加强管理,严禁随意开发。确需改变海域自然属性进行开发利用的,应首先修改省级海洋功能区划,调整保留区的功能,并按程序报批。保留区执行不劣于现状海水水质标准。

七、海洋功能区划措施和管理

（一）制定海洋功能区划实施管理办法，实现依法治海

实施海洋功能区划需要有关政府部门的大力配合，国家将海洋功能区划转化为政府行为，根据本地区的实际情况和该地区的海洋功能区划，制定出相应的实施细则，制定、完善与《海域使用管理法》相配套的相应管理法规，制定地方性海洋政策和法规。

（二）强化海洋行政管理，实现海洋功能区划组织保证

海洋功能区划工作由海洋主管部门和各级地方政府负责，并且全国人大也赋予海洋功能区划以法律地位。建立严格的审议、监督制度，执法队伍和能力建设，并根据地方的实际情况制定一些具体的细则，是海洋功能区划实施的有力保证。

（三）制定海洋开发和海洋环保规划，将海洋功能区划实施落到实处

海洋功能区划是规划的科学基础。区划与规划的有机结合，是海洋的自然属性和海洋开发的社会属性的结合，能够保障海洋经济的发展逐步趋向科学化、合理化，促使海洋综合管理职能尽快到位。

（四）发展海洋功能区划理论，完善深化海洋功能区划成果

随着海洋开发和保护事业的发展遗迹科学技术水平的不断提高，海洋功能区划本身也将在实践中不断加以修正、充实，使之更加科学、更加完善，更好地为海洋综合管理服务。

第二节　养殖水域滩涂规划

一、养殖水域滩涂规划背景由来

（一）面临形势

水产养殖业作为农业的三大产业之一，分为海水养殖和淡水养殖。其中海洋是国民经济高质量发展战略要地，党中央、国务院多次提出"坚持陆海统筹""加快建设海洋强国"，习近平总书记在十三届全国人大一次会议山东代表团审议时再次对加快海洋强国建设做出了重要指示，强调要更加注重经略海洋，充分体现了党中央对海洋事业的新期望、新要求。水域滩涂是海洋开发利用的前沿阵地，是沿海地区渔业经济发展的重要依托和载体。近年来，我国水域滩涂资源环境约束更加趋紧，生态产品供需矛盾更加突出，产业发展不协调、不平衡、不充分的问题更加突出，制约了渔业经济和资源环境的绿色可持续发展。党的十九大报告中提出"坚持人与自然和谐共生"，必须树立和践行"绿水青山就是金山银山"的理念，要像对待生命一样对待生态环境，实行最严格的生态环境保护制度，形成绿色发展方式和生活

方式。这就要求水产养殖业不仅提供优质安全的水产品,还要提供清新美丽的渔家风光、洁净良好的生态环境。2019年1月11日,经国务院同意,农业农村部、生态环境部、自然资源部、国家发改委、财政部、科学技术部、工业和信息化部、商务部、国家市场监管总局、中国银保监会联合印发了《关于加快推进水产养殖业绿色发展的若干意见》,标志着我国水产养殖业转型升级进入了一个新的发展阶段。

水产养殖业发展态势良好,但也面临一些新矛盾、新问题,客观上制约了行业转型升级和可持续发展。

1. 远海开发利用程度较低

随着国家海洋战略及烟台市海洋经济强市战略的深入实施,陆基、近海水产养殖业空间受到一定程度挤压,海域资源供给与用海需求之间的矛盾日益突出。沿海港口、临海工业、滨海旅游等第二、三产业与水产养殖业争夺优质海域资源,对水产养殖的发展空间造成一定压力。

2. 生态文明建设为水产养殖业绿色发展提出了新要求

水产养殖业是农业的重要组成部分,兼具生产和生态两大属性,承载着水域生态文明建设的重任。党中央高度重视生态文明建设,并将新发展理念、生态文明和建设美丽中国写入宪法。随着"水十条"、中共中央国务院《关于全面加强生态环境保护坚决打好污染防治攻坚战的意见》等一系列生态环境治理方案的出台,对水产养殖业绿色发展提出新的要求,要将绿色发展理念贯穿于水产养殖生产全过程,采取更加注重资源节约、环境保护和质量安全的发展方式,防止将水产养殖生产和生态保护对立起来,发挥水产养殖业在山水林田湖草系统治理中的生态服务功能,既为百姓提供优质、安全、绿色、生态的水产品,又还百姓清水绿岸、鱼翔浅底的秀丽景色。

3. 供给侧改革促进水产养殖业新旧动能转换

水产养殖业生产的集约化、标准化、组织化程度不够高,品牌渔业竞争力不够强,市场号召力强、全国闻名,尤其是具有国际影响力的水产品品牌更少。渔业良种供应、疫病防控、技术推广等服务体系不够健全。深海养殖发展相对滞后。

4. 休闲渔业资源亟待加大开发深度

休闲渔业过于依赖自然资源和景观资源,一味片面强调对产业自然资源的开发,忽视深度、系统开发渔村民俗、乡土文化等人文资源,与水产养殖业关联度不高。这些问题是发展中的阵痛,也是实现渔业转型升级不可回避的问题。正视困难和差距,在"危"中寻"机",准确把握水产养殖业面临的新形势、新任务,牢牢抓住有利于产业发展的积极因素,以更加积极的姿态加快推进水产养殖业绿色发展。

（二）法律法规依据

为贯彻落实《中共中央国务院关于加快生态文明建设的意见》（中发〔2015〕12号）、《国务院关于促进海洋渔业持续健康发展的若干意见》（国发〔2013〕11号）和《国务院关于印发水污染防治行动计划的通知》（国发〔2015〕17号）的有关要求,促进水产养殖业健康持续发展,加快推进水产养殖业转方式调结构,根据《中华人民共和国渔业法》等法律法规的规定,2016 年 12 月农业部印发了关于《养殖水域滩涂规划编制工作规范》和《养殖水域滩涂规划编制大纲》(农渔发〔2016〕39 号),文件要求"加快推进水产养殖业转方式调结构,进一步完善养殖水域滩涂规划制度,科学划定禁止养殖区、限制养殖区和养殖区"。

二、养殖水域滩涂规划目的和意义

养殖水域滩涂规划编制发布是渔业发展的基础性工作,是国土空间规划的重要组成部分。编制发布养殖水域滩涂规划是水产养殖领域依法行政的基本要求,是地方人民政府及有关部门的法定职责。

养殖水域滩涂规划作为水产养殖业发展的布局依据、推进产业转型升级的重要抓手和渔业管理的基本制度,按要求划定禁止养殖区、限制养殖区和养殖区,合理布局水产养殖生产,保护水域滩涂生态环境,设定发展底线,稳定基本养殖面积,保障渔民合法权益,确保有效供给安全、环境生态安全和产品质量安全,实现提质增效、减量增收、绿色发展、富裕渔民的发展目标。

(一)实施养殖水域滩涂规划,有利于提升海洋生态环境的服务功能

实施养殖水域滩涂规划,划定禁养区、限养区,有利于保护保护水域滩涂生态环境,设定渔业发展底线,稳定基本养殖面积,保障渔民的合法权益。科学合理的利用养殖空间,重点提升海洋生态系统的产品供给功能,促进渔业绿色发展,提高生态文明建设水平。

(二)实施养殖水域滩涂规划,有利于实现质量兴渔

养殖水域滩涂是水产养殖的基本生产资料,编制养殖水域滩涂规划是《渔业法》《水法》等法律法规赋予渔业主管部门的重要职责,落实养殖水域滩涂规划制度是保护水产养殖生产空间、实现依法治渔的必然要求。养殖水域滩涂也是水域生态的重要组成部分,科学划定农业空间是落实国家主体功能区战略的重要内容,推进水产养殖业绿色发展、实现质量兴渔的关键在于合理布局生产空间。在养殖区实施以人工鱼礁、增殖放流、海藻场和海草床建设为主要内容的海洋牧场建设工程,对养护渔业资源、构建海洋农牧化、实现质量兴渔意义重大。

(三)实施养殖水域滩涂规划,有利于加强海洋空间资源管控能力

养殖水域滩涂规划是渔业管理的空间基础,在符合海洋功能区划、红线规划等前提下,根据水域滩涂的地理位置、自然资源状况、自然环境条件等因素,划分禁养区、限养区和养殖区,指导、约束水域滩涂渔业开发利用实践活动,保证渔业发展的生态、经济和社会效益。

三、重点任务

(一)优化养殖水域滩涂空间资源配置

开展水域滩涂自然资源和经济社会发展现状调查,评价其开发利用状况。依据相关法

律法规,结合水域滩涂自然属性与区域经济发展方向,对空间资源进行优化配置,分为禁止养殖区、限制养殖区、养殖区,明确各区域及功能定位,细化管理要求。完善水域滩涂养殖许可证制度和渔业用海审批制度等,坚持红线制度,实行依法管控,确保水域滩涂科学、协调、有序利用。

（二）建立养殖容量管控机制

根据生态环境自然禀赋和养殖水域滩涂承载力,坚持生态优先,优化养殖生产布局,合理确定养殖容量。科学确定湖泊、水库、河流和近海等公共自然水域养殖方式、规模和密度,对养殖规模超过水域滩涂承载能力的区域进行养殖总量调减。科学调减公共自然水域投饵养殖,鼓励发展不投饵的生态养殖。建立健全目标管控、模式管控、规模管控等措施,构建基于生态系统平衡的渔业资源养护和恢复管理模式。

（三）推进水产养殖业高质量发展

转变传统渔业发展模式和思路,贯彻落实黄河流域生态保护和高质量发展战略,高水平建设"海上粮仓"。推进设施化水产养殖业绿色发展、海洋牧场和大水面生态增养殖业创新发展、盐碱水养殖及渔农综合利用产业加快发展、稻渔综合种养产业规范发展、休闲渔业等二、三产业融合发展。推广新技术、新产业、新业态、新模式,实现产业智慧化、智慧产业化、跨界融合化、品牌高端化。

四、编制范围和原则

（一）规划范围

养殖水域滩涂是指中华人民共和国管辖水域滩涂内,已经进行水产养殖开发利用和目前尚未开发但适于水产养殖开发利用的所有（全民、集体）水域和滩涂。已经进行水产养殖开发的水域滩涂面积超过 1 万亩或养殖年产量超过 3 000 吨的县（市、区）,独立编制本行政区域规划,已经进行水产养殖开发的水域滩涂面积不足 1 万亩或养殖年产量低于 3 000 吨的县（市、区）,可独立编制规划或由上一级渔业行政主管部门牵头统一编制规划。

（二）规划实施机构

基本各级养殖水域滩涂规划由所在地的县级以上地方人民政府渔业行政主管部门负责编制,报本级人民政府批准后发布实施。省级渔业行政主管部门应加强对规划编制工作的指导和监督检查,制定本省规划编制工作办法或方案,并负责在县市规划的基础上编制本省养殖水域滩涂规划。国务院渔业行政主管部门定期对各地规划编制完成情况进行督导,并负责在各省规划的基础上完成全国养殖水域滩涂规划。

（三）规划原则

1.坚持科学规划、因地制宜原则

各地渔业行政主管部门应根据本地水域滩涂承载力评价结果和水产养殖产业发展需

求，形成本区域养殖水域滩涂开发利用和保护的总体思路，根据规划编制工作规范和大纲的具体要求，合理布局水产养殖生产，制定本区域养殖水域滩涂使用管理的具体措施，科学编制规划。

2. 坚持生态优先、底线约束原则

坚持走生产发展、生活富裕、生态良好的文明发展道路，科学开展水域滩涂利用评价，保护水域滩涂生态环境，明确区域经济发展方向，合理安排产业发展空间。要将饮用水水源地、自然保护区等重要生态保护或公共安全"红线"和"黄线"区域作为禁止或限制养殖区，设定发展底线。

3. 坚持合理布局、转调结合原则

稳定海水池塘和工厂化养殖，调减过密近海网箱养殖，发展外海深水网箱养殖；稳定淡水池塘养殖，调减湖泊水库网箱围栏养殖，发展生态养殖，支持设施养殖向工厂化循环水方向发展，发展稻田综合种养和低洼盐碱地养殖，实现养殖水域滩涂的整体规划、合理储备、有序利用、协调发展。

4. 坚持总体协调、横向衔接原则

将规划放在区域整体空间布局的框架下考虑，规划编制要与本行政区域的《土地利用总体规划》和《海洋功能区划》相协调，同时注意与本地区城市、交通、港口、旅游、环保等其他相关专项规划相衔接，避免交叉和矛盾，促进区域经济协调发展。

（四）规划期限

《养殖水域滩涂规划编制工作规范》明确规定了规划期至 2030 年。

全国各省、市、县三级政府结合本地实际情况，开展规划编制工作。2020 年 4 月农业农村部印发《农业农村部关于进一步加快推进水域滩涂养殖发证登记工作的通知》（农渔发〔2020〕6 号），全面部署各地加快省、市、县三级养殖水域滩涂规划编制发布，实现规划全覆盖，要求已发布规划的地区加快水域滩涂养殖发证登记，做到应发尽发。截至 2021 年 4 月，共有 6 个省级、257 个地市级和 1 544 个县级人民政府颁布实施本级养殖水域滩涂规划。

五、养殖水域滩涂区划功能区划

（一）功能区基本划分方法

根据《养殖水域滩涂规划编制工作规范》，养殖水域滩涂功能区分为禁止养殖区、限制养殖区和养殖区。

1. 禁止养殖区

（1）禁止在饮用水水源地一级保护区、自然保护区核心区和缓冲区、国家级水产种质资源保护区核心区和未批准利用的无居民海岛等重点生态功能区开展水产养殖。

（2）禁止在港口、航道、行洪区、河道堤防安全保护区等公共设施安全区域开展水产养殖。

（3）禁止在有毒有害物质超过规定标准的水体开展水产养殖。

（4）法律法规规定的其他禁止从事水产养殖的区域。

2. 限制养殖区

（1）限制在饮用水水源二级保护区、自然保护区实验区和外围保护地带、国家级水产种质资源保护区实验区、风景名胜区、依法确定为开展旅游活动的可利用无居民海岛及其周边海域等生态功能区开展水产养殖，在以上区域内进行水产养殖的应采取污染防治措施，污染物排放不得超过国家和地方规定的污染物排放标准。

（2）限制在重点湖泊水库及近岸海域等公共自然水域开展网箱围栏养殖。重点湖泊水库饲养滤食性鱼类的网箱围栏总面积不超过水域面积的1%，饲养吃食性鱼类的网箱围栏总面积不超过水域面积的0.25%；重点近岸海域浮动式网箱面积不超过海区宜养面积10%。各地应根据养殖水域滩涂生态保护实际需要确定重点湖泊水库及近岸海域，确定不高于农业部标准的本地区可养比例。

（3）法律法规规定的其他限制养殖区。

3. 养殖区

主要分为海水养殖区和淡水养殖区。

（1）海水养殖区，包括海上养殖区、滩涂及陆地养殖区。海上养殖包括近岸网箱养殖、深水网箱养殖、吊笼（筏式）养殖和底播养殖等，滩涂及陆地养殖包括池塘养殖、工厂化等设施养殖和潮间带养殖等。

（2）淡水养殖区，包括池塘养殖区、湖泊养殖区、水库养殖区和其他养殖区。池塘养殖包括普通池塘养殖和工厂化设施养殖等，湖泊水库养殖包括网箱养殖、围栏养殖和大水面生态养殖等，其他养殖包括稻田综合种养和低洼盐碱地养殖等。

（二）山东省养殖水域滩涂规划功能区划分

山东省农业农村厅于2021年7月30日印发了《山东省养殖水域滩涂规划（2021—2030年）》，本文以《山东省养殖水域滩涂规划（2021—2030年）》为例，说明养殖水域滩涂规划功能区划分方法及开发重点和保护重点。

《山东省养殖水域滩涂规划（2021—2030年）》根据《中华人民共和国海域使用管理法》《中华人民共和国渔业法》《中华人民共和国航道法》以及《中共中央国务院关于加快推进生态文明建设的意见》《山东省海洋功能区划》《山东省海洋生态红线》等有关法律、规定，结合山东省省实际情况，按照是否允许养殖开发以及可承受的开发强度，将养殖水域滩涂功能区划分为禁止养殖区、限制养殖区和养殖区。具体划分如下：

1. 功能区划分方法

（1）禁止养殖区边界划定方法。

① 海水禁止养殖区划分方法。

a. 保护区禁止养殖区。

自然保护区禁止养殖区是指自然保护区核心区和缓冲区；海洋特别保护区禁止养殖区

是指海洋特别保护区重点保护区和预留区。

b. 港口航运区禁止养殖区供港口、航道和锚地建设的海域、航路和航道两侧一定范围的通航安全区。

c. 特殊利用区禁止养殖区供军事及其他特殊用途排他使用的海域,包括军事区,以及用于污水达标排放、倾倒等的区域。

② 淡水禁止养殖区划分方法。

a. 保护区禁止养殖区。

饮用水水源保护区禁止养殖区是指饮用水水源一级保护区;自然保护区禁止养殖区是指自然保护区核心区和缓冲区。

b. 重要生态功能区禁止养殖区。

重点湖泊禁止养殖区是指保护区之外的Ⅰ类保护红线湖泊水域;重点水库禁止养殖区是指保护区之外的Ⅰ类保护红线水库水域;河流、干渠禁止养殖区是指全省境内河流、干渠水域;湿地禁止养殖区是指保护区、重点湖泊水库、河流之外的Ⅰ类保护红线湿地。

c. 公共设施安全区域禁止养殖区。

港口航道禁止养殖区是指内陆港区、内河航道及安全区;河道堤防安全保护区禁止养殖区是指河道堤防安全保护区。

d. 风景名胜区禁止养殖区:风景名胜区水域。

(2)限制养殖区边界划定方法。

① 海水限制养殖区划分方法。

a. 保护区限制养殖区。

自然保护区限制养殖区是指自然保护区实验区;海洋特别保护区限制养殖区是指海洋特别保护区适度利用区和生态与资源恢复区;国家级水产种质资源保护区限制养殖区是指国家级水产种质资源保护区。

b. 重要生态功能区限制养殖区自然保护地核心保护区之外的生态保护红线区域,包括重要河口生态系统、重要滨海湿地、重要砂质岸线及邻近海域、沙源保护海域、特殊保护海岛及周边海域、重要渔业海域、自然景观与历史文化遗迹、重要滨海旅游区等。

c. 矿产与能源区限制养殖区适于开发利用矿产资源与海上能源,可供油气和固体矿产等勘探、开采作业,以及盐田和可再生能源等开发利用的海域,包括油气区、固体矿产区、盐田区和可再生能源区。

d. 工业与城镇用海区限制养殖区适于发展临海工业与滨海城镇的海域,包括工业用海区和城镇用海区。

e. 保留区限制养殖区为保留养殖水域滩涂后备空间资源,专门划定的在规划期限内限制开发的海域。

② 淡水限制养殖区划分方法。

a. 保护区限制养殖区。

饮用水水源保护区限制养殖区是指饮用水水源二级保护区;自然保护区限制养殖区是指自然保护区实验区和外围保护地带;国家级水产种质资源保护区限制养殖区是指国家级水产种质资源保护区。

b. 重要生态功能区限制养殖区。

湖泊限制养殖区是指保护区和Ⅰ类保护红线之外的湖泊水域;水库限制养殖区是指保护区和Ⅰ类保护红线之外的水库水域;湿地限制养殖区是指保护区、湖泊、水库、河流之外的非Ⅰ类保护红线湿地。

(3)养殖区边界划定方法。养殖区指山东省境内所属水域滩涂禁止养殖区和限制养殖区以外的水域。海水养殖区包括池塘养殖、工厂化养殖、底播养殖、筏式养殖、网箱养殖等。淡水养殖区包括池塘养殖、工厂化养殖、稻渔综合种养、采煤塌陷地养殖、低洼盐碱地养殖等。

2. 养殖水域滩涂开发重点

(1)海水养殖水域滩涂开发重点。按照山东省海域自然区位条件,规划海域划为黄河三角洲区域、山东半岛东北部区域、山东半岛南部区域三个渔业发展区,各发展区因地制宜确定开发重点。

黄河三角洲区域:指漳卫新河到莱州虎头崖,包括东营、潍坊、滨州等市全部海域和莱州市部分所辖养殖水域滩涂。重点开发滩涂贝类底播增殖,虾类、刺参池塘养殖和鱼类工厂化养殖等。

山东半岛东北部区域:指莱州虎头崖至靖海湾,包括烟台(除海阳市、莱阳市)、威海(除文登区、乳山市)等市所辖养殖水域滩涂。近岸要疏减养殖密度,重点发展贝藻立体筏式养殖、鱼类工厂化养殖、深远海装备化养殖及综合型海洋牧场建设等。

山东半岛南部区域:指靖海湾至绣针河口(鲁苏交界),包括青岛、烟台(莱阳市、海阳市)、威海(文登区、乳山市)、日照等市所辖养殖水域滩涂。重点开发高值贝类底播增殖、刺参和鱼虾类池塘养殖和工厂化养殖、鱼类网箱养殖、贝藻立体筏式养殖等,探索推进深远海智能网箱养殖和深海养殖工船试验,在经济生物产卵场区域建设资源养护型海洋牧场。

(2)淡水养殖水域滩涂开发重点。按照自然区位条件,内陆水域划分为黄河三角洲及沿黄区域、两湖区域、其他区域三个渔业发展区,各发展区因地制宜确定开发重点。

黄河三角洲及沿黄区域:包括东营、潍坊、滨州、德州、聊城、菏泽等市所辖养殖水域。重点进行池塘改造提升,发展生态型设施渔业,开发"上粮下渔、以渔改碱,渔农旅综合利用",推广中华绒螯蟹、凡纳滨对虾、黄河鲤、观赏鱼等名优水产品养殖,开展垂钓、观光、展会、科普、餐饮等文旅休闲项目,打造休闲渔业品牌。

两湖区域:包括枣庄、济宁、泰安等市所辖养殖水域。实施集中连片池塘标准化改造升级和尾水治理,加快采煤塌陷地渔业利用以及稻(藕)渔综合种养开发,推广乌鳢、泥鳅、黄河鲤、大口黑鲈、克氏原螯虾、中华绒螯蟹等名优品种。发展大水面生态渔业,开展增殖放流,养护渔业资源。深入挖掘大水面生态渔业的历史渊源和文化内涵,大力发展"好湖好水"为特色的休闲渔业。

其他区域:包括济南、青岛、淄博、烟台、威海、日照、临沂等市所辖养殖水域。加快池塘标准化和工厂化改造升级,发展生态型设施渔业,实施"放鱼养水"工程,拓展城市水系休闲渔业,优化产业结构。

3. 养殖水域滩涂保护重点

保护水域滩涂生态环境,合理规划产业发展空间,将重要生态保护或公共安全"红线"区域作为保护重点。

(1)海水养殖水域滩涂保护重点。本规划划定的自然保护区的核心区和缓冲区、海洋特别保护区的重点保护区和预留区等海水禁止养殖区作为海水养殖水域滩涂保护的重点。

(2)淡水养殖水域滩涂保护重点。本规划划定的饮用水水源一级保护区、自然保护区的核心区和缓冲区、重点湖泊水库、河流、南水北调和引黄济青输水通道等淡水禁止养殖区作为淡水养殖水域滩涂保护的重点。

六、规划实施管理措施

(一)使用用途管制

养殖水域滩涂规划是养殖水域滩涂使用管理的基本依据,养殖水域滩涂使用管理要严格依据规划开展,严格限制擅自改变养殖水域滩涂使用用途的行为。在规划范围外,不得新建及改扩建养殖项目。其他生态保护或工程建设项目等占用规划内养殖水域滩涂的,必须征求渔业行政主管部门意见,按照有关要求对规划进行修订后实施,造成养殖生产者经济损失的应依法给予补偿。

(二)禁止和限制养殖区管理

禁止养殖区内的水产养殖,由制定规划的本级人民政府及相关部门负责限期搬迁或关停。限制养殖区内的水产养殖,污染物排放超过国家和地方规定的污染物排放标准的,限期整改,整改后仍不达标的,由本级人民政府及相关部门负责限期搬迁或关停。禁止和限制养殖区内重点生态功能区和公共设施安全区域划定前已有的水产养殖,搬迁或关停造成养殖生产者经济损失的应依法给予补偿,并妥善安置养殖渔民生产生活。

(三)养殖区管理

养殖区内符合规划的养殖项目,应当科学确定养殖密度,合理投饵、使用药物,防止造成水域的环境污染,养殖生产应符合《水产养殖质量安全管理规定》的有关要求。完善全民所有养殖水域、滩涂使用审批,健全使用权的招、拍、挂等交易制度,推进集体所有养殖水域、滩涂承包经营权的确权工作,规范水域滩涂养殖发证登记工作。加强渔政执法,查处无证养殖,对非法侵占养殖水域滩涂行为进行处理,规范养殖水域滩涂开发利用秩序,强化社会监督。

第三节 海洋经济发展规划

一、"十四五"海洋经济发展规划由来

2021年12月27日,国务院发布《国务院关于"十四五"海洋经济发展规划的批复》(国函〔2021〕131号),原则同意《"十四五"海洋经济发展规划》。该批复要求各相关省、自治区、直辖市人民政府要加强组织领导,明确工作责任,创新体制机制,发挥自身优势,坚持陆海统筹,以陆促海、以海带陆,根据《规划》确定的发展方向和重点,结合各自实际细化分地区、分领域的具体措施,确保《规划》提出的目标任务如期完成。同时要求国家发展改革委、自然资源部要会同有关方面加强统筹协调,按照中共中央、国务院关于发展海洋经济推进建设海洋强国的决策部署,进一步发挥促进全国海洋经济发展部际联席会议制度作用,根据《规划》确定的目标任务,提出重点工作安排,明确责任分工,加强跟踪分析,及时开展评估总结,着力协调解决突出问题,重要工作进展和重大问题要及时向党中央、国务院报告。

《"十四五"海洋经济发展规划》以深化供给侧结构性改革为主线,以改革创新为根本动力,以满足人民日益增长的美好生活需要为根本目的,坚持系统观念,更好统筹发展和安全,优化海洋经济空间布局,加快构建现代海洋产业体系,着力提升海洋科技自主创新能力,协调推进海洋资源保护与开发,维护和拓展国家海洋权益,畅通陆海连接,增强海上实力,走依海富国、以海强国、人海和谐、合作共赢的发展道路,加快建设中国特色海洋强国。要求各相关省、自治区、直辖市人民政府要加强组织领导,明确工作责任,创新体制机制,发挥自身优势,坚持陆海统筹,以陆促海、以海带陆,根据《规划》确定的发展方向和重点,结合各自实际细化分地区、分领域的具体措施,确保《规划》提出的目标任务如期完成。

以山东省人民政府于2021年10月26日印发的《山东省"十四五"海洋经济发展规划》为案例,对"十四五"海洋经济发展规划进行系统论述。

为加快建设世界一流的海洋港口、完善的现代海洋产业体系、绿色可持续的海洋生态环境,推进山东海洋经济高质量发展。《规划》山东省人民政府办公厅印发实施《山东省"十四五"海洋经济发展规划》(以下简称《规划》)。明确到2035年,山东海洋经济和科技水平位居国际前列,沿海港口发展水平整体大幅跃升,高水平海洋开放新格局初步形成,基本建成海洋经济发达、海洋科技领先、海洋生态优良、海洋文化先进、海洋治理高效的海洋强省。《规划》确定以青岛为引领,以烟台、潍坊、威海为三个增长极,着力构建"一核引领、三极支撑、两带提升、全省协同"的发展布局,推动海陆高效联动、协同发展。

《规划》提出要推动海洋经济向深海、远海进军,促进海洋产业链迈向全球价值链中高端,构建具有较强国际竞争力的现代海洋产业体系。一是优化提升海洋传统优势产业;二是发展壮大海洋新兴产业;三是加快发展现代海洋服务业;四是推动海洋产业与数字经济融合发展。

二、总体要求

（一）指导思想

以习近平新时代中国特色社会主义思想为指导，全面贯彻党的十九大、二十大精神，增强"四个意识"，坚定"四个自信"，做到"两个维护"，紧紧围绕"五位一体"总体布局和"四个全面"战略布局，科学把握新发展阶段，完整、准确、全面贯彻新发展理念，主动服务和融入新发展格局，以高质量发展为主题，以供给侧结构性改革为主线，以改革创新为根本动力，以满足人民群众日益增长的美好生活需要为根本目的，统筹发展和安全，着力提升海洋科技自主创新能力，加快建设世界一流的海洋港口、完善的现代海洋产业体系、绿色可持续的海洋生态环境，努力打造具有世界先进水平的海洋科技创新高地、国家海洋经济竞争力核心区、国家海洋生态文明示范区、国家海洋开放合作先导区，推动新时代现代化强省建设，为海洋强国建设作出更大贡献。

（二）基本原则

1. 坚持创新驱动

把科技自立自强作为推动海洋经济高质量发展的核心支撑。

2. 坚持高质量发展

把产业提档升级作为推动海洋经济高质量发展的重要抓手。

3. 坚持生态优先

把海洋生态文明建设作为推动海洋经济高质量发展的必然要求。

4. 坚持海陆统筹

把海陆统筹作为推动海洋经济高质量发展的战略引领。

5. 坚持开放合作

把深化开放合作作为推动海洋经济高质量发展的必由之路。

（三）发展目标

（1）海洋经济综合竞争力加快跃升。

（2）现代海洋产业体系更趋完善。

（3）世界一流港口建设取得突破性进展。

（4）海洋生态环境持续改善。

（5）海洋经济开放合作深度拓展。

（6）海洋发展民生福祉持续增进。

到 2035 年，山东海洋经济和科技水平位要居国际前列，对国民经济的引领和支撑作用跃上新台阶；沿海港口发展水平整体大幅跃升，建成世界一流港口；高水平海洋开放新格局初步形成，基本建成海洋经济发达、海洋科技领先、海洋生态优良、海洋文化先进、海洋治理高效的海洋强省，见表 15-1。

表 15-1　山东省"十四五"海洋经济发展主要指标

	指标名称	2020 年	2025 年	指标属性
综合实力	海洋生产总值年均增长（%）	1. 54	6	预期性
	海洋生产总值占全省地区生产总值比重（%）	18. 03	18. 46	预期性
产业发展	海洋制造业增加值（亿元）	4 247	5 550	预期性
	港口货物吞吐量（亿吨）	16. 9	20	预期性
	海水淡化日产能力（万吨／日）	37. 14	120	预期性
科技创新	关键核心技术国产化率（%）	—	65	预期性
	海洋高新技术企业数量（家）	258	900	预期性
	省级以上涉海科技创新平台（个）	236	320	预期性
生态保护	近岸海域优良水质面积比例（%）	91. 5	92	约束性
	自然岸线保有率（%）	≥ 35	≥ 35	约束性
	涉海自然保护地面积（万公顷）	67. 7	80	约束性
民生共享	渔民人均纯收入（元）	24 424	34 256	预期性
	人均海产品供应量（千克／人）	67. 5	70. 9	预期性
	省级海洋意识教育基地（个）	27	50	预期性

注：2020 年海洋生产总值年均增长 1. 54%，为 2018—2020 年三年海洋生产总值平均增长数；自然岸线保有率按新口径测算；"—"表示尚无统计数据。

（四）发展布局

坚持创新驱动、市场导向、错位发展、优势互补的原则，构建"一核引领、三极支撑、两带提升、全省协同"的发展布局。

1. 一核引领

着力提升青岛市龙头引领作用，紧抓自贸试验区、上合示范区建设契机，持续放大上合组织青岛峰会效应，聚力增强海洋开放门户枢纽、海洋要素资源全球配置、海洋科技创新策源、海洋高端产业引领功能，加快全球海洋中心城市建设。

2. 三极支撑

以烟台、潍坊、威海市为骨干，以提高产业核心竞争力为目标，建设优势互补、各具特色的海洋经济高质量发展增长极。

3. 两带提升

（1）黄河三角洲高效生态海洋产业带。发挥黄河三角洲地区滩涂、油气、生态等资源优势，推进海洋循环经济发展和海洋生态保护，打造绿色转型发展示范区。

（2）鲁南临港产业带。充分发挥日照市新亚欧大陆桥经济走廊主要节点城市、海上丝绸之路战略合作支点等优势，加快推动港产城融合发展，发展壮大现代航运服务业。

4. 全省协同

创新海陆统筹发展机制，以海带陆、以陆促海，推动海陆高效联动、协同发展。

三、构建现代海洋产业体系

（一）优化提升海洋传统优势产业

1. 海洋渔业

（1）现代海洋牧场：东营康华国家级海洋牧场建设项目、烟台现代海洋牧场示范项目（百箱计划）、烟台挪威海洋牧场项目、潍坊昌邑休闲型海洋牧场项目、荣成靖海海洋牧场项目、荣成桃园渔家民俗海洋牧场项目、威海蓝源水产海洋牧场项目、日照前三岛海洋牧场项目、东港红旗现代海洋牧场、沾化金水源海洋牧场项目等。

（2）现代渔业园区：中国北方（青岛）国际水产品交易中心和冷链物流基地项目、青岛海洋经济三产融合发展先导区、东营尚牧农业牧渔归项目、东营通威渔光一体生态园区、东营中朗现代渔业产业示范园、东营百万亩生态渔业区提升项目、莱州现代渔业示范园、烟台八角湾海洋经济创新区、潍坊凡纳滨对虾育繁中心、潍坊滨海现代设施渔业科技产业园、潍坊恒兴万亩智慧渔业产业园、潍坊昌邑现代渔业养殖基地、威海深远海绿色养殖工程、威海俚岛海带特色小镇、沙窝岛国家渔港经济创新发展示范区、威海海洋生物高科技产业园、文登泽库现代渔业园区、乳山省级农业科技园现代海洋经济示范区、日照现代化渔业园区、滨州高端渔业装备智能化生产工业互联网升级项目、滨州北海海洋渔业生态产业园、滨州海阔现代渔业园区、渤海水产现代渔业园区等。

（3）水产品精深加工：青岛中鲁远洋产业园项目、东营正大水产万吨大虾产业链项目、潍坊康科润优质三文鱼产业链及产业基金项目、潍坊康科润名优水产良种高效免疫营养源及新型海洋渔用抗病制剂研发和规模生产项目、荣成好当家高档海产品深加工项目、荣成泰祥生物制造集约式加工项目、山东蓝润蔚蓝谷产业园、日照绿色海洋水产加工产业园、山东海洋集团超低温冷藏运输加工船项目等。

2. 海洋船舶工业

青岛智慧渔业大型养殖工船项目、烟台中集双燃料冰级滚装船项目、潍坊力创电子船舶LNG-柴油双燃料电控多点喷射系统技术研究及产业化项目、诸城东宝半潜游艇生产项目、潍坊天瑞重工海洋船舶用磁悬浮冷媒压缩机项目、荣成南极磷虾捕捞加工及配套辅助运输船项目等。

3. 海洋化工

青岛90万吨/年丙烷脱氢与8×6万吨/年绿色炭黑循环利用项目；青岛2×45万吨/年高性能聚丙烯项目；东营威联化学200万吨/年对二甲苯、250万吨/年精对苯二甲酸及配套工程；东营振华石油化工丙烷脱氢及环氧丙烷项目；山东科鲁尔化学年产26万吨丙烯腈生产及配套二期工程；东营联成化工年产10万吨甘油法环氧氯丙烷项目；烟台裕龙岛炼化一体化项目;潍坊新和成 PG 项目;潍坊万盛功能性新材料一体化生产项目;潍坊中化弘润化工新材料及深加工项目;潍坊鲁清石化高端橡塑一体化项目等。

4. 海洋矿业

莱州三山岛北部海域金矿项目、胜利油田海上埕岛油田产能建设工程、深海非黏结性复合管道研发与产业化项目、深远海开发集团等。

（二）发展壮大海洋新兴产业

1. 海洋高端装备制造

青岛 TUFF 中国项目、青岛汉缆海洋工程产业链基地、医院船项目、东营威飞海洋装备年产 300 套海洋水下生产系统项目、"蓝鲲号"超大型海洋设施一体化建设安装拆解装备项目、烟台风电主轴轴承项目、潍柴国际配套产业园、潍柴重机大缸径发动机（M 系列）万台产能项目、山东豪迈 6～12 MW 海洋大功率风电装备关键部件研发及产业化项目、威海远遥科技湾区核心区、威海怡和海洋激光光谱遥感监测仪器生产项目、威海海富光子航空制造用高端光纤激光器国产化项目、威海捷诺曼基于红外智能传感的新型海洋环境污染物检测成套装备研发与示范应用项目、山东润龙人功率风电高端装备制造产业基地等。

2. 海洋生物医药

国家深海基因库;青岛蔚蓝生物国家动保工程中心与动物用生物制品、保健品综合生产基地;青岛蓝谷药业海洋科技谷;青岛聚大洋海洋生物医药科技园;海大生物产业园暨中国海洋大学海洋生物产业化基地;青岛领帆现代生物产业园;东营滨海创新原料药共享平台;山东深海生物海洋源功能氨基酸 5-ALA 产业化项目;山东国际生物园海洋微生物资源高效利用研究、海洋生物医用材料开发项目;烟台绿叶制药生物创新药产业化生产线建设项目;烟台超敏蛋白免疫制剂项目;潍坊华辰生物维生素药物基地;潍坊新和成蛋氨酸项目;潍坊国邦健康科技产业园;潍坊海洋生物一类新药生产项目;潍坊京新药业医药健康产业链生产基地;潍坊海龙元海洋生物制品生产项目;威海赤山南极磷虾高端生物开发产业园;威海阪和兴业生物科技项目;威海汇瀚健康产业项目;山东洁晶岩藻黄素抗神经系统重大疾病海洋创新药物研发项目;山东美佳海洋生物活性多糖关键技术与示范项目等。

3. 海水淡化与综合利用

青岛百发海水淡化项目、青岛海水淡化工程装备制造项目、烟台海阳核电大型海水淡化项目、华电莱州海水淡化三期项目、龙口裕龙岛海水淡化项目、烟台万华海水淡化项目、潍坊滨海海水淡化项目、威海中欧膜技术产业园建设项目、华能威海海水淡化项目、日照海水淡化一期项目、鲁北碧水源海水淡化项目等。

4. 海洋新能源

国家电投山东半岛南 3 号海上风电项目;华能山东半岛南 4 号海上风电项目;渤中、半岛北、半岛南海上风电基地首批项目;烟台远景能源海上风电装备制造中心项目;威海乳山风电装备制造产业基地;潍坊寿光 400 MW 渔光互补光伏发电项目;潍坊国家能源海洋核动力平台冷源系统产业园项目;山东滨华氢能产业发展示范项目等。

5. 海洋新材料

东营华泰年产 16 万吨环保型生物基纤维项目、东启恒 33 万吨/年高分子新材料项目、东营久日 87 000 吨先固化系列材料项目、山东泰特尔 9 500 吨/年特种环氧树脂项目、国家电投海阳 100 MW/200 MWh 储能电站项目、国家电投龙口 100 MW/200 MWh 锂电池储能项目、潍坊舒肤康 30 万吨/年高端聚丙烯新材料项目、潍坊海洋新材料产业园、威海石墨烯产业园等。

（三）加快发展现代海洋服务业

1. 海洋文化旅游

坚持海陆统筹、城海一体、山海融合，着力提升优质文旅产品供给能力和智慧化服务水平，建设一批特色旅游线路、标志性景区和精品项目，串珠成线、连片成面，建立滨海、近海、远海有机结合的海洋旅游产品体系，打造海洋文旅融合发展高地、世界著名的"仙境海岸"滨海旅游胜地。

2. 涉海金融贸易

加速现代金融与海洋产业紧密结合，加快涉海金融产品服务创新，构筑多元化的涉海金融服务体系。支持银行设立港口物流、海洋科技、航运金融等专营分支机构，保险机构创新航运、渔业、海洋科技等领域险种研发和推广。

（四）推动海洋产业与数字经济融合发展

1. 强化海洋数字基础设施支撑

统筹推进海洋立体观测网、海洋通信网络、海底数据中心、海底光纤电缆等基础设施建设，加快建成覆盖全省近海海域的山东海洋立体观测网。

2. 大力推动海洋数字产业化

加强高技术装备研发，构建智能化海洋数字孪生系统。打造国际一流的海洋数据信息产业集群，建成全球海洋大数据中心。

3. 提高海洋产业数字化水平

实施智慧海洋工程，推动智慧海洋产业高效率、高质量发展，推进海洋产业园区智慧化改造。

四、建设全球海洋科技创新高地

坚持面向世界海洋科技前沿、海洋强国建设战略需求，深入实施创新驱动发展战略和科技兴海战略，加强海洋重大科技基础设施和高端创新平台建设，优化创新创业生态，完善从基础研究、应用研究到成果转化的全链条海洋科技创新体系，推动海洋领域原始创新、颠覆性技术创新，成为国家海洋科技自立自强的主导力量。

（一）搭建高水平海洋科技创新平台

加强涉海重大创新平台布局，积极争取国家海洋战略科技力量在山东布局，创建海洋领域国家实验室,打造突破型、引领型、平台型一体化的国家大型综合性研究基地,塑强海洋科技创新"核心力量"。

（二）加快突破海洋核心关键技术

聚焦前沿问题、关键核心技术及引领未来发展的颠覆性技术,编制海洋关键核心技术攻关动态清单,强化自主研发,打好海洋领域核心关键技术攻坚战。

（三）健全完善海洋领域标准体系

聚焦海洋强省建设任务重点,加快布局科学系统、创新引领的新型海洋标准体系,充分发挥标准化在海洋强省建设中的基础性、战略性和引领性作用。

（四）促进海洋科技成果高效转化

面向现代海洋产业发展主战场,加快完善政产学研金服用协同推进的体制机制,打造全国一流的海洋科技成果转移转化基地。

（五）培育壮大创新型涉海企业

强化企业在技术创新决策、研发投入、科研组织和成果转化应用等方面的主体地位,推动政策、技术、资金、人才、管理等创新要素集聚,支持涉海企业开展科技创新、管理创新、商业模式创新,打造创新型涉海企业集群。聚焦海工装备、海洋生物医药、海洋新能源等重点领域,通过建链、补链、强链、保链,集聚上下游配套企业,塑造一批战略性全局性产业链,培育源自山东的海洋航母级、链主型企业,大力培育海洋专精特新"小巨人"企业和制造业单项冠军企业。

（六）打造海洋科技人才集聚区

坚持激活存量与做大增量相结合,强化海洋领域重大创新平台、大科学装置、大科学计划等对人才的集聚作用,打造一支梯度合理、结构完善、富有活力、国际领先的海洋科技创新"集团军"。

五、建设世界一流海洋港口

瞄准设施、技术、管理、服务"四个一流"目标,建设高效协同、智慧绿色、疏运通达、港产联动的现代化港口群,打造辐射日韩、连接东南亚、面向印巴和中东、对接欧美,服务国内国际双循环的开放接口和航运枢纽。到2025年,港口货物吞吐量、集装箱吞吐量分别达到20亿吨、4 000万标箱。

（一）优化港口功能布局

（1）推进港口一体化协同发展。深化港口一体化改革,通过资本运作、项目合作、混合所有制改革等方式,加快沿海港口及相关资源整合,加快推动向枢纽港、贸易港、金融港升级,促进港口间合理分工、错位发展。

（2）提升基础设施保障能力。坚持建设、管理和养护并重,以原油、LNG、集装箱、客（滚）

等大型化、专业化泊位,完善深水航道、防波堤、锚地等港口公用基础配套设施建设为重点,健全完善现代化港口基础设施体系。

（二）建设智慧绿色平安港口

（1）提升港口智慧化水平。深入推进交通强国智慧港口试点,加快自动化码头、智慧管理平台等重点项目建设,主导或参与智慧绿色港标准体系制定。

（2）推动港口绿色发展。实施绿色港口行动计划,完善港口 LNG 加注、岸电标准规范和供应服务体系,鼓励港口作业机械、港内车辆和拖轮等使用新能源和清洁能源,推动港口清洁能源利用,支持青岛港建设"中国氢港"。

（3）加快平安港口建设。加强安全设施建设维护,建立完善港口储罐、安全设施检测和日常管控制度,提高设施设备安全可靠性。

（三）提升现代航运发展水平

（1）建设港口集疏运高效网络。推进海港、河港、陆港、空港"四港联动",探索组建全省多式联运发展企业联盟,完善海运、公路、铁路等多式联运一体畅联的集疏运体系,加快建设东北亚国际集装箱运输枢纽、东北亚油品储运加工交易基地和全球重要的能源原材料中转分拨基地。开展国际中转集拼试点试验,建设中国北方(青岛)冷链物流基地,打造青岛港国际枢纽海港。

（2）增强航运综合服务能力。强化青岛港、烟台港、日照港等港口枢纽节点功能,加强与辽东半岛、津冀港口群战略合作,培育引进国际知名航运组织和功能型机构,拓展高端航运服务领域,打造国际航运服务基地、大宗商品储运交易加工基地。

（3）深化港口开放合作水平。提高海向通达度,鼓励港口企业与国际知名航运企业合作,新增国际海运航线,打造日韩、东南亚、中东、印巴、欧美五大优势航线组群。

（四）推进港产城深度融合发展

坚持港口发展与腹地经济互为支撑,优化港产城互动共融生态,促进跨港口跨区域产业链拓展、供应链整合和要素资源共享,加快形成以港促产、以产兴城、港城共荣的融合发展新格局。

1. 统筹港产城发展布局

因地制宜布局港口资源与临港产业,推进港产城空间整合、功能集合、链条耦合,依托沿海市,建设沿海融合发展引领带;依托内陆市,建设内陆融合发展协同区;发挥主要港口龙头带动作用,贯通陆海融合发展大通道,构建沿海引领、内陆协同、通道支撑、融合互动的融合发展区域。

2. 健全港产城融合发展机制

促进沿海港口岸线资源统一规划、后方土地统筹开发、资本要素市场化配置、数据资源有效流动,健全港产城资源共享机制。

3. 高水平建设融合发展示范区域

充分发挥港口的枢纽功能、产业的支撑能力、城市的集聚效应,建设一批综合竞争力强、地域优势明显、产业特色突出的融合发展示范区域。

六、维护绿色可持续的海洋生态环境

坚持开发与保护并重、污染防治与生态修复并举,坚持海陆统筹推进,科学谋划海洋开发,持续改善海洋生态环境质量,维护海洋自然再生产能力,打造水清、滩净、岸绿、湾美、岛丽的美丽海洋,筑牢海洋生态安全屏障,促进海洋经济可持续发展。

(一)加强海洋生态保护修复

开展海洋生态保护修复行动,完善海洋自然保护地、海洋生态保护红线制度,统筹实施沿海防护林、河口、岸滩、海湾、湿地、海岛等保护修复工程,加强典型生态系统和海洋生物多样性保护,维护海洋生态系统稳定性和海洋生态服务功能。

(二)推进海陆污染联防联控

强化陆源入海污染控制、海洋污染防治,探索建立沿海、流域、海域协同一体的综合治理体系。持续开展入海河流"消劣行动"、海陆结合部"净滩行动",严格限制低水平、同质化、高耗能、高污染建设项目准入,拓展入海污染物排放总量控制范围,保障入海河流断面水质。全面落实"湾长制""河长制",构建跨区域海洋生态环境共保联治机制。

(三)集约节约利用海洋资源

建设海洋资源基础信息平台,动态监管海洋资源开发利用活动,开展海域使用后评估研究。加强行业用海精细化管理,严控海域开发规模和强度,规范养殖用海管理。严格围填海管控,对合法合规围填海闲置用地进行科学规划,引导符合国家产业政策的项目消化存量资源。

(四)推动海洋生态与海洋产业协同发展

坚持"谁保护、谁受益,谁污染、谁付费"原则,建立健全海洋生态补偿政策。加快海洋产业生态化改造,推进节能减排技术在海洋渔业、海洋制造业、海洋交通运输业等领域的推广应用,促进海洋产业绿色低碳发展。大力发展海洋循环经济,加强水产品加工废弃物高值化利用,建设海水淡化与综合利用、海洋盐业与盐化工等循环产业链。

七、深入拓展海洋经济开放合作空间

以海洋为纽带,以共享蓝色空间、发展蓝色经济为主线,围绕服务构建互利共赢的蓝色伙伴关系,强化海洋合作平台建设,创新海洋经济自由贸易政策,推动全方位、多层次、宽领域的海洋开放合作。

（一）拓展涉海开放合作领域

加强与京津冀、环渤海、长三角、珠三角等地区的战略合作，深度融入"一带一路"、区域全面经济伙伴关系协定（RCEP），提升海洋领域货物贸易、服务贸易、投资、知识产权、原产地规则等方面合作水平。

（二）建设高能级海洋开放合作平台

高水平建设上合示范区海洋合作中心，办好东亚海洋合作平台青岛论坛、世界海洋科技大会、全球海洋院所领导人会议、国际海洋科技展览会、国际海洋动力装备博览会等各类涉海论坛展会，打造国际航运服务、金融、经贸、科技等多领域、全方位的高能级海洋开放合作平台。

（三）提升海洋经贸合作水平

充分发挥中国（山东）自由贸易试验区制度创新优势，把海洋经济发展作为自贸试验区差异化建设探索重点，创新海洋领域经贸、科技、文化、生态等方面合作机制，打造互利共赢的海洋合作中心。

八、推进海洋安全发展

提升海洋安全能力，加快推进验潮站、浮标、潜标、雷达、卫星、志愿船等综合观测设施建设，构筑完善的海洋环境监测网络。加强预警监测体系队伍建设，实施海洋预报数字化提升工程，健全台风、风暴潮、赤潮、海冰等海洋灾害应急响应机制，提升灾情信息快速获取、研判和处置能力。推进海洋灾害风险区、重点防御区和防治区选划，加强对沿海环境风险较大的行业企业、海上生产设施等风险隐患排查，防范溢油、危险品泄露、核辐射等重大环境风险。完善渔船渔港动态监管信息系统，推动海洋渔船配备防碰撞自动识别系统、北斗终端等安全通信导航设备应用。加快推进"陆海空天"一体化水上交通安全保障体系建设，提升海上救助能力。加强海洋安全宣传教育，建设用好总体国家安全观刘公岛教育培训基地。

九、保障措施

围绕高质量发展海洋经济推进海洋强省建设，加强统筹协调，深化重大领域改革创新，强化政策支持，健全海洋管理制度，推进海洋治理现代化，完善规划实施和评估机制，确保规划任务目标顺利实现。

（一）加强组织领导

各级政府要把海洋工作摆上重要位置，履行好主体责任，特别是沿海各市、县（市、区）主要负责同志要亲自研究海洋经济重大问题，抓好重点工作落实，切实做到守海有责、守海负责、守海尽责。

（二）深化改革创新

持续深化供给侧结构性改革，推进海洋牧场监管、海水淡化供给、海上风电开发等领域制度创新,为海洋经济发展营造良好的政策环境。

（三）完善支持政策

严格执行国家用海政策,完善重大项目用地用海等要素保障机制,支持沿海地区加快存量建设用地盘活挖潜,对涉海的省重大项目,确需新增建设用地的,由省市统筹安排用地指标。

（四）创新海洋治理

强化海洋治理体系设计,加强涉海部门之间的统筹协调和沟通配合,推动海洋管理、环境保护、综合执法、应急保障等信息共享,实现海陆资源、环境、灾害等事务的协同治理。

（五）强化督导评估

省发展改革委、省海洋局要加强对本规划实施的指导、检查和监督,科学开展中期评估和总结评估,全面掌握规划实施情况,及时发现和协调解决规划执行中的突出问题,合理调整规划目标任务、重大政策、重点工程,确保规划目标和任务落到实处。各部门、各市要加入宣传力度,引导社会更加关心海洋、认识海洋、经略海洋,营造支持海洋经济发展的良好氛围。

第十六章　海洋渔业法律法规与管理

第一节　渔业法规概念和作用

一、渔业法规概念

渔业法规是由国家立法机关和行政机关制定或颁布,适于调整渔业经济关系和社会关系的法律规范的总和。它是部门法,也是实体法。是农业经济法的重要组成部分之一。作为部门法,渔业法规的调整对象,从纵向经济关系来看,主要是各级渔业行政管理机关和经济管理部门在领导、组织、指挥、管理渔业经济组织、个体经济户过程中所发生的经济关系;从横向经济关系来看,主要是各渔业经济组织、联产承包户、个体经济户之间在生产、流通、消费、分配过程中所发生的经济关系。

实际上,渔业作为国民经济的重要组成部分,客观上与整个国民经济及其他经济部门存在着必然的经济关系。因此,渔业法规也必然的与综合经济部门法规、其他部门经济法及某些专项法存在着联系与交叉。渔业法规实际上除了包括渔业法、水产资源繁殖保护条例、渔业水质标准、渔业许可证若干问题暂行规定、渔政管理工作暂行条例等渔业部门法规外,还应包括宪法、刑法、计划法、统计法、财政法、物价法、土地法、水法、环境保护法、海域使用管理法、经济合同法以及工、商经济法和交通运输法等法规中与渔业经济活动有关联的部分。所以渔业法规实际上是一个体系庞大的法律体系,是社会主义法治建设的重要组成部分。

二、渔业法规性质

马克思主义认为,法是体现统治阶级意志,经国家制定或认可,以国家强制力保证实施的行为规则的总称。这就是法,也就是法的本质。

我国渔业法规属于社会主义法。社会主义法是在彻底摧毁旧法律体系的基础上建立和发展起来的人类社会新型的法。社会主义法是工人阶级领导的广大人民意志的体现,是由社会主义国家制定或认可,并以其强制力保证实施的行为规则的总和。我国渔业法规是由全国人民代表大会常务委员会或受其委托的国家行政机关制定颁布的,是广大劳动人民意志的反映。同时,它又是在以社会主义公有制为核心的多种劳动经济成分并存的经济基础上制定的,体现出它的社会主义性质。

三、渔业法规作用

（一）渔业法规是促进现代化渔业可持续发展的保证

渔业是国民经济的重要经济部门，是人类取得动物蛋白的重要来源，在现代经济生活中占据极重要的地位。过去我国曾经是渔业最发达的国家之一。鸦片战争以后，帝国主义不断侵入我国渔场，加上封建地主等反动阶级对渔民的残酷剥削，使我国的渔业日渐衰落，生产技术发展停滞。新中国成立前夕，我国的渔产量已从 1936 年 150 万 t 下降到 45 万 t。新中国成立以后，特别是党的十一届三中全会以后，党和国家非常重视渔业，渔业生产发展很快，到 1988 年年产量达到 1 061 万 t，突破了千万吨大关。2002 年十六大的胜利召开，更为渔业的发展指明了前进的方向。但是渔业的发展仍旧面临着许多问题和困难，如：由于酷渔滥捕，使渔业资源遭到严重破坏；工业污染、围海围湖造田又给水域和生态环境带来巨大的破坏；加工贮运技术设备落后，渔获物霉变损失严重；小型渔业企业众多，分布广而散，经营管理粗放，资金规模小，应变能力差，难以适应社会主义市场经济的要求等。实现渔业现代化一靠政策，二靠技术，三靠投入。此外，发展渔业更要有一个好的法律环境，才能保证政策顺畅、准确、迅速地落实，保证科学技术切实转化为生产力，保证投入对位准确，能迅速获得良好的社会经济效益。随着渔业经济的发展，渔业经济组织形式和经营方式的多样化，生产社会化程度的提高，渔业的交换关系、财产关系、金融关系、核算关系的发展，协作关系也越来越复杂，单纯依靠行政和经济手段来领导、组织和管理渔业经济是不可能的，必须借助于法律，以渔业法规的强制力来保证渔业经济活动进入健康发展的良性循环，才能促进渔业现代化发展。渔业法规正是依据渔业现代化发展的客观需要而不断地发展、完善的。

（二）渔业法规是渔业政策法制化的保障

我国的渔业经济是在党和国家领导下发展的，主要靠政策实现。党的政策是制定社会主义法律的基本依据，而只有通过国家法律法规才能使党的政策具有国家强制力和人人遵守的效力。渔业法规正是规范化、法制化的渔业政策，它以相应的政策为基础，通过总结实践经验，并通过国家机关制定为法律法规，就具有了国家意志的属性，就可以用国家强制力保证实施。而且，法律法规具有规范性和稳定性，便于普遍遵守。当然，不能因此把法律与政策混同起来或割裂开来，这是一定要千万注意的。

（三）渔业法规是推动科技创新的保证

渔业法规作为我国社会主义国家上层建筑的重要组成部分，对社会主义渔业经济的发展起保护和促进作用。科学技术是生产力，为促进渔业现代化，渔业法规以法律的形式把更广泛地进行科学研究与实验、科技成果的推广应用，以及与之相应的提倡、鼓励、惩罚措施等固定下来，有助于实现现代科学技术与渔业发展的结合，推动渔业高新技术的广泛应用，加速渔业现代化的进程。另外，渔业法规中还包含有《渔业水质标准》等技术规划，使渔业技术标准法治化。为此，渔业法规也就成为渔业科技发展的重要保证。

（四）渔业法规为渔业经济发展提供了良好的社会环境

渔业法规同其他法一样，它的强制力主要表现在对违法犯罪行为的打击惩罚上。渔业经济保持高度发展，需要有一个安定的、充满活力的社会环境。渔业法规与其他法律、法规相配合，一方面为渔业各级、各类经济组织提供了稳定的纵向和横向的经济秩序；另一方面对有损于经济秩序稳定和其他违法犯罪活动强行禁止和制裁，从而为渔业经济迅速发展所需要的社会环境，提供了法律保证。

渔业法规是一个庞大的法律体系。渔业法治建设刚刚走入正轨，随着社会主义市场经济的发展和繁荣，渔业法规的研究和渔业法律建设必然有更大的发展和完善。受篇幅限制，本书只能列举相关法律中重要部分，未尽内容，可查阅相关专业文献书籍。

第二节　海洋渔业法律法规

一、《中华人民共和国渔业法》

（一）发展历程

现行《中华人民共和国渔业法》于 1986 年 7 月 1 日起施行，是为了加强渔业资源的保护、增殖、开发和合理利用，发展人工养殖，保障渔业生产者的合法权益，促进渔业生产的发展，适应社会主义建设和人民生活的需要制定的法律。本法既是新中国渔业领域的首部法律，也是中华人民共和国成立以来迄今为止唯一一部渔业基本法。

2000 年，《中华人民共和国渔业法》首度修改，破除了一些重要体制机制障碍，完善了渔业管理制度，使我国渔业迈入了黄金发展期。此后，本法又分别于 2004 年、2009 年和 2013 年进行了三次修正，但变化很小，对总体格局没有影响。2020 年，《渔业法》进行了第四次修正，充分吸收借鉴了世界先进渔业管理制度和经验，进一步提高了本法的完整性、可操作性和前瞻性。

（二）遵循原则

（1）积极发展内陆水面和沿海的养殖业，改造渔场环境，增殖水产资源。

（2）分别不同情况，合理规定禁渔区、禁渔期、渔船数和捕捞量。

（3）保护国家、集体和个人对水面的合法使用权和财产、物质利益。

（4）发展外海远洋渔业，实行优惠政策。

（5）采用先进技术，加强科学管理，提高产品质量，搞好保鲜加工，改善市场供应。

（6）大力保护渔业资源，规定保护对象和采捕原则。

（7）禁止向渔业水域排弃有害于水产资源的污染物，保护水域环境。

（三）任务和适用范围

本法的任务是加强渔业资源的保护、增殖、开发和合理利用，发展人工养殖，保障渔业生产者的合法权益,促进渔业生产的发展,适应社会主义建设和人民生活的需要。

本法适用于在中华人民共和国的内水、滩涂、领海、专属经济区以及中华人民共和国管辖的一切其他海域从事养殖和捕捞水生生物、水生植物等渔业生产活动。

本法在总则中对国家渔业行政管理体制与职责、权限的划分作了规定。国务院渔业行政主管部门主管全国渔业工作,县级以上人民政府渔业行政主管部门主管本行政区域内的渔业工作。从而促进渔业行政管理法治化,强化了管理机制,提高了管理效能。

（四）重点内容

1. 对"养殖业"规定

（1）规定国家发展水产养殖业的方针。"国家鼓励全民所有制单位、集体所有制单位和个人充分利用适于养殖的水面、滩涂,发展养殖业。"是我国鼓励国家、集体、个人一起发展养殖业方针的法治化。

（2）根据生产资料所有权和经营权分离的改革精神,本法对水面、滩涂的所有权和使用权予以同等的法律保护。为了更好地贯彻国家发展水产养殖业的方针,充分利用好适于养殖的水面、滩涂,发展养殖业,保护水面、滩涂的所有者和使用者的合法权益,本法规定了水面、滩涂养殖使用证制度,并规定了养殖使用证的核发机关、对象以及对取得全民所有水面、滩涂使用权。为保护养殖生产持续进行,本法对因水面、滩涂所有权和使用权发生争议调解的方法和程序作了规定。

（3）国家征用集体所有的水域、滩涂,按照《中华人民共和国土地管理法》有关征地的规定办理。

2. 对"渔业资源的增殖和保护"规定

从加强对渔业资源的增殖和保护出发,从法律与技术上对渔业资源的管理加以规定。主要有以下3个方面:

（1）有偿使用渔业资源。渔业资源受益单位和个人需按规定缴纳渔业资源增殖保护费。

（2）加强对渔业资源的增殖和保护。主要包括严禁酷渔和竭泽而渔,强化了对保护渔业资源品种有重要经济价值的水生动物苗种、怀卵亲体的保护规定;对有害于渔业资源的水体利用、水利工程、围湖造田及水下爆破、勘探、施工作业等行为进行了法律限制;对防治水体污染也作了规定。

（3）明确法律责任。保护渔业资源是本法的根本任务之一,破坏渔业资源可按规定没收渔获物和违法所得,处以罚款,并可以没收渔具,吊销捕捞许可证,情节严重的可追究刑事责任;捕捞许可证是国家加强对渔业资源增殖与保护的重要法律手段。无证私捕、违犯捕捞许可证规定滥捕以及非法转让捕捞许可证的,都是违法行为,要视情节轻重给予制裁。

3. 同其他法规的关系

本法是以《中华人民共和国宪法》规定精神为依据而制定的渔业根本大法,它体现了全中国人民对渔业经济管理的共同意志。本法作为部门法和实体法,需要具体化、程序化才能顺畅有效地施行。渔业经济、行政管理的各项条例、规定、标准、办法、实施细则等都是本法具体化与程序化的表现形式，其制定、实施与修订都必须以本法为依据，反映着本法在渔业经济活动的各个方面、各个领域的要求。

二、《中华人民共和国海洋环境保护法》

（一）发展历程

现行《中华人民共和国海洋环境保护法》于 1982 年 8 月 23 日通过并公布，1983 年 3 月 1 日实施。它是调整人们在利用海洋环境、保护海洋环境的活动中所发生的社会关系的法律规范，是进行海洋环境保护的基本依据。本法对于促进沿海经济建设，推进海洋环境保护事业的发展，起到了积极的作用。

《中华人民共和国海洋环境保护法》历经 1999 年修订，2013 年、2016 年、2017 年分别进行 3 次修正。2023 年新修正的内容把海洋生态文明建设摆在突出位置，将生态文明建设贯穿于海洋事业发展各方面以及海洋管理、执法全过程，主要聚焦在 3 个方面：一是贯彻落实十八大以来党中央、国务院对海洋生态环境保护的新要求；二是与新修订的《环境保护法》等法律相衔接，强化法律责任，加大了违法处罚力度；三是落实行政审批"放管服"改革，取消部分行政审批事项。

（二）制定目的和适用范围

本法制定的目的是保护和改善海洋环境，保护海洋资源，防治污染损害，维护生态平衡，保障人体健康，促进经济和社会的可持续发展。

本法适用于中华人民共和国内水、领海、毗连区、专属经济区、大陆架以及中华人民共和国管辖的其他海域。在中华人民共和国管辖海域内从事航行、勘探、开发、生产、旅游、科学研究及其他活动，或者在沿海陆域内从事影响海洋环境活动的任何单位和个人，都必须遵守本法。在中华人民共和国管辖海域以外，造成中华人民共和国管辖海域污染的，也适用本法。

（三）亮点内容

1. 生态保护红线和海洋生态补偿制度确定为海洋环境保护基本制度

"国家在重点海洋生态功能区、生态环境敏感区和脆弱区等海域划定生态保护红线，实行严格保护。""国家建立健全海洋生态保护补偿制度。开发利用海洋资源，应当根据海洋功能区划合理布局，严格遵守生态保护红线，不得造成海洋生态环境破坏。"这既是现实需要，也体现了海洋生态环境保护理念从污染防治到生态保护的转变，形成受益者付费、保护者得到合理补偿的运行机制。全国 11 个省（区、市）已经基本完成生态红线划定方案，将全国 30% 以上的管理海域和 35% 以上的大陆自然海岸线纳入了生态红线管控范围。

2. 明确海洋主体功能区规划的地位和作用

以法律形式引导海洋开发活动与资源环境承载能力相适应。"国家海洋行政主管部门会同国务院有关部门和沿海省、自治区、直辖市人民政府根据全国海洋主体功能区规划，拟定全国海洋功能区划，报国务院批准。沿海地方各级人民政府应当根据全国和地方海洋功能区划,保护和科学合理地使用海域。""国家根据海洋功能区划制定全国海洋环境保护规划和重点海域区域性海洋环境保护规划。毗邻重点海域的有关沿海省、自治区、直辖市人民政府及行使海洋环境监督管理权的部门,可以建立海洋环境保护区域合作组织,负责实施重点海域区域性海洋环境保护规划、海洋环境污染的防治和海洋生态保护工作。"

3. 加大对污染海洋生态环境违法行为的处罚力度

明确规定按日计罚,对环境违法行为的处罚不设上限,并实行双罚制,体现了用最严格的法律制度保护生态环境的思路。"依照本法规定行使海洋环境监督管理权的部门责令停止违法行为、限期改正或者责令采取限制生产、停产整治等措施,并处以罚款;拒不改正的,依法作出处罚决定的部门可以自责令改正之日的次日起,按照原罚款数额按日连续处罚;情节严重的,报经有批准权的人民政府批准,责令停业、关闭。"

三、《中华人民共和国海域使用管理法》

（一）制定历程

《中华人民共和国海域使用管理法》于 2002 年 1 月 1 日起施行。本法共分为总则、海洋功能区划、海域使用的申请与审批、海域使用权、海域使用金、监督检查、法律责任、附则共八章五十四条。本法的制定是我国海域使用管理法律制度建立的一个明显标志,是国家在海域使用管理方面的重大举措,它是我国确立海域使用管理法律制度的明确标志。本法的制定和实施对于建立、规范我国海域使用管理制度具有重要的意义。

（二）制定目的和使用范围

本法制定的目的是加强海域使用管理,维护国家海域所有权和海域使用权人的合法权益,促进海域的合理开发和可持续利用。

本法适用于在中华人民共和国内水、领海持续使用特定海域三个月以上的排他性用海活动。

海洋行政的主管部门是国家海洋局。海域使用的监督管理的主体是国务院海洋行政主管部门,负责全国海域使用的监督管理。沿海县级以上地方人民政府海洋行政主管部门根据授权,负责本行政区毗邻海域使用的监督管理。

（三）主要内容

1. 海域使用管理

本法为海域使用实施法律管理确定了两个基本条件,一是明确界定海域的范围,二是建立海洋功能区划制度。

（1）海域界定

本法所称海域,是指中华人民共和国内水、领海的水面、水体、海床和底土。海域属于国家所有,国务院代表国家行使海域所有权。任何单位或者个人不得侵占、买卖或者以其他形式非法转让海域。单位和个人使用海域,必须依法取得海域使用权。

（2）海洋功能区划

海洋功能区划是依照法定的程序，根据海域的地理位置、自然资源状况、自然环境条件和社会需求等因素而划分的不同的海洋功能类型区，对海洋开发利用和生产实践活动有引导、规范、约束的作用，以保证海洋开发的经济、环境和社会效益。

本法在总则部分即确定了海洋功能区划基本制度，然后设专章对其进行规范，体现了国家的主权、利益、管理原则、发展方向，显示了海洋功能区划的重要地位和作用。

2. 海域使用权

本法规定，单位和个人使用海域，必须依法取得海域使用权。

（1）海域使用权取得方式

单位和个人取得海域使用权，可以有三种方式：一是向国家依法确定的海洋行政主管部门申请取得，这是行政依法审批的方式，在当前来说是用得较多的方式；二是招标的方式，就是发挥市场机制的作用，将海域使用权授予公开竞争中的优胜者，以寻求最佳的使用效益；三是拍卖的方式，就是以公开竞价的形式，将海域使用权转让给最高应价者。

（2）海域使用规范

海域使用权是有期限的，养殖用海最高期限十五年，拆船用海最高期限二十年，旅游、娱乐用海最高期限二十五年，盐业、矿业用海最高期限三十年，公益事业用海最高期限四十年，港口、修造船厂等建设工程用海最高期限五十年。期限届满时可以续期。

海域使用权作为一项财产权利，可以有一定的流动性。因企业合并、分立或者与他人合资、合作经营，变更海域使用权人的，需经原批准用海的人民政府批准；海域使用权可以依法转让或继承；海域使用权期满，海域使用权人未申请续期，或者申请续期未获批准的，海域使用权即行终止；因公共需要或者国家安全的需要，原批准用海的人民政府可以依法收回海域使用权。

3. 海域有偿使用制度

国家实行海域有偿使用制度，有针对性地纠正了无偿使用海域的不正常状态，也大大有利于改变无序、无度地使用海域的不良状况。

本法对于海域使用金作出了基本规定和授权，明确了单位和个人使用海域以及渔民使用海域从事养殖活动，缴纳海域使用金或续期海域使用金的具体实施步骤和办法。同时明确了免缴海域使用金的用海情形和可以减免的用海项目。

4. 海域使用的监督检查

本法规定，海域使用管理监督检查人员履行监督检查职责时，应当出示有效执法证件。有关单位和个人对海洋行政主管部门的监督检查应当予以配合，不得拒绝、妨碍监督检查人员依法执行公务。

法定的执法部门在履行监督检查职责时的权力有下列四项：一是有权要求被检查单位或者个人提供海域使用的有关文件和资料；二是有权要求被检查单位或者个人就海域使用的有关问题做出说明；三是有权进入被检查单位或者个人占用的海域现场进行勘查；四是责

令当事人停止正在进行的违法行为。

5. 违法行为的责任追究

体现在本法中的各项制度是各用海单位和个人必须依法遵守的,不得违反,否则就要被依法追究行政责任、民事责任、刑事责任等。

（1）对非法占用海域者的处罚。未经批准或者骗取批准,非法占用海域的,或进行围海、填海活动的,责令退还非法占用海域,恢复海域原状,没收违法所得,并按规定处以罚款。

（2）对非法批准使用海域行为的处罚。无权批准使用海域的单位非法批准使用海域的,超越批准权限非法批准使用海域的,或者不按海洋功能区划批准使用海域的,批准文件无效,收回非法使用的海域,并对相关人员依法给予行政处分。

（3）对违法使用海域行为的处罚。海域使用权期满,未办理有关手续仍继续使用海域的,责令限期办理,可以并处以罚款;拒不办理的,以非法占用海域论处。擅自改变海域用途的,责令限期改正,没收违法所得,并处以罚款。

四、《中华人民共和国农产品质量安全法》

（一）修改历程

现行农产品质量安全法于2006年4月审议通过,并在同年11月1日正式施行。2018年,全国人大常委会对该法个别条款进行了修正。全国人大常委会2018年进行执法检查时曾指出,农产品质量安全法一些条款已不适应当前农产品质量安全监管形势,操作性不强、实施难度大,存在处罚过轻、违法成本太低等问题。2022年9月2日,十三届全国人大常委会第三十六次会议表决通过了新修订的《中华人民共和国农产品质量安全法》,该法将于2023年1月1日起施行。

（二）修改创新点

1. 健全压实责任机制

（1）把农户、农民专业合作社、农业生产企业及收储运环节、网络平台销售农产品的生产经营者、从事农产品冷链物流的生产经营者、农产品批发市场、农产品销售企业、食品生产者等都纳入监管范围。

（2）明确农业农村部门、市场监管部门、县级以上人民政府、乡镇人民政府、基层群众性自治组织的监管职责。

（3）规定了农户在农产品质量安全方面共同但有区别的法律责任,实现了对所有农产品生产经营者的监管全覆盖,并且法律细化强化了条文的可操作性和责任追究的可实现性,以用好法治手段,强化农产品质量安全全链条治理、全主体监管、全方位保护。

（4）农产品质量安全首先是“产出来”的,政府监管履职不能包打天下,不能替代或包办生产经营者本身应当承担的主体责任。否则,农产品质量安全问题治理不仅不能正本清源,反而会因为监管不能承受之重,而导致权责失衡、责任错位。

（5）把农户纳入监管范围并明确法律责任是农产品质量安全法修订的重大变化和亮点。正因为农产品生产经营者的主体责任是第一位的，是农产品质量安全责任体系和制度构建的基石，所以这次法律修订把农户纳入调整范围并规定相应的法律责任。这是农产品质量安全监管制度构建的一个重要突破，也是立法价值导向的一个重要引领，有利于压实各方面责任，做到各负其责、各尽其责，权责一致、齐抓共管。

第一，法律对农户责任的规定要放在"农产品生产经营者"这一大概念范围内理解，既要遵照对所有生产经营者的普遍性要求，也要把握对农户的差异性要求。

第二，法律对农户责任的规定是全方位的，包括产地环境、投入品使用、保障上市农产品安全等多方面内容。

第三，法律对农户责任的规定既有强制性也有引导性的，兼顾了现实监管需要和未来提升空间。

第四，法律充分考虑国情农情，按照共同但有区别的原则对农户在处罚额度和责任追究形式上作了合理区分。

2. 强化农产品质量安全风险管理和标准制定

（1）制定风险监测计划。

（2）建立农产品质量安全风险评估制度。

（3）明确农产品质量安全标准的内容。

3. 实现生产经营全过程管控

（1）建立农产品产地监测制度。

（2）加强地理标志农产品保护和管理［农业农村部公告显示，决定废止中华人民共和国农业部公告第1071号（2008年8月1日发布）中的《农产品地理标志登记程序》，自2022年11月17日起执行］。

（3）鼓励采用绿色生产技术和全程质量控制技术。

（4）鼓励打造农产品品牌。

（5）建立农产品质量安全管理制度，健全农产品质量安全控制体系。

（6）建立农产品质量安全追溯协作机制。

（7）推行承诺达标合格证制度。

4. 强化监管措施

（1）规范监督抽查工作，建立健全随机抽查机制，制定监督抽查计划。

（2）实施农产品质量安全风险分级管理。

（3）加强农产品生产日常检查。

（4）建立农产品生产经营者信用记录。

（5）完善监督检查措施。

（6）强化考核问责。

（7）完善应急措施，制定突发事件应急预案。

（三）明确监督管理职责

县级以上农业主管部门职责：

（1）建立健全农产品质量安全全程监督管理协作机制（第45条）。

（2）制定监督抽查计划（第46条）。

（3）建立健全随机抽查机制（第47条）。

（4）加强农产品质量安全监督抽查检测（第50条）。

（5）强化农产品生产监督管理（第52条）。

（6）建设农产品质量安全信用体系（第54条）。

（7）建立农产品生产经营者负责人责任约谈机制（第55条）。

（8）建立农产品质量安全投诉举报制度（第56条）。

（9）加强执法人员专业技术培训（第57条）。

（10）涉嫌犯罪移送公安机关（第61条）。

五、其他海洋渔业法律法规

（一）渔业资源养护和合理利用

《水产资源繁殖保护条例》于1979年发布，其立法宗旨是繁殖保护水产资源，发展水产事业，以适应社会主义现代化建设的需要。主要内容是：禁止向渔业水域排弃有害水产资源的污水、油类、油性混合物等污染物质和废弃物；因卫生防疫和驱除病虫害等，需要向渔业水域投放药物时，应当兼顾到水产资源的保护繁殖；农村浸麻应当集中在指定的水域中进行；修建水利工程，要注意保护渔业水域环境；围垦海涂、湖滩，要在不损害水产资源的条件下，统筹安排，有计划地进行。该条例的内容部分地涵盖于1986年颁布的《中华人民共和国渔业法》中。

《国务院关于设立幼鱼保护区的决定》于1981年发布，在东海和黄海设立两个幼鱼保护区；《关于国务院批准设立东海产卵带鱼保护区的通知》于1988年发布，在我国东海区设立产卵带鱼保护区。

《渔业资源增殖保护费征收使用办法》于1989年发布，2011年修订，本着"取之于渔，用之于渔"的原则，决定从捕捞者的收益中，收取一定的费用，用于渔业资源的增殖和保护。不仅可以减少国家财政负担，保护渔业资源，而且可以进一步增加渔民的收入。

《关于在东、黄海实施新伏季休渔制度的通知》于1998年发布；《关于在南海海域实行伏季休渔制度的通知》于1999年发布；《关于在长江流域施行春季禁渔制度的通知》于2002年发布；《渤海生物资源养护规定》于2004年发布。以上规定使休渔制度得到全面贯彻执行，渔业资源得到养护，取得了良好的经济效益、生态效益和社会效益。

（二）渔业水域生态环境保护

《中华人民共和国水污染防治法》于1984年发布，1996年进行第一次修正，2008年进行修订后,2017年进行第二次修正,为保护和改善环境,防治水污染,保护水生态,保障饮用水安全,维护公众健康,推进生态文明建设提供了法律依据。

《海洋石油勘探开发环境保护条例》于1983年发布;《防治船舶污染海洋环境管理条例》于2009年发布,2013年7月、2013年12月、2014年、2016年、2017年、2018年分别进行六次修订;《海洋倾废管理条例》于1985年发布,2011年、2017年分别进行两次修订;《防治陆源污染物污染损害海洋环境管理条例》于1990年发布;《防治海岸工程建设项目污染损害海洋环境管理条例》于1990年发布,2007年、2017年、2018年分别进行三次修订。以上条例严格控制海洋石油勘探开发、船舶污染、倾倒废弃物、陆源污染物、海岸工程等污染源对海洋环境的损害,保护和改善海洋资源,促进海洋事业的发展。

《渔业水质标准》于1990年发布,适用于鱼虾类的产卵场、索饵场、越冬场、洄游通道和水产增养殖区等海、淡水的渔业水域,防止和控制渔业水域水质污染,保证鱼、虾、贝、藻类正常生长、繁殖和水产品的质量。

《水域污染事故渔业损失计算方法规定》于1996年发布;《渔业水域污染事故调查处理程序规定》于1997年发布;《渔业污染事故调查鉴定资格管理办法》于2000年发布。以上规定用于科学合理地计算因污染事故造成的渔业损失,及时、公正地调查处理渔业水域污染事故,保证调查鉴定和损失评估的科学性和公正性,维护国家、集体和公民的合法权益。

（三）渔业生产管理

《渔业捕捞许可管理规定》于2002年发布,2007年、2018年分别进行两次修订后,2020年、2022年分别进行两次修正;《水产苗种管理办法》于2001年发布,2005年修订;《水产原良种审定办法》于1998年发布;《水产原良种场生产管理规范》于2001年发布。以上法规保护和合理利用水产种质资源,控制捕捞强度,提高水产苗种质量,促进水产养殖业持续健康发展。

《农业部远渔业企业资格管理规定》于1998年发布;《远洋渔业管理暂行规定》于1999年发布;《远洋渔业管理规定》于2003年发布,2020年修订。以上法规加强我国远洋渔业的管理,维护国家利益和远洋渔业企业及从业人员的合法权益,促进远洋渔业的持续、健康发展。

《水产养殖质量安全管理规定》于2003年发布,提高养殖水产品质量安全水平,保护渔业生态环境,促进水产养殖业的健康发展。

（四）水生野生动植物保护

《中华人民共和国水生野生动物保护实施条例》于1993年发布,2011年、2013年分别进行两次修订;《中华人民共和国水生动植物自然保护区管理办法》于1997年发布,2010年、2013年、2014年分别进行三次修订;《中华人民共和国水生野生动物利用特许办法》于1999年发布,2004年、2010年、2013年、2017年、2019年分别进行五次修正。以上条例内容主要包括水生野生动物的保护、保护区建设和管理及奖励和惩罚制度,保护、发展和合理利用水生野生动物资源,规范水生野生动物利用特许证件的发放及使用。

《关于加强海洋水生野生动物保护管理工作的通知》于1991年发布;《关于加强水族馆、表演、驯养繁殖、科研利用水生野生动物管理有关问题的通知》于1996年发布;《关于严厉打击破坏野生动物资源违法犯罪活动的通知》于2000年发布。以上规定主要防止水生野生动物资源过量消耗,保护生物多样性,维护生态平衡,增进公众保护水生野生动物的意识,严厉打击破坏野生动物资源违法犯罪行为。

《水生野生动物资源保护费征收标准》于2000年发布,利用行政手段与经济杠杆相结合的办法,宏观调控资源配置,拓宽保护资金来源,完善水生野生动物保护机制,规范水生野生动物保护与合理利用,促进水生野生动物保护事业发展。

（五）渔业监督管理

《农业行政处罚程序规定》于1997年发布,2006年、2020年分别进行两次修订,主要用于规范农业行政处罚程序,保障和监督农业农村主管部门依法实施行政管理,保护公民、法人或者其他组织的合法权益。

《渔业行政处罚规定》于1998年发布,2022年进行修订,对渔业违法行为的行政处罚进行了明确规定,督促渔业从业者严格执行渔业法律法规,保障渔业生产者的合法权益。

《渔业行政执法船舶管理办法》于2000年发布(原1979年《渔政船管理暂行办法》同时废止),为加强渔业行政执法船舶管理提供了法律依据。

另外,《行政诉讼法》《国家赔偿法》《行政处罚法》《行政监察法》《行政复议法》《行政许可法》《行政强制法》等法律法规中也包含与渔业监督管理有关联的部分规定。

（六）渔业船舶检验

《船舶和海上设施检验条例》于1993年发布,2019年修订;《渔业船舶监督检验管理规定》于1996年发布;《渔业船舶法定检验规则》于1999年发布;《渔业船舶检验条例》于2003年发布;《渔业船舶检验管理规定》于2020年发布。以上条例用于加强渔业船舶检验管理,规范渔业船舶检验行为,保障渔业船舶、海上设施和船运货物集装箱具备安全航行、安全作业的技术条件,保障人民生命财产的安全和防止水域环境污染。

《渔业船舶验船师资格考评管理规定实施办法》于1999年份发布;《渔业船舶验船师管理规定》于2002年发布。以上条例为加强对渔业船舶检验人员的管理,提高渔业船舶检验人员专业技术水平和科学理论知识,提高检验队伍整体素质提供了法律依据。

（七）渔港监督和渔船管理

《渔业船舶登记办法》于2012年发布,2013年、2019年分别进行两次修订;《渔业船舶报废暂行规定》于2002年发布;《关于加强老旧渔业船舶管理的通知》于2007年发布。以上规定用于加强渔业船舶监督管理,确定渔业船舶的所有权、国籍、船籍港及其他有关法律关系,明确渔业船舶强制报废制度,强化老旧渔船的安全监管,保障渔业船舶从业各方的合法权益。

　　《船舶进出渔港签证办法》于 1990 年发布,1997 年修订;《渔业船舶船名规定》于 1998 年发布,2007 年、2010 年、2013 年分别进行三次修订;《渔业船舶航行值班准则》于 1999 年发布。以上条例用于维护渔港正常秩序,加强渔业船舶日常及进出渔港的监督管理,规范渔业船舶船名和值班标准,保证渔业船舶航行作业安全。

　　《渔港水域交通安全管理条例》于 1989 年发布,2010 年、2017 年分别进行两次修订;《渔业港航监督行政处罚规定》于 2000 年发布。以上条例用于加强渔业船舶安全监督和渔港水域交通安全管理,规范渔业港航法规行政处罚,保障渔业港航法规的执行和渔业生产者的合法权益。

参考文献

[1] 孙建富. 渔业概论 [M]. 西安:西安地图出版社,2008.

[2] 陈新军. 现代渔业发展概论 [M]. 北京:科学出版社,2020.

[3] 骆乐. 渔业经济学(第三版) [M]. 北京:中国农业出版社,2011.

[4] 曹建华. 中国渔业经济学的研究进展与展望 [J]. 生态经济,2014,30(12):88-92.

[5] 韩立民,张红智. 渔业经济的产业特性及相关研究范畴 [J]. 《中国海洋大学学报》(社会科学版),2005,5:7-11.

[6] 杨正勇. 论渔业经济管理学科的构建 [J]. 高等农业教育,2009,8:44-48.

[7] 胡笑波. 浅论中国渔业现代化 [J]. 渔业经济研究,2005,4:6-9.

[8] 高健,陈栋燕. 中国海洋渔业可持续发展 [J]. 中国海洋经济,2016,1:14-30.

[9] 陈翔. "安全—发展联结"下中国与东盟蓝色经济合作的安全基础 [J]. 国际经济评论,2023,2:154-176.

[10] 本刊讯. 中国水产种业发展报告(1949年—2019年) [J]. 中国水产,2020.9:11-21.

[11] 胡红浪,韩枫,桂建芳. 中国水产种业技术创新现状与展望 [J]. 水产学报,2023,47(1):1-10.

[12] 赵蕾,岳冬冬,李雪,徐乐俊. 中国水产种业对外依存度分析及应对策略研究 [J]. 中国渔业经济,2022,40(6):1-11.

[13] 乐家华,张成. 发展我国增殖渔业的几点思考 [J]. 中国渔业经济,2013,31(3):64-68.

[14] 莽琦,徐钢春,朱健,等. 中国水产养殖发展现状与前景展望 [J]. 渔业现代化,2022,49(2):1-9.

[15] 粮农组织,《2022年世界渔业和水产养殖状况:努力实现蓝色转型》—概要. [EB/OL]. https://doi.org/10.4060/cc0463zh,2022.

[16] 邓伟,李巍,张振东,等. 中国现代水产种业建设的思考 [J]. 中国渔业经济,2013,31(02):5-12.

[17] 徐皓,张成林,张宇雷. 现代水产苗种高效繁育系统(上) [J]. 科学养鱼,2016(11):83-86.

[18] 蒋高中,明俊超. 现阶段我国鱼类育种与苗种培育技术成就及发展趋势 [J]. 广东海洋大学学报,2012,32(03):94-98.

[19] 李巍,胡红浪. 分析我国水产苗种产业发展规律预测未来发展趋势 [J]. 中国水产,

2006（12）:66-70.

[20] 胡红浪. 我国水产养殖种苗现状及发展对策[J]. 科学养鱼,2007（10）:1-3.

[21] 于道德,宁璇璇,郑永允,等. 微藻在海水类苗种培育过程中的作用[J]. 海洋通报,
2010,29（2）:235-240.

[22] 冯晓留,郭旺. 微生态制剂在培育大规格鲢鳙鱼种上的应用研究[J]. 河南水产,
2009（4）:34-35.

[23] 王有基,胡梦红,翟旭亮. 微粒饲料在水产动物苗种培育中的应用研究[J]. 北京水产,
2007（03）:52-57.

[24] 叶金云. 鱼类苗种培育技术发展趋势[J]. 科学养鱼,2003（7）:7-8.

[25] 徐皓,刘忠松,吴凡,等. 工业化水产苗种繁育设施系统的构建[J]. 渔业现代化,
2013,40（04）:1-7.

[26] 刘晃,徐皓,陈军,等. 淡水鱼工厂化养殖关键设备集成与高效养殖技术开发[J]. 中
国科技成果,2009（15）:61-62.

[27] 倪琦,雷霁霖,张和森,等. 我国鲆鲽类循环水养殖系统的研制和运行现状[J]. 渔业
现代化,2010,37（4）:1-9.

[28] 倪琦,胡伯成,宿墨. 循环水繁育系统工艺研究和工程实践[J]. 渔业现代化,
2006（2）:12-15.

[29] 曾呈奎,毛汉礼. 海洋学的发展、现状和展望[J]. 科学通报,1965（10）:876-883.

[30] 毛汉礼. 海洋科学近二十年来的进展[J]. 海洋科学 {ISSN},1979:1-9.

[31] 黄文沨. 栽培渔业的理论和实践[J]. 福建水产科技,1979（01）:6-21.

[32] 王树渤. 海洋生物学的成就与展望[J]. 辽宁师院学报（自然科学版）,1979（03）:57-
60.

[33] 刘星泽. 渔业要走农牧化的道路——渔捞专家谈开发海洋渔业生产[J]. 瞭望周刊,
1984（43）:25.

[34] 徐绍斌. 海洋牧场及其开发展望[J]. 河北渔业,1987（02）:14-20.

[35] 陆忠康. 我国海洋牧场（MARINE RANCHING）开发研究的现状、面临的问题及其对
策[J]. 现代渔业信息,1995:6-9,12.

[36] DB37/T 2982.1-2017海洋牧场建设规范 第1部分:术语和分类[S]. 2017.

[37] 杜元伟,姜靓,王一凡. 海洋牧场生态管理研究的现状与展望[J]. 中国海洋大学学报
（社会科学版）,2020（03）:32-41.

[38] 游桂云,杜鹤,管燕. 山东半岛蓝色粮仓建设研究——基于日本海洋牧场的发展经
验[J]. 中国渔业经济,2012,30（03）:30-36.

[39] 杨宝瑞,陈勇. 韩国海洋牧场建设与研究[M]. 北京:海洋出版社,2014.

[40] 牛艺博,董利苹,王金平,等. 国际海洋牧场技术发展态势及其启示[J]. 世界科技研
究与发展,2020,42（02）:160-171.

[41] 王田田,柯可. 山东烟台海洋牧场建设之路 [J]. 中国水产,2019:46-49.

[42] 农业部关于印发《国家级海洋牧场示范区建设规划(2017-2025年)》的通知 [J]. 中华人民共和国国务院公报,2018(9):58-65.

[43] DB37/T 2982.2—2017 海洋牧场建设规范:第2部分:调查与选址 [S]. 2017.

[44] GB 3097—1997 海水水质标准 [S]. 1997.

[45] GB 18668—2002 海洋沉积物质量 [S]. 2002.

[46] 季本安,朱文博,闫欣,等. 现阶段我国渔业资源增殖放流存在的问题与对策建议 [J]. 水产养殖,2020,41(06):79-80.

[47] 方建光,孙慧玲,匡世焕,等. 桑沟湾海带养殖容量的研究 [J]. 海洋水产研究,1996(2):7-17.

[48] 张继红,方建光,王诗欢. 大连獐子岛海域虾夷扇贝养殖容量 [J]. 水产学报,2008(02):236-241.

[49] 黄洪辉,林钦,贾晓平,等. 海水鱼类网箱养殖场有机污染季节动态与养殖容量限制关系 [J]. 集美大学学报(自然科学版),2003(02):101-105.

[50] 奉杰,张涛,李海州,等. 基于 EwE 模型的海洋牧场生物承载力评估和未来生物量变化预测:第二届现代化海洋牧场国际学术研讨会、中国水产学会渔业资源与环境专业委员会 2018 年学术年会 [C],中国辽宁大连,2018.

[51] 2021 年全国渔业经济统计公报. 中华人民共和国农业农村部.

[52] 黄忠慰,我国水产品出口贸易存在的问题及对策 [J]. 廊坊师范学院学报,2010(5):115-117

[53] 杨倩,中国水产品出口存在的问题及解决对策 [J]. 湖南农业科学,2009(11):138-141.

[54] 胡小弘. 水产品的营养价值与研究 [J]. 农民致富之友,2019(16):172

[55] 社永雄. 浅谈我国水产品出口认证经系发展趋势 [J]. 中国渔业经济. 2009(2):29-32.

[56] 史磊,高强,等. 现代渔业的内涵、特征及发展趋势 [J]. 渔业经济研究,2009(3):7-10.

[57] 李富荣. 明确现代渔业管理目标加快推进我国现代渔业发展 [J]. 中国水产,2009(11):3-6.

[58] 唐启升. 现代渔业管理与我国的对策 [J]. 现代渔业信息,1986(06):1-4.

[59] 王亚楠,韩杨. 国际海洋渔业资源管理体制与主要政策:美国、加拿大、欧盟、日本、韩国与中国比较及启示 [J]. 世界农业,2018(03):78-85.

[60] 李欣,刘舜斌. 简论我国现代渔业管理新体系的构建 [J]. 中国渔业经济,2012,30(05):36-40.

[61] 缪翼. 西班牙现代渔业管理制度 [J]. 中国水产,2014(10):38-40.

[62] 韩杨,Rita,Curtis. 美国海洋渔业资源开发的主要政策与启示 [J]. 农业经济问题,

2017,38（08）：103-109.

[63] 杨立敏．从日本渔业协同组合论中国渔民合作组织的构建［D］．青岛：中国海洋大学，2007.

[64] 李聪明，慕永通．日本海洋渔业管理制度的历史变迁与特征［J］．世界农业，2013（4）：65-69,159-160.

[65] 潘绪伟，程家骅．加拿大渔业政策与管理的研究［J］．现代渔业信息，2010,25（6）：3-5+10.

[66] 岳冬冬，王鲁民，耿瑞，等．欧盟共同渔业政策及其对中国的启示［J］．山西农业科学，2015（11）：1523-1530.

[67] 张溢卓．日本渔业资源理及其对中国的启示［J］．饲料研究，2016（22）：37-41.

[68] 牟海珍，包特力根白乙．日本管TAC制度的实施及其存在问题的探讨［J］．现代渔业信息，2018（9）：16-20.

[69] 包特力根白乙，西田明梨．韩国海洋渔业TAC制度安排及其启示［J］．海洋开发与管理，2010,27（9）：70-75.